O Antigo Regime no Brasil Colonial

CONSELHO EDITORIAL
Ana Paula Torres Megiani
Eunice Ostrensky
Haroldo Ceravolo Sereza
Joana Monteleone
Maria Luiza Ferreira de Oliveira
Ruy Braga

O Antigo Regime no Brasil Colonial

Elites e poder na Bahia do século XVIII

Eduardo José Santos Borges

Copyright © 2017 Eduardo José Santos Borges.

Grafia atualizada segundo o Acordo Ortográfico da Língua Portuguesa de 1990, que entrou em vigor no Brasil em 2009.

Edição: Haroldo Ceravolo Sereza/ Joana Monteleone
Projeto gráfico, diagramação e capa: Jean Ricardo Freitas
Editora-assistente: Danielly Teles
Assistente acadêmica: Bruna Marques
Revisão: Alexandra Colontini
Imagens da capa: Lourenço Veloso, "*Retrato do coronel Domingos Pires de Carvalho*, ministro da Ordem Terceira, entre 1701 e 1706", início do século XVIII. Acervo da Igreja da Ordem Terceira Secular de São Francisco da Bahia (Salvador,Brasil); Brasão de armas: *Armas dos Pires de Carvalho e Albuquerque*: um esquartelado de Carvalhos, Albuquerques modernos, Deusdará, Cavalcanti, versão brasileira (Fonte: F. A. Doria, Caramuru e Catarina, SENAC–SP (2000)); J.J Ribeiro – *Resumo da Carga que Transporta o Brinque-Flor d'Amizade da Bahia para S.xa*, Bahia, 1815.

CIP-BRASIL. CATALOGAÇÃO-NA-FONTE
SINDICATO NACIONAL DOS EDITORES DE LIVROS, RJ

B732a

    Borges, Eduardo José Santos
       O Antigo Regime no Brasil colonial : elites e poder na Bahia do século XVIII / Eduardo José Santos Borges. - 1. ed. - São Paulo : Alameda, 2017.
       23 cm.

    Inclui bibliografia

    1. Brasil - História - Período colonial, 1500-1822. I. Título.

17-44984   CDD: 981.03
                      CDU: 94(81) 94(81)

ALAMEDA CASA EDITORIAL
Rua 13 de Maio, 353 – Bela Vista
CEP 01327-000 – São Paulo, SP
Tel. (11) 3012-2403
www.alamedaeditorial.com.br

À Mônica, Caio e Maria Eduarda, esposa e filhos, meus eternos companheiros de viagem, razões maiores de minha existência.

Sumário

ABREVIATURAS E SIGLAS 9
PREFÁCIO 11
INTRODUÇÃO 17

1. ESBOÇO DE UM DEBATE TEÓRICO 27
Economia da mercê: A Coroa como centro redistribuidor de distinções 27
Nobreza e *ethos* nobiliárquico no Contexto do Antigo Regime português 33
Tracejando uma ideia de "nobreza colonial" 41

2. A BAHIA NA DINÂMICA DO IMPÉRIO PORTUGUÊS 47
Negociando no exclusivismo: O Estado mercantil português e os vassalos da Bahia colonial 47
Configurando uma elite na Bahia colonial: Distinção, legitimidade e mobilidade social 67
O concelho, as elites e o exercício do poder local no Império colonial português 80

3. AS BRECHAS DE ASCENSÃO AO "ESTADO DE NOBREZA" 91
O Santo Ofício e a limpeza de geração 91
A Ordem de Cristo e a legitimação do estatuto de nobre 103
A fidalguia da casa real e o sonho dos privilégios da nobreza 107
As academias e a possibilidade de produção intelectual 113

4. EXERCITANDO O PODER NO "ANTIGO REGIME BAIANO"   135
As Ordenanças e o Governo das armas   135
O Senado da Câmara: O simbolismo de um poder concelhio   144
A Universidade de Coimbra e a formação de uma elite de dimensão imperial   161
A justiça no Antigo Regime português: Os baianos nos "lugares de Letras"   172
A Santa Casa de Misericórdia: A esmola a serviço da distinção social   185

5. A CASA DOS PIRES DE CARVALHO E ALBUQUERQUE: FAMÍLIA, SOCIEDADE E ESTRATÉGIAS DE NOBILITAÇÃO NO "ANTIGO REGIME BAIANO"   199
Relações matrimoniais e a construção de uma genealogia nobilitante na Bahia colonial   199
Domingos Pires de Carvalho: Um minhoto ilustre nos trópicos   206
Família, sucessão vincular e reprodução social em território colonial   218
A economia da mercê e o acumulo de capital social   231
Os Pires de Carvalho e Albuquerque entre esquecidos e renascidos   243

6. A CASA DOS PIRES DE CARVALHO E ALBUQUERQUE: RELAÇÕES COTIDIANAS COM OS PODERES ESTABELECIDOS   255
Entre as instituições da República e a posse dos ofícios   255
Por dentro das Ordenanças   267
A Secretaria de Estado e o controle da burocracia colonial   274

CONSIDERAÇÕES FINAIS   301

FONTES   305
BIBLIOGRAFIA   309
ANEXO   323
AGRADECIMENTOS   327

Abreviaturas e siglas

ABNRJ – Anais da Biblioteca Nacional do Rio de Janeiro
AHU – Arquivo Histórico Ultramarino
AHU-BA – Arquivo Histórico Ultramarino, Documentos manuscritos "avulsos" da Capitania da Bahia
AHU-IDRBECA – Arquivo Histórico Ultramarino, Inventário dos documentos relativos ao Brasil e Ultramar organizado por Eduardo de Castro e Almeida
ANRJ – Arquivo Nacional do Rio de Janeiro
ANTT – Arquivo Nacional da Torre do Tombo
APEB – Arquivo Público do Estado da Bahia
ASCMB – Arquivo da Santa Casa de Misericórdia da Bahia
AUC – Arquivo da Universidade de Coimbra
BNP – Biblioteca Nacional de Portugal
BNRJ – Biblioteca Nacional do Rio de Janeiro
CMS – Câmara Municipal de Salvador
DHBN – Documentos Históricos da Biblioteca Nacional
HSO – Habilitações do Santo Ofício
HOC – Habilitações da Ordem de Cristo
IHGB – Instituto Histórico e Geográfico Brasileiro
LB – Leitura de Bacharéis
RGM – Registro Geral das Mercês
RIHGB – Revista do Instituto Histórico e Geográfico Brasileiro
UC – Universidade de Coimbra
cód. – códice
cx. – caixa
D. / doc. – documento
f. / fl. – fólio
mç. – maço

Prefácio

Aventuro-me neste exercício de prefaciar *O Antigo Regime no Brasil colonial: Elites e poder na Bahia do século XVIII*, para recomendar ao leitor que vale muito à pena enveredar pelas páginas que se seguem. O livro é produto da tese de doutorado de Eduardo Borges, exemplo cada vez mais raro de uma extraordinária pesquisa documental e de um profícuo diálogo com uma historiografia de ponta nos dois lados do Atlântico. O resultado é uma fina interpretação das fontes sob a inspiração do que há de mais atual e mais relevante na produção historiográfica tanto no Brasil quanto na Europa.

Por isso, sem pretender orientar o leitor em sua própria leitura, não resisto a começar pela menção da surpreendente trajetória da família Pires de Carvalho e Albuquerque, tão minuciosamente traçada nos dois últimos capítulos deste livro. O "patriarca" da família, Domingos Pires de Carvalho chega do reino à capital do Estado do Brasil em 1660, dedicando-se, como já fazia no Minho, ao comércio. Parece não ter tido dificuldades em firmar-se como um destacado negociante de grosso trato e sua carreira ascendente não diferia, em certo sentido, da de outros muitos comerciantes seus contemporâneos, que haviam igualmente saído de Portugal em busca de novas oportunidades.

Em terras baianas serviu ao rei durante mais de vinte anos, aquele tipo de serviço no qual os comerciantes eram pródigos, ou seja, em funções ligadas à administração da Fazenda e por meio de generosos dispêndios pecuniários, sendo de destacar ter ocupado o cargo de tesoureiro geral do Estado do Brasil e o seu empenho em administrar e custear as obras de reedificação da Casa da Moeda e da fortaleza de Santo Antônio.

Em troca destes e de outros serviços granjeou para si e seus descendentes importantes mercês, responsáveis em grande parte por sua bem sucedida ascensão social. Como já dissemos, sua trajetória não tinha nada de muito diferente da de outros seus contemporâneos, enquadrando-se perfeitamente nos padrões vigentes de nobilitação à época. Como não só na Bahia, mas igualmente em outras regiões do Brasil, uma das primeiras apostas de Domingos Pires de Carvalho foi nas Ordenanças, função de valor estratégico para atingir distinção social e instrumento privilegiado de exercício e consolidação de poder por parte da elite local, uma vez que para além do conteúdo militar do cargo, o que por si só já distinguia os indivíduos no vocabulário social e político do Antigo Regime, seu poder de polícia sobre a população sujeita era evidente. Enfim, segundo o autor, "o poder de definir quem exerceria determinado cargo era um pressuposto relevante que distinguia na comunidade aquele que o pudesse exercer".

Ter acesso à administração local foi outro dos alvos de Domingos Pires de Carvalho. Serviu como almotacé, à semelhança de tantos outros comerciantes em diferentes vilas e cidades da América portuguesa, e quiçá também de Portugal, e foi procurador do Senado da Câmara da Bahia. Alargando sua esfera de aceitação e reconhecimento por parte de seus "pares" – contando entre estes outros importantes comerciantes de Salvador, além de senhores de engenhos – o patriarca dos Pires de Carvalho fez-se membro da Santa Casa de Misericórdia e irmão benemérito da Venerável Ordem Terceira de São Francisco, mostrando-se, aliás, pródigo nas doações pecuniárias para a construção de sua igreja.

Almejando as distinções que tivessem eficácia tanto localmente, quanto no seio mais geral da monarquia portuguesa, por serem reconhecidas em qualquer quadrante de seu império, quer no reino, quer no ultramar, Domingos requereu a familiatura do Santo Ofício e a habilitação na Ordem de Cristo, sendo investido em ambas.

Se até aqui sua estratégia de nobilitação não se diferenciava muito da de vários outros indivíduos de seu tempo – e o fato de solicitar sesmarias também não fosse um ato sem precedentes, nem mesmo talvez a constatação de que seu patrimônio territorial era tão extenso que chegava a abarcar o atual estado das Minas Gerais – o que era menos comum na estratégia das elites coloniais no Brasil era o estabelecimento de vínculo, como o de morgadio. Domingos Pires de Carvalho solicitou esta mercê ao rei e, depois de consultado o Conselho Ultramarino, D. Pedro II concedeu, em 1698, que seu patrimônio fosse devidamente vinculado em morgado em nome de seu primogênito, José Pires de Carvalho.

Porém, não só o vínculo fez da trajetória dos Pires de Carvalho – posteriormente Pires de Carvalho e Albuquerque, e ainda Pires de Carvalho e Albuquerque Dias D'Ávila – algo de extraordinário. Também e sobretudo a análise que Eduardo Borges tece dessa família e de suas estratégias, assim como o fato de a eleger como "pretexto" para discutir de forma acurada e abrangente a cultura política, as práticas e as instituições do Antigo Regime em Portugal e no Brasil, tornam o livro que o leitor tem em mãos leitura obrigatória para os que se debruçam ou querem se debruçar sobre os séculos XVII e XVIII não só na Bahia, mas em todo o império atlântico português.

Ao analisar o "modelo reprodutivo vincular" enquanto comportamento de referência de uma família de comprovado peso político, econômico e social na Bahia colonial, dialoga com a obra de Nuno Monteiro, sobretudo com o texto pouco citado entre nós, "Trajetórias sociais e formas familiares: O modelo de sucessão vincular", publicado em Murcia, na Espanha, em 2001. Identifica, assim como em Portugal, a instituição da "casa" e seu código de conduta definido pelo direito vincular na Bahia setecentista, concluindo que "a 'casa' foi uma espécie de instituição do exercício privado do poder mediante a qual as diversas famílias das elites coloniais 'costuraram' suas trajetórias de poder e enriquecimento". Analisa detidamente – sempre com base nas opções e estratégias dos Pires de Carvalho e Albuquerque – os três institutos imprescindíveis para se entender a sucessão vincular e a sua reprodução social em território colonial: o morgadio, o matrimônio e a carreira eclesiástica. E, ao tecer esta análise não se detém apenas no exemplo da Bahia, confrontando-o com os de outras regiões da América, como Minas Gerais, por exemplo, por meio do diálogo com uma historiografia igualmente preocupada em encontrar práticas e representações de Antigo Regime nos trópicos.

Não descura tampouco de mencionar o papel relevante das mulheres no processo que une o casamento à mercê em ofícios por parte do rei. Exemplo desta "liderança feminina" pode ser encontrado em D. Ana Maria de São José e Aragão: "Através dela a família incorporou a propriedade do cargo de escrivão da alfândega (vinda de seu pai) e a sucessão do morgado da Torre de Garcia D'Ávila, por legado do seu tio, o mestre de campo Garcia D'Ávila Pereira de Aragão. Após a morte do marido, em 1808, exerceu papel central na defesa dos interesses dos filhos e da família".

No que diz respeito à continuação da busca por honras e mercês pelos demais membros da "casa" instituída por Domingos Pires de Carvalho, algumas de suas estratégias não são tão peculiares se confrontadas com a de outros clãs de diferentes regiões da América portuguesa, como a solicitação e a aquisição do foro de Fidalgo da Casa Real (não descurando da renovação em sucessivas gerações da familiatura do Santo Ofício e da habilitação na Ordem de Cristo). Nem mesmo o envio de seus filhos a Coimbra para estudar leis, e seu retorno à Bahia como magistrados – não sem antes passarem pelas corregedorias, ouvidorias e provedorias do reino – é algo que distingue este clã de tantos outros. No que diz respeito aos postos eletivos, como os da câmara, e à nomeação para cargos militares e fazendários, além da propriedade de ofícios desempenhados no âmbito local, seja na cidade de Salvador, seja em outras vilas do recôncavo, os Pires de Carvalho e Albuquerque foram, através de várias gerações, vereadores, alcaides-mores, provedores e escrivães da Alfândega. Gozaram, sobretudo, do "modo de viver da nobreza", uma vez que se distinguiam como abastados senhores de engenhos.

Além de homens de grande poder e riqueza, os descendentes do patriarca Domingos eram, como defende Eduardo Borges, destacados "humanistas". Três entre eles participaram ativamente das duas academias literárias instituídas na Bahia no século XVIII, tanto a dos Esquecidos, quanto a dos Renascidos.

Embora não tenham sido os únicos a deterem os ofícios acima citados, e a desempenharem funções ao mesmo tempo administrativas e nobilitantes, uma singularidade do investimento da "casa" é digna de nota: a propriedade do ofício de Secretário de Estado e Guerra do Brasil, arrematado por um dos José Pires de Carvalho e Albuquerque (pois foram vários os homônimos), ofício que permaneceu por gerações na família, sendo "herdado", mediante novo pagamento, por sucessivos varões.

As secretarias e os secretários dos governos ultramarinos são temas ainda pouco abordados pela historiografia, salvo entre raras exceções, a dissertação de Josemar de Mello sobre a secretaria do governo em Pernambuco[1], o trabalho de Pedro Puntoni sobre Bernardo Vieira Ravasco, secretário do Estado do Brasil no século XVII[2], as pesquisas sobre os secretários do governo de Minas Gerais de Caio Boschi.[3] Há também que mencionar os estudos de Maria de Fátima Silva Gouvêa

---

[1] Josemar Henrique de Mello. *A Ideia de Arquivo: a secretaria do governo em Pernambuco (1687-1809)*. Porto: Faculdade de Letras da Universidade do Porto, 2006, (dissertação de mestrado inédita).

[2] Pedro Puntoni. "Bernardo Vieira Ravasco, secretário do Estado do Brasil: poder e elites na Bahia do século XVII". In: Maria Fernanda Bicalho e Vera Lúcia do Amaral Ferlini (orgs), *Modos de Governar*. São Paulo: Alameda, 2005, p. 157-178.

[3] Caio C. Boschi. "Os secretórios do governo da capitania de Minas Gerais". In: *Exercícios de Pesquisa Histórica*. Belo Horizonte: Ed. PUC Minas, 2011, p. 59-100.

sobre Antônio Coelho Guerreiro, secretário dos governos de Pernambuco, informalmente, de Angola e do Estado da Índia.[4]

Em trabalho sobre os secretários e as secretarias na corte de Lisboa, centro da monarquia, André da Silva Costa afirma que, para entendermos a figura dos secretários no Antigo Regime é necessário termos em conta certas dinâmicas tanto político-burocráticas, quanto cortesãs. Entre elas, o controle cada vez maior do secretário sobre o registro e a circulação de papéis e documentos, seu poder de influência e mediação não só em assuntos de governo, mas também nos interesses e conflitos no interior das elites, e, por fim, a concessão de privilégios aos que ocupam este cargo, o que resultou numa crescente dignidade do ofício.[5]

Em consonância tanto com os estudos de António Manuel Hespanha sobre a comunicação político-administrativa no interior do império português, numa espécie de "império de papel", quanto com a afirmação acima de André Costa sobre a crescente dignidade do ofício de secretário e, portanto, daqueles que ocuparam o cargo, Eduardo Borges tece uma sólida análise sobre a manutenção deste ofício pela família Pires de Carvalho e Albuquerque durante toda a segunda metade do século XVIII. Afinal, a seu ver, "o secretário não pode ser considerado como despossuído de poder, pois, ao tornar-se depositário dos arquivos e do expediente régio, passava a ocupar uma posição de evidente centralidade política". Isso para não falar dos ganhos pecuniários advindos do exercício do cargo na produção de uma infinidade de documentos.

No entanto, esta família, como podemos depreender do que se disse sobre ela até aqui, não conectava centro e periferia – ou se preferirmos, centro e localidade – apenas no controle da correspondência administrativa. Tratava-se de uma "casa" composta por indivíduos com indiscutível circulação imperial. Isso tanto pode ser depreendido pelo exemplo de Francisco Pires de Carvalho e Albuquerque, um dos poucos brasileiros a lecionar na Universidade de Coimbra já reformada, exercendo inclusive a função de deputado da Real Mesa da Comissão Geral sobre o Exame e Censura dos Livros.

---

4   Maria de Fátima S. Gouvêa. "Redes governativas portuguesas e centralidades régias no mundo português, c. 1680-1730". In: João Fragoso e Maria de Fátima Gouvêa (orgs.). *Na Trama das Redes*. Rio de Janeiro: Civilização Brasileira, 2010, p. 155-202.

5   André da Silva Costa, *Os secretários de Estado do Rei: Luta de corte e poder político, séculos XVI-XVII*, Lisboa, Faculdade de Ciências Sociais e Humanas, Universidade Nova de Lisboa, 2008, (dissertação de mestrado inédita).

Embora sem precisar sair da Bahia, mas certamente conectando talvez mais do que ninguém os interesses régios – ou das rainhas – e de seus longínquos vassalos ultramarinos – e ainda os seus próprios –, os Pires de Carvalho e Albuquerque atuaram na estrutura judiciária da Casa da Rainha, nomeados como Procurador da sua Real Fazenda na Cidade da Bahia, cuidando dos interesses e bens pertencentes a duas das Rainhas de Portugal, D. Maria Ana da Áustria, esposa de D. João V, e de D. Mariana Vitória, esposa de D. José I.

Quem melhor poderia concluir a saga desta família senão o próprio autor? Segundo Eduardo Borges, a força dos Pires de Carvalho e Albuquerque em finais do século XVIII é fruto de um acúmulo histórico de honras, mercês e privilégios tecido a cada geração, desde o seu fundador, no interior da estratégia da "casa", de acordo com o *ethos* nobiliárquico do Antigo Regime português. Se exerceram vasta liderança no interior de seu grupo social, foram igualmente hábeis em conectar seus próprios interesses com os desígnios e a política da Coroa. Demonstraram ser homens de seu tempo e souberam aproveitar as oportunidades surgidas da justiça distributiva dos monarcas lusos no empenho de manutenção e engrandecimento de seu império.

Mas é hora de deixar o próprio autor "falar". E o leitor desvendar nas páginas que se seguem uma nova forma de compreender as elites e o poder na Bahia do século XVIII. Pois vale à pena.

Maria Fernanda Bicalho
Rio de Janeiro, outubro de 2016.

Introdução

Tradicionalmente, partindo de obras de autores como Caio Prado Jr., Fernando Antônio Novais, José Jobson Arruda e José Roberto do Amaral Lapa,[1] os estudos voltados para o entendimento do Brasil colonial se pautaram no pressuposto teórico que enquadrou a existência da América colonial portuguesa no interior de um sistema colonial de exploração. Trata-se, grosso modo, de uma análise estruturante em que a dinâmica socioeconômica da América portuguesa era ditada pela lógica de funcionamento do sistema econômico europeu da qual a colônia portuguesa na América era parte periférica, sendo Portugal uma espécie de "intermediário" na relação entre esse sistema europeu e a sua colônia americana.

Ações vinculadas a uma prática mercantilista e exclusivista de exploração econômica, voltada basicamente para o mercado externo e pautada em uma atividade monocultora e escravista – ainda que não fossem chave única de interpretação – formariam a base ontológica da análise histórica da dinâmica econômica, política e social que esteve presente em várias obras historiográficas no Brasil, no início da segunda metade do século XX.

A partir dos anos oitenta e noventa do século XX, a historiografia do período colonial brasileiro passou por uma renovação nos seus objetos e abordagens, o que

---

1   As principais obras desses autores que consolidaram essa matriz interpretativa foram: PRADO JUNIOR, Caio. Formação do Brasil Contemporâneo: Colônia. São Paulo: Brasiliense; Publifolha, 2000. ARRUDA, José Jobson de Almeida. *O Brasil no comércio colonial*. São Paulo: Ática, 1980. LAPA. J. R. *A Bahia e a Carreira da Índia*. São Paulo: Cia. Ed. Nacional, 1968. NOVAIS, Fernando A. *Portugal e Brasil na crise do Antigo Sistema Colonial (1777-1808)*. São Paulo: Hucitec, 1979.

conduziu à ampliação do leque de hipóteses e reflexões referentes ao estudo dos temas do citado período histórico.[2]

Essa alternativa analítica fomentou a categoria Antigo Regime nos Trópicos, com a qual se pretende ultrapassar a visão dicotômica centrada na oposição metrópole/ colônia. Essa chave analítica tende a tornar mais complexa as ideias de colônia e de metrópole, e a relação entre ambas. Sem negar a existência de um elemento político metropolitano que exerce a função de força centrípeta, as pesquisas decorrentes dessa perspectiva de análise ressaltam a dimensão plural presente nas conexões entre as diversas partes que compunham o Império colonial português.

Nesse caso, a colônia americana, mais do que apenas se apresentar como uma parte periférica de um sistema superior, centralizado e excludente, passa a ser vista como participante de um organismo político-administrativo de dimensão imperial em que determinado grupo de indivíduos que nela habitaram puderam ser vistos como vassalos de um mesmo rei, membros de um mesmo Império e, portanto, com a possibilidade de reproduzirem em território colonial práticas comuns a outras partes do Império, inclusive do próprio reino.

Entendemos que esses dois pressupostos teóricos aqui apresentados não representam necessariamente um olhar dicotômico, enquanto exemplos de chave analítica da historiografia colonial. Nesse caso, este livro segue uma linha de análise que identifica nas duas correntes historiográficas muito mais elementos de complementaridade do que de exclusão. O fato de haver uma relação centro-periferia entre Portugal e Brasil, permeada pela lógica de um "pacto colonial" que dava à metrópole prerrogativas de exclusividade comercial, não nos parece algo a ser questionado. Por outro lado, diante do que foi possível abstrair do estudo e da pesquisa para a construção deste livro, o enquadramento sistêmico da exploração metropolitana não correspondeu, necessariamente, a uma permanente lógica de prevalência dos interesses da metrópole, em detrimento dos coloniais.

Ao fim e ao cabo, na medida em que nos aprofundamos no levantamento documental e na construção do texto, percebe-se o quanto se materializou uma di-

---

[2] Dentre as diversas obras que se referendaram nessa nova abordagem interpretativa do período colonial brasileiro, destacamos: FRAGOSO, João; BICALHO, Maria Fernanda Batista; GOUVEIA, Maria de Fátima Silva. (Org.). *O Antigo Regime nos Trópicos*: A dinâmica imperial portuguesa. Séc. XVI-XVIII. Rio de Janeiro: Civilização Brasileira, 2001 e BICALHO, Maria Fernanda; FERLINI, Vera Lúcia Amaral (Org.). Modos de Governar: ideias e práticas no império português: Séculos XVI-XIX. São Paulo: Alameda, 2005.

nâmica negociadora dos sujeitos coloniais em relação aos poderes vigentes, que se não foram suficientes para caracterizar a relação como de autoridade negociada,[3] foram satisfatórios para ajudar os agentes locais a desenvolverem práticas que lhes possibilitassem flexibilizar o sistema até o limite em que isso poderia ser admitido pelas características inerentes ao seu próprio funcionamento.

Intuímos que havia, no interior do funcionamento do sistema colonial, uma disputa a ser feita por "adversários" que tinham clara consciência dos seus papeis e limitações dentro do jogo. Porém, ainda que se constituísse de desiguais, tratou--se de um jogo de mão dupla, com cada um dos lados usando, em seu benefício, as armas definidas pelas regras estabelecidas pela dinâmica de uma relação de cunho imperial, conduzida por uma política econômica mercantilista, típica do Antigo Regime europeu.

Uma concepção que perpassa todos os capítulos deste livro é o pressuposto de que a relação colônia/metrópole foi pautada por uma superioridade da metrópole, que se legitimava a partir de sua posição fiscalista e coercitiva de exercício do poder. Entretanto, ainda que se reconheça que uma instituição estatal esteve realmente presente no processo de colonização e exploração dos espaços ultramarinos portugueses, deve-se relativizar o alcance tentacular desse Estado e sua capacidade de se fazer presente de maneira objetiva e consistente na administração de um território com dimensões imperiais. Nesta presente obra em que o leitor tem em mãos, a compreensão de centralidade estatal, para o Portugal do Antigo Regime, apesar de admitir o perfil absolutista – tradicionalmente caracterizado para a organização política do Antigo Regime –, tende a percebê-lo muito mais como uma tentativa de imposição de "princípios de autoridade"[4] sobre os seus súditos.

A utilização da categoria Antigo Regime para entender a dinâmica política, econômica e social da Bahia no século XVIII, não nos permitiu perder de vista as limitações decorrentes da transposição de uma condição europeia, com seus pressupostos e antecedentes históricos próprios, para o interior de uma sociedade colonial. Portanto, no fundo, o que se teve nos trópicos foram práticas de Antigo Regime em

---

3   Sobre o conceito de autoridade negociada, cf.: GREENE, Jack. *Negotiated Authorities. Essays in Colonial Political and Constitutional History*. Charlottesville and London: University Press of Virginia, 1994.

4   Sobre isso ver: PUJOL, Xavier Gil. "Centralismo e Localismo? Sobre as Relações Políticas e Culturais entre Capital e Territórios nas Monarquias Europeias dos Séculos XVI e XVII". In: *Penélope. Fazer e Desfazer a História*, n° 06, Lisboa, 1991.

uma sociedade cujos componentes da elite econômica e política, além de se verem como súditos de um mesmo rei, reproduziam a mentalidade e o *ethos* nobiliárquico presentes na estrutura da sociedade metropolitana.

O desafio analítico que este livro propõe consiste em utilizar uma pesquisa empírica que acompanhe a trajetória de uma família com inegável força política e econômica no interior da sociedade baiana do século XVIII, tornando possível fazer emergir um tipo de prática que pode ter sido ação comum entre os indivíduos da elite colonial na sua relação com o poder metropolitano instituído.

O eixo central é demonstrar que houve, no interior da relação entre Portugal e Brasil, um conjunto de ações, por parte de uma parcela dos colonos, que acabou por configurar uma relação de negociação entre as partes envolvidas. Mesmo que estivesse longe de caracterizar uma negação do projeto coercitivo metropolitano, os indivíduos das elites que se formaram na Bahia colonial do século XVIII conseguiram reproduzir – no limite do que lhes foi possível fazê-lo – práticas de legitimidade simbólica que se mostraram necessárias à sua consolidação, enquanto súditos de um mesmo rei, e membros de uma mesma comunidade de proporções imperiais.

O fato da escolha como objeto central de estudo da trajetória da família Pires de Carvalho e Albuquerque foi por identificar nestes indivíduos a representação simbólica de um modelo bastante abrangente de percurso familiar no interior das relações de poder político, econômico e social da Bahia colonial. Ao se fazerem presentes em todos os espaços de poder e distinção social da Bahia no século XVIII, a casa dos Pires de Carvalho e Albuquerque praticou, no âmbito colonial, boa parte das ações de reprodução social que caracterizou as elites em território reinol.

Os Pires de Carvalho e Albuquerque foram, essencialmente, indivíduos urbanos que se afirmaram socialmente sem se fazerem herdeiros de tradições guerreiras e expansionistas. O fato de serem mercadores, entretanto, não os excluiu do desejo de buscarem a representação simbólica presente nas armas e no governo da República. Foram homens de letras e amantes da poesia. No século XVIII baiano, a casa dos Pires de Carvalho e Albuquerque, se fez presente, de maneira marcante, em quase todos os espaços de poder e de legitimação social alcançáveis pelos membros de suas elites.

Tratou-se de um percurso longo, mas extremamente prazeroso, esse em que se constituiu o processo investigativo que se desdobrou nesta presente obra. O volume documental e as possibilidades analíticas acabaram por fazer gerar seis capítulos apresentados agora.

O primeiro capítulo, intitulado "Esboço de um debate teórico", consiste em um introdutório debate cuja composição reúne os elementos necessários para auxiliar a discussão teórica do eixo condutor deste livro. O primeiro deles é a chamada "economia da mercê", cuja presença se justifica a partir do momento em que visamos caracterizar a Coroa como uma espécie de centro redistribuidor de bens e distinções simbólicas. Ressalva-se, naquilo que diz respeito à "economia da mercê", que apesar de fazer uso de uma base teórica fortemente vinculada à historiografia portuguesa, se faz necessário o devido cuidado de se evitar o transporte meramente reflexivo de uma lógica reinol vinculada a uma economia de base arcaica e pouco monetarizada para um período – o século XVIII – que já vivenciava de maneira bastante consistente a realidade rentista do capital comercial.

Para analisar tal contexto, buscamos respaldo em Fernanda Olival, que apresentou a "economia da mercê" não como um ato gratuito e desinteressado, mas como um elemento inserido no contexto de um "capitalismo comercial" (sic) e de consolidação de uma supremacia do poder político central por parte da Coroa portuguesa.[5] Outro conceito abordado por Olival foi o de "economia do dom".[6] Apesar de tomar emprestado de Marcel Mauss o conceito de dom, Olival buscou, de certa forma, adequar o conceito à realidade econômica portuguesa do século XVIII, afastando-o da "essência moral e religiosa", que para Mauss, motivaria a inalienabilidade e a obrigação de retribuir presentes no ato de dar.[7] Conforme esse pressuposto estabelecido por Fernanda Olival, foi possível perceber que na Bahia do século XVIII a possibilidade de se pautar a relação entre a Coroa e os colonos, a partir de uma "economia da mercê", se deu na forma de reprodução em ambiente colonial de uma lógica de reciprocidade de interesses, que colocava em cada ponta da relação os interesses coloniais e metropolitanos.

Outro enfoque presente nesse primeiro capítulo é a perspectiva de se abordar as relações de poder político e econômico sobre as quais se sustentaram a construção e consolidação do Império Português. Parte-se do pressuposto de que coube à categoria da nobreza os principais benefícios da exploração ultramarina portuguesa. Um *ethos* nobiliárquico pautado pela ação de prestação de serviço à Coroa foi se

---

5   OLIVAL, Fernanda. *As Ordens Militares e o Estado Moderno*. Honra, mercê e venalidade em Portugal (1641 – 1789). Lisboa: Estar Editora, 2001. p. 18.

6   *Idem*

7   GODELIER, Maurice. *O enigma do dom*. Rio de Janeiro: Civilização Brasileira, 2001. p. 71.

impondo entre os membros da nobreza, servindo de base de sustentação da relação de reciprocidade de interesses, a qual orientou o encontro entre a Coroa e seus súditos privilegiados do reino. Nesse caso, entendemos que esse *ethos* metropolitano atravessou o Atlântico e alcançou os indivíduos da colônia, sedimentando entre eles o imaginário de pertencimento a uma mesma dimensão imperial, o que os credenciava a lutar pelos mesmos benefícios e privilégios dos reinóis.

No segundo capítulo, intitulado "A Bahia na dinâmica do Império português", o eixo central da análise foi a identificação, na Bahia do século XVIII, de ações no campo econômico, social e político que permearam a relação entre a Coroa e as parcelas das elites coloniais. Havia, subjacente a essa relação entre Coroa e súditos coloniais, uma dinâmica de exploração e coerção por parte da Coroa, mas, ao mesmo tempo, as brechas próprias a uma organização sistêmica com a dimensão alcançada pelo Império português na América foram devidamente utilizadas pelos colonos como estratégia de negociação e legitimação de interesses de ordem privada.

Além disso, quando se adentra no pantanoso campo das relações de poder no interior do sistema colonial português, possivelmente se é tragado pelo debate dos elementos constitutivos da crise desse mesmo sistema. Para que fosse possível se ter um entendimento de que havia a possibilidade de flexibilização e de real negociação de interesses particulares no interior do sistema colonial, foi necessário desviarmos o olhar da dinâmica de funcionamento desse sistema para uma análise conceitual que levasse em conta uma estruturante e permanente condição de vulnerabilidade do mesmo. Nesse caso, nos afastamos do entendimento de que o antigo sistema colonial se estruturou em torno de uma trajetória caracterizada por uma fase abertamente coercitiva, possibilitando um duradouro período de supressão de qualquer tipo de resistência aos seus mecanismos de exploração. Ao mesmo tempo, não corroboro com a ideia, que parece bastante teleológica, de que na segunda metade do século XVIII emergiu um esboço de crise que se consumaria em fins desse mesmo século. Para tanto, partimos do pressuposto de que a relação cotidiana entre a metrópole e a colônia foi muito mais dinâmica e complexa, apresentando com isso um alto grau de imprevisibilidade, em termos de processo histórico.

Nesse capítulo, mais do que se restringir a um debate teórico, foi possível demonstrar, através de uma série de testemunhos documentais, o quanto a relação metrópole/colônia podia ser estendida ao máximo – dentro do limite do próprio sistema – em benefício de reivindicações dos colonos. Procuramos também demonstrar, quer seja se legitimando a partir da configuração de uma elite nobilitada em território colonial, ou através do exercício do poder nas principais instituições presentes no espaço urbano municipal, que as elites baianas do século XVIII teceram, no interior da relação metrópole/colônia, uma progressiva participação por parte da periferia, sem que isso fosse necessariamente sinônimo da aquisição de "direitos de periferia".[8]

Em termos de organização social, a utilização da categoria analítica Antigo Regime para o entendimento da sociedade colonial baiana do século XVIII se mostrou com possibilidades operativas, ainda que seja sempre necessário demonstrar as limitações de importações europeias para a dinâmica colonial. Constituída por uma base escravista em larga escala, a composição social da Bahia no século XVIII deve necessariamente ser estabelecida a partir desse parâmetro. Portanto, o uso da categoria estamento e de referências como pureza de sangue e vida nobre, típicas da organização social do Antigo Regime europeu, foram utilizados apenas como critérios que possibilitassem estabelecer uma hierarquia de grau no interior da complexidade social em que se constituiu a estrutura social da Bahia colonial.

No capítulo terceiro, intitulado "As brechas de ascensão ao estado de nobreza", identificamos, a partir de levantamento documental, as estratégias utilizadas pelos membros das elites baianas do Setecentos, visando legitimarem-se simbolicamente como membros de uma categoria privilegiada em território colonial.

O fato de se ter identificado nesta obra a presença de uma "nobreza local" como condição de enquadramento social por parte das elites baianas do século XVIII se justifica a partir de um conceito de nobreza estabelecido conforme mecanismos de distinção e hierarquização social no interior da sociedade baiana. Oriundos da grande propriedade e do comércio formou-se na Bahia um grupo de indivíduos que buscou reproduzir, em território colonial, a mentalidade nobiliárquica do Antigo Regime português. Cronistas coevos se referiram a uma nobreza baiana quando buscaram estratificar sua camada superior. Ainda que não se tratasse de um estatuto jurídico, na prática, a condição de viver aos moldes da nobreza reinol legitimava, na Bahia colonial, a condição de superioridade social de alguns indivíduos.

Nesse capítulo, contemplamos uma série de espaços identificados como nobilitantes, e que foram utilizados de maneira consistente pelos diversos membros

---

8   RUSSEL-WOOD, A. J. R. Centros e periferias no mundo luso-brasileiro,1500-1808.Rev. bras. Hist., São Paulo, v.18, n.36, p. 187-250, 1998.Disponível em:<http://www.scielo.br/scielo.php?script=sci_arttext&pid=S010201881998000200010&lng=pt&nrm=iso>. acessos em 18 abr. 2014.

das elites baianas. O Tribunal do Santo Ofício e suas inquirições constituíram-se em atestados de nobilitação dos mais legitimadores. Servir ao Santo Ofício como familiar foi atitude das mais valorizadas entre aqueles que buscavam legitimar sua ascensão social em território da Bahia colonial. Ostentar a insígnia da Ordem de Cristo também esteve dentre as mais procuradas estratégias de nobilitação das elites baianas. Entretanto, entendemos que, na colônia, o privilégio de apresentar-se como Fidalgo da Casa de Sua Majestade, e consequentemente receber do próprio rei essa dignidade, dava ao colono a sensação que mais se aproximava de uma verdadeira legitimidade jurídica, em termos de distinção social.

No capítulo quarto, intitulado "Exercitando o poder no Antigo Regime baiano", partimos da ideia de que, para o século XVIII, assim como ocorreu no reino, distante das grandes guerras e batalhas que favoreceram as mercês régias de séculos anteriores, o pressuposto de honra que garantisse ao colono almejar uma distinção honorifica por parte da Coroa voltou-se principalmente para o serviço na administração pública. A consolidação das diversas instituições imperiais e locais como centros de decisão e espaços de negociação de poder possibilitaram às elites candidatar-se a uma condição nobilitante. Ressalva-se, entretanto, que entendemos a categoria elite como o conjunto dos indivíduos com lastro econômico suficiente para ser distinguido socialmente, mas, não necessariamente todos eles adentraram as esferas de poder, que possibilitasse a nobilitação. Mesmo que o conjunto das elites configurasse uma camada social de privilegiados, a hierarquização no interior desse grupo se definia através de instrumentos resultantes da própria dinâmica das relações de poder local.

O poder concelhio identificado no Senado da Câmara constituiu-se no exercício de poder por excelência, no interior da disputa política local. Sua centralidade, em termos de decisões cotidianas, o fazia merecedor da estima e da grande procura por parte dos colonos. No que se refere às Ordenanças, como representante do Governo das armas, mais do que simbolizar o espaço de poder que tinha a prerrogativa de legitimar-se pelo uso da força, serviu também como um estratégico elemento de controle social por parte da Coroa.

Nesse capítulo, foi possível identificar informações bastante consistentes no que se refere à configuração de uma elite baiana de circulação imperial. Compreendemos que a Universidade de Coimbra caracterizou-se como representante simbólica de uma força centrípeta no interior do Império português. Por conta disso, identificar a presença dos baianos em Coimbra deu a devida dimensão do quanto as elites coloniais podem alcançar, em termos de presença e diálogo com os outros espaços geográficos que compunham o Império. Os baianos sempre estiveram entre os mais numerosos dentre os que ingressaram na Universidade no século XVIII. Muitos dos que nela se formaram fizeram a leitura de bacharéis no Desembargo do Paço[9] e ampliaram sua dimensão imperial, ao servirem como magistrados nos diversos territórios que compunham o espaço do Império português.

As abordagens presentes nesses quatro capítulos fazem parte de um conjunto de informações e análises cujo objetivo visou criar uma contextualização da Bahia no século XVIII, que servisse de preâmbulo histórico para a entrada em cena da trajetória dos Pires de Carvalho e Albuquerque. Os temas abordados nesses quatro capítulos iniciais buscaram fazer emergir uma realidade histórica que demonstrasse de maneira empírica a possível compatibilidade entre as ações coercitivas do exercício de poder metropolitano e a capacidade do colono de negociar uma existência social que possibilitasse a reprodução, na colônia, de práticas do Antigo Regime português.

Os dois últimos capítulos dedicaram-se ao tema que sustenta, de maneira mais empírica e comprobatória, o objeto central deste livro. Neles, contemplou-se pesquisa de estudo de caso, que mergulhou no cotidiano das relações de poder da família Pires de Carvalho e Albuquerque, identificada como uma das mais ricas e poderosas da Bahia no século XVIII. A opção, no universo das famílias de elite da Bahia colonial, pelos Pires de Carvalho e Albuquerque, se justificou não só por sua força econômica – proprietários que foram de diversos engenhos e ofícios –, pela presença no Senado da Câmara, nas Ordenanças e na Misericórdia, mas, principalmente, por terem sido eles, por quase toda segunda metade do século XVIII, os proprietários do ofício de Secretário de Estado. O exercício desse ofício não só lhes favoreceu em rendas, como também, por dar-lhes o controle da burocracia cartorial da administração colonial, os posicionou hierarquicamente, no que diz respeito ao poder político, abaixo apenas do vice-rei.

O capítulo quinto, intitulado "A Casa dos Pires de Carvalho e Albuquerque: família, sociedade e estratégias de nobilitação no Antigo Regime baiano", acompanha a trajetória da referida família, a partir de seu processo de configuração das relações matrimoniais e de reprodução social em território colonial. Ao estudarmos

---

9   Para servir nos chamados lugares de letras, os bacharéis em cânones ou leis teriam que submeter-se à leitura de bacharéis, uma espécie de inquirição sobre a vida do candidato e de seus ascendentes. Uma vez aprovado, o candidato estaria apto a prestar os exames no Desembargo do Paço e iniciar a carreira na magistratura.

as estratégias de reprodução social dos Pires de Carvalho e Albuquerque, foi possível perceber o quanto o conceito de casa, como uma instituição representativa da centralidade e do exercício de poder privado, foi aplicado, reproduzindo a lógica tipicamente reinol de ampliação, defesa e legitimação, no tempo e no espaço, do patrimônio familiar.

Ao acompanharmos de maneira mais empírica e minuciosa a trajetória dos Pires de Carvalho e Albuquerque, vimos emergir uma espécie de *modus operandi*, em termos de trajetória sócio/econômica que, sem grandes dificuldades, poderia ser estendido a outras famílias das elites baianas. Mais do que apenas acumular riquezas e bens, as elites buscavam incessantemente reunir capital simbólico suficiente para, não só legitimar socialmente seus membros no presente, mas também para legar aos seus descendentes todas as dignidades inerentes a uma condição social nobilitante.

No sexto e último capítulo, intitulado "A Casa dos Pires de Carvalho e Albuquerque: Relações cotidianas com os poderes estabelecidos", focalizamos a presença da família em três importantes espaços de poder colonial: o Senado da Câmara, as Ordenanças e a Secretaria de Estado do Brasil. No que diz respeito ao primeiro, constituiu-se como o grande centro decisório do poder concelhio. Foi, o Senado da Câmara, a principal porta de entrada para aqueles que buscavam definir-se hierarquicamente no conjunto da estrutura social baiana do século XVIII. Muitos dos Pires de Carvalho e Albuquerque fizeram questão de ocupar o ofício de Vereador por diversos mandatos. Não faziam nada de original, apenas reproduziam a lógica da cultura política da época.

Servir nas Ordenanças como oficial e, ao mesmo tempo se beneficiar de todas as distinções do cargo, foi mais uma das experiências vividas pelos Pires de Carvalho e Albuquerque, em devida consonância com uma prática que correspondia à estratégica acumulação de mercês e privilégios, tão necessários à consolidação do lugar social da família. No caso da Secretaria de Estado do Brasil, exercida em forma de monopólio em quase toda segunda metade do século XVIII, deu-lhes o controle da burocracia e da memória cartorial da administração colonial.

Em síntese, o leitor vai perceber que o eixo que conduz e articula os diversos capítulos é a estratégia de se criar um ambiente histórico que articulasse ações de natureza teórica e prática no âmbito da realidade histórica da América colonial portuguesa, possibilitando identificar, em território colonial, a reprodução da lógica metropolitana que caracterizou as relações políticas e sociais do Antigo Regime português. Boa leitura a todos.

Capítulo 1

Esboço de um debate teórico

A economia da mercê: A coroa como centro redistribuidor de distinções

As Ordenações do Reino de Portugal estão repletas de caracterizações do que seria um bom e virtuoso monarca. "O principal bem que se requer para ministrar a justiça assim é a sabedoria, porque escrito é, que por ela reinam os Reis", diz a legislação afonsina.[1] Com efeito, o pensamento político português para o exercício do poder no Antigo Regime configurou-se em torno da ideia da liderança do monarca, responsável central pela ampliação e consolidação do Império. Um rei bom, virtuoso e justo, deveria manter a felicidade dos vassalos, mas sem perder de vista o exercício do poder político e a condução e administração das conquistas. Resgatando a tradição portuguesa do princípio da origem pactícia do poder, coube à Coroa estabelecer com seus vassalos uma relação de troca de favores que alcançou inclusive o ultramar, e cujo exemplo prático tomou a feição do que ficou conhecido na historiografia como "economia da mercê".

Na historiografia portuguesa mais recente, destacam-se, em relação aos conceitos de "economia da mercê",[2] assim como de "economia do dom",[3] as analises pre-

---

[1] http://www1.ci.uc.pt/ihti/proj/afonsinas/. Consultado em 12 de setembro de 2013.

[2] Será explicado em momento posterior do texto.

[3] Resultado dos estudos de Marcel Mauss, de maneira geral, a economia do dom representa uma forma de organização social que consiste em relações de reciprocidade a partir de doações de presentes ou serviços entre pessoas, sendo fundamental para construir alianças e fidelidades.

sentes nas obras de Antônio Manuel Hespanha, Ângela Barreto Xavier e Fernanda Olival. Inspirados principalmente nas reflexões presentes nos trabalhos de Marcel Mauss[4] e Michael Foucault,[5] os três autores desenvolveram argumentações que têm permitido entender, de outra perspectiva, a dinâmica das relações de poder presentes no Antigo Regime português.

O pressuposto teórico de Hespanha e Xavier para explicar o tipo de relação que o monarca português empreendeu com seus vassalos se respalda no que eles chamaram de "paradigma corporativo". De origem medieval, o paradigma corporativo percorreu todo o período moderno português. A base desse pensamento corporativo é a ideia de que a sociedade se estrutura como um corpo que articula várias partes com funções específicas, mas interdependentes. Assim se estruturava a organização política portuguesa do Antigo Regime: o poder era, por natureza, dividido. O soberano representava a cabeça e tinha a responsabilidade de manter a harmonia entre todos os seus membros.[6] A ordem proposta pelos autores se afirma com base na ideia do caráter natural da constituição social, leis naturais as quais o soberano não pode subverter. Disso, depreende-se que existe uma origem de natureza legal no exercício pactício do poder português, ou como afirmam os autores: "não é o pacto que fundamenta o direito, mas é antes este que funda a obrigatoriedade dos pactos".[7] Portanto, é com base nessa pressuposta existência de um pacto legal entre o monarca e a sociedade que foram instituídas as relações de poder no Antigo Regime português.

Aprofundando o debate sobre as relações de poder entre monarca e súditos, Hespanha e Xavier se respaldam no que eles chamaram de "economia do dom". Vejamos a definição dos autores para o dom:

> Ato de natureza gratuita, o dom fazia parte, na sociedade do Antigo Regime, de um universo normativo preciso e minucioso que lhe retirava toda a espontaneidade e o transformava em unidade de uma cadeia infinita de atos

---

4   MAUSS, Marcel. Ensaio sobre a dádiva. In: Mauss, M. *Sociologia e Antropologia*. SP, Cosac Naif, 2003.

5   FOUCAULT, Michel. *Microfísica do poder*. Rio de Janeiro: Graal, 1979.

6   XAVIER, Ângela Barreto; HESPANHA, A. M. A Representação da Sociedade e do Poder In: MATTOSO, José (dir) & HESPANHA, Antônio Manuel (org). *Historia de Portugal*, volume 4: O Antigo Regime (1620 – 1807). Lisboa: Editorial Estampa, 1998, p. 114.

7   *Ibidem*, p. 115.

beneficiais, que constituíam as principais fontes de estruturação das relações políticas.[8]

O exercício do poder político se dava pela capacidade de dispensar benefícios. O ato de dar era, necessariamente, seguido pelo de receber e restituir, sendo esse o conjunto de ações que contribuíam para o funcionamento da economia do dom. A doação poderia ser interpretada como uma relação de amizade estabelecida sem a obrigatoriedade de contrapartida. Entretanto, por se tratar de uma relação de natureza política com ligações assimétricas de amizade, seria necessário constituir relações de tipo clientelar,[9] nas quais ficasse instituída a obrigatoriedade da reciprocidade.[10] O tipo clientelar de relações baseava-se na troca entre indivíduos livres, ainda que desiguais, e se dava pela prestação de serviços em troca de submissão política – *effectus* em troca *de affectus*.[11] De acordo com Hespanha e Xavier, nos séculos XVI e XVII, esta foi a lógica básica de exercício do poder político.

No que tange à "economia do dom" no funcionamento da sociedade do Antigo Regime português, Hespanha e Xavier a vinculam à existência de uma obrigação do rei em confirmar as doações régias anteriores, seja aos donatários, seja a seus sucessores. Indo além, afirmam os autores:

> O caráter 'devido' de certas retribuições régias aos serviços prestados à coroa parece introduzir uma obrigatoriedade nos atos de benefícios reais, assim não apenas dependentes da sua vontade ou da sua *ratio*, mas muito claramente de uma tradição e de uma ligação muito forte ao costume de retribuição.[12]

---

8   XAVIER, Ângela Barreto; HESPANHA, A. M. As Redes Clientelares In: MATTOSO, José (dir) & HESPANHA, Antônio Manuel (org). *Historia de Portugal*, volume 4: O Antigo Regime (1620 – 1807). Lisboa: Editorial Estampa, 1998, p.340.

9   Entendo que as relações sociais no Portugal do Antigo Regime obedeciam a uma lógica clientelar na medida em que se fundamentava nas relações de amizade e fidelidade. Haviam trocas de interesses entre as partes, estabelecidas a partir da interdependência e constituindo redes de sociabilidades entre os envolvidos.

10 XAVIER, e HESPANHA, *Op. cit.*, p. 340.

11 *Ibidem*, p. 343.

12 *Ibidem*, p. 347.

O que se verifica é a hereditariedade das mercês e a consequente limitação do poder central.[13]

Uma possível síntese das ideias defendidas por Hespanha e Xavier identifica no exercício do poder central – principalmente nos séculos XVI e XVII – uma sujeição e constrangimento impostos pela economia de favores, cabendo ao rei adequar-se ao jogo político da época, empoderando suas próprias redes clientelares de modo a neutralizar as outras.

Na obra de Fernanda Olival, as mercês, enquanto instrumento do exercício do poder político, receberam tratamento diferenciado. Apesar de o contexto político continuar sendo o do Antigo Regime, e a concepção de sociedade ser de base corporativa, para Olival, as mercês criam as condições objetivas para se instituir relações de poder com perfil de reciprocidade de favores. O ponto de partida de Olival é a liberalidade régia, que ela identificou na cultura política do Antigo Regime como virtude própria de reis.[14] Porém, para Olival, os séculos XVII e XVIII serão tanto os de "capitalismo comercial"[15] quanto os de afirmação e consolidação do poder central, o que exigia uma sintonia entre as ações de liberalidade e o aumento da riqueza régia, ato que se explicava da seguinte forma:

> Os reis deviam ter grandes riquezas, como advogavam muitos arbitristas de feição mercantilista de Seiscentos e de Setecentos, exatamente para poderem distribuir mais recursos e manterem mais servidores. Quantos mais fossem estes últimos, e mais ricos, maiores poderiam ser os domínios e os meios dos Príncipes. Nenhuma destas premissas era, em última análise, incompatível com o capitalismo comercial.[16]

Apesar de tomar emprestado de Marcel Mauss o conceito de dom, Olival busca, de certa forma, adequá-lo à realidade econômica portuguesa do século XVIII,

---

13 XAVIER, e HESPANHA, Op. cit. p. 346.

14 OLIVAL, Op. cit., p. 15.

15 Olival opta pela utilização do termo "capitalismo comercial" para caracterizar o sistema econômico do Antigo Regime europeu. Tenho uma posição contrária a essa opção por entender que apenas o capital industrial pode constituir-se como sujeito e, portanto, caracterizar o modo de produção capitalista. Antes disso, e esse é o caso do Antigo Regime, o que se teve foi "capital comercial" não caracterizando ainda um modo de produção autônomo. Isso, entretanto, não inviabiliza a análise de Olival.

16 OLIVAL, Op. cit., p. 17.

afastando-o da "essência moral e religiosa" que, para Mauss, motivaria a inalienabilidade e a obrigação de retribuir presentes no ato de dar.[17] Olival observa o quanto o gesto de dar se insere numa cadeia de obrigações recíprocas que formam um todo.[18] Sobre o ato de dar, a autora faz o seguinte enquadramento, naquilo que ela veio a designar como "economia da mercê":

> Não é pois, um ato gratuito e desinteressado. Como já foi referido, também não o era nos séculos XVII e XVIII. Disponibilidade para o serviço, pedir, dar, receber e manifestar agradecimento, num verdadeiro círculo vicioso, eram realidades a que grande parte da sociedade deste período se sentia profundamente vinculada, cada um segundo a sua condição e interesse. Eis o que designamos por economia da mercê.[19]

Uma justiça distributiva estava na essência da economia da mercê, e servir à Coroa com objetivo de adquirir recompensas tornou-se, entre os reinóis, atitude comum em Portugal;[20] uma noção de justiça em que o monarca assumia o papel de juiz, constituía a unidade do reino e a autoridade do rei e correspondia "ao princípio 'de dar a cada hum o que he seu', quer no repartir do prêmio e do castigo (justiça distributiva), quer no cumprimento dos contratos (justiça comutativa)".[21] No século XVIII, se fez necessário, entretanto, um enquadramento normativo do ato de dar, por parte da Coroa. Longe de se caracterizar como um ato de espontaneidade, a liberalidade deveria obedecer a preceitos, a fim de se adequar à política geradora do amor dos vassalos.

Algo que sobressai no trabalho de Olival, e que dialoga diretamente com o tema da convergência na colônia de elementos da cultura política do reino, diz respeito ao conceito de mercê remuneratória. Da leitura que fizemos na documentação referente à família Pires de Carvalho e Albuquerque, no que tange principalmente às solicitações de mercês como fruto de serviços prestados, emerge um tipo de ação que se enquadra perfeitamente nas estratégias de negociação em torno da prática de

---

17 GODELIER, Maurice. *O enigma do dom*. Rio de Janeiro: Civilização Brasileira, 2001. p. 71.
18 OLIVAL, Op. cit., p. 18.
19 Idem.
20 Idem.
21 Ibidem, p.20.

mercê remuneratória. Olival faz o seguinte enquadramento do conceito, dentro da lógica da cultura política do Antigo Regime:

> Em suma, os serviços constituíam, até, uma forma de investimento, ou seja, um capital susceptível de ser convertido em doações da Coroa, num tempo posterior. E com uma vantagem: a recompensa régia tinha frequentemente fortes conotações honoríficas, além do valor econômico que pudesse ter. Esta particularidade era essencial numa sociedade organizada em função do privilégio e da honra, da desigualdade de condições, que cada um devia esforçar-se, não por esconder, mas por exibir, até de forma ostensiva.[22]

Apesar de caracterizarem-se como um direito dos vassalos, os serviços e suas respectivas recompensas régias tinham que prestar-se também ao bem estar do poder régio. Segundo Olival, o peso dos serviços e das liberalidades na relação política entre a Coroa e os vassalos seria permeado e se assentaria nos elos da economia da mercê, e mais do que isso, se constituiriam nas verdadeiras traves mestras do Estado Moderno português.[23] Ao se consolidar como centro redistribuidor das distinções, a Coroa não só se afirmava como centro de poder político, mas também como responsável pela modelagem da mobilidade e controle social, seja no reino ou no ultramar.

O papel da economia da mercê na relação entre Coroa e nobreza reafirma cada vez mais que a distribuição de proventos e honras sob o controle da Coroa permitiu, em Portugal, o tão necessário equilíbrio de interesses entre ambas. O fato de a nobreza ter estado nos bastidores dos destinos da monarquia por boa parte do Antigo Regime não permite, entretanto, afirmar categoricamente que a existência de um poder central em Portugal tenha sido apenas uma quimera. A Corte sempre manteve sua representatividade de lugar central. No entanto, o poder senhorial, aqui usado numa perspectiva ampliada, que alcança a elite que se formou na colônia, integrou-se dialeticamente ao centro do poder ou aos seus tentáculos militar, religioso e administrativo, presentes nas diversas partes que constituíram o Império.

De modo geral, do que relatamos até agora, é possível identificar a existência de uma prática política com base em princípios de uma tradição de larga presença na historia portuguesa do ato de "dar" como uma prerrogativa régia e em consonância com uma expectativa de remuneração justa por parte dos vassalos. Esse

---

22 *Ibidem*, p. 23.
23 *Ibidem*, p. 31.

componente da cultura política que se consolidou durante os séculos XVI e XVII alcançou o século XVIII e se radicou como um estratégico instrumento das relações de poder do Antigo Regime. Entretanto, ressalvamos que o uso dos conceitos tanto de economia do dom como o da mercê, para o século XVIII, deve estar em sintonia com as transformações estruturais da base econômica da Europa. Portanto, o uso de formulações, como a da economia do dom, analisada por Mauss para épocas de baixa monetarização, precisa sofrer adaptações, pois, em tempos de capital mercantil, tanto as fontes de riqueza da Coroa, quanto o ato de redistribuí-las aos vassalos, atendia a interesses que iam além de uma simples motivação inata do monarca.

A análise da trajetória de representantes das elites baianas e suas relações com o campo político, econômico e social da colônia, visa compreender não só suas estratégias de acumulação, como a própria busca de ascender à condição nobilitante. Essas práticas se deram no contexto de uma cultura política que compreendeu a presença de um poder central consolidado na figura do monarca, e por sua postura de redistribuidor de benefícios e distinções aos seus vassalos, bem como, por uma ideia de sociedade organizada em função do privilégio e da honra, cujo *ethos* social via na prestação de serviços à Coroa uma forma de adquirir qualidade social.

Toda essa possibilidade de se estender para a colônia as práticas e a mentalidade presentes na metrópole só se fez possível pelo fato de ter a colônia vivenciado experiência econômica que facultou a alguns dos membros de suas elites constituírem uma base monetária e de *status* densa o suficiente para se perceberem não como meros indivíduos da periferia do sistema, mas como sujeitos ativos que, ao viverem à lei da nobreza, reproduziram um *ethos* nobiliárquico que lhes possibilitava atuarem plenamente como vassalos da Coroa portuguesa.

Nobreza e *ethos* nobiliárquico no contexto do Antigo Regime português

O Império português se estruturou a partir de diversas conexões entre o centro metropolitano e a "periferia" colonial. Entendemos, nesse caso, que para melhor compreensão, o olhar deva ser desviado para o núcleo da sociedade metropolitana, tendo-a como matriz geradora das estratégias que foram utilizadas pelo poder central na sua relação com as outras partes do Império.

Os séculos XV e XVI foram os de ascensão e apogeu das monarquias ibéricas. Os resultados das conquistas territoriais empreendidas por Espanha e Portugal não só as tornaram pioneiras, como as fizeram as principais e, em alguns momentos, únicas grandes beneficiadas pela nova dinâmica econômica oriunda da criação e articulação de relações mercantis em escala ampliada. Por outro lado, esses anos de hegemonia financeira produziram no interior dessas sociedades uma inércia econômica, cujo desdobramento, no decorrer dos séculos seguintes, sedimentou um ritmo de desenvolvimento que, se funcionava para as conjunturas dos séculos XVI e XVII, mostraram-se completamente desajustadas para o século XVIII em diante.[24]

O impacto causado nas duas nações ibéricas, em consequência das conquistas, pode ser sentido em praticamente todos os setores que compunham as respectivas sociedades. Para o caso português, em termos de estrutura social, coube à nobreza o privilégio de se beneficiar com as bonanças dos primeiros séculos modernos. O Estado que conduziu a expansão marítima, ao buscar o caminho do mercantilismo monopolista, optou pela burocratização e pelo fiscalismo régio, em detrimento das iniciativas particulares.

A necessidade que teve o Estado português de afirmar sua política monopolista comprometeu diretamente os empreendimentos privados. Essa prática centralizadora de exercer o poder econômico acabou por favorecer uma parcela da nobreza que se beneficiou das licenças e contratos de arrendamentos dados a eles como privilégios e mercês régias.[25] A fidalguia portuguesa, ainda que se assentasse na propriedade fundiária, participava, também, dos réditos públicos, "tendo em boa parte ao seu serviço um Estado profundamente mercantilizado".[26]

Segundo Vitorino Magalhães Godinho, a sociedade portuguesa da época das conquistas ultramarinas, além de não ter "os meios modernos de produção de subsistências, viu extremamente reduzido o seu setor produtivo de base e extraordinariamente avolumadas todas essas classes que não participam na produção".[27] A disponibilidade de ter em seu benefício um Estado respaldado na atividade mercantil provocou a emergência de uma nobreza rentista e perdulária no Portugal do Antigo Regime.

O capital mercantil, principalmente o da época açucareira do Brasil, ainda que tivesse dado ao setor econômico vinculado às atividades portuárias um papel

---

24 GODINHO, Vitorino Magalhães. *A Estrutura na Antiga Sociedade Portuguesa*. Lisboa: Arcadia, 1971. p. 55.

25 FRANÇA, Eduardo D'Oliveira. *Portugal na época da restauração*. São Paulo: Hucitec, 1997. p. 308.

26 GODINHO, *Op. cit.* p. 55.

27 *Ibidem*, p. 88.

relevante em termos econômicos, não foi suficiente para criar algum tipo de força burguesa no interior da estrutura do Estado português. Dependente direto da manutenção da unidade territorial e da acumulação financeira resultante de uma administração colonial fiscalista, coube ao Estado português instituir estrategicamente relações de reciprocidade e aliança, política e econômica, com os setores nobiliárquicos d'aquém e d'além mar.

A relação entre o poder central e o estamento nobre da sociedade portuguesa é coisa de longa data, e precede o período moderno. Desde a gênese da formação do reino e do Estado português, mostrou-se necessária a constituição de uma via de mão dupla entre nobreza e Coroa, com impactos diretos na consolidação e legitimação de ambas. O longo processo de maturação da centralidade política portuguesa foi sendo tecido com base na concessão de estratégicos benefícios por parte do monarca aos membros do clero e da nobreza.[28] Conforme José Mattoso, "a capacidade de distribuir favores que a Coroa portuguesa sempre conseguiu preservar dotou-a, por outro lado, de um enorme fascínio, levando os nobres que os pretendiam a aproximar-se o mais possível da Corte".[29]

Essa prática tomou contornos de permanência no histórico das relações entre o poder central e as categorias sociais privilegiadas. Por outro lado, esse privilégio da nobreza frente aos outros grupos que compunham a estrutura social portuguesa pode ser explicado a partir da própria evolução do exercício do poder estatal em Portugal. Nascido de pioneira unidade política, o Reino português configurou-se em torno de uma macrocefalia estatal que o levou a exercer uma força centrípeta na sua relação com os segmentos sociais. O fato de se posicionar como o grande condutor da economia deu ao Estado uma situação de força atrativa sem concorrentes. Verdadeiras redes clientelares se constituíram em torno dele, compostas não só de funcionários, como também de fidalgos e cortesãos, cuja fidelidade era mantida pelas diversas concessões de mercês e privilégios.[30]

Apesar da existência de outros centros econômicos, como o Porto, por exemplo, o fato é que a economia portuguesa viveu basicamente em torno de um único grande centro urbano: Lisboa. Esse fato veio a fragilizar as outras cidades e, con-

---

28 MATTOSO, José. A Identidade Nacional. *Cadernos Democráticos*. Coleção Mario Soares, Gradiva.p.53.
29 *Idem.*
30 *Idem.*

sequentemente, dificultar o fortalecimento dos segmentos mercantis vinculados a uma economia dimensionada pelo espaço urbano. A força monopolista da monarquia sobre o segmento mercantil apenas reafirmou a importância de Lisboa, mas pouco impacto provocou no resto da sociedade portuguesa.

A prática centralizadora da Coroa, além de beneficiar diretamente a nobreza mercantil, de maneira inversa, em nada colaborou para a ascensão do campesinato ou de uma burguesia fundiária. A "fixação de senhorios nobres ou eclesiásticos nas melhores terras do Reino constituiu, na prática, um obstáculo de monta à formação de uma burguesia fundiária suficientemente poderosa para concorrer com os senhores".[31]

Ao firmar-se como grupo social que mais se beneficiou do processo de centralização política, a nobreza também sofreu mudanças comportamentais e de hábitos. Tradicionalmente vinculada à guerra e, consequentemente, às ações de defesa nos campos de batalhas, a condição de nobre ganhou novos contornos, com impacto direto em seu cotidiano. Na medida em que as monarquias modernas iam se legitimando, a nobreza tornava-se cortesã, e a convivência nas cortes a transformava.[32]

Se em épocas anteriores à da transição para o período moderno os nobres eram identificados basicamente pelas funções que desempenhavam, prescindindo até mesmo da dimensão da hereditariedade, após o século XVI, a nobreza se afastou cada vez mais de sua condição meramente funcional e passou a representar uma qualidade.[33] Entretanto, o que antes era um direito legitimado pela posição de destaque na lógica fragmentária medieval, em tempos modernos, passou a ser um privilégio, cuja concessão, cada vez mais, se concentrara nas mãos do monarca. Em termos jurídicos, estes privilégios foram sendo, no decorrer do Antigo Regime, consagrados e inscritos no direito.[34]

Nesse novo quadro, no que tange à organização hierárquica da sociedade, coube à monarquia controlar e liderar a organização estatutária e classificatória da nova estrutura social. Papel fundamental desempenhado pela Coroa foi o de assumir o controle do acesso aos diversos graus de nobreza – recurso de poder que

---

31 *Ibidem*, p. 55.
32 MENEZES, Sezinando Luis. e NAGEL, Lizia Helena. Considerações sobre as transformações sofridas pela nobreza portuguesa na Época Moderna. *ActaScientiarum*. Human and Social Sciences Maringá, v. 25, no. 2, 2003. p.318.
33 MONTEIRO, Nuno Gonçalo. O 'Ethos' Nobiliarquico no final do Antigo Regime: poder simbólico, império e imaginário social. *Almanack braziliense*, n 2. Novembro de 2005. p. 6.
34 *Ibidem*, p. 5.

se mostraria essencial para as monarquias.[35] Ao mesmo tempo, para desempenhar esse "monopólio régio das classificações sociais",[36] a Coroa necessitou de fundos que possibilitassem a instauração de uma relação de lealdade com seus vassalos tanto do primeiro escalão da nobreza quanto de sua base.

Pressupomos de que a condução da monarquia passou pela negociação com a categoria da nobreza, que, por sua vez, vivenciava um processo de hierarquização interna. A via de aproximação e controle desse estrato social deu-se com a remuneração dos serviços e, em alguns momentos, com a venda de ofícios nobilitantes, a distribuição e redistribuição de honras e proventos, o controle da concessão de hábitos das ordens militares e o uso dos recursos e ofícios adquiridos na expansão colonial.[37] Tratou-se de um caminho de mão dupla em que monarquia e nobreza tiraram proveito da mesma dinâmica.

A referência a uma estratificação do campo nobiliárquico português, em sintonia com Nuno Gonçalo Monteiro e sua sugestão de que diante de um alargamento dos setores terciários urbanos ocorreu uma ampliação do conceito de nobreza, exigindo da doutrina jurídica a criação de estados intermediários entre a nobreza e o povo mecânico. Uma "nobreza civil e política", proveniente dos cargos exercidos na República, se distinguiu da tradicional nobreza de sangue hereditária. Apesar de uma resistência a esse conceito não tradicional, pois nobreza e fidalguia serão vistas como categorias distintas, para Monteiro, "em geral, a literatura jurídica consagra o alargamento do conceito de nobreza".[38] Ainda que não se pudesse chamar esse outro gênero de nobres, de Cavaleiros ou Fidalgos, tinham eles quase todos os seus privilégios e direitos.[39]

No rastro do alargamento ocorreu uma síntese conceitual que viria a favorecer certa normatividade no enquadramento da categoria nobreza, de modo que, "dizendo, em geral, que alguém era nobre, se dizia que tinha, pelo menos, os privilégios e isenções da mais modesta das categorias particulares de pessoas privilegiadas pre-

---

35   *Ibidem* p. 6.
36   *Idem*.
37   *Idem*.
38   MONTEIRO, Nuno Gonçalo. Poder Senhorial, Estatuto Nobiliárquico e Aristocracia. In: MATTOSO, José (dir). *História de Portugal*. O Antigo Regime (1620 – 1807), vol. 4. Lisboa: Editorial Estampa, 1998, p. 299.
39   *Idem*.

vistas na lei".[40] Enquadrar juridicamente o conceito de nobreza facilitava a aplicação das normas do direito comum ao estabelecimento dos privilégios genéricos para os nobres, ou para definir a condição de nobre no desempenho de funções.[41]

É preciso pensar a forma de como uma sociedade de base econômica e social arcaica[42] conseguiu, a partir do século XVI, conciliar uma dinâmica senhorial com um império de dimensões transcontinentais, inserido em um contexto de fortes transformações na base econômica da Europa. Como em qualquer organização social, os grupos sociais se definem e se distinguem em função do tipo de relação estabelecida entre eles. No caso da nobreza portuguesa do Antigo Regime, analisar seu processo de distinção social implica acompanhar os diversos mecanismos de obtenção e manutenção de privilégios que viessem a distingui-la do restante dos estratos sociais. Os mecanismos de distinção pareceriam fluidos diante da complexidade em que se mostrou, na prática, a institucionalização dos diferentes graus de nobreza. No fundo, caminhou-se para mecanismos cotidianos, cuja prova de distinção social dava-se basicamente no "viver-se sob as leis da nobreza".

A política mercantilista implementada pelo Estado português refletiu na economia a lógica intervencionista de um Estado de perfil patrimonial e senhorial. Organizada em estamentos, a sociedade portuguesa do Antigo Regime viu o Estado atuar o tempo todo como um legitimador da estrutura dominial da nobreza. João Fragoso, ao identificar uma matriz arcaica no projeto expansionista português, demonstrou a total compatibilidade dessa matriz na configuração da sociedade colonial:

> Para Portugal, a colonização e a montagem de estruturas socioeconômicas hierarquizadas e excludentes nos trópicos servem ao claro propósito de preservar a antiga ordem metropolitana. A colonização lusa não deveria ter por consequência o fortalecimento de novos grupos e frações sociais fora do controle do Antigo Regime. O Estado português, ao contrario de seu homólogo inglês do século XVII, estará mais preocupado na manutenção da sociedade estamental do que em ultrapassá-la. Se a sociedade e economia

---

40 HESPANHA, Antônio Manuel. A Nobreza nos tratados jurídicos dos séculos XVI a XVIII. *Penélope:* Fazer e Desfazer a História. N 12, 1993, p. 30.

41 *Ibidem*, p.31

42 FRAGOSO, João, FLORENTINO, Manolo. *O arcaísmo como projeto – Mercado atlântico, sociedade agraria e elite mercantil no Rio de Janeiro,* c 1790 – c. 1840. Rio de Janeiro: Sette Letras, 1998. p. 102.

portuguesas da época moderna são arcaicas, isto se dá enquanto projeto assumido, que tem à sua testa a aristocracia e seus sócios aristocratizantes (os mercadores-fidalgos).[43]

O controle do Antigo Regime a que Fragoso se refere pode ser evidenciado a partir do momento em que se analisa a transformação da relação entre Coroa e nobreza, a partir do século XVI. Normalmente, a fase que medeia a passagem do período medieval para o moderno é caracterizada pelo declínio das rendas feudais e advento da acumulação de capital. No caso da nobreza portuguesa, seus rendimentos estavam diretamente vinculados ao que se recebia dos habitantes de seus domínios territoriais. Mas, à medida que se fortalecia o poder central e a economia presenciava transformações internas aprofundava-se a dependência desse segmento social, em relação às prestações cedidas pela Coroa. Em consequência de tal fenômeno, um novo *ethos* se estabeleceu na nobreza portuguesa que, ao tempo em que se elevava o poder monárquico, via na prestação de serviços à Coroa uma forma de adquirir qualidade, aprofundando a dependência do grupo, em relação à figura do monarca.

O setor que se transformou no mais estratégico, tanto para a Coroa em seu objetivo de estabilizar a nobreza quanto para aqueles que buscaram ascender socialmente, fosse na reino ou no ultramar, foi o do exercício de cargos militares e administrativos. Apesar de alguns cargos apresentarem rendimentos apenas honoríficos a quem os exerce, ainda assim poderiam gerar dividendos econômicos, se o beneficiário soubesse usa-los estrategicamente[44]. O fato é que quanto mais o Império se expandia, novos cargos eram criados dentro e fora da metrópole. Uma burocracia precisava ser organizada, principalmente em torno da Corte, e muitos desses cargos "cabiam aos membros da classe senhorial, que constituía, sem sombra de dúvidas, o elemento coadjuvante do rei na organização e no exercício do poder estatal".[45]

A centralidade de decisões por parte da Coroa, se já era uma realidade no todo da história portuguesa, se firmou após a expansão marítima. Ligia Bellini, ao estudar o mundo português no século XVI, apesar de identificar a presença de uma incipiente burguesia por trás do comércio colonial, fez a ressalva de que "foi a Coroa,

---

43 Ibidem, p. 102.
44 CASTRO, Armando. *A Estrutura Dominial Portuguesa dos Séculos XVI a XIX (1834)*. Lisboa: Editorial Caminho, 1992. p. 56.
45 Ibidem p. 58.

e não essa burguesia, que centralmente promoveu e administrou o comércio nos séculos XV e XVI".[46]

Em contexto imperial, aumentou a complexidade de articulação de interesses entre a Coroa e o estamento historicamente privilegiado, pois desse equilíbrio dependeu a própria sobrevivência do Império. Se não foi o grupo nobiliárquico o único que se aproveitou dos dividendos resultantes da expansão marítima, essencialmente foi quem melhor se locupletou da mesma. No Portugal do Antigo Regime, o poder econômico estava subordinado ao poder político-jurídico. Nesse caso, a economia ainda era pensada a partir das motivações de natureza política. Essa condição de centro distributivo colocou a Coroa em posição de negociar um equilíbrio social que conseguisse abranger tanto a nobreza de alto escalão quanto seus setores médios, além de segmentos urbanos e indivíduos que não obstante não pertencessem às grandes casas nobiliárquicas, buscavam ascender a elas pela via do comércio.[47]

A presença de membros da nobreza como comerciantes individuais exercendo a atividade comercial de maneira direta tem sido debatida na historiografia portuguesa com as designações de *mercadores-cavaleiros e cavaleiros-mercadores*. Havia subjacente a essa questão da existência de uma nobreza comercial, um projeto que viabilizava a relação entre o Estado e – para usar um termo de João Fragoso – seus sócios aristocratizantes. Mostrou-se iniciativa bastante proveitosa para a nobreza portuguesa a presença nas ações ligadas ao comércio atlântico, resultante da sua inserção no sistema administrativo estatal. A constância de fidalgos nos principais cargos da administração ultramarina e no setor militar é uma reconhecida realidade histórica.[48] Armando Castro apontou duas formas de adquirir rendimentos pela via do exercício de funções em cargos do aparelho estatal do Império: mediante a remuneração do cargo e pelo recebimento de mercadorias exóticas para comercializar.[49]

A primeira alternativa parece ter sido a mais usual e representou a base principal de enriquecimento da nobreza portuguesa no Antigo Regime. Em termos de

---

46 BELLINI, Ligia. Notas sobre cultura, política e sociedade no mundo português do século XVI. *Revista Tempo*, Rio de Janeiro, v. 4, n. 7. 1999. p. 6.

47 CASTRO, *Op. cit.*, p. 74.

48 CUNHA, Mafalda Soares da. Governo e governantes do império português do atlântico (século XVII). In: BICALHO, Maria Fernanda, FERLINI, Vera Lúcia Amaral. *Modos de Governar*: ideias e praticas politicas no Império Português séculos XVI a XIX. São Paulo: Alameda, 2005. p. 73.

49 CASTRO, *Op. cit.*, p. 74.

hierarquização espacial, os cargos do Brasil só tinham como concorrentes diretos o Estado da Índia e o próprio reino. Os cargos mais importantes, como os de governadores e capitães-mores, eram os mais atrativos e, ao mesmo tempo, muitas vezes, os mais perigosos. Por conta disso, as negociações para aceitá-los eram iniciadas muito antes, e dentre os principais pontos da pauta estavam o valor de benefícios como, ordenado, complementos remuneratórios e titulatura.[50] Fica evidente, diante de todas essas possibilidades de acesso aos réditos da Coroa, que o sistema da administração política, econômica e militar do Estado imperial português não só estava a serviço dos interesses da categoria nobiliárquica portuguesa em todas as suas estratificações como representava o canal fundamental de sustento da mesma.

O novo *ethos* nobiliárquico que se consolidou no reino impactou diretamente no ordenamento das relações sociais e de poder, presentes tanto no reino quanto no ultramar. Se no reino o ordenamento refletiu a manutenção de benefícios e privilégios estabelecidos dentro de uma tradição de perfil medieval pautada em uma estruturação trinitária de sociedade, e tendo como referência a figura do cavaleiro militar, na colônia, ocorreu a adaptação a uma realidade em construção, cujas hierarquias e distinções sociais se constituiriam em torno de uma sociedade refém de uma estrutura escravista. Portanto, é sempre bom deixar bem claro que, o fato de os benefícios régios alcançarem indiscriminadamente reinóis e colonos não significou tratamento igual a ambos. A rígida hierarquização social e de grau, que colocava em posições opostas a nobreza de primeira linhagem presente no reino e a nobreza que se constituía em torno das conquistas ultramarinas, caracterizou toda a dinâmica do processo de nobilitação, no interior do Império português.

Tracejando uma ideia de "nobreza colonial"

Não pretendemos estabelecer aqui um complexo debate conceitual sobre a existência ou não de uma categoria social na colônia que pudesse enquadrar-se como uma legítima "nobreza da terra". Normalmente, na historiografia brasileira, essa realidade se restringe à Capitania de Pernambuco, como resultado dos estudos de Evaldo Cabral de Mello, que identificou na documentação a reivindicação, por parte de uma "açucarocracia" pernambucana, do estatuto de "nobreza da terra"[51]. Fernanda Bicalho

---

50 CUNHA, op.cit., p. 73.
51 MELLO, Evaldo Cabral de. Rubro Veio. *O imaginário da restauração pernambucana*. Rio de Janeiro: Topbook, 1997.p. 153.

posicionou-se em relação ao livro de Mello, utilizando-se do seguinte argumento no que se refere a essa restrição do uso do conceito ao espaço pernambucano:

> Também o fato de dispor de uma clientela ou de um séquito de homens livres e escravos e o exercício de cargos na câmara atribuíram às famílias de senhores de engenho o estatuto de nobreza da terra. Esse estatuto, vivenciado não só em Pernambuco, mas em outras partes da América portuguesa, constituía-se em uma característica da cultura política de Antigo Regime, nos trópicos.[52]

Diante da já citada ampliação do estatuto de nobreza, foi possível para a Coroa intervir de maneira centrípeta sobre o conjunto da sociedade, utilizando-se para isso da distribuição de benefícios. Esse tipo de ação não só manteve inatingíveis os privilégios dos Grandes do reino como também abrangeu e ampliou a base da pirâmide social da categoria privilegiada da sociedade.

Em tempos de aberta transformação no estatuto da nobreza, e, ao mesmo tempo, da necessidade de se governar um território com complexidade de dimensão imperial, não deixa de ser algo factível a extensão, para os espaços coloniais, de privilégios nobilitantes.

Entendemos que estender para a colônia a condição de nobre não significa necessariamente reproduzir de maneira reflexa o estatuto jurídico do reino. Havia sim uma condição nobilitante na colônia, que se materializava nos indivíduos, a partir de uma série variada de artifícios que a constituíam. A condição nobilitante dos indivíduos coloniais deu-se, principalmente, quando os mesmos foram identificados, no interior da sociedade colonial, com as simbologias de distinção advindas da riqueza e, principalmente, dos cargos e mercês régias. Mas isso não era suficiente para constituir de maneira categórica essa condição nobilitante, pois, mais do que ser rico e ter títulos, era necessário viver e ser visto como um nobre, ou como bem afirmou Roberta Stumpf, "a opinião dos homens também fazia e desfazia nobreza".[53]

---

52 BICALHO, Maria Fernanda Baptista. Conquista, Mercês e Poder Local: a nobreza da terra na América portuguesa e a cultura política do Antigo regime. *Almanack braziliense*, n 2. Novembro de 2005. p. 25.

53 STUMPF, Roberta Giannubilo. *Cavaleiros do ouro e outras trajetórias nobilitantes*: As solicitações de Hábitos das Ordens Militares nas Minas setecentistas. Tese de doutoramento apresentada ao Programa de Pós-Graduação em História da Universidade de Brasília, Brasília, 2009, p. 62.

Partindo do pressuposto de que havia uma nobreza colonial, Stumpf identificou no interior dessa nobreza a existência de vários níveis de honra e poder, o que segundo ela, impedia de atribuir uma homogeneidade a esse grupo.[54] A conclusão disso tudo, segundo Stumpf, é de que seria possível estabelecer uma hierarquia de importância no interior da nobreza local e delimitar assim quem eram os indivíduos que tinham "acesso aos recursos políticos, sociais, econômicos e culturais e que sustentam o brilho e a honra que a (verdadeira) nobreza deve possuir".[55]

Aquilo que se pode identificar como uma nobreza local guarda, entretanto, todas as limitações e especificidades inerentes a um espaço periférico. O pertencimento a uma posição hierárquica superior correspondia à dinâmica classificatória de cada sociedade local. Ao fazer uma comparação em termos de prestígio nobilitante entre as instituições de âmbito local e aquelas vinculadas ao poder central, Nuno Monteiro afirmou:

> O acesso aos ofícios da governança, exatamente porque não podiam comprar-se, porque dependia dos contextos locais e porque conferia, fora destes, um prestígio variável, não terá constituído em Portugal o canal privilegiado para o reconhecimento da nobreza. Ao contrário dos hábitos de cavaleiro das ordens militares, que em todo o reino tinham as mesmas condições de acesso e conferiam um idêntico estatuto, a ascensão à governança de uma terra tinha uma eficácia sobretudo local.[56]

Na Salvador do século XVIII, uma camada social – até certo ponto homogênea – derivada dos setores latifundiário e mercantil formava o universo daqueles potenciais indivíduos candidatos a membros da nobreza local. Pertencer à Câmara, à Misericórdia às Ordenanças, à fidalguia da Casa Real ou receber um Hábito de Ordem militar caracterizava trajetória social ascendente dentre os principais da sociedade local. Ter passado pelos bancos da Universidade de Coimbra, mais do que se distinguir pelo privilégio das Letras, abria as portas da circulação imperial, através das magistraturas.

---

54 *Idem.*

55 *Idem.*

56 MONTEIRO, Nuno Gonçalo, *Elites Locais e mobilidade social em Portugal nos finais do Antigo Regime*. In: Analise Social. vol. XXXII (141), 1997, 335-368. p. 344.

Identificamos dois caminhos seguidos estrategicamente por aqueles que buscavam ser reconhecidos como nobres na Bahia do século XVIII: de um lado, as instituições de poder local, como a Câmara e a Misericórdia, além de outras ordens religiosas.[57] O acesso a essas instituições passava pela disputa no interior do jogo político local e tinha, portanto, um nível de reconhecimento e prestígio mais limitado se comparado com o adquirido por mercê régia; de outro, e em paralelo, estava o acesso a instituições que poderíamos chamar de "enobrecimento legal" e que, segundo Nuno Monteiro, ao se referir à nobreza local reinol, "tinham as mesmas condições de acesso e conferiam um idêntico estatuto".[58] Refere-se aqui, especificamente, à familiatura do Santo Ofício, ao hábito de Cavaleiro das Ordens Militares e à fidalguia da Casa Real.

Na Bahia do século XVIII, essas trajetórias, para muitas famílias, eram buscadas de maneiras complementares, como foi o caso da Pires de Carvalho e Albuquerque. Famílias com esse perfil empreenderam redes de sociabilidades que as ajudaram a traçar uma trajetória de ascensão social, espelhando diretamente a lógica reinol. Ao se utilizarem de critérios de enobrecimento comuns em todo o Império, consolidou-se, na colônia, uma nobreza, ainda que local, refletindo na prática cotidiana os privilégios inerentes ao estatuto social hierárquico, previsto na legislação do Antigo Regime português.

De maneira cotidiana, só o fato de viver de suas próprias fazendas, não exercer ofício mecânico e viver sob as leis da nobreza já eram critérios suficientes para estabelecer, no colono, o sentimento de pertencimento a um grupo nobilitado. Por outro lado, o que identifico como prestígio alcançado mediante consentimento régio, que se materializava a partir do recebimento das mercês régias, é apenas uma outra maneira de se legitimar a condição nobilitante na colônia, ou como concluiu Stumpf, "propomos que a nobreza colonial seja reconhecida em suas nuances, já que era um grupo que se hierarquizava a depender da forma como a dignidade fora conquistada".[59]

Diante dessas novas possibilidades analíticas, abre-se, portanto, um novo caminho de interpretação da relação metrópole/colônia, em que deve ser levada em conta a necessidade da metrópole de estabelecer relações que, apesar de manterem como motivação básica as necessidades de sobrevivência econômica e política da

---

57 Um exemplo do que me refiro foi a Ordem Terceira de São Francisco de Assis.

58 MONTEIRO, *Op. cit.* 1997, p. 344.

59 STUMPF, *Op. cit.* p. 65.

própria metrópole e do Império que esta representava, não podiam prescindir de um processo de negociação com a dinâmica da formação social em construção no interior da colônia. As pretensões dos grupos dominantes dos dois lados do atlântico, guardando a devida medida, eram bastante semelhantes, o que levou as elites que se constituíram na colônia a empreenderem mecanismos de ascensão dentro das brechas e possibilidades disponibilizadas pelo funcionamento do próprio Império.

Diferente do reino, cuja relevância da nobreza era sua reprodução social, na colônia, o que valia era a nobilitação em si. Em seus primórdios vinculada a feitos militares, a nobilitação na colônia viu ampliar seus critérios com o alargamento da malha administrativa. O simples fato de exercer uma função pública, seja na Câmara e na Ordenança e nos ofícios da Justiça e Fazenda, já era suficiente para criar uma distinção nobilitante.[60]

Tratou-se, portanto, de um processo em permanente transformação, pois, na medida em que a sociedade colonial ia se tornando mais complexa, novos espaços de ascensão apareciam, favorecendo o aprofundamento da distinção social no seio da sociedade colonial. Além disso, a evolução da sociedade colonial possibilitou também aos seus sujeitos ampliarem suas capacidades negociais nas franjas oportunizadas pela administração imperial. Nesse contexto, os baianos buscaram adaptar-se ao cotidiano e à dinâmica imperial portuguesa.

---

60 SILVA, Maria Beatriz Nizza da. *Ser nobre na Colônia*. São Paulo, UNESP, 2005. p. 7.

Capítulo 2

A Bahia na dinâmica do império português

Negociando no exclusivismo: o Estado mercantil português e os vassalos da Bahia colonial

Para sustentar projeto de grande envergadura, como o que caracterizou o Império marítimo português, o comércio se impôs naturalmente como principal meio de financiamento das ações do Estado. Já em 1442, o comércio de escravos financiava os custos das viagens ultramarinas, e até 1460, ano da morte do Infante dom Henrique,[1] Portugal foi o concessionário de todo o comércio ao longo da costa ocidental africana, dividindo-o em exploração estatal ou autorização a comerciantes privados.[2] Os lucros fartos e rápidos se mostraram como maiores atrativos à Coroa. No comércio marítimo do Índico, mesmo mostrando fragilidade em alguns momentos, ao dominarem Moçambique, Ormuz, Diu, Goa e Malaca, os portugueses regularam seu curso durante a maior parte do século XVI.[3] Um Vice-reinado da Índia foi criado, e a Casa da Índia monopolizava o comércio das especiarias, principalmente a pimenta, o que possibilitou a Portugal controlar o afluxo de ofertas, resguardando a baixa dos preços.

Entretanto, no início do século XVII, tanto os domínios africanos quanto os da Índia sofreram perdas de valores inestimáveis para a Coroa portuguesa.

---

1 Quinto filho do rei D. João I e um dos principais responsáveis pelo projeto expansionista português.

2 BOXER, Charles R. *O império marítimo português*. São Paulo: Companhia das Letras, 2002. p. 45.

3 *Ibidem*, p. 63.

Holandeses, ingleses e aliados incidiram ataques a várias possessões orientais, e ao final do século restava a Portugal apenas Goa, Diu e Macau. Questões como guerras de conquistas, manutenção de territórios e monopólio comercial, presente de forma marcante no período em que Portugal lidou mais diretamente com o Oriente, demarcaram todo o desenvolvimento do Império português, definindo diretamente táticas e estratégias de ações políticas.

Apesar de frutífera e superavitária, a expansão portuguesa conheceu seus reveses, se mostrando também deficitária. Entendemos que diante das vicissitudes vividas pelo Império, faz sentido o interpretar a partir do conceito de vulnerabilidade[4] que, ao se mostrar estrutural, perpassou boa parte da existência do mesmo.

O que se propõe é uma perspectiva de análise que admita para o funcionamento do sistema colonial a condição de instabilidade inerente a um organismo que, ao tomar a dimensão atingida pelo Império português, consequentemente se tornaria refém das intempéries causadas pelas relações com as outras monarquias concorrentes. Derivam dessa vulnerabilidade as situações de crises conjunturais que pontuaram o Império em toda sua existência, até seu último suspiro. No momento em que passou a integrar de maneira mais contundente suas diversas colônias – principalmente o Brasil, a partir do século XVII – e ao mesmo tempo estabeleceu relações econômicas ampliadas, o Império marítimo português passou a sentir o reflexo das conjunturas positivas e negativas das relações entre as monarquias europeias. Além disso, a vulnerabilidade também se estabeleceu a partir da própria dimensão que teria tomado o Império e o alto preço a ser pago por isso por uma nação de frágeis recursos, como foi o caso da portuguesa.

Valentim Alexandre, ao propor o conceito de vulnerabilidade para entender a condição do Império português em fins do século XVIII, identifica os seguintes pontos que explicam a vulnerabilidade do Estado português ao longo desse século:

> (...) Defesa da metrópole perante a vontade expansionista da Espanha, particularmente perigosa quando em aliança com a França (o que foi regra, depois da instalação da dinastia dos Bourbons no trono de Madri, com o tratado de Utrecht, em 1713); proteção dos tráficos coloniais, parte essencial do

---

4 O uso desse conceito para entender o processo econômico e político do Império Português foi sugerido por Valentim Alexandre na obra: Os Sentidos do Império: Questão Nacional e Questão Colonial na Crise do Antigo Regime Português. Porto: Edições Afrontamento, 1993.

comércio externo português; fixação de limites territoriais favoráveis para o Brasil, impedindo nomeadamente a penetração francesa na zona amazônica, a partir da Guiana, e consolidando as posições a sul, na margem norte do rio da Prata; preservação dos pontos da costa africana de onde provinha a mão-de-obra escrava, mola real de todo o sistema.[5]

Esses pontos acima retratados impactaram diretamente na dinâmica da relação entre a metrópole portuguesa e sua colônia na América. A partir do século XVII em diante, quando o Brasil ganhou centralidade no interior da economia imperial, ficou perceptível a configuração de um Império que apresentou como sustentáculo básico de sua economia o setor mercantil e, consequentemente, estabeleceu todas as suas estratégias de ações administrativas dentro de uma dinâmica negociadora com as diversas frações sociais que o compunha.

Para o que interessa diretamente à história que se pretende tratar nesse livro, ou seja, entender as possibilidades de membros das elites baianas efetuarem relações de reciprocidade de interesses com o poder metropolitano, o conceito de vulnerabilidade do sistema imperial português permite reconhecer a existência de brechas negociadoras entre a metrópole e os colonos.

O ponto de inflexão para esse debate é a seguinte afirmativa de Russel Wood:

> A noção de um governo metropolitano centralizado, a formulação de políticas impermeáveis à realidade colonial e implementadas ao pé da letra por agentes da Coroa, de uma Coroa insensível e de atitudes metropolitanas rígidas voltadas para o Brasil, demanda revisão ".[6]

Para compreender a dinâmica de inserção do Brasil na lógica administrativa do Império português, é necessário entender a transição que viveu a colônia, passando de uma condição reconhecidamente periférica no século XVI para uma posição de centralidade econômica com função fundamental no equilíbrio do todo do Império. Tenho consciência dos riscos de utilizar de maneira genérica os conceitos de centro e periferia. Entretanto, aprendemos com Edward Shils que a condição de centro pode ser relativizada em função da posição que ele está em

---

5 ALEXANDRE, Valentim. *Os Sentidos do Império*: Questão Nacional e Questão Colonial na Crise do Antigo Regime Português. Porto: Edições Afrontamento, 1993.p. 93.

6 RUSSEL-WOOD, A. J. R. Centros e Periferias no Mundo Luso-Brasileiro,1500-1808. *Rev. bras. Hist.* vol. 18 n. 36 São Paulo, 1998.

relação à sua periferia.[7] No caso de Portugal, possivelmente não se pode questionar ações de imposição da centralidade metropolitana implementadas pela administração imperial. No entanto, transformações no interior da sociedade colonial provocaram certa relatividade e exigiram mecanismos de negociação entre o centro europeu e a periferia americana.

Durante os mais de três séculos de existência colonial brasileira, a Coroa portuguesa utilizou-se de todos os possíveis mecanismos de fiscalidade e coerção em função de seus interesses: os monopólios régios foram estrategicamente utilizados na fase embrionária da colonização; desde o primeiro momento o rei se constituiu como única e principal referência de unidade e centralidade imperial; o uso das Ordenações Manuelinas e Filipinas foram os referenciais jurídicos, enquanto não se estabeleceu legislação específica para a colônia; os arquivos estão repletos de documentos que demonstram claramente o ato da Coroa em recorrer aos colonos e aos seus bens em ocasiões de crises ou situações menos inquietantes, como comemorações e casamentos reais, e instituições como o Conselho Ultramarino, o Desembargo do Paço e a Mesa de Consciência e Ordens cumpriram, em relação à colônia, até onde lhes foi possível, o papel de representante da centralidade administrativa do Império.

Negar que tais ações da Coroa portuguesa fizeram parte de um planejamento estratégico de exploração significa ir contra uma realidade que emerge de forma vigorosa de boa parte da documentação referente ao período. Por outro lado, nos incomoda o peso interpretativo que foi dado a essa relação, impossibilitando a ampliação da análise a uma perspectiva mais abrangente, que levasse em conta a dinâmica interna da cultura que se formou na colônia e que admitisse, em alternativa à tradicional coerção absolutista, ações de autoridade negociada. Vejamos a seguinte síntese de Russel Wood:

> A história da colônia apresenta-se como uma trajetória em direção a uma crescente erosão dos princípios sobre os quais a metrópole havia construído um pacto colonial, assim como à progressiva afirmação da participação por

---

[7] De acordo com Shils: " A zona central não é em si um fenômeno localizado no espaço. Possui quase sempre uma localização mais ou menos definida no interior do território delimitado em que a sociedade vive. No entanto, a sua centralidade nada tem a ver com a geometria e pouco tem a ver com a geografia". SHILS, E. *Centro e Periferia*. Trad. José Hartuig de Freitas. Lisboa: Difel, 1992, p. 53.

parte da periferia, sem que isso fosse necessariamente sinônimo da aquisição de "direitos de periferia".[8]

Percebe-se que não há, necessariamente, uma relação contraditória entre interesses metropolitanos e coloniais. Não se quer com isso negar a existência de momentos de contestação por parte dos colonos em relação ao exercício de poder da metrópole. Entretanto, as rebeliões coloniais, no fundo – e isso não é pouco – refletiram as reivindicações legítimas oriundas das próprias vicissitudes da condição de colono. Mesmo apresentando em alguns casos um grau maior de radicalidade, como foi o caso da tentativa de sedição ocorrida na Bahia em 1798, significaram sintomas não de uma crise do sistema, mas de esgarçamentos conjunturais resultantes da permanente condição de vulnerabilidade do sistema.

O colono, de maneira geral, possuía viés vassálico, baseado no mecanismo de identificação e lealdade em relação à metrópole e, principalmente, à figura simbólica do monarca. A administração portuguesa na América foi tecida por estratégias que equilibravam momentos de conflito e negociação. Porém, na medida em que o tempo passou, avançou também a possibilidade de os colonos entenderem a natureza e o funcionamento das instituições do império e usá-las para seu próprio benefício.

Em termos administrativos, o Brasil foi contemplado com o cargo de Governador-geral e sua ascensão à dignidade de Vice-rei. Vieram também as câmaras municipais, as ouvidorias e mais tarde o Tribunal da Relação. No campo militar, foram organizadas as Ordenanças. No econômico, as ações foram diversas, e todas voltadas principalmente para o exercício do monopólio régio e a cobrança de tributos.

É praticamente impossível entender a relação colônia/metrópole sem levar em conta a dinâmica cotidiana da colônia. Sem possuir uma dimensão exclusivamente econômica, a "economia da mercê" articulava capital econômico e político, sustentado por forte dimensão simbólica. Em teoria, era em um rei forte e poderoso, representante de uma simbologia imperial e centralizadora, que todos buscavam suas solicitações. Em contrapartida, como bem lembrou Tocqueville, a regra poderia ser rígida, mas a prática era mole e negociadora no Antigo Regime europeu.[9] Em síntese, a relação entre os dois lados do Atlântico funcionava para os respectivos agentes como um real instrumento de negociação e luta política.

---

8   RUSSEL WOOD, 1998. op. cit.

9   TOCQUEVILLE, Aléxis de. *O Antigo Regime e a Revolução*. Brasília: Edunb, 1997. p. 77.

Na Bahia, um amálgama de interesses econômicos e sociais traçou toda a trajetória reivindicatória de seus sujeitos ativos. Seja através de ações individuais ou coletivas, os baianos não se furtaram de apresentar-se como merecedores dos benefícios e privilégios disponibilizados pelo tipo de relação instituída no interior da relação bilateral com a metrópole. Nascida para ser o centro de poder da América portuguesa, Salvador e a Capitania da Bahia de Todos os Santos sofreram diretamente os benefícios e abusos que tal posição compreendia.

Quando, no início do século XVIII, o padre jesuíta André João Antonil escreveu o último capítulo da sua obra prima – uma das maiores contribuições literárias para o conhecimento da colônia – registrou, quase como um desabafo final, a situação de destaque em que se encontrava o Brasil no interior do Império:

> Pelo que temos até agora, não haverá quem possa duvidar de ser hoje o Brasil a melhor e a mais útil conquista, assim para a Fazenda Real, como para o bem público, de quantas outras conta o reino de Portugal, atendendo ao muito que cada ano sai destes portos, que são minas certas e abundantemente rendosas. E, se assim é, quem duvida também que este tão grande e continuo emolumento merece justamente lograr o favor de Sua Majestade e de todos os seus ministros no despacho das petições que oferecem e na aceitação dos meios que, para alivio e conveniência dos moradores, as Câmaras deste Estado humildemente propõem? Se os senhores de engenhos, e os lavradores do açúcar e do tabaco são os que mais promovem um lucro tão estimável, parece que merecem mais que os outros preferir no favor e achar em todos os tribunais aquela pronta expedição que atalha as dilações dos requerimentos e o enfado e os gastos de prolongada demanda.[10]

Esse ambiente favorável a ações reivindicatórias e negociadoras permite estabelecer parâmetros para entender a condição na qual se encontravam os agentes coloniais no próprio jogo político imperial. Para a Bahia, o fato de ter sido, durante a maior parte do período colonial, a mais importante capitania do Estado do Brasil, as páginas de João Antonil foram testemunhas privilegiadas de sua realidade histórica. Entre a primeira metade do século XVII, principalmente após a restauração

---

10 ANTONIL, João André. *Cultura e Opulência do Brasil*. São Paulo: Melhoramentos, Brasilia, INL, 1976. p. 205.

portuguesa, e a segunda metade do século XVIII, a Capitania da Bahia conheceu momentos de grande prosperidade e amadurecimento.

A crise do açúcar, consolidada por volta de 1680, não correspondeu ao fim do comércio exportador desse produto e nem foi suficiente para retirar do poder as famílias dos grandes senhores de engenho. De modo geral, as atividades econômicas da Bahia no século XVIII mostraram-se diversificadas e englobaram a produção e o comércio do açúcar e do tabaco, as fazendas de gado e o domínio mercantil, incluindo os traficantes de escravos. Ao considerar o porto da Bahia uma espécie de pulmão por onde respirava a colônia, Amaral Lapa elenca os seguintes motivos que contribuíram para transformar a Bahia na grande matriz da atividade econômica colonial:

> 1) a cidade era a cabeça política e administrativa da colônia americana; 2) possuía bom ancoradouro, relativamente abrigado; 3) ficava aproximadamente no meio da extensa orla litorânea; 4) estava mais perto do Reino que os portos do Sul; 5) oferecia facilidade de contato com as colônias da África ocidental portuguesa, estimulado pelo trafico de escravo; 6) exportava entre outros produtos, tabaco, açúcar, madeira, especiarias e fibras tropicais; 7) era de fácil acesso para abastecimento e refresco dos navios; 8) apresentava recursos em matérias-primas, e 9) proporcionava eventuais socorros de sua praça de guerra.[11]

Os motivos acima citados conduzem à percepção de que o Império ultramarino português teria na Bahia todas as condições de implementar um projeto de cunho mercantilista e "empresarial". Em contrapartida, esse elenco de motivos positivos que se encontravam na Bahia, proporcionou aos agentes coloniais "empoderamento" suficiente para reproduzir uma cultura política de Antigo Regime, enquadrando-se no modelo da "economia da mercê", estabelecida nas brechas disponibilizadas pela política metropolitana.

As tentativas de implementar uma relação de diálogo com a Coroa são comprovadas pela documentação. A análise documental nos leva à percepção de que as constantes reivindicações dos colonos serviam como uma espécie de *"feedback"* da dinâmica econômica, política e social do cotidiano colonial.

---

11 AMARAL LAPA, José Roberto do. *A Bahia e a Carreira da Índia*. São Paulo: Companhia Editora Nacional, 1968. p. 2.

Em 1694, o Conselho Ultramarino deu um parecer sobre a solicitação dos comerciantes baianos de aumentar a circulação de moeda provincial no Brasil.[12] A solicitação fora feita pela Câmara, pela Mesa dos Homens de Negócios, e teve o apoio do vice-rei. O texto também faz menção aos argumentos dos solicitantes, que colocavam a falta da moeda como uma das principais causas da decadência do comércio daquela praça, além de dificultar aos homens de negócios fazerem seus pagamentos e comprar cereais. Afirmaram também que a falta de moeda não correspondia à abrangência e vastidão que tomaram os negócios no Brasil da época. A desconexão entre o ritmo de crescimento da colônia e o acompanhamento administrativo da metrópole é visível nesse caso.

Outra reivindicação que refletiu a ausência de um planejamento conectado entre uma ação da Coroa e seu desdobramento e impacto na realidade colonial deu-se com um parecer do Conselho Ultramarino sobre uma comunicação[13] do vice-rei e Capitão-general do Estado do Brasil, Vasco Fernandes César de Meneses, cujo conteúdo dava conta da representação dos Homens de Negócio do Brasil acerca dos danos no comércio do sustento da Companhia do Corisco.[14]

Em 1726, o Conselho Ultramarino repercutiu, em parecer, a posição dos baianos que reclamavam das liberdades dadas à Companhia e dos danos que esse tipo de ação podiam causar ao comércio e à própria Fazenda da Coroa. Mais uma vez, o que se tem são medidas tomadas de maneira unilateral pela Coroa, cujas consequências para o todo do Império só são percebidas a partir das reclamações levadas em frente pelos interesses – principalmente econômicos – individuais e coletivos dos colonos.

A prática de reivindicações por parte dos colonos foi corriqueira no setecentos baiano. O fato de a Coroa ter adotado uma política mercantilista[15] fez dos homens de negócios da colônia um segmento reivindicante. Os documentos retratando tal ação dos comerciantes locais são abundantes. Além da já citada questão da Companhia do Corisco, em 1714, o vice-rei Marquês de Angeja, D. Pedro Antônio de Noronha Albuquerque e Souza, enviou carta ao rei D. João V em resposta à provi-

---

12 Bahia. 1694 -AHU_ACL_CU_005, Cx. 2, D. 248.

13 Lisboa. 24.01.1726. AHU_ACL_CU_005, Cx. 25, D. 2266.

14 Essa companhia foi confirmada pelo Alvará de 23 de dezembro de 1723, e sua criação na Ilha do Corisco, parte da Guiné Equatorial, se deu com a intenção de nela tirarem escravos a serem levados para os portos do Brasil.

15 Entendo o Mercantilismo como uma política econômica de governo de cunho fiscalista e voltada quase que exclusivamente para o aumento da base tributária do Estado.

são referente à solicitação dos homens de negócios da Praça da Bahia para se estabelecer a navegação para o porto de Benim.[16] Na oportunidade, demonstrando direta sintonia com o projeto dos negociantes baianos, o vice-rei afirmou ao monarca que lhe parecia ser muito conveniente abrir-se este comércio de Benim e mais outros em regiões vizinhas, e que os homens de negócios iriam apontar os meios mais convenientes para tal comércio.[17] Em resposta, o rei chamou atenção para os riscos da presença de piratas na região do Benim e que ele não poderia armar as embarcações, visto que a Fazenda real não tinha fundos para isso. Independentemente do desdobramento dessa reivindicação dos homens de negócios da Bahia, o que fica disso tudo é o conhecimento da dinâmica da relação entre os colonos, o agente régio na colônia – representado pelo vice-rei – e o próprio monarca representando a centralidade administrativa imperial. Com base nessa relação trilateral se construiu boa parte da articulação político-econômica no interior da administração do Império português na América.

Outro imbróglio que também colocou em lados opostos interesses metropolitanos e coloniais deu-se em 1728 quando os homens de negócios da Bahia moveram uma ação contra Vasco Lourenço Velloso, na época, contratador do dízimo da Alfândega. Na oportunidade, Velloso fez uma petição ao Conselho Ultramarino e anexou uma cópia do libelo que contra ele fizeram os homens de negócios. O Conselho enviou consulta ao rei, já incluindo um parecer em que propunha "perpétuo silêncio" à causa dos negociantes, para com isto reprimir o "orgulho, petulância e indecoro" por parte da facção referida.[18] Tratou-se esse conflito de apenas uma parte de uma longa querela com vários contestadores representando interesses distintos. A história é longa e foi muito bem tratada em pesquisa específica.[19] O que aqui interessa são os meandros do jogo político em cujo centro estava a cobrança dos tributos coloniais, que desde o início da colonização se fincaram como um dos principais pilares da exploração metropolitana.

---

16   Bahia. 26.07.1714. AHU_ACL_CU_005, Cx. 09, D. 750.

17   *Idem.*

18   Lisboa. 21.08.1728. AHU_ACL_CU_005, Cx. 32, D. 2921.

19   SALLES, Hyllo Nader de Araújo. A Dízima da Alfândega da Bahia: a alteração da pauta 1723-1730. *Anais da XXVIII Semana de História da Universidade Federal de Juiz de Fora* "Genocídios, Massacres e Nacionalismos." 09 a 13 de maio de 2011. p. 21-38.

O conflito da Dízima da Alfândega da Bahia foi gerado a partir do estabelecimento de uma nova pauta[20] para os gêneros da Alfândega, tendo como referência a pauta de Lisboa[21] com benefícios diretos à Coroa. A confirmação da nova pauta atingiu diretamente as partes envolvidas. A primeira delas foi o Contratador Vasco Lourenço Velloso que ao arrematar pela segunda vez o contrato da Alfândega reclamou dos prejuízos que viria a ter pelo uso da nova pauta. Sua solicitação foi atendida e devidamente resolvida com o abatimento do contrato, tendo como referência a diferença entre os valores cobrados pela pauta antiga e pela nova.[22] A outra parte reclamante foram os comerciantes, que reagiram com diversas solicitações a várias autoridades e instituições; argumentavam principalmente sobre os riscos de a nova pauta destruir o comércio da Bahia.[23] Tiveram todos os seus pleitos indeferidos.

A lição que se tira desse episodio é a de que a Coroa, dessa vez, optou por não transigir. O que estava em jogo era uma legitimação de interesses que além de reafirmar sua condição de única e maior instância de decisão pode ser resumida no seguinte parecer do corregedor da Fazenda Eusébio Pires dos Santos, cujo teor daria última resposta a mais uma reclamação dos homens de negócios:

> Eram tantos, e tão grande os descaminhos que se cometiam no despacho, que os dez por cento apenas se reduziam a dois, e isto porque na Alfândega não se viam as fazendas, nem nelas se punha selo, antes se despachavam por carregações que faziam em suas casas, pondo nelas somente os números e marcas que os fardos levavam por fora, que é o que tão somente se examinava, mas não todas as fazendas que levavam por dentro havendo muitos que sem algum escrúpulo as passavam dos navios para suas casas, sem entrarem na Alfândega, nem ainda a pagar aquele limitado direito, que eles queiram de sorte que naqueles tempos em que o Comércio estava mais florente e tinham melhor consumo as fazendas, o mais que chegou a render aquela Alfândega foram as oitenta ou noventa mil cruzados; e a primeira vez que

---

20 A pauta era um documento que regulava os direitos das alfândegas visando facilitar o despacho das mercadorias e, ao mesmo tempo, conciliar os interesses do comércio com os da fazenda pública.
21 Lisboa. 16.03.1726. AHU_ACL_CU_005, Cx. 26 D. 2356.
22 Lisboa. 29.04.1727. AHU_ACL_CU_005, Cx. 30 D. 2732.
23 Bahia. 22.09.1727. AHU_ACL_CU_005, Cx. 31, D. 2806.

aqui se contratou deram por ela 253$ cruzados e cem mil reis e ficaram de alguma sorte emendados tantos absurdos.[24]

Percebe-se uma tensão entre os interesses tributários da metrópole e a possibilidade de driblá-los por parte dos colonos. No fundo, tudo não passava de poder e negócios, e as reivindicações do corpo de comerciantes foram devidamente enquadradas nos parâmetros da relação entre os interesses da metrópole e os dos colonos. Não custa lembrar, além disso, que os arrendamentos dos contratos régios sempre tiveram importância vital na acumulação de rendas da metrópole. Somente a título de exemplo, o quadro abaixo, referente a diversos Contratos, apresenta uma relação das receitas que cobrava a Fazenda Real na Bahia, em 1758:

Quadro 01
Relação das receitas de Contratos
cobrados pela Fazenda Real em 1758

Contratador	Contrato e tempo de arrematação	Valor anual pago à Fazenda Real
Domingos Gomes da Costa José Ferreira da Veiga João Henriques	Estanco do sal – 6 anos	122.000 cruzados e 100.000 reis.
Inácio Pedro Quintella	Dízimos Reais – 3 anos	125.000 cruzados e 300.000 reis.
Manuel Gil	Aguas ardentes da terra e vinhos de mel – 3 anos	15.000 cruzados e 100.000 reis.
João de Cerqueira Lima	Rendimentos dos subsídios que pagam as caixas de açúcar e rolos de tabaco – 3 anos	6:620$000 reis.
Francisco da Silva Pereira	Saída dos escravos para as minas – 3 anos	19 contos de reis.
Manuel Gil	Dízima do tabaco e mais gêneros que se embarca para fora da Bahia – 3 anos	8 contos de reis.
José Rodrigues Esteves	10 tostões que paga cada escravo por entrada na Alfândega desta cidade para a Fortaleza de Ajuda – 3 anos	8.000 cruzados e 65.000 reis.

---

24   Lisboa. 05.11.1727. AHU_ACL_CU_005, Cx. 34, D. 3151.

João Francisco	Dízima da Chancelaria – 6 anos	1 conto de reis.
José Manuel de Lobo	Direitos que pagam os vinhos, aguardentes e azeites doces – 6 anos	43.000 cruzados e 75.000 reis.
João Francisco	Pesca das baleias – 6 anos	12.980.000 reis.

Fonte: Bahia. 16.12.1758 - AHU-IDRBECA – doc. 3862 (anexo ao doc. 3855).

Esse tipo de concessão transformava o dispositivo da "privatização" em elemento central da administração do governo imperial. Ao mesmo tempo, a transferência desse serviço de arrecadação para particulares estava em perfeita sintonia com a lógica de maior lucro com menor custo, de longa tradição no processo expansionista português. Em síntese, a Contratação dizia respeito à exploração, ou ao comércio, ou trato de mercadorias, além de arrematação mediante contrato do privilégio para a cobrança de tributos e rendimentos reais.[25] A vantagem para o Estado nesse tipo de negócio se dava pelo ato de receber antecipadamente determinados rendimentos, tão necessários ao equilíbrio de suas contas.

Diante da centralidade das práticas monopolistas no escopo da política econômica imperial portuguesa, os Contratadores, tidos como sócios temporários da Coroa,[26] desempenhavam papel estratégico na transferência de riqueza da colônia para a metrópole. Evidentemente que isto ajuda a entender a posição da Coroa no episódio envolvendo o Contratador Vasco Lourenço Velloso.

Ainda no campo dos homens de negócios da Bahia, algo que emerge de forma constante da documentação é a situação de uma suposta permanente crise do ramo mercantil. Em 12 de fevereiro de 1738, o intendente do Ouro e ex-Juiz de Fora da Câmara de Salvador, Wenceslau Pereira da Silva, escreveu um longo parecer em que propôs os meios, segundo ele, mais convenientes para suspender a ruína dos três principais gêneros do comércio do Brasil: açúcar, tabaco e sola.

Segundo Wenceslau Pereira da Silva, sua iniciativa foi motivada por uma decisão do Senado da Câmara, que diante da situação de crise resolveu ouvir o parecer

---

25 ELLIS, Myriam. Comerciantes e Contratadores do Passado Colonial. São Paulo, *Revista do Instituto de Estudos Brasileiros*, USP, 1982, p. 99.

26 ARAUJO, Luiz Antônio Silva. Contratos nas minas setecentistas: o estudo de um caso – João de Souza Lisboa (1745-1765.). *X Seminário sobre a Economia Mineira*. p. 12.

de alguns cidadãos. Na oportunidade, Pereira da Silva, alegando ter conhecimento prático do problema adquirido em anos de exercício do ministério público, resolveu escrever tal parecer. O autor introduz seu texto com a seguinte afirmativa:

> Notório é a todos os moradores desta Capital e seu recôncavo o calamitoso e deplorável estado, em que se acham os Senhores de Engenho e os Lavradores do País, que são os nervos do corpo politico e civil. Também é manifesta a decadência do comércio mercantil e sensível à falta de dinheiro e em consequência de tudo a indigência e suma miséria popular, achaques todos perigosos e difíceis de remédio, de que está enfermo agonizante o corpo deste Estado, por pecados de seus habitantes, que são a primeira causa dos males, tanto mais reiteráveis quanto mais incuráveis por meio humanos (...).[27]

Além de identificar os senhores de engenho e os lavradores como os nervos do corpo político e civil da colônia, o intendente coloca sobre eles uma responsabilidade econômica de mesma proporção:

> Ao que se devem também atribuir os grandes empenhos, com que se acham gravados os Senhores de Engenho e Lavradores, pois é sabido, que vendo estes a máxima reputação de seus gêneros naqueles anos florescentes, não cuidaram em se conservar, nem prudentemente consideraram o que podia sobrevir, mas só trataram de exceder as suas possibilidades e ampliar as fabricas e lavouras, fazendo grandes despesas e valendo-se para elas de dinheiro alheios com avanços que depois cresceram e não pagaram, por se seguir imediatamente dos mesmos gêneros e a falta do consumo deles; detrimento e dano irremediável para todos os interessados, ficando uns e outros carecidos e cada vez mais empenhados.[28]

A primeira impressão que fica, após a leitura desse depoimento, é a de que teriam os colonos inteira e autônoma liberdade de tomarem iniciativas econômicas. Senhores de engenho e lavradores se movimentavam, alheios aos interesses da Coroa, utilizando-se com desenvoltura até mesmo da possibilidade de endividamento e da incapacidade de pagá-los; tudo isto a revelia da vontade da metrópole.

---

27 Bahia, 12.02.1738, AHU-IDRBECA – doc.347.
28 Bahia, 12.02.1738, AHU-IDRBECA – doc.347.

No restante do documento, essa impressão se confirma na medida em que o autor sugere soluções para os problemas identificados: tributar os gêneros estrangeiros para diminuir o consumo de produtos de luxo tão dispendiosos e supérfluos, criar uma Companhia Geral com o único objetivo de resgatar escravos na África e vendê-los no Brasil, a fim de diminuir o preço do escravo, passar a regular o tabaco da mesma forma que se fazia com o açúcar e conceder moratória para os senhores de engenhos endividados.[29]

É necessário lembrar que esse documento é de 1738, mais de dois séculos desde a chegada dos portugueses na América. A estar próxima de uma verdade a realidade apresentada por Wenceslau Pereira da Silva, temos uma relação metrópole/colônia apresentando um desequilíbrio em termos de sintonia de ações administrativas, o que, mais uma vez, nos leva a refletir sobre os limites do pleno funcionamento da estratégia sistêmica da exploração colonial.

Para entender as atitudes do intendente, faz-se necessário compreender o papel esperado pela Coroa daqueles que desempenhavam tal função. Criado pelos regimentos de 1750 e 1751, o cargo de intendente-geral do ouro era provido diretamente pelo rei. Dele se esperava, dentre outras atribuições, examinar os caminhos do ouro e fazer as diligências que julgasse convenientes; usar da jurisdição concedida aos intendentes para tirar devassas, pronunciar e sentenciar os réus, receber e processar as denúncias que lhe fossem apresentadas e fazer todos os anos as conferências dos livros das casas da moeda, dando conta disto ao conselho Ultramarino.[30] Em outras palavras, esperava-se do intendente o fiel cumprimento da tarefa fiscalista e burocrática para a qual foi agraciado com o cargo.

Wenceslau Pereira da Silva parecia cumprir com bastante precisão as atribuições do cargo que exercia. Identificamos, por exemplo, dois documentos que demonstram a assertiva. No Brasil, existiam dois intendentes, um no Rio de Janeiro e outro na Bahia, e cada um controlava as intendências que formavam seus distritos. Agindo como uma espécie de "cão de guarda" dos rendimentos da Coroa, em 1753, Wenceslau Pereira da Silva enviou um Ofício ao Conselho Ultramarino, dando conta de certos assuntos referentes à atribuição de seu cargo, ainda que no fundo a maior

---

29 Idem.
30 SALGADO, Graça (Coord). *Fiscais e Meirinhos*: a administração no Brasil colonial. Rio de Janeiro: Nova Fronteira, 1985. p. 373.

preocupação dele fosse o contrabando e o não pagamento dos impostos. Vejamos como ele se referiu à Capitania do Piauí:

> Nesta Capitania do Piauí pela grande extensão quase toda deserta ou pouco povoada não se pode por modo algum vedar que por ela passem os desencaminhadores do ouro pelos dilatados sertões que se compõem de matos gerais com entradas e saídas incógnitas e assim naturalmente se faz impossível proibir de todo neste distrito semelhantes passagens (...).[31]

Mais uma vez, a competência fiscalista da Coroa é colocada à prova, diante da incapacidade de se evitar o contrabando aurífero.

Dentre as sugestões de Wenceslau Pereira da Silva, uma delas seria retomada quase vinte anos depois pelos negociantes de escravos, o que demonstra a pouca eficácia, em termos administrativos, das sugestões dadas pelo intendente. Em 1757, os comerciantes da Praça da Bahia, ligados ao comércio de escravos, enviaram uma representação ao rei D. José I (1750-1777) solicitando a aprovação de uma nova companhia para a exploração do comércio na Costa da Mina.[32] Depois de relatarem as dificuldades provocadas nessa área resultantes das iniciativas da própria Coroa, chegaram os comerciantes à seguinte conclusão:

> Nos animamos a por na Real presença de V. M. o quanto se faz necessário para a conservação e aumento do negocio de Guiné a ereção de uma Companhia, não só para facilitar a entrada de escravos na América mas porque sendo estabelecida para domínios alheios e portos ricos, será fácil o perceberem-se avultados interesses para sustentação dos moradores e negociantes da Bahia que hoje lhes falta todo o meio de adquirirem o preciso para sua subsistência desterrando-se por este modo os monopólios que comumente se praticam e podem praticar por outra qualquer forma que se dê a esta negociação.[33]

Mais do que sugerir ações administrativas à Coroa, ao fazermos a leitura do restante do documento, fica a sensação de que os comerciantes baianos, indiretamente, questionavam até mesmo algumas práticas do mercantilismo português, ao

---

31 Bahia, 02.08.1753, AHU-IDRBECA – doc. 708.
32 Bahia. 04.05.1757. - AHU-IDRBECA – doc.2805.
33 *Idem.*

demonstrarem sua debilidade, se comparada com a presença incisiva e competente, na Costa da Mina, das Companhias inglesas, francesas, holandesas e dinamarquesas.[34] Referem-se ao fato de que competindo com o tabaco brasileiro – produto dos mais apreciados pelos africanos – os gêneros utilizados pelas outras nações eram, de modo geral, inúteis para os africanos. Mas, a Coroa portuguesa pouco fazia para se beneficiar disso.

A iniciativa dos baianos era resultante de uma compreensão aguçada dos problemas que afligiam o cotidiano econômico da colônia. Entretanto, apesar de demonstrarem certa iniciativa autônoma ao fazerem tal proposta ao rei, não conseguiram se desvencilhar da sua condição de vassalos conscientes do seu lugar previamente definido no interior de uma organização sistêmica de exploração com centralidade e interesses voltados objetivamente para o enriquecimento da Coroa. Isto fica evidente no seguinte argumento de convencimento ao monarca:

> Ao Erário e Coroa de V. M. se seguirão as profícuas utilidades de perpetuar um comércio, de que depende a conservação de todo o Brasil, segurando nas Alfandegas por entrada e saída os reais direitos, que ao contrário podem ter grande diminuição; utilizar a opulência dos vassalos, criar um estabelecimento legal, acreditado entre todas as nações da Europa, estender o domínio da Coroa portuguesa por todos os portos de Guiné com a fundação de diversas fortalezas que a Companhia facilmente há de erigir.[35]

Os comerciantes baianos tinham a noção exata dos limites do seu papel no jogo político imperial. As questões tratadas no documento acima asseguram para a Coroa a condição de principal beneficiária das suas próprias ações. A perspectiva apresentada pelos colonos é a de um império integrado em que da boa conservação de uma das partes dependia a unidade e o engrandecimento do todo.

Outro aspecto que bem se insere nesse contexto é o de representação do poder monárquico português em terras americanas. Esse tema está presente em estudos voltados para as festas públicas e comemorativas, a exemplo dos casamentos e aclamações régias e, inclui-se também como parte do mesmo fenômeno, a solicitação de ajuda, como a que ocorreu na época do terremoto de Lisboa. Encontra-se aí um importante viés interpretativo da pluralidade das relações de poder entre a

---

34 *Idem*

35 *Idem*

Coroa e os seus súditos. Em artigo no qual debate o poder das festividades barrocas em Minas Gerais no século XVIII, Fernanda Fioravante faz um preciso resumo da importância desses eventos no processo de legitimação do poder real:

> Constituindo-se em mecanismos institucionais, as festas integravam o processo de dominação e aumento do poder régio nos Estados Modernos. Além de uma melhor definição das fronteiras, de um aprimoramento do aparato militar e de uma maior organização administrativa, fazia-se necessário, também, publicizar a imagem do rei. Dessa forma, as festas, dotadas do exagero cênico e do luxo ostensivo do barroco, levavam ao reconhecimento social do rei pelos seus súditos.[36]

Já é por demais conhecida a prática da cobrança de donativos por parte da Coroa sobre a sociedade colonial. Na Bahia do século XVIII, um deles teve impacto direto no cotidiano da colônia, seja em termos econômicos, seja em termos econômicos ou simbólicos. Em Carta Regia de 6 de abril de 1727, o rei D. João V comunicou ao vice-rei Vasco Fernandes Cesar de Menezes sobre os casamentos dos seus filhos e o donativo que do Brasil deveria vir para ajudar no matrimônio. D. João V fez uma ressalva, informando que os vassalos do reino já tinham dado a sua parcela de participação, por ocasião da guerra que Portugal tinha se envolvido e, portanto, já estavam extenuados com os tributos. Em seguida, registrou o motivo principal da carta:

> Sendo grandes empenhos em que se acha a minha Real Fazenda por causa da mesma guerra, será necessário que os Povos desse Estado concorram com um considerável Donativo e assim sou servido, que logo que receberes esta carta manifesteis aos moradores desse Governo e Câmara dele, a obrigação que lhes ocorre para se esforçarem a contribuir com um bom donativo para com ele se suprir a maior parte das ditas despesas e dote, igualando este donativo o bom animo que sempre mostraram e a vontade e o amor que lhes tenho, como já experimentaram os reis meus predecessores (...).[37]

---

36 FIORAVANTE, Fernanda. O poder das festas: as festividades barrocas e o poder nas Minas no século XV. *Instrumento*: R. Est. Pesq. Educ. Juiz de Fora, v. 10, p. 63-72, jan./dez. 2008. p. 63.

37 Bahia, 10.09.1735, AHU-IDRBECA - (Anexo ao n. 712)

Um documento de 1753 ajuda a entender os detalhes desta "solicitação" régia[38]. Em Ofício enviado pelo vice-rei Conde de Atouguia, é possível identificar o valor e o prazo para o pagamento de três milhões de cruzados em 20 anos. Ficou acordado que Salvador pagaria dois milhões e 200 mil cruzados, divididos em 110 mil cruzados a cada ano, e os 800 mil restantes seriam distribuídos pelas demais câmaras da Capitania.[39]

A Capitania buscou implementar a cobrança de maneira cadenciada, com o valor sendo arrecadado de forma indireta, mediante tributação de produtos de consumo como a carne, os gêneros que vinham da Costa da Mina, Ilha do Príncipe e São Tomé, os azeites de peixe e o aguardente.[40] A escolha dessa estratégia de cobrança foi assim justificada pelo vice-rei:

> Por muitos motivos se escolheu este meio, não só porque se fazia suave este tal excesso no preço dos gêneros, mas porque sendo por lançamento, como se fez no Donativo aplicado ao dote de Inglaterra e Paz de Holanda, experimentariam todos estes vassalos a desigualdade e vexação, que ainda hoje choram, sem que por nenhum caminho se pudessem evitar os distúrbios que causavam os lançadores e cobradores; além do que, sempre é menos sensível o desembolso quotidiano, que o de uma vez (...).[41]

Esse pequeno trecho possibilita identificar a existência cotidiana de cobranças de donativos na colônia em certas ocasiões e, ao mesmo tempo, críticas por parte dessa mesma população, diante de tais determinações régias. Percebe-se claramente a também cotidiana necessidade de negociação entre os poderes instituídos e a população em geral.

A última informação sobre esse episódio alerta para a amplitude de análises que se deve fazer sobre as formas de exploração econômica da Coroa portuguesa sobre seus súditos da colônia. Em documento já citado, produzido em 1753, ou seja, passados 26 anos da Carta Régia de D. João V, o vice-rei, Conde de Atouguia, retomou a discussão sobre a cobrança do donativo para o casamento dos príncipes

---

38 Bahia, 10.09.1753, AHU-IDRBECA – doc. 712.

39 Idem.

40 Bahia, 30.07.1727. AHU-IDRBECA – (anexa ao doc. 712)

41 Idem.

e demonstrou estar ciente do estipulado de outrora; explicou detalhes de como tudo foi feito nos anos anteriores e concluiu com a seguinte observação:

> Feita assim esta distribuição e assentada a forma da arrecadação desse Donativo pelos gêneros a que se impôs, deu conta a S. M. o Conde de Sabugosa e aprovando S. M. tudo o que se tinha obrado, se continuou na sua cobrança até o presente, mas com tantos e tais descaminhos, que se tendo-se pago muito mais dos 3 milhões, ainda esses não estão satisfeitos.[42]

Tão interessante quanto esse documento foi outro produzido pelo já conhecido intendente geral do Ouro, Wenceslau Pereira da Silva. Manifestando-se sobre esse mesmo episódio – as despesas dos casamentos dos príncipes – o intendente nos mostra que suas atribuições na estrutura fiscal portuguesa iam muito além do apenas relacionado ao ouro. Em 1753, ele escreveu a Diogo de Mendonça Corte Real dando conta das diligências a que procedera para a averiguação dos descaminhos e irregularidades nas cobranças do dito evento da família real.[43]

Parecia firmar-se cada vez mais como uma realidade a existência de estratégias plurais por parte da metrópole ao estabelecer supremacia sobre sua colônia na América. Tratou-se, em vários momentos, de uma relação de negociação entre as partes, ainda que nada possibilite afirmar que a instância final de decisão não estivesse na Coroa.

Apesar de admitir tratar-se de estratégia política de grande valor e de centralidade imprescindível para o exercício de poder por parte da Coroa, as ações de autoridade negociada foram apenas mais uma peça do mosaico de estratégias utilizadas pelos monarcas lusos visando a estabelecer relações de estabilidade no interior do seu Império. No contexto das relações de poder entre Portugal e Brasil, a negociação no interior do exclusivismo comercial caracterizou-se como traço de certas conjunturas ou, como afirmou Russel Wood, estava longe de se constituir em "direitos de colônia". Luís Antônio Silva Araújo, ao analisar a presença de redes de contratadores no início do século XVIII, fez a seguinte consideração sobre a aplicabilidade do conceito de autoridade negociada no interior do Império português:

---

42 Bahia, 10.09.1753, AHU-IDRBECA - Tem anexo 6 documentos além dos seguintes. (doc. ns. 480 a 484).

43 Bahia. 03.03.1753. AHU-IDRBECA – doc. 480.

> Defendemos que as negociações envolvendo interesses metropolitanos e os coloniais e que muitas vezes passavam por concessões régias aos interesses locais na América portuguesa, foram mais intensas em conjunturas de fragilização/afirmação do poder real, não podendo ser caracterizadas como traço estrutural do Absolutismo português. O absolutismo, em relação à colônia "a autoridade negociava, mas não se negociava a autoridade", isto é, as negociações ocorriam dentro de limites definidos por relações de subordinação.[44]

Essa subordinação além de ser decorrente da lógica de uma política mercantilista também se enquadra na seguinte observação de Russel Wood:

> Quaisquer que sejam as vicissitudes que frequentemente caracterizavam o conturbado relacionamento entre portugueses e brasileiros, entre metrópole e colônia, entre centro e periferia, os brasileiros eram inabaláveis em sua lealdade para com a Coroa".[45]

Entendemos estar aqui um traço que identificou o português desde tempos remotos, pois, segundo José Mattoso, ao analisar a formação histórica da identidade portuguesa, "é pela obediência ao rei que os portugueses se distinguem de todos os outros homens do mundo" e "sob sua proteção estão seguros de todos os perigos".[46]

Essa é a base de sustentação de uma ligação pautada na negociação entre desiguais que tanto caracterizou a relação metrópole/colônia. Por conta disso, ao pensar essa relação, não se pode descartar a força simbólica refletida nos sujeitos nela envolvidos. O "embate" metrópole/colônia, ainda que tenha envolvido espaços com formações sociais diferentes, teve como objeto de unidade uma mesma matriz mental. Os valores da cultura portuguesa constituíam-se dos dois lados do Atlântico como referência de "civilidade" a ser alcançada, e o elemento simbólico e aglutinador desses valores se fixaram na figura do monarca.

Na base da relação entre as partes que compunham o Império colonial português na América, ainda que esta fosse, em ultima instância, permeada pela lógica da

---

44 ARAÚJO, Luis Antônio Silva. Negociantes e contratos régios: o reinado de dom João V (1707-1750). "Usos do Abuso" - *XII Encontro Regional de História ANPUH – RJ 2006*. p. 1-2.

45 RUSSEL WOOD. *Op. cit.* 1998. p. 187 – 250.

46 MATTOSO, José. A Identidade Nacional. *Cadernos Democráticos*. Coleção Mario Soares, Gradiva. p. 7.

exploração e do exclusivismo típico de uma política mercantilista, negociar dividendos econômicos, obter títulos, mercês e privilégios característicos da cultura política da metrópole possibilitou a alguns sujeitos não só acumular bens e riquezas, mas também estabelecer parâmetros que os distinguissem do conjunto do corpo social da colônia, além de permitir a legitimação enquanto membros de uma comunidade de dimensão imperial. Os símbolos constitutivos do processo de distinção social no interior de uma sociedade de base escravista e de evidente diversidade cultural percorreram caminhos difusos e atípicos, e para melhor dimensioná-los se torna necessário um esboço da gênese da elite que veio a se firmar na Bahia, em tempos de Antigo Regime nos trópicos.

Configurando uma elite na Bahia colonial: Distinção, legitimidade e mobilidade social

Das penas de alguns destacados cronistas de séculos passados, que ajudaram a construir uma memória do período colonial brasileiro, é possível identificar – ainda que necessariamente submetendo-as a leituras críticas – uma ideia de organização e relações sociais que serviram de base para o estabelecimento de uma identidade social e política colonial.

No final do século XVI, Gabriel Soares de Souza, assim descrevia a riqueza dos baianos:

> Na cidade de Salvador e seu termo há muitos moradores ricos de fazendas de raiz, peças de prata e ouro, jaezes de cavalos, e alfaias de casa, em tanto, que há muitos homens que tem dois e três mil cruzados em joias de ouro e prata lavrada. Há na Bahia mais de cem mil moradores que tem cada ano de mil cruzados até cinco mil de renda, e outros que tem mais: cujas fazendas valem vinte mil até cinquenta e sessenta mil cruzados (...).[47]

Para a compreensão de como se estabeleceu historicamente uma identidade social e política colonial vamos encontrar, em Ambrósio Fernandes Brandão, uma detalhada descrição do cotidiano colonial em seu "Diálogo das Grandezas do Brasil". Sua narrativa identifica, já para o início do século XVII, a ascensão ao poder de uma elite proprietária de terra. Não obstante identificar outros grupos na camada

---

47 SOUSA, Gabriel Soares. *Tratado Descritivo do Brasil em 1587*. Recife: Fundação Joaquim Nabuco / Editora Massangana, 2000. p. 141-142.

superior, a exemplo dos "marítimos", que com suas naus faziam o frete do açúcar e do pau-brasil, e os mercadores, que em correspondência com outros do reino muito ganharam com suas lojas de mercadorias abertas,[48] Brandão fecha o grupo da camada economicamente superior, apresentando os grandes proprietários de terra e engenho, fazendo, porém, nesse caso, uma ressalva que diferencia o seu poder em relação ao dos marítimos e mercadores: "tem engenhos com títulos de senhores deles, nome que lhes concede Sua Majestade em suas cartas e provisões".[49]

A caracterização da superioridade política dos proprietários de terra foi uma constante entre os cronistas em todas as épocas. No início do século XVIII, tivemos o testemunho de André João Antonil cujo relato identificou o devido enquadramento de uma elite econômica, que também foi social e política:

> O senhor de engenho é título a que muito aspiram, porque traz consigo o ser servido, obedecido e respeitado de muitos. E se for qual deve ser, homem de cabedal e governo, bem se pode estimar no Brasil o ser senhor de engenho, quanto proporcionadamente se estimam os títulos entre os fidalgos do reino (...).[50]

O interessante dessa observação de Antonil é o de colocar no mesmo patamar, em termos de *status* social, um senhor de engenho da colônia e um fidalgo do reino. O cronista do século XVIII concede, com essa comparação, uma chave de entendimento do tipo de mentalidade que interpretava a estrutura social do reino em território colonial. Não se tratava de ser o senhor de engenho um nobre com enquadramento jurídico aos moldes reinol, mas uma ressignificação, em realidade colonial, da distinção social advinda da posição de destaque socioeconômico presente no reino e que alcançava os membros da elite colonial.

Para o final do século XVIII, Luís dos Santos Vilhena demonstrou uma concepção de sociedade cuja estrutura hierárquica se definia a partir das funções desempenhadas, o que o fez colocar em grupos diferentes os magistrados e o que ele

---

48 BRANDÃO, Ambrósio Fernandes. *Diálogos das grandezas do Brasil*. São Paulo: Melhoramentos, 1977. p. 46.

49 *Idem*.

50 ANTONIL. André João. *Cultura e opulência do Brasil*. São Paulo: Melhoramentos/ Brasília: INL, 1976. p. 23.

chamou de povo nobre.[51] Possivelmente, nesse "povo nobre" estavam os grandes proprietários de terra que formavam uma elite econômica que, mesmo não estando necessariamente no interior da magistratura, do clero ou da corporação militar, respondia pelo poder político e econômico da República nos cargos que viriam a exercer em instituições como a Câmara e a Misericórdia.

Não se sabe ao certo a quem Vilhena se referia quando descreveu um grupo de indivíduos que eram, segundo ele, verdadeiramente nobres e ricos e se dirigiam pela modéstia, razão e política.[52] Esse grupo se distinguia de uma "falsa nobreza baiana" que se preocupava com a mania de ser nobre, ainda que essa fosse apenas uma quimérica nobreza.[53]

O fato é que dos textos dos cronistas, em todas as épocas, a realidade que se apresentou na colônia foi a da superioridade da camada social vinculada à terra, o que parece ser legítimo, por ser esse o único grupamento social a receber benefícios diretos do poder metropolitano, mediante mercês e provisões régias.

A construção de um retrato da elite colonial baiana no século XVIII passa, portanto, por esse pressuposto oferecido pelos cronistas. Logicamente, esse é apenas um ponto de partida, pois a dinâmica das relações sociais cotidianas da colônia se mostrava muito mais complexa.

Em termos econômicos, a categoria social privilegiada da sociedade baiana do setecentos foi formada por comerciantes e grandes proprietários de terra e engenho. Por outro lado, nem sempre havia uma coincidência entre as maiores fortunas e a política, sendo possível, no máximo, falarmos que estes faziam parte de um grupo economicamente influente.

As cartas de Vilhena proporcionaram o contato com uma sociedade bastante complexa. Se referindo à população de Salvador, descreveu ele:

> Há nesta cidade, e me consta que por todo o Brasil, ramos de muitas famílias ilustres, se não é que os apelidos são bastardos; dúvida a que nos conduzem as nossas Ordenações, e algumas leis, onde vemos a qualidade de gente com que no princípio se começou a povoar esta vasta região, sem que, contudo nos persuadamos de que procedem todas as famílias de seme-

---

51 VILHENA, Luis dos Santos. *A Bahia no século XVIII*. Salvador: Editora Itapuã, 1969, vol 1. p. 56.

52 *Idem.*

53 *Ibidem*, p. 52.

lhantes troncos; porque por muitos e diversos motivos têm passado famílias nobres para o Brasil; o certo é que a duração dos tempos tem feito sensível confusão entre nobres, e abjetos plebeus.[54]

Aquilo a que Vilhena se referiu como uma "sensível confusão" seria uma expressão da complexidade social e da ausência de homogeneidade da própria elite baiana. Em todo o decorrer da carta que trata da estrutura social da Bahia, Vilhena deixa demonstrada a incapacidade de fixar e definir a composição da categoria social privilegiada da Bahia colonial. Visando a ser didático aos olhos do seu interlocutor, Vilhena apresentou a estrutura social da cidade de Salvador com as seguintes palavras:

> Para melhor vires no conhecimento do que pretendes saber, dividirei a população da cidade nas classes seguintes: corpo de magistratura, e finanças; corporação eclesiástica; corporação militar, das quais pretendo melhor informar-te em cartas distintas, que para o futuro te pretendo escrever; corpo dos comerciantes, de que pouco falarei por agora, por falta de luzes; povo nobre, mecânico, e escravos.[55]

É digno de nota o registro da categoria "povo nobre" como um grupo autônomo no todo da composição social formada em parte por membros de destacadas instituições da administração imperial, como é o caso da magistratura e da corporação militar. Entendemos ser tarefa das mais complexas a identificação do conceito de "povo" em território colonial. Segundo Stuart Schwartz, "o conceito de 'povo' enquanto terceiro estado na sociedade de ordens e na base de toda a sociedade não chegou a se estabelecer na colônia".[56] Povo, orgânica e constitucionalmente vinculado ao corpo político e ao rei, aos moldes do Antigo Regime europeu, não se reproduziria na colônia.[57]

Istvan Jancsó já tinha percebido este imbróglio em que se metera Vilhena, assim identificando a dificuldade do autor das cartas em querer fazer uma leitura da sociedade colonial reproduzindo uma lógica metropolitana:

---

54 *Ibidem*, p 51.

55 *Ibidem*, p 55-56

56 SCHWARTZ, Stuart. Gente da Terra Braziliense da Nação Pensando o Brasil: a Construção de um Povo. In: C. G. Mota (org.). *Viagem Incompleta. A Experiência Brasileira (1500- 2000)*. Formação: Histórias. São Paulo: Editora Senac, 2000. p. 111.

57 *Idem*.

Ora, Vilhena matiza o seu entendimento da sociedade local e das *ordens* e grupos funcionais que a compõem, na medida em que distingue o *povo nobre* da corporação administrativa e de finanças (cuja parcela de comando constituiria a *nobreza civil*, ou *política*) e da corporação militar (já que a nobreza civil pode advir dos postos da milícia). Não é por acaso que Vilhena pensa em funções, apegando-se à realidade imediatamente percebida e por ele descrita, tomando por coordenadas para a análise do *conjunto* referencial testamentário básico. É evidente o incômodo que lhe causa saber que os ritmos e as práticas sociais conferem uma especificidade desordenada à sociedade que observa.[58]

A "especificidade desordenada" a que Jancsó se refere equipara-se com o que Vilhena chamou de uma "sensível confusão". Em suas famosas cartas, o cronista descreve aspectos de distinção social reivindicados pelos sujeitos coloniais, a exemplo de: "outros há que se honram em deduzir a sua prosápia dos caboclos ou índios, quando outros se gloriam de descenderem de alguns dos ilustres Governadores (...)"; em outro trecho, o uso estratégico da genealogia é assim descrito: "o certo é que se encontram bastantes sujeitos, que não terão dúvida em tecer a sua genealogia mais comprida que a dos hebreus, e disputar nobreza com os grandes de todo o mundo (...)"; ainda se referindo de maneira irônica em relação ao desejo de nobilitação, descreve ele:

> Outros porém há que se preocuparam da mania de ser nobre, antes que tivessem com que ostentar essa quimérica nobreza, e se chegaram a ter alguma cousa de seu, tanto se carregam dos apelidos de muitas das famílias ilustres da Corte, e tanto se empavonam com esta imaginação, que têm para si que um duque é nada à sua vista.[59]

Finalmente, identificando uma "verdadeira nobreza" colonial, assim Vilhena se refere a ela: "há porém outros que sendo verdadeiramente nobres, e ricos, vivem, e se dirigem pelos ditames da modéstia, razão, e política; seguindo inteiramente uma moral cristã".[60] Em se tratando de Vilhena, é sempre bom ponderar sobre a sua

---

58 JANCSÓ, Istvan. *Na Bahia contra o império*. São Paulo, SP/ Salvador: Editora Hucitec/ EDUFBA, 1996. p. 76.
59 VILHENA, *Op. cit.*, p. 52
60 *Idem*.

concepção de sociedade colonial. Analisando-a do ponto de vista da alteridade, ele pode ter sido motivado por um olhar de quem não se sentia parte daquele lugar. Entretanto, fica evidenciada, através desses trechos, a complexa teia social que compunha a sociedade baiana colonial. Se tirarmos o povo mecânico e os escravizados, o que resta é uma verdadeira rede de relações hierarquizadas, a partir de funções políticas e riquezas, cujas definições não se esgotam em uma mera estrutura estamental. Esta condição de frágil hierarquização social na colônia foi assim percebida por Jancsó:

> O ser nobre, na Bahia, dependia integralmente de posse de escravos, mas a posse destes, e de riqueza (real ou ostentada) não significava, ainda, o preenchimento das condições para se aspirar, de pleno direito, a essa condição".[61]

Fica cada vez mais evidente o uso, na colônia, da "nobilitação" como estratégia de legitimação social. Mas, é o caso de se perguntar de que forma o alcance dessa condição de nobre foi se estabelecendo ou se "naturalizando" no cotidiano da sociedade colonial. Segundo Schwartz:

> O ideal de nobreza assenhoreou-se da sociedade brasileira desde seus primórdios e perdurou por todo o período colonial. Ele encerrava atitudes e tradições que atestavam e mediam o *status* nobiliárquico. Fundamentava-se em um conceito de organização social que, como a própria sociedade, era hierárquico, desigual por definição e paternalista.[62]

Não é do interesse direto deste livro trazer uma análise da organização da totalidade que compunha a sociedade da Bahia colonial, mas apenas um entendimento dos aspectos que poderiam ser identificados como critérios de distinção social. Entendemos que desde a sua gênese, a sociedade que se estruturou na colônia viu na metrópole sua grande referência em termos sociais. Porém, como bem afirmou Jancsó, "no plano da compreensão e, até, da autoimagem dos homens da época, frequentemente entrava em conflito com a realidade vivida".[63]

Longe de ser polarizada com apenas duas categorias sociais, como os senhores e os escravos, a sociedade colonial esteve distante de tornar-se um ambiente na-

---

61 JANCSÓ, *Op. cit.*, p. 76.
62 SCHWARTZ, *Op. cit.*, p. 211- 212.
63 *Ibidem*, p. 70.

tural de reprodução da lógica de uma sociedade estamental aos moldes da metropolitana típica de Antigo Regime.

Um desafio ao estudioso das relações sociais do período colonial é a compreensão das posições, na hierarquia social, de todos os segmentos que gravitavam em torno de uma formação social de base material escravista. Como bem afirmou Jancsó: "o escravismo nega o privilégio no sentido Antigo Regime do termo, e instaura a propriedade, ainda que de homens, como o eixo organizador das relações sociais objetivas".[64] Percebe-se a persistente complexidade da estrutura social da colônia e, principalmente, a dificuldade de se estabelecer critérios objetivos de distinção e classificação social.

Florestan Fernandes tentou resolver essa questão compreendendo a sociedade colonial com base em "um núcleo central formado pela 'raça branca' dominante e pelos conglomerados de escravos índios, negros ou mestiços".[65] Esses grupos formavam os dois extremos de uma sociedade em cujo centro "situava-se uma população livre, de posição ambígua, predominantemente mestiça de brancos e indígenas, que se identificava com o segmento dominante em termos de lealdade".[66]

Qualquer tentativa de querer transpor para a colônia a estrutura estamental da metrópole vai esbarrar na dinâmica própria da sociedade local. A compreensão de como a colônia se estruturou socialmente só pode obter êxito se se levar em conta a maneira objetiva com que os homens dessa sociedade local se relacionavam entre si, tanto no "desdobramento da atividade econômica quanto no do ordenamento jurídico que pretende normatizá-la".[67] Admitimos não ser tarefa fácil identificar uma realidade social que inclua na sua composição uma ordem estamental sob base escravista. Por outro lado, ainda que essa premissa seja verdadeira, ao tentar entender o processo de distinção social na Bahia colonial, se é levado, a partir da identificação de ações vinculadas a uma "economia da mercê", a se fazer uso, como referencial explicativo, de critérios de ordenamentos de ma-

---

64 JANCSÓ, *Op. cit.*, p. 70.

65 FERNANDES, Florestan. *Circuito fechado*: quatro ensaios sobre o "poder institucional". São Paulo: HUCITEC, 1976. p. 32.

66 *Idem.*

67 JANCSÓ, *Op. cit.*, p. 70.

triz estamental tais como: pureza de sangue, profissões infamantes e vida nobre.[68] Como bem lembrou Silvia Hunold Lara,

> As teses sobre a rigidez das relações sociais na colônia e as que afirmavam a incompatibilidade entre as estruturas do Antigo Regime e a escravidão já não se sustentam diante dos conhecimentos acumulados nos últimos anos sobre a sociedade e a política coloniais.[69]

Entretanto, não se pode perder de vista que ao se analisar uma organização social como a da Bahia no século XVIII deve-se sempre evitar os riscos das simplificações quando nos referimos a sociedades com forte presença de relações inter-raciais em seu cotidiano.

Para além disso, Schwartz, apesar de reconhecer para Portugal a existência de uma sociedade organizada por ordens, admite a possibilidade de mobilidade social. Segundo ele:

> O desenvolvimento do comércio e a emergência do Estado em Portugal e em outras partes da Europa haviam criado oportunidades para que comerciantes, advogados, funcionários régios e outros conseguissem acesso à riqueza, ao *status* ou a ambos.[70]

A concessão do *status* de fidalgo, em Portugal, foi exemplo concreto de meio de ascensão em uma sociedade ainda hierarquizada em bases jurídicas. Sobre o reflexo na colônia, afirmou Schwartz:

> Esses dois elementos da sociedade portuguesa, a possibilidade de mobilidade e o desejo de conciliar e legitimar o *status* mais elevado com os outros atributos tradicionais e o estilo de vida da nobreza são cruciais para a compreensão do caráter do Brasil colonial, um lugar "onde uma pessoa de posses e origens das mais modestas dá-se ares de grande fidalgo".[71]

---

68 *Ibidem* p. 71.

69 LARA, Silvia Hunold. *Fragmentos Setecentistas*: escravidão, cultura e poder na América portuguesa. São Paulo: Companhia das Letras, 2007. p. 23.

70 SCHWARTZ, *Op. cit.*, p. 211.

71 *Idem*.

Ainda persistindo em identificar a estrutura social da Bahia colonial, temos em Russel-Wood o seguinte modelo:

> No vértice estava um pequeno grupo composto pela nobreza de sangue, muitos dos quais descendiam dos primeiros colonizadores, formando uma parte da aristocracia rural de proprietários de fazendas. Abaixo desses estavam os altos funcionários da Coroa, os dignatários eclesiásticos e os principais cidadãos da Bahia, que gozavam de certos privilégios financeiros ou jurídicos. Os artesãos importantes e os membros das corporações de ofícios formavam a camada seguinte da sociedade. Em seguida vinham os brancos pobres e as pessoas de ascendência mista e na base da pirâmide estava uma grande quantidade de escravos. O conceito da pirâmide social simplifica demasiadamente a estrutura da sociedade baiana. Não leva em conta as delicadas inter-relações de raça e posição social na determinação da situação social de uma pessoa. Sugere também uma estratificação social e rígida, que não existia na Bahia.[72]

Percebe-se que o autor não fez uma identificação explícita dos comerciantes em sua proposta de organização social e, possivelmente, enquadrou-os entre os "principais cidadãos da Bahia". Talvez isso se relacione à própria percepção do autor a respeito das dificuldades de se demarcar com clareza as linhas entre os segmentos sociais formadores da sociedade baiana no século XVIII.[73] Nessa fase, o pertencimento a uma família de ascendência genealógica prestigiada ou possuir propriedades rurais já não eram instrumentos únicos de legitimação social. Diante de um cenário de franca flexibilidade, em termos de acumulação de riqueza, indivíduos pertencentes ao setor mercantil tendem a fazer girar com mais velocidade a roda da mobilidade social. Russel Wood incorporou os comerciantes nessa nova realidade de ascensão social ao perceber que "a riqueza começava a comprar muitos dos atributos da igualdade social".[74] O elemento simbólico de distinção que se impunha

---

72 A. J. RUSSEL-WOOD. *Fidalgos e Filantropos. A Santa Casa da Misericórdia da Bahia, 1550 – 1755*. Brasília: UNB, 1981. p. 279.

73 *Ibidem*, p. 280.

74 *Idem*.

nesse momento era o do pertencimento aos quadros da administração pública e à aceitação social que eles proporcionavam.[75]

Outro que também buscou compreender a sociedade colonial baiana foi J. Norman Kennedy. Referindo-se especificamente às elites, Kennedy a descreveu com os segmentos dos ricos proprietários de terra, dos ricos comerciantes, dos que ocupavam os altos cargos na burocracia fiscal-administrativa e daqueles que ocupavam os mais altos escalões das forças regulares da carreira militar.[76] Referindo-se diretamente à elite econômica, Kennedy a estruturou entre os setores latifundiário e mercantil. Quanto ao primeiro, seria composto pelos grandes proprietários de moagem de açúcar, dos senhores de engenho do Recôncavo e dos proprietários das grandes fazendas de gado do sertão. Segundo Kennedy, a elite latifundiária baiana apresentou tendências à endogamia, afirmando que ao mesmo tempo em que se alargavam os laços entre as famílias abastadas da elite econômica, a endogamia afirmava-se como um critério de distinção social.[77] Além disso, Kennedy também identificou no exercício do poder formal e informal no interior das estruturas governamentais da colônia um caminho para se aumentar o *status* e a riqueza da elite fundiária. Sobre os membros da família Pires de Carvalho e Albuquerque, assim se referiu o historiador norte americano:

> Salvador Pires de Carvalho realizou a posse hereditária do cargo de Alcaide mór da cidade de Maragogipe no Recôncavo. Outro membro da família, José, que detinha o privilégio exclusivo de armazenagem do tabaco, possuía terras próximas a Santo Amaro e comprou o cargo de Secretário do Estado. Ele também serviu como capitão de milícias, e foi vereador quatro vezes entre 1750 e 1762. Depois de sua morte em 1796, seus herdeiros continuaram a controlar a maioria desses mesmos cargos.[78]

No caso dos Pires de Carvalho e Albuquerque, a documentação é bastante precisa em caracterizá-los como um grupo que soube negociar a sua ascensão

---

75 *Idem*

76 KENNEDY, J. Norman. Bahian Elites –1750-1822. *Hispanic American Historical Review*, Duke University Press, 53 (3): 413-439, nov. 1973.p. 416.

77 *Ibidem* p. 418.

78 *Ibidem* p. 419.

econômica, política e social sem perder de vista as suas limitações na dinâmica de funcionamento das relações de poder no interior do Império.

O outro setor em que se desdobrou a elite econômica, segundo Kennedy, foi o mercantil. Suas principais fontes de enriquecimento foram os empréstimos de capital e o comércio de açúcar, tabaco e escravos. Assim como sua congênere latifundiária, a elite comerciante procurou assegurar sua posição exercendo o poder direto e indireto no interior das estruturas governamentais da colônia.[79] Sobre o grupo formado pelos grandes comerciantes, aqueles que comerciavam com seus próprios cabedais, escreveu Jancsó:

> O que caracteriza esse grupo em relação aos outros, que também se dedicam a atividades mercantis, é o fato de suas operações transcederem o âmbito local, integrando-se no grande comércio (interprovincial ou transoceânico). O seu papel é extremamente importante, na medida em que é em suas mãos que se concentra a expressão monetária do excedente superavitário do comércio da Bahia, o que, de resto, não os faz assumir um comportamento de tipo capitalístico em relação ao setor produtivo da economia.[80]

Sobre um possível conflito de interesses entre os setores latifundiário e mercantil, Kennedy admite a existência de alguma base econômica, principalmente em relação ao crédito, que pudesse causar um estremecimento entre ambos. Entretanto, fez questão de ressalvar que este conflito era atenuado pelos interesses mútuos sociais e econômicos e pelos laços familiares que os uniam.[81] Jancsó utilizou-se de uma chave estritamente econômica para explicar a relação entre esses dois segmentos da elite. Segundo ele, "o fato de que o suprimento de escravos é realizado através de mecanismos tipicamente mercantis, exige do senhor uma disponibilidade permanente de capitais que normalmente lhe faltam".[82] Por outro lado, a liquidez de capitais estava nas mãos dos comerciantes, e era a eles que recorriam os senhores em tempos de escassez monetária. Isso foi suficiente para colocar o comerciante numa posição de força, relativamente ao senhor de engenho.[83]

---

79 *Ibidem* p. 420.
80 JANCSÓ, *Op. cit.*, p.78.
81 KENNEDY, *Op. cit.*, p. 434.
82 JANCSÓ, *Op. cit.* p., 91.
83 *Idem*

Quem também analisou essa questão, e o fez a partir da perspectiva da centralidade estatal portuguesa, foi Schwartz. Segundo ele:

> Enquanto a agricultura de exportação permaneceu como atividade principal no Brasil, existiu uma certa unidade de interesses entre senhores de engenho, comerciantes e o Estado; este, independentemente de considerações de classe, mostrou-se disposto a conceder aos senhores de engenho uma relativa liberdade de controle sobre a colônia. Isso não foi feito porque o estado era fraco. Muito pelo contrário, como na colônia o Estado absolutista era relativamente livre do entrave dos direitos feudais, dos organismos representativos ou de antigas liberdades costumeiras, podia exercer uma "autoridade exclusiva e única", restrita apenas pela geografia e pelo mercado. Podia, portanto, favorecer ou proteger quem bem entendesse.[84]

Para além da economia, o que emerge é uma simbiose de interesses entre os dois segmentos, cujo desdobramento real se evidenciou pelo matrimônio e a consequente incorporação mútua de bens e riquezas. Em trabalho de grande valor empírico, Maria José Rapassi Mascarenhas, ao analisar trezentos e vinte e dois inventários do período entre 1760 e 1808, apresenta a seguinte conclusão sobre a diversidade e abrangência de investimentos entre os indivíduos que constituíam a elite socioeconômica baiana:

> Era formada por um conjunto de indivíduos que exerciam simultaneamente várias atividades econômicas e financeira, destacando-se pela sua incomparável riqueza, mas também pela diversidade de interesses, visando por um lado o lucro e por outro o status, prestígio, distinção social e honra. Além disso, caracterizava-se também pelo estilo de vida, possuir escravos, cavalos ajaezados e ostentação pública.[85]

Dentre os inventários analisados por Mascarenhas, encontra-se o de José Pires de Carvalho e Albuquerque; e os números de sua riqueza são extraordinários. Suas atividades se constituíam de cargos públicos como a Secretaria de Estado, além de proprietário de engenho, fazenda de gado e credor. Seu montemor foi de

---

84 SCHWARTZ, *Op. cit.*, p. 222.

85 MASCARENHAS, Maria José Rapassi. *Fortunas Coloniais*: Elite e Riqueza em Salvador 1760 – 1808. Tese de doutoramento em História. Universidade de São Paulo. 1998. p. 250.

200:972$631 contos de reis, o que o colocava entre os três mais ricos no universo total de inventariados. De posse de 310 escravos, ficou na segunda posição geral nesse quesito. São números que foram sendo construídos no decorrer de um longo processo de negociação e incorporação de riqueza, que envolveu diversos membros de uma mesma família.

Os membros de famílias como a dos Pires de Carvalho e Albuquerque vivenciaram praticamente todas as situações até aqui retratadas em termos de distinção e legitimação social. O lugar social de onde falavam e viviam esses indivíduos foi definido pela lógica de funcionamento do Império. Sujeitos com a mesma posição socioeconômica dos Pires de Carvalho e Albuquerque tinham a exata percepção dos limites a que estavam submetidos, por conta de sua própria condição de colonos. Como bem afirmou Jancsó, "o estatuto colonial implica uma situação de subordinação, que não é apenas econômica, mas é também política".[86]

O Estado patrimonial português concentrou nas mãos do soberano as riquezas e o poder advindos das conquistas. Coube, entretanto, a esse mesmo Estado, vincular os vassalos aos seus objetivos, enquadrando-os às malhas das estruturas de poder e à burocracia do Estado patrimonial.[87] Identificando-se como um vassalo da Coroa ou arcando com a construção do Império na colônia, o fato é que os colonos buscaram incessantemente a obtenção de privilégios e vantagens que lhes atribuísse distinção social e legitimidade nobiliárquica. Na Bahia, exemplos de trajetórias como a dos Pires de Carvalho e Albuquerque se constituíram em realidades bastante representativas do cotidiano do que veio a configurar o segmento privilegiado da sociedade.

A concessão de terras e mercês pela Coroa como instrumento de negociação com seus vassalos foi prática de longa tradição no processo da expansão marítima portuguesa. No caso das mercês, remonta às chamadas guerras de reconquistas contra os invasores muçulmanos na Península Ibérica, em fins da Idade Média.

João Fragoso, ao estudar os elementos que estiveram na raiz da formação da primeira elite do Rio de Janeiro, identificou, para esse espaço colonial, a necessidade de outros recursos, que não apenas o econômico, que possibilitassem ao colono ascender socialmente. Segundo Fragoso:

> Percebe-se que uma das consequências da transmissão do sistema de mercês para o ultramar seria a constituição de um mercado 'imperfeito'. Ou seja,

---

86 JANCSÓ, *Op. cit.*, p. 92.
87 FERNANDES, *Op. cit.*, p. 35.

de um mercado não totalmente regulado pela oferta e procura, e onde a ação dos agentes não dependia apenas de seus recursos econômicos.[88]

Em consequência da existência do que ele chamou de um "mercado imperfeito", isto é, de um mercado que não se enquadrava na auto regulação da oferta e da procura, os agentes econômicos coloniais dificilmente conseguiriam sustentar os seus negócios sem recorrer aos benefícios oriundos da administração régia. Em suma, era à política e não à economia que, em última instância, deveria recorrer o agente econômico colonial.

Essa análise empreendida por Fragoso para o Rio de Janeiro pode, de certa forma, ser estendida a outras áreas coloniais e de maneira específica à Bahia.

Em suma, além de uma elite econômica, formou-se também uma elite institucional que se desdobrava nos corpos burocrático e militar. O fato é que o ato de ascender socialmente foi ganhando, no decorrer do tempo, requisitos que iam além da exclusividade de se possuir grande riqueza. Para Maria Beatriz Nizza, "nobreza e fortuna nem sempre se conjugaram no Brasil colonial".[89] Ainda que muitos indivíduos ricos pudessem ter vivido "sob à lei da nobreza", somente a formalização dessa honra através dos foros de fidalgo da Casa Real, hábitos das ordens militares, presença na câmara e ocupação de cargos militares dariam a esses indivíduos legitimidade nobiliárquica.[90] O espaço concelhio constituiu-se no palco privilegiado dos atores sociais da Bahia, o *locus* da apresentação das "armas" que os credenciariam a alcançar uma condição nobilitante, legitimando-se.

O concelho, as elites e o exercício do poder local no Império português

Apesar de tratar-se de duas configurações geopolíticas diferentes, as instituições do poder local, nos dois lados do Atlântico, tiveram a mesma matriz histórica. Ambos os espaços refletiram a dinâmica política da administração portuguesa no período do Antigo Regime e sentiram diretamente o impacto causado pelas trans-

---

88 FRAGOSO, João. A nobreza da República: notas sobre a formação da primeira elite senhorial do Rio de Janeiro (séculos XVI e XVII), In: *Revista de História*, Lidador, Rio de Janeiro, 2000, p. 45-121, p. 72.

89 SILVA, *Op. cit.*, p. 132.

90 *Ibidem*, p. 132.

formações políticas e econômicas sofridas pela administração imperial, no decorrer dos séculos XVII e XVIII.

A historiografia portuguesa, a partir dos anos oitenta do século XX, passou por uma viragem, naquilo que se refere aos estudos da centralização estatal e à relação entre os poderes do centro e os periféricos. A partir de trabalhos como os de Antônio Manuel Hespanha e Joaquim Romero Magalhães,[91] passou-se a questionar a interpretação histórica que projetava para Portugal uma centralização precoce e efetiva da sua organização estatal. Entre os argumentos que embasaram esse contraponto historiográfico está a questão da autonomia dos corpos políticos locais. De acordo com essa perspectiva, a Coroa se mostrava limitada em termos de exercício pleno de poder, tendo, diante de uma série de obstáculos estruturais, de partilhar a sua autoridade com instituições locais ou, como se referiu Romero Magalhães, com as "grandes estruturas sociais de equilíbrio", entre as quais ele destacou os concelhos, a Igreja e as misericórdias.[92] Para Nuno Monteiro, ainda que a vitalidade dos poderes locais não correspondesse necessariamente a uma singularidade portuguesa, dois fatores explicaram a existência dessa prática em Portugal: a primeira "residia na relativa uniformidade das instituições locais" e a segunda "na inexistência de instituições formalizadas de âmbito regional".[93]

A fundação de municípios nos espaços coloniais se submeteu a uma lógica própria que correspondia a ações de natureza estratégica em termos de exploração e colonização territorial por parte da Coroa. Entretanto, na prática, coube aos indivíduos que formavam a comunidade concelhia nos territórios coloniais reproduzirem a cultura política do Antigo Regime que se evidenciava pela instrumentalização das instituições de poder em favor de seus interesses. O espaço concelhio constituiu-se no palco de definição e legitimação sociopolítica por parte dos indivíduos das elites locais.

Para o século XVIII, é possível identificar fases com graus diferentes de aprofundamento do controle estatal sobre as instituições locais. É inegável que o período

---

91   Principalmente, HESPANHA, Antônio Manuel. *As Vésperas do Leviathan. Instituições e Poder Político. Portugal – Séc. XVII*, 2 vols., Lisboa, 1986 e MAGALHÃES, Joaquim Romero. *O Algarve Econômico 1600 – 1773*. Lisboa: Editorial Estampa, 1988.

92   MAGALHÃES, Joaquim Romero. *Concelhos e organização municipal na Época Moderna*. Coimbra: Imprensa da Universidade de Coimbra, 2011, p. 12.

93   MONTEIRO, Nuno Gonçalo. Os Concelhos e as Comunidades. In: MATTOSO, José (dir) & HESPANHA, Antonio Manuel (org). *Historia de Portugal, volume 4: O Antigo Regime (1620 – 1807)*. Lisboa: Editorial Estampa, 1998, p. 270.

pós Restauração (1640) foi responsável por uma viragem administrativa do Império português com impactos diretos nas diversas colônias que o compunham, e de maneira mais específica no Brasil.

Por outro lado, é sempre bom ressalvar que essa nova conjuntura de centralização política pode ser relativizada em alguns momentos, no que diz respeito à ideia de imposição coercitiva. No caso do reino, se refere aos novos papeis desempenhados pela nobreza provinciana, que cresceu em importância ao associar-se ao mundo dos negócios. No universo colonial, por sua vez, constituiu-se uma "nobreza" politicamente respaldada pelos benefícios econômicos gerados a partir da segunda metade do século XVII. Ao século XVIII, restou repercutir o rescaldo dessa realidade surgida no século anterior, com reflexo direto no tipo de relação que viria a se constituir entre o centro metropolitano e as elites representativas das instituições locais.

A historiografia portuguesa mais recente vem constatando que a Câmara de Vereadores seria o organismo de maior representatividade no âmbito local. O poder institucional presente no concelho se mostrou, em diversos momentos, um fator estratégico do exercício "partilhado" de poder no contexto do Império. Na cobrança de tributos, por exemplo, "estava provado que só as câmaras podiam servir como instrumento da fiscalidade régia para sobre elas se assentar uma cobrança com dispensa de intermediários pagos, melhor avaliação e mais fácil aceitação de tributos".[94]

Acompanhar as transformações das funções desempenhadas pelas câmaras no âmbito das relações de poder local tem sido instrumento valioso para uma parcela da historiografia portuguesa[95] que tem buscado o entendimento da comunicação da periferia com o poder central no interior do reino português.

---

94 MAGALHÃES, Op. cit., p. 17

95 Em levantamento que fizemos dessa historiografia nos utilizamos das seguintes obras: VIDIGAL, Luis. *Câmara, Nobreza e Povo*: Poder e Sociedade em Vila Nova de Portimão (1755 -1834). Portimão: Câmara Municipal de Portimão, 1993. RODRIGUES, José Damião. *Poder Municipal e Oligarquias Urbanas*: Ponta Delgado no século XVII. Ponta Delgado: Instituto Cultural de ponta Delgado, 1994.SOARES, Sergio Cunha. *O Município de Coimbra da Restauração ao Pombalismo*: Poder e Poderosos na Idade Moderna. Vols I e II. Coimbra: Centro de História da Sociedade e da Cultura, 2001. FONSECA, Teresa. *Absolutismo e Municipalismo*. Évora 1750 – 1820. Lisboa: Edições Colibri, 2002. MAGALHÃES, Joaquim Romero. *O Algarve Econômico 1600 – 1773*. Lisboa: Editorial Estampa, 1988. MAGALHÃES, Joaquim Romero. *Concelhos e organização municipal na Época Moderna*. Coimbra: Imprensa da Universidade de Coimbra, 2011. COELHO, Maria Helena e MAGALHÃES, Joaquim Romero. *O Poder Concelhio: das Origens às Cortes*

Na historiografia brasileira,[96] as câmaras também têm ganhado centralidade em termos de análise e, no caso específico da Bahia, embora muito antiga, a obra clássica de Afonso Rui continua sendo importante referência para aqueles que se debruçam sobre o entendimento da referida instituição de poder.

No Antigo Regime, as diferenças e hierarquias se mostravam naturais, e ao se encontrarem oficializadas no direito e na cultura, os poderes se legitimavam e se reforçavam na medida em que podiam ser olhados e ouvidos.[97] Mais uma vez, reflete-se na colônia a lógica reinol com ares de continuidade histórica. Essa mentalidade alcançou a colônia e refletiu-se na estratégia utilizada pelas elites locais de buscar apropriar-se das instituições de poder local como instrumento simbólico de representatividade e visibilidade hierárquica em termos de estratificação social e política.

Tratando-se de Salvador e da sua hinterlândia, uma parcela privilegiada da população se posicionou socialmente a partir da ocupação dos principais cargos da administração pública. Segundo Magalhães, "o concelho não é, nem nunca foi, uma circunscrição social democrática. Bem ao invés, trata-se de uma instituição

---

Constituintes. Coimbra: Centro de Estudos e Formação Autarquica, 1986. FONSECA, Teresa. *Relações de Poder no Antigo Regime: A Administração Municipal em Montemor-o-Novo (1777 – 1817).* Montemor-o-Novo: Câmara Municipal, 1995. SOARES, Sérgio Cunha. *Aspectos da Política Municipal Pombalina: A Câmara de Viseu no Reinado de D. José.* Coimbra: Faculdade de Letras da Universidade de Coimbra, 1985. FERNANDES, Paulo Jorge. *As Faces de Proteu: Elites urbanas e o poder municipal em Lisboa de finais do século XVIII a 1851.* Lisboa: Arte e História, 1999. SILVA, Francisco Ribeiro da. Escalas de poder local: das cidades aos campos. In: FONSECA, Fernando Taveira da. (Coord). *O poder local em tempo de Globa*lização: *uma historia e um futuro.* Coimbra: Imprensa da Universidade de Coimbra, 2005.

96 BICALHO, Maria Fernanda B. As Câmaras Ultramarinas e o Governo do Império. In: João Fragoso; Maria Fernanda Batista Bicalho; Maria de Fátima Silva Gouveia. (Org.). *O Antigo Regime nos Trópicos: A dinâmica imperial portuguesa. Séc. XVI-XVIII.* Rio de Janeiro: Civilização Brasileira, 2001. RUY, Affonso. *História da Câmara Municipal da Cidade do Salvador.* Salvador: Câmara Municipal de Salvador, 1996. SOUSA, Avanete Pereira. *Poder local e cotidiano: A Câmara de Salvador no século XVIII.* Salvador: Ufba, Dissertação de Mestrado, 1996. SOUZA, George Felix Cabral de. *Os homens e os modos da Governança: a câmara municipal do Recife do século XVIII.* Recife: Gráfica Flamar, 2003.

97 MONTEIRO, Nuno Gonçalo. Centro, Periferia e Estado. O espaço político local nos Antigos Regimes. In: *História dos Municípios e do Poder Local (Dos Finais da Idade Média à União Europeia)*, direção de Cesar de Oliveira, Lisboa: Círculo de Leitores, 1996, p. 29.

fortemente dirigida por uma oligarquia coesa e pouco numerosa".[98] Uma análise dos processos de legitimação social ocorridos na Salvador do século XVIII não pode deixar de enxergar as possibilidades de mobilidade social no interior de sua estrutura social. Por outro lado, em uma sociedade de base escravista, apresentando forte diversidade social, os mecanismos de distinção típicos do Antigo Regime presentes no reino foram muito bem utilizados pelos candidatos a membros da elite local.

Na colônia, a formação dos grupos dirigentes locais atendia a uma lógica que passava pela negociação entre os agentes vinculados diretamente à Coroa e os principais da terra, ou, para usar uma designação comum ao século XVIII, "pessoas da melhor nobreza" da sociedade concelhia. Para o período, passados mais de dois séculos do início do domínio português na América, o exercício do poder em nível local já estava devidamente consolidado como fator de constituição identitária daqueles que tinham o privilégio de exercê-lo. A coincidência entre os mais nobres e aqueles que ocupavam os postos na Câmara e nas diversas instituições de poder já assegurava um mínimo de coesão de grupo. Como afirmou Magalhães, "a gente nobre vai-se fechando sobre si".[99] Entretanto, Magalhães, de certa forma, já antecipa a necessidade de relativizar postura tão monolítica em termos de concentração de poder:

> Senhora toda poderosa de uma suculenta fatia do poder, a oligarquia tem, naturalmente, de selecionar algumas entradas de sangue novo, sob pena de se estiolar. Quando e como lhe convêm, e dominando o processo. Em sociedades relativamente plásticas, como as coloniais, era inevitável que se procedesse de tal modo. Mesmo assim a autolimitação é tal que por vezes os magistrados régios se veem incapazes de eleger as vereações e tem de tomar a iniciativa do alargamento.[100]

Apesar da Câmara de Vereadores sempre ser identificada como o lugar por excelência do exercício de poder e, ao mesmo tempo, como legitimadora de uma condição social privilegiada em nível local, não se pode perder de vista para a definição da estratificação social a sua coexistência com outras instituições relevantes e de forte teor simbólico, refiro-me às Misericórdias e as Ordenanças.

---

98 MAGALHÃES, Op. cit., p. 127.
99 Idem.
100 Ibidem p. 129.

A presença de segmentos familiares específicos no controle de postos da administração pública; nos comandos das Ordenanças e na Misericórdia, além dos estratégicos vínculos matrimoniais também foram fatores de coesão social do segmento de elite que se consolidara na Bahia do século XVIII.

A utilização da categoria "elites", em lugar de "elite", para caracterizar o conjunto dos indivíduos socialmente privilegiados foi questão abordada por Rui Santos ao identificar níveis diferentes de poder entre os cargos e as instituições dirigidas pelos membros do citado grupo social. Ao analisar mais profundamente essa questão, afirmou ele:

> Os resultados permitem, por outro lado, questionar a noção de elite, encarando-a numa perspectiva plural e flexível, já que a estratificação dos cargos de poder remete para diferentes grupos de referência, relativamente aos quais cada segmento da elite global — mesmo os mais desvalorizados — representará uma elite específica. Tendo isto em conta, a dimensão simbólica inerente ao exercício de qualquer cargo de poder deve ser interpretada em relação aos diferentes grupos de referência dos agentes que os ocupam e à posição de cada grupo no espaço social: um cargo simbolicamente desvalorizado por alguns grupos de referência pode ser distintivo aos olhos de outros, e portanto de segmentos específicos da elite.[101]

A discussão de Rui Santos, relativa ao uso do termo elite, vale principalmente para o ambiente do reino. Entretanto, para a Bahia colonial, muitas dessas questões levantadas pelo autor tiveram reprodução histórica muito próxima. No fundo, o que se constituía como cenário abrangente aos dois lados do Atlântico era apenas o modo encontrado pelos indivíduos de se distinguirem e se legitimarem socialmente – em nível local – mediante o exercício do Poder. Segundo Romero Magalhães, "Poder é exercício, é eficácia na execução do decidido, é quebra e rendição de vontades adversas, é presença".[102] Ora, com o rei distante – mais precisamente, do outro lado do oceano – o poder no âmbito do município era de quem estava presente, pouco importando se o município estava situado do lado americano do Atlântico.

---

101 SANTOS, Rui. *Senhores da terra, senhores da vila: elites e poderes locais em Mértola no século XVIII*. In: Análise Social, n. 121, 1993, p. 367.

102 MAGALHÃES, *Op. cit.*, p. 124.

Se identificarmos para o reino português do Antigo Regime uma posição de "partilhamento" de poder entre os poderes locais e o centro de decisão ancorado em Lisboa, não parece ser diferente, guardando as devidas proporções, o tipo de relação que se instituiu entre os poderes locais na colônia em relação ao centro metropolitano. Entendemos que o conceito de Estado representando uma instituição centralizada que exercia um poder administrativo de maneira tentacular e absoluta sobre todo território é passível de ser questionado e não se configurou como realidade onipresente e onipotente, durante o período que abrangeu o Antigo Regime. Basicamente, seja no reino ou no ultramar, as brechas alcançadas pelas elites locais de negociarem uma existência política mais benéfica aos seus interesses se deu a partir de dinâmicas bastantes coincidentes.

Nascida para ser o centro administrativo da América portuguesa, Salvador foi a matriz de todas as principais instituições de poder que viriam a se consolidar nos diversos espaços locais do território americano. Seja no campo político, jurídico, militar ou religioso, a presença das diversas instituições representativas desses setores, desde o início de sua história, possibilitou a uma parcela da população de Salvador estabelecer com essas instituições a mesma relação que mantiveram os reinóis.

A organização municipal representou, em terras da América portuguesa, o instrumento básico pelo qual a Coroa consolidou de maneira definitiva a sua obra de engenharia administrativa. A criação de uma municipalidade como Salvador refletiu a incorporação do território americano na dinâmica jurídica e administrativa que conduziu à unicidade do vasto espaço imperial português.

A organização concelhia não se restringiu apenas a um papel instrumental de função meramente administrativa. Sua criação também serviria a uma função social baseada na necessidade de se organizar uma ordenada convivência coletiva entre os colonos.[103] Talvez a ação que melhor caracterize uma metáfora disso que afirmamos pode ser a descrição de Pero Lopes de Sousa, em seu Diário de Navegação, ao relatar a fundação da Vila de São Vicente por Martin Afonso de Sousa, em 1532:

> E fez uma vila na ilha de São Vicente e outra 9 léguas dentro pelo sertão, à borda de um rio, que se chama Piratininga; e repartiu a gente nestas 2 vilas e fez nelas oficiais; e pôs tudo em boa obra de justiça, de que a gente toda tomou muita consolação, com verem povoar vilas e ter leis e sacrifícios, e celebrar matrimônios, e viverem em comunicação das artes; e ser cada um

---

103 MAGALHÃES, Op. cit., p.143.

senhor do seu; e vestir as injurias particulares; e ter todos os outros bens da vida segura e conversável.[104]

A vila cumpria não só uma função política e administrativa, mas servia também para o colono como lugar de resgate da unidade e da acomodação cotidiana vivida no reino e transportada para o ambiente colonial. Este enraizamento do reinol na colônia estabelecia as bases da futura relação entre poderes locais e poder metropolitano, tendencialmente conflitantes, em essência, mas que acabavam por tomar o caminho estratégico da complementaridade.

Estabelecidos os fundamentos institucionais, restava ao espaço municipal lidar com as demandas constituídas pelas relações de poder que ali se apresentavam. Vivenciando uma realidade social que estava ainda em processo de formação, Salvador exigia dos indivíduos de sua elite uma busca de definição de parâmetros que os enquadrassem enquanto grupamentos sociais distintos e legitimados.

A dialética que tende a se constituir entre indivíduos e instituições nesse tipo de situação posiciona os indivíduos em uma condição de preexistência em relação às instituições, somente havendo a sua definição como grupo nas suas relações com elas.[105] Cabe a essas mesmas instituições a concessão dos parâmetros simbólicos de enquadramento dos indivíduos na organização social típica do Antigo Regime, ou como bem definiu Soares, "no Antigo Regime o poderoso está, antes de mais, ligado aos aparelhos de poder".[106]

Onde mais na colônia estaria o poder, senão no espaço municipal? Na medida em que se ampliava a força das instituições municipais no interior das relações de poder imperial, ampliava-se na mesma proporção o nível social daqueles que tinham a incumbência de dirigi-las. Ainda que coubesse à Câmara de Vereadores a centralidade em termos de representação simbólica do poder municipal, setores como o religioso, o da justiça, o militar e o da fiscalidade tributária significaram espaços de representação de força para os indivíduos que constituíam as categorias socialmente privilegiadas da sociedade baiana do século XVIII. Sem tangenciar a ri-

---

104 *Diário da Navegação de Pedro Lopes de Sousa pela Costa do Brasil até o rio Uruguay (1530 a 1532)*.Rio de Janeiro: Tipografia de D. L. dos Santos, 1867, p. 66.

105 SOARES, Sergio Cunha. *O Município de Coimbra da Restauração ao Pombalismo: poder e poderosos na Idade Moderna*. Vol I. Coimbra: Centro de História da Sociedade e da Cultura, 2001. p. 57.

106 *Idem*.

queza como base essencial de distinção social, a proximidade ao poder institucional foi se firmando de maneira bastante contundente na formação social de Salvador como referência de estratificação e legitimação de um grupo de perfil oligárquico no interior da sociedade baiana.

O processo de aristocratização da sociedade baiana incorporou os instrumentos simbólicos da cultura política do reino. A honra pessoal foi parte importante do *ethos* nobiliárquico que alcançou as elites baianas e se mostrou como instrumento dos mais valorizados para a ascensão social. Sobre essa questão, no âmbito do Antigo Regime, afirmou Sergio Soares:

> O esteio do poder sustentado é a honra pessoal, com raízes na sociedade envolvente, e que, nas sociedades mediterrâneas, se alarga no conceito de limpeza de sangue. Mas honra que, na Idade Moderna, tem de ser premiada em função dos cargos ocupados, que são expressão de capacidade política que é questão de influência e de mando, fazendo subir ou descer a dignidade funcional de acordo com o próprio sistema cultural. A honra faz parte do sistema de integração social, contribuindo para o desempenho de funções de conservação e inserindo-se no quadro das retribuições compensatórias, além de ser um princípio constitutivo e organizador.[107]

Os valores culturais cumprem um papel funcional para a formação identitária de um determinado grupamento social. Complexa na sua estruturação hierárquica, a sociedade que se consolidou na Bahia colonial exigiu da parcela privilegiada de seus indivíduos a incorporação de valores culturais típicos do Antigo Regime português como forma de constituir a identidade coletiva do grupo e de assegurar a sua preservação no tempo e no espaço.

A família dos Pires de Carvalho e Albuquerque reproduziu em território colonial a lógica remuneratória da cultura política do Antigo Regime português. O *ethos* nobiliárquico próprio do reino alcançou a elite baiana, que transformou o espaço urbano e os artefatos do poder em palco privilegiado da sua ascensão social. Um exemplo de como Salvador se apresentou, no século XVIII, como espaço privilegiado de distinção social e política pode ser percebido nessa conclusão de Russel-Wood:

---

107 *Idem*.

As mudanças sociais foram acompanhadas por crescente urbanização. Nos século XVI e XVII, a importância da Bahia se centralizava no Recôncavo. Ali estava a riqueza econômica e ali habitavam os grandes proprietários rurais, que visitavam a cidade para manter as rédeas do governo local ou para comparecer a alguma festividade religiosa. No século XVIII, o interesse focalizava-se na própria cidade, que crescera muito em tamanho durante o século XVII, mas apenas no século XVIII desalojara o Recôncavo da função de verdadeiro centro social e comercial da capitania. Muitos proprietários rurais se mudaram para a cidade, deixando a administração de suas fazendas nas mãos de um capataz.[108]

O fato de, no século XVIII, Salvador ter se tornado o lugar de residência tanto dos proprietários rurais quanto dos comerciantes ajudou a consolidar uma espécie de "oligarquia urbanizada" em âmbito local. O centro de poder coincidira com o centro geográfico. Entendemos que na Bahia do século XVIII houve sim um grupo social que se utilizando tanto de sua base econômica quanto das efetivas ações de estratificação social advindas da legislação imperial conseguiu desenvolver estratégias de ascensão social.

O entendimento de que havia uma efetiva possibilidade de mobilidade social nos leva a interpretar o conjunto do grupo socialmente privilegiado da Bahia do século XVIII como o representativo não de uma "elite" ou de uma "oligarquia camararia" fortemente coesa, mas de um conjunto cuja melhor definição seria de "elites baianas". Essa conclusão se define a partir de uma análise plural e flexível do todo da sociedade baiana em que, não obstante ser possível identificar a cristalização de uma "aristocracia" representada por membros de um determinado número de famílias, as mesmas conviviam, em paralelo, com uma efetiva variação de indivíduos que ocupavam os postos dos diversos espaços de poder no âmbito local.

Em suma, no século XVIII baiano, a composição do grupo que formou o segmento privilegiado da sociedade se mostrou heterogêneo em termos de estratificação interna. Ainda que a posição econômica os desse uma unidade de grupo, não era suficiente para provocar uma homogeneidade. Outras variáveis – como pertencerem a distintas instituições e a prática estratégica de matrimônios – foram incorporadas e agiram como instrumento de acomodação e delimitação no interior do segmento social superior. Elites se formaram na Bahia, e seus membros, além de

---

108 RUSSEL-WOOD, *Op. cit.*, 1981. p. 280.

se utilizarem dos ofícios na Câmara, nas Ordenanças e na Misericórdia, ampliaram suas respectivas legitimações hierárquicas, buscando os benefícios simbólicos de procedência régia, possibilitados pelas brechas de ascensão presentes na reprodução, em território colonial, da lógica do Antigo Regime português.

Capítulo 3

As brechas de ascensão ao "estado de nobreza"

O Santo Ofício e a limpeza de geração

Nosso interesse sobre o Santo Ofício se justifica na medida em que esse tribunal religioso tranformou-se em um instrumento de legitimação social. Tem se mostrado uma interpretação bastante consolidada na historiografia especializada, a tese de que a história da Inquisição portuguesa apresentou dois momentos distintos no decorrer do Antigo Regime[1]. A primeira fase, de 1548 a 1675, teria sido um período em que a Inquisição se voltara para cumprir uma função mais fiscalizadora e repressora dos supostos desvios religiosos e comportamentais da sociedade. Por outro lado, ainda que a função repressora e fiscalizadora não tivesse sido abandonada por completo, o que se teria presenciado a partir de 1675 foi o tribunal caminhando para uma mudança comportamental, servindo muito mais como um instrumento de ascensão e legitimação social do que realmente penalizador.

A presença da Inquisição em Portugal pode ser analisada de acordo com as conjunturas políticas e econômicas do reino e do Império. O período pós-restauração monárquica (1640), com a Coroa portuguesa caminhando a passos largos em direção à dependência econômica do Brasil, transformou a perseguição da Inquisição aos cristãos-novos em um empecilho à aplicação da política econômica do governo. A maioria dos produtores e comerciantes de açúcar do Brasil era formada por cristãos-novos, e não restou alternativa à Coroa a não ser colocar-se em oposição aos interesses da Inquisição. O êxito da empresa canavieira no Brasil se

---

[1] Para uma leitura mais específica ver: José Veiga Torres. Uma longa guerra social: os ritmos da repressão inquisitorial em Portugal. *Revista de História Econômica e Social*, n. 1, 1978, p. 55-68.

deveu, entre outros motivos, às articulações entre os cristãos-novos que atuavam no mercado colonial e seus parentes no norte da Europa.[2]

Na época de D. João IV (1640-1656), muito até por influência do Padre Antônio Vieira, a Coroa procurou flexibilizar ao máximo as perseguições do Santo Ofício aos cristãos-novos do Brasil, ainda que isso não tenha sido suficiente para sobrepujar totalmente a força do tribunal religioso.[3] Mesmo após a morte de D. João IV, aqueles que o sucederam não recuaram na defesa de seus interesses econômicos. O desenrolar de toda essa trama culminou, por decreto do Papa, com a suspensão da atuação do Tribunal em Portugal em 1674, só retornando em 1681.

Passada essa fase conflituosa entre os poderes político e religioso, e com o retorno das funções do Tribunal a Portugal, o Santo Ofício tendeu a colocar-se como uma instituição guardiã e aplicadora dos valores e da moral religiosa que tanto caracterizou o catolicismo pós-tridentino.[4] A segunda metade do século XVII alcançaria um Portugal em vias de transição política e social para uma situação em que "a afiliação ou proximidade ao Tribunal era sinal de distinção e uma via de promoção e poder pessoal e familiar".[5]

Obter privilégios ou isenções correspondia a uma característica "natural", dentro da lógica hierárquica de organização dos indivíduos na estrutura social do Antigo Regime. Os privilégios correspondiam a buscas particulares de distinção social. Segundo Fernando Dores Costa, "o objetivo não é obter um tratamento em conformidade com uma regra geral de equidade, antes o de conseguir um estatuto de proteção pela singularidade".[6]

Dentre as ações que perpassaram a organização social no Antigo Regime, estão questões relacionadas com a obtenção de privilégios e isenções, além da necessidade imperiosa de comprovação de uma genealogia acima de qualquer suspeita. No caso, a genealogia teve um papel funcional no processo de busca de nobilitação

---

2 NOVINSKY, Anita. *Cristãos Novos na Bahia*: 1624 – 1654. São Paulo: Perspectiva, Ed. Da Universidade de São Paulo, 1972, p. 89.

3 *Ibidem*, p. 89.

4 MARCOCCI, Giuseppe; PAIVA, José Pedro. *História da Inquisição Portuguesa (1536 -1821)*.Lisboa: Esfera dos livros, 2013. p. 243.

5 *Ibidem*, p. 244.

6 COSTA, Fernando Dores. Milicia e Sociedade: Recrutamento. In: HESPANHA, Antônio Manuel. (Org). *Nova História Militar de Portugal*. Vol. II – séculos XVI-XVII. Lisboa: círculo de leitores, 2003, p. 81.

em meio a uma indefinição de estatuto social que tanto caracterizou a sociedade colonial. A genealogia serviu como um instrumento garantidor no processo de busca e acesso às ordens militares e religiosas, na sucessão patrimonial e no exercício de cargos na administração. Submeter-se aos diversos tipos de investigação, como as do Santo Ofício, dos hábitos militares, das inquirições de *genere*, presentes, por exemplo, nas Leituras de Bacharéis e nas justificações de nobreza, era uma condição necessária para consolidar-se como camada social superior.

O alcance de um estatuto de honra no interior de uma sociedade sem tradições de hierarquização pré-estabelecidas era objetivo de uma parcela da população que precisava criar mecanismos de diferenciação social que explicitassem, no cotidiano, sua condição de membro superior. Nas sociedades típicas de Antigo Regime, requisito central no processo de distinção social era justamente a representação simbólica da aparência pública. Explicitar seus privilégios, honras e isenções, dignificava quem os possuía e, ao mesmo tempo, assegurava para as próximas gerações a possibilidade de resgate dessa dignidade, em momentos nos quais a mesma era requerida. Segundo Nelson Vaquinhas, "ter alguém da família na teia inquisitorial sobrevalorizava ainda mais a parentela, num universo de interconhecimento".[7]

Para o caso da Inquisição portuguesa, adentrar em seus quadros como agente, seja no reino ou no ultramar, representou um importante meio de "nobilitação" e ascensão social. Ainda que o estudo dos diversos agentes que compunham a estrutura hierárquica da Inquisição seja uma possibilidade bastante positiva de se constituir e interpretar a dinâmica de poder no âmbito do cotidiano colonial[8] optamos aqui, por razões metodológicas, por analisar apenas o papel do familiar, por tratar-se do único agente leigo e com reflexo marcante no seio dos Pires de Carvalho e Albuquerque.

Além dos familiares, os outros postos da hierarquia inquisitorial, ocupados obrigatoriamente por eclesiásticos, eram os de deputado, qualificador, notário e comissário. Se comparado com o acesso a uma ordem militar, a familiatura do Santo Ofício talvez ficasse em uma posição hierárquica inferior. Além de todos os obstáculos inerentes ao acesso a uma instituição de grande poder, as ordens militares,

---

7   VAQUINHAS, Nelson. *Da Comunicação ao Sistema de Informação: o Santo Ofício e o Algarve (1700 – 1750)*. Lisboa: Edições Colibri/ CIDEHUS. 2010, p. 59.

8   Para uma compreensão mais ampliada do papel desses agentes na Bahia colonial ver: SOUZA, Grayce Mayre Bonfim. *Para remédio das almas: comissários, qualificadores e notários da Inquisição portuguesa na Bahia (1692-1804)*. 2009. Tese (Doutorado em História Social) – Universidade Federal da Bahia, Salvador, 2009.

diferentemente do Santo Ofício, não admitiam o exercício de profissão mecânica. Outro aspecto relevante dos familiares na estrutura de poder da Inquisição foi a sua capilaridade. Presente em todo o território do reino e com alcance alargado até o ultramar, muitas vezes, foram esses agentes as únicas presenças representativas da Inquisição em muitos lugares.

Outro aspecto do exercício da função de familiar é que eles podiam ter armas e usar insígnias do Santo Ofício, além de vestirem seda e gozarem do privilégio do foro e isenções de impostos.[9] O Regimento do Santo Ofício da Inquisição do Reino de Portugal, de 1640, dispunha, em seu Título XXI, que os familiares teriam que ser pessoas de bom procedimento, de confiança conhecida e teriam que ter fazenda que lhes possibilitasse viver abastadamente.[10]

Um resumo das qualidades de uma candidatura a familiar foi assim estabelecido no regimento de 1640, em seu Livro I, Título I, que se refere aos "ministros e oficiais do Santo Ofício, e das coisas que nele há de haver":

> Os ministros e oficiais do S. Ofício serão naturais do Reino, Cristãos velhos de sangue limpo, sem a raça de Mouro, Judeu, ou gente novamente convertida a nossa santa Fé, e sem fama em contrário; que não tenham incorrido em alguma infâmia pública de feito ou de direito, nem forem presos, ou penitenciados pela Inquisição, nem sejam descendentes de pessoas, que tiveram algum dos defeitos sobreditos, serão de boa vida e costume, capazes para se lhe encarregar qualquer negócio de importância e de segredo; e as mesmas qualidades concorrerão na pessoa, que o Ordinário nomear para assistir em seu nome ao despacho dos processos das pessoas de sua jurisdição. Os oficiais leigos, convém saber, Meirinhos, Alcaides, e todos os mais saberão ler e escrever; e, se forem casados, terão a mesma limpeza suas mulheres e os filhos que por qualquer via tiverem.[11]

O processo de candidatura às vezes poderia ser longo, principalmente quando se requeria a ampliação do número de testemunhas, o que aumentaria seu custo.

---

9   MARCOCCI; e PAIVA. Op. cit., p. 255.
10 Regimento do Santo Ofício da Inquisição do Reino de Portugal. *RIHGB*, Rio de Janeiro, 157 (392): 693-883, jul/set. 1996, p. 758.
11 Regimento do Santo Ofício da Inquisição do Reino de Portugal. *RIHGB*, Rio de Janeiro, 157 (392): 693-883, jul/set. 1996, p. 694.

Ainda que se buscasse celeridade, deveria haver um ritual burocrático indispensável ao seu bom termo. A admissão impunha condições que eram precedidas por registros formais, tais como: dados pessoais, acadêmicos e profissionais; filiação, naturalidade, local de residência, ocupação e respectiva genealogia.¹² O inquérito alcançava até a terceira geração do solicitante e as testemunhas eram requisitadas entre as pessoas de maior prestígio nas localidades onde tinham residido os seus antepassados.¹³

O documento intitulado "Traslado autêntico de todos os privilégios concedidos pelos Reis destes Reinos e Senhorios de Portugal aos Oficiais e Familiares do Santo Ofício da Inquisição. Impressos por comissão e mandado dos senhores do supremo Concelho da Santa e geral Inquisição" compilou uma série de determinações de diversos reis, referentes a privilégios de oficiais e familiares do Santo Ofício. Desse documento foram extraídos alguns dispositivos referentes aos familiares:

> – Que possam trazer armas ofensivas e defensivas por todos os meus Reinos e Senhorios.
>
> Eles e suas mulheres e seus filhos e filhas enquanto estiverem debaixo de seu poder possam trazer em seus vestidos aquela seda que por bem de minhas Ordenações pode trazer as pessoas.
>
> – Nas causas crimes dos familiares ou sejam autores, ou réus, serão outros os ditos inquisidores, seus juízes.
>
> – Que os Oficiais e Familiares da Santa Inquisição, até nas causas cíveis, são mais privilegiados que os Moedeiros.¹⁴

Ampliando um pouco mais as informações referentes aos privilégios dos familiares, um ofício do Governador Manuel da Cunha e Menezes, enviado a Martinho de Mello e Castro, Secretário de Estado da Marinha e Ultramar, reclamava da isenção e privilégios dados a diversas pessoas da cidade, dificultando o recrutamento militar. O Governador relatou sete grupos que teriam recebido esses privilégios, sendo um deles o dos familiares, da mesma maneira como foram atribuídos aos síndicos e cirurgiões dos conventos, os quais foram assim identificados pelo relatório do governador:

---

12 VAQUINHAS, *Op. cit.*, p. 23.
13 MARCOCCI; e PAIVA. *Op. cit.*, p.256.
14 Lisboa. 1691. AHU-IDRBECA – doc. 8866 (anexo doc. 8863).

(...) isentos de pagar peitas reais, pedidos, serviçoes, nem emprestimos, não serem obrigados a acompanhar presos, nem dinheiros, isentos de tutorias e curadorias, salvo sendo ledimas: não serem obrigados a ocupar ofícios públicos, e menos pagarem jugadas ou oitavas de pão e outras coisas, de que há costume pagar-se, não serem obrigados a servir em guerra por mar ou por terra, ou outras partes para onde possam ser chamados, nem aconteados em cavalos e armas, nem em bestas garuchas, nem outras nenhumas quantias, posto que tenham fazenda para as terem, nem apareçam em alardes, porque os há por isentos e livres, como o são os síndicos e barbeiros do Convento de S. Francisco da observância que está na Ilha da Madeira.[15]

Os documentos acima retratam o quanto a concessão de privilégios a seus agentes foi preocupação geral dos reis de Portugal. Os familiares cumpriam muito bem as suas funções no modelo tentacular em que se organizava a estrutura administrativa imperial.

A busca pelo ingresso nas fileiras dos familiares, em fins do século XVII, levou a Coroa a determinar um número específico deles para cada localidade. Mesmo que não tenha sido seguida à risca essa determinação, para o Brasil ela veio em 1720, sendo estipulados para Salvador 30 familiares, e 20 e 10, respectivamente, para o Rio de Janeiro e Olinda. Um pouco antes, em 1717, determinou-se, para o início dos processos no Brasil, um depósito prévio de 20$000 réis. Houve também, nessa fase de reformulação regimental, a ampliação das testemunhas para o número de 12 e a ampliação da genealogia até os quartos avós.[16]

O Santo Ofício passou a ser, no âmbito da colônia, uma porta de entrada em direção a outros espaços de poder. A esse fato se atribui a centralidade da "pureza de sangue" e da ausência de judaísmo e islamismo na organização da "promoção social" no Portugal do Antigo Regime. A possibilidade de existência ou não de uma ascendência infamante e "impura de sangue" determinava as chances de um indivíduo que ambicionava adquirir o capital simbólico tão necessário para sua ascensão social e política.

No fundo, o que estava em jogo quando se buscava a habilitação era assegurar uma reputação ilibada, condição à qual não estavam imunes nem mesmo os membros das grandes linhagens, devido ao risco de existirem, entre seus ascendentes,

---

15 Bahia.16.10.1775. AHU-IDRBECA – doc. 8863.
16 MARCOCCI; e PAIVA. *Op. cit.*, p.258.

cruzamentos socialmente reprovados.[17] Por outro lado, na colônia, a busca por uma reputação ilibada acomodava-se a uma realidade social em franco processo de arrumação e definição dos papeis político, econômico e social.

Os comerciantes compunham o segmento econômico que vivenciava esse processo de definição política e social. Vinculados fortemente ao comércio, os Pires de Carvalho e Albuquerque foram exemplos concretos de indivíduos que se utilizaram da riqueza oriunda do setor mercantil. O crescimento econômico da colônia era uma realidade no século XVIII, e elevou o nível social da classe mercantil. Uma brecha de "nobilitação" abriu-se diante dos enriquecidos comerciantes, mas não bastava, para tanto, sua condição econômica. Faltavam-lhes a legitimação da "pureza de sangue" e a representação simbólica de "viverem sob a lei da nobreza".

No século XVIII, na Capitania da Bahia, a comunidade mercantil já tinha atingido o *status* necessário para alcançar seus objetivos políticos e sociais. Seja nas Ordenanças, na Câmara ou nas diversas funções antes monopolizadas pela aristocracia rural, a presença dessa comunidade exprimia a sua definitiva aceitação e incorporação no seio das elites baianas. A riqueza já era uma realidade entre os mercadores e em nada os diferenciava dos senhores de terra. Entretanto, faltavam-lhes as representações simbólicas que lhes poderiam conceder, por exemplo, por uma prova de ascendência limpa e sinônima de honra e *status* social.[18] De maneira bastante satisfatória, a Carta da Familiatura cumpria essa função ascendente.

A possibilidade de ascensão se materializava pelas via das armas, da religião e das letras. Mas a antecedência da "pureza de sangue," como meio estratégico para alcançar êxito em tais vias de poder, deslocou para a familiatura do Santo Ofício – especializada que era na investigação de tal condição – todos aqueles que visavam a ascender socialmente. Ao escrever sobre os familiares da Cidade do Porto, Eugênio Cunha e Freitas fez a seguinte afirmativa:

> Referindo-me apenas aos familiares, além dos privilégios de que gozavam, a almejada "carta" era para quase todos apenas um título de identificação, um motivo de representação social, uma prova de limpeza de sangue. É notável

---

17 TORRES, José Veiga. *Limpeza de Geração*: Para o estudo da burguesia vianense do Antigo Regime (séculos XVII e XVIII) através das Inquirições do Santo Ofício. Viana do Castelo: Câmara Municipal, 2008, p. 20.

18 CALAINHO, Daniela Buono. *Agentes da Fé: familiares da Inquisição portuguesa no Brasil Colonial*. Bauru, SP: Edusc, 2006. p. 97.

que os que se ausentavam para o Brasil ou para demais terras do Além mar, raras vezes o faziam sem que antes a alcançassem. E isto porque aquele que saía da terra precisava de justificar a sua qualidade nos locais em que ia exercer a atividade.[19]

Percebe-se que a familiatura constituía-se em distintivo estratégico dos reinóis que vinham para a colônia, que a usavam como forma de impor-se e de legitimar-se no âmbito das relações de poder local. Entendemos que semelhante atitude também era partilhada pelo colono ao buscar a familiatura como uma forma de alcançar, em nível local, a mesma qualidade dos vassalos oriundos do reino.

A importância estratégica da carta de Familiar para uma mobilidade social ascendente a tornava bastante procurada, principalmente pelo fato de conferir "direito de representação similar ao da nobreza, como vestir-se de seda, usar armas e montar a cavalo".[20] Além disso, a carta de Familiar também se caracterizava como o documento mais seguro para a comprovação linhagística, comprovação que possuía importância, mesmo no seio da nobreza de alta estirpe, em que muitos não podiam se orgulhar de maneira categórica da limpeza de sangue dos seus ascendentes.

Se usarmos como referência o cargo de provedor da Santa Casa de Misericórdia, encontraremos, para todo o século XVIII, um número bastante consistente de familiares no seu exercício. Estão presentes no arquivo da Torre do Tombo algumas diligências de familiares que ocuparam o cargo de Provedor da Santa Casa de Salvador, como foi o caso de Pedro Barbosa Leal, provedor em 1703 e 1704.[21] Em 1716, esteve à frente da instituição de caridade o sargento-mor José de Araújo Rocha.[22] No final do século XVIII, precisamente em 1771, Antônio Cardoso dos Santos administrou a Santa Casa de Misericórdia e representou o grupo dos homens de negócios, ainda que na sua inquirição no Santo Ofício tenha sido identificado que seu pai, Pedro Domingues, era mestre carpinteiro e lavrador. Ambos, pai e filho, eram naturais da Freguesia de Santa Marinha de Vila Nova de Gaya, Bispado do Porto.[23] A chegada

---

19   FREITAS, Eugênio da Cunha e. Familiares do Santo Ofício no Porto. *Separata da Revista de História*. Volume II – Centro de História da Universidade do Porto – 1979, p. 6.
20   TORRES, *Op. cit.*, p. 30.
21   ANTT, HSO, Pedro, mç. 10, doc. 256.
22   ANTT, HSO, José, mç. 20, doc. 342.
23   ANTT, HSO, Antônio, mç. 140, doc. 2294.

ao cargo de provedor da Santa Casa já com o *status* de familiar denota a importância estratégica da "carta" como instrumento de nobilitação e diferenciação social.

Os números referentes aos familiares no Brasil têm recebido da historiografia especializada tratamento diverso. Entre os pesquisadores brasileiros, Daniela Calainho, em levantamento nos 25 volumes dos *Livros das Habilitações do Santo Ofício*, identificou, para os séculos XVII, XVIII e início do XIX, um total de 1708 familiares. A autora ressalva, entretanto, que os documentos só estavam disponibilizados até a letra M, o que comprometeria uma possível ampliação desses números.[24] Em Portugal, uma exaustiva pesquisa efetuada em mais de 20.000 processos por José Veiga Torres identificou para o Brasil, entre 1570 e 1820, um total de 3.114 familiares.[25] Evidente que as divergências não são suficientes para prejudicar uma análise da presença e da função dos familiares na América portuguesa.

Pelo fato de ter investigado um número muito superior de documentos,[26] as análise aqui feitas tomarão, a título de exemplo, os resultados obtidos por Veiga Torres. Para a totalidade de familiares da Inquisição portuguesa, Veiga Torres apresentou os seguintes números:

Quadro 2
Familiares do Santo Ofício

Períodos	Quantidade
1570 – 1620	702
1621 – 1670	2.285
1671 – 1720	5.488
1721 – 1770	8.680
1771 – 1820	2.746

Fonte: TORRES, José Veiga. Da Repressão Religiosa para a Promoção Social: A Inquisição como instância legitimadora da promoção social da burguesia mercantil. Revista Crítica de Ciências Sociais. N. 40. Outubro 1994. p. 127.

---

24 CALAINHO, *Op. cit.*, p.78.

25 Conforme tabela publicada em: TORRES, *Op. cit.*, p. 134.

26 O autor optou em analisar especificamente os processos de Habilitação de Familiares que segundo ele constituíam quase a totalidade das habilitações entre 1570 e 1821 data da extinção do Santo Ofício.

Para o século XVIII, percebe-se claramente o exaustivo crescimento da quantidade de familiares entre os anos 1721 e 1770. Referindo-se exclusivamente ao Brasil, o autor encontrou, para o mesmo período, um total de 1.687 familiares.[27] Para a Bahia, Daniela Calainho identificou no Livro das Habilitações do Santo Ofício um total de 451 Familiares, entre 1701 e 1800.[28] Ainda que tivesse tido a Bahia o maior número de familiares em todo o século XVIII, o ano de 1740 marca o início de um declínio numérico, se comparado com os quantitativos do Rio de Janeiro e Minas Gerais. Era a produção aurífera provocando o deslocamento da riqueza e do poder político para essas regiões.[29]

A totalidade de familiares na Bahia em todo o período colonial foi de aproximadamente 827 indivíduos. Esse número foi apresentado por Grayce Sousa, a partir de levantamento efetuado pelo antropólogo Luis Mott nos arquivos portugueses.[30] Um documento que possibilitou a identificação de familiares baianos no século XVIII foi uma lista da Companhia dos Familiares do Santo Ofício[31] publicada em 1762. Segundo essa lista, 75 familiares moradores de Salvador e seu termo faziam parte da dita Companhia dos Familiares comandada pelo Capitão Manuel Inácio Ferreira.[32]

Outro documento, esse sem identificação de data, mas contextualizado no século XVIII, também se referia a uma Companhia de Familiares existente na Cidade da Bahia. Desse documento, foi possível produzir o seguinte quadro informativo referente aos números de familiares baianos no Setecentos:

---

27 Conforme tabela publicada em: TORRES, Op. cit., p. 134.
28 Conforme tabela publicada em: CALAINHO, Op. cit., p.178.
29 Ibidem, p. 83.
30 SOUZA, Grayce Mayre Bonfim. "Em nome do Santo Ofício": agentes da Inquisição portuguesa na Bahia setecentista. *Congresso Internacional Pequena Nobreza nos Impérios Ibéricos de Antigo Regime* | Lisboa 18 a 21 de Maio de 2011, p. 1.
31 A Companhia dos Familiares foi uma espécie de tropa auxiliar da Monarquia e do próprio Tribunal.
32 Bahia. 08.07.1762, AHU-IDRBECA – doc. 5961 (anexo doc. 5954).

Quadro 3
Número de membros da Companhia de Familiares no século XVIII

Posição	Quantidade
Corpo de comando da tropa	Formado por 1 de cada: Capitão, Tenente, Sargento, Porta Bandeira e Furriel[33]
Cabos de Esquadras	4
Anspeçadas	4
Soldados prontos, fardados e armados que tem trabalhado na Companhia	55
Familiares que por suas livres vontades foram providos em vários postos no novo regimento dos Uteis	15
Familiares ocupados em vários tribunais	7
Familiares incapazes por doentes e decrépitos	11
Total	96

Fonte: Lista de todos os familiares do Santo Ofício existente na Cidade da Bahia e nela comerciantes. s/d. AHU-IDRBECA – doc. 8875 (anexo doc. 8863).

Outra linha de interpretação sobre a Inquisição é a contradição numérica entre o aumento de familiares e a diminuição da repressão. Entre 1730 e 1770, o número de sentenciados pelo Santo Ofício foi superado, em todos os decênios, pelo de familiares. Se existiu a diminuição da ação repressiva, fica evidente que a motivação ao acesso ao Santo Ofício já não se justificava exclusivamente pelo objetivo de cooperação ao trabalho de diligência e fiscalidade da repressão inquisitorial.

Retoma-se aqui a discussão das fases da história da inquisição portuguesa por Veiga Torres. Se em uma primeira fase presenciou-se uma natureza mais repres-

---

[33] Desempenhavam na cavalaria as mesmas funções desempenhadas pelo sargento na infantaria.

sora, na segunda, a partir de finais do século XVII, a atividade repressiva dividiu com a legitimação da promoção social os objetivos motivadores da busca de acesso aos postos de agentes da Inquisição.

Esse aspecto merece, entretanto, ser relativizado, pelo menos para Minas Gerais, pois de acordo com Aldair Carlos Rodrigues, Veiga Torres "por não utilizar a documentação inquisitorial resultante diretamente da ação repressiva do Santo Ofício, subestimou as funções institucionais dos familiares".[34] Apesar de reconhecer a predominância do aspecto social para explicar o fenômeno, Rodrigues admite a importância das atividades repressivas e de controle social.[35] Ao analisar documentos como os cadernos do promotor, os registros de correspondências e processos de réus, Rodrigues encontrou vários episódios em que familiares de Minas Gerais desempenharam uma série de funções enquanto agentes inquisitoriais.

Um fato, entretanto, é bastante sólido: a decadência do Santo Ofício, após as reformas pombalinas da segunda metade do século XVIII. Ao eliminar a tradicional distinção entre cristão-velho e cristão-novo, o Marquês de Pombal atingiu a estrutura central de sustentação do capital simbólico representado pela "pureza de sangue" cuja legitimação era quase um monopólio do Santo Ofício. O desprestígio da Inquisição, no que tange à sua capacidade de intervenção política e social, tornou-se evidente. Tal fenômeno pode ter sido refletido de maneira mais categórica no reino. Na colônia, a força do Santo Ofício, e de tudo o que essa instituição representava simbolicamente, penetrara de maneira consistente e duradoura no imaginário da população.[36] Pertencer aos seus quadros, mesmo em fase de relativa decadência institucional, ainda era algo valorizado entre os que buscavam prestígio social.[37]

Em síntese, alcançar um cargo de familiar do Santo Ofício foi, durante todo o século XVIII, na Bahia, algo incessantemente buscado. Entre os Pires de Carvalho e Albuquerque, três deles solicitaram a familiatura, dois conseguiram e o terceiro apresentou um processo que chegou incompleto até nós. Entretanto, assim como as várias outras mercês alcançadas pelos diversos membros da família, as familiaturas

---

34 RODRIGUES, Aldair Carlos. Inquisição e sociedade a formação da rede de familiares do Santo Ofício em Minas Gerais colonial (1711-1808). *VARIA HISTÓRIA*, Belo Horizonte, vol. 26, nº 43: p.197-216, jan/jun 2010. p. 201.

35 *Idem.*

36 CALAINHO, *Op. cit.*, p.84

37 *Idem.*

que os contemplaram foram orgulhosamente resgatadas pelos descendentes, sempre que se mostrou necessário caracterizá-los como aqueles que, na colônia, "viviam à lei da nobreza".

A Ordem de Cristo e a legitimação do estatuto de nobre

A Ordem de Cristo foi mais uma das instituições portuguesas que serviram ao jogo político da reciprocidade de interesses entre Coroa e súditos. Ao analisar a presença da Ordem de Cristo no Brasil, e mais especificamente na Bahia do século XVIII, buscamos entender o significado político e social para as elites baianas do pertencimento a uma Ordem Militar na colônia.

Tal qual pertencer aos quadros do Santo Ofício, receber a honra de um hábito da Ordem de Cristo representava uma ação cuja consequência era a distinção social entre os colonos. Em obra possivelmente das mais abrangentes e profundas sobre o tema, Fernanda Olival analisa o modo como o centro político e a sociedade portuguesa dos séculos XVII e XVIII tenderam a apropriar-se do capital simbólico e econômico que advinham desse pertencimento às ordens militares.[38] A abordagem de Olival considera o processo de construção do Estado moderno português sob a perspectiva das ordens militares. Para tanto, na segunda parte da obra, aborda dois aspectos de bastante relevância para o entendimento da dinâmica da sociedade portuguesa na época do Antigo Regime: a forma como os diferentes grupos contribuíram para reconstruir os preceitos básicos da economia da mercê e os jogos contextuais que permitiram uma tal mobilidade ascendente em torno do hábito. São aspectos que, mesmo correspondendo inicialmente a uma realidade do reino, podem ser identificados na realidade colonial.

Em capítulo anterior abordamos as mercês como uma liberalidade régia, uma virtude própria dos reis. Tratava-se de uma virtude que nada tinha de desinteressada, pois a reciprocidade de interesses permeava essa prática. A posição de centralidade política e econômica do soberano lhe concedia o monopólio das recompensas honoríficas. Partindo do pressuposto de que o desejo de honras e privilégios conduzia a prática cotidiana dos indivíduos dos séculos XVII e XVIII, o papel distributivo do rei, ao tempo em que atuava como fator de ascensão social, possibilitava à Coroa o relativo controle do funcionamento da sociedade.

---

38 OLIVAL, *Op. cit.*, p. 4.

Honra e finanças estavam na base da obtenção dos hábitos. As tenças eram as recompensas materiais, mas seus valores, não muito elevados, eram compensados pelo caráter honorífico dos hábitos. De acordo com Thiago Krause, "a proliferação dos hábitos incentivava sua procura por aqueles situados no limiar da nobreza, pois não ter o hábito passava a ser um demérito".[39] A Coroa, como distribuidora da mercê, utilizava-se da concessão a partir de seus próprios interesses negociais com os diversos estratos da sociedade.

Um aspecto que, semelhante ao tribunal da Inquisição, esteve na raiz da distinção e honra de se possuir o hábito foi a questão da "pureza de sangue". Uma bula do Papa Pio V, de 1570, introduziu não só os preceitos de limpeza de sangue como também excluiu das ordens militares os filhos e netos de oficiais mecânicos.[40] Se, até esse momento, ser cavaleiro da Ordem de Cristo não representava uma grande distinção, após a bula de 1570, obter o hábito era uma dignidade das mais honrosas, ou como afirmou Olival:

> Desenhara-se, assim, o novo modelo de cavaleiro que irá perdurar claramente até 1773. Até essa época. A insígnia de uma Ordem Militar no peito procurava veicular esse imaginário de servidor destacado do rei, limpo de sangue e com patrimônio suficiente para não sujar as mãos com trabalho. Um ideal que muitos dos homens dos séculos XVII e XVIII lutaram por alcançar.[41]

Nos Estatutos da Ordem, que remontam a 1627, o título XVIII, "Das pessoas que devem ser recebidas a esta ordem e suas qualidades," apresenta o seguinte texto:

> Devem ser nobres, fidalgos, ou cavaleiros, ou escudeiros, limpos sem mácula alguma em seus nascimentos, nem outros impedimentos e defeitos que se apontam abaixo nos interrogatórios porque se há de perguntar quando se habilitarem: e os Papas Pio V e Gregório XIII no ano de setenta e dois, proibiram que nenhuma pessoa que descendesse de mouro, ou judeu ou fosse filho de

---

39 KAUSE, Thiago Nascimento. *Em busca da honra: a remuneração dos serviços da guerra holandesa e os hábitos das Ordens Militares (Bahia e Pernambuco, 1641 – 1683)*. São Paulo: Anablume, 2012, p. 36.

40 OLIVAL, *Op. cit.* p. 56.

41 *Idem.*

mecânica, nem neto de avô e avó mecânicos possam ser recebidos ao hábito desta Ordem, o que ordenamos e definimos que assim se cumpra e guarde.[42]

As determinações contidas no Estatuto disciplinam o acesso à Ordem de Cristo. Até 1773, quando a "limpeza de sangue" foi extinta, submeter-se ao rigor das inquirições dava respaldo e valorizava aquele que pleiteava a condição nobilitante. Após passagem ao controle da Coroa, as ordens militares foram incorporadas à Mesa de Consciência e Ordens. Com isso, a Coroa não só ganhava a ampliação da sua arrecadação financeira como também fortalecia e consolidava a sua posição de centro legitimador das classificações sociais.[43]

Apesar das exigências, não é possível afirmar de maneira categórica a impossibilidade de se furar o cerco das inquirições em relação aos critérios de impedimento. Havia uma série de situações de dispensas, e mesmo que estas fossem hierarquizadas, com maiores ou menores chances de êxito, foram devidamente requisitadas e as dispensas alcançadas. Olival apresenta diversos casos de concessão de hábitos por cristãos-novos cuja obtenção só se deu devido ao poder econômico do requerente. A autora cita a criação da Companhia Geral do Comércio do Brasil como um campo a partir do qual alguns cristãos-novos conseguiram o hábito com relativa facilidade, e por razões quase sempre ligadas às finanças.[44]

Outro aspecto bastante relevante no processo de inquirição, que não se restringiu às ordens miliares, mas com alcance a qualquer outro processo, foi a permanente necessidade de se provar "viver-se nobremente". Seja para obter o hábito de Cristo, o posto de familiar do Santo Ofício ou submeter-se à leitura de bacharéis no Desembargo do Paço, era necessário ao candidato explicitar e valorizar sua conduta cotidiana nos moldes da nobreza. Mesmo a identificação de ofício mecânico poderia ser sobrepujada com uma defesa convincente de que na época da habilitação já se vivia nobremente. Outra forma comum para respaldar-se foi a da justificação de nobreza. Sobre esse documento explicou Olival:

---

42 DEFINIÇÕES e estatutos dos cavaleiros e freires da Ordem de Nosso Senhor Jesus Cristo, com a história da origem e princípio dela, oferecidos ao muito alto e poderoso rei Dom João V nosso senhor. Lisboa: Oficina de Miguel Menescal da Costa, impressor do Santo Ofício, 1746. p. 81.

43 OLIVAL, *Op. cit.*, p. 57.

44 *Ibidem*, p. 297.

Fosse verdadeiro ou falso o seu conteúdo, este documento não era difícil de obter, embora pudesse custar algum dinheiro. Bastavam algumas testemunhas, selecionadas pelo interessado, e feitas comparecer diante de uma autoridade letrada da localidade, como um tabelião "do público judicial e notas", devidamente mandatado nem que fosse por um juiz ordinário da Vila. O escrivão devia efetuar um instrumento a conta do interrogatório. A elaboração do mesmo não obedecia a normas rígidas; dependia do solicitado na petição da parte interessada. A flexibilidade era enorme.[45]

Outra prática presente nas habilitações da Ordem de Cristo foi a solicitação ao rei para se fazer do reino "pátria comum". Essa solicitação foi muito utilizada nas inquirições de genere no âmbito da leitura de bacharéis no Desembargo do Paço, devido ao fato de que muitos dos candidatos se mantiveram morando em Lisboa após a formatura. Essa prática visava a diminuir as custas do processo. A quantia que seria previamente depositada pelo candidato na Mesa das Ordens era definida de acordo com a distância de onde ocorriam as inquirições. Para os naturais do Brasil que tinham ascendentes em Portugal, uma maneira encontrada para diminuir o alto custo de uma inquirição na colônia era solicitar ao rei que a investigação fosse feita apenas no reino, através da graça da "pátria comum".

Apesar de a "impureza de sangue" ser um dos obstáculos dos mais rigorosos e, em virtude disso, ter uma simbologia legitimadora de grande peso, evidenciou-se na colônia uma grande preocupação em torno do chamado "defeito mecânico". Em diversos documentos referentes a baianos, sejam na Ordem de Cristo, no Santo Ofício ou no Desembargo do Paço, a preocupação de afastar-se da condição de mecânico foi bastante expressiva. Uma saída encontrada por aqueles que buscavam ascender socialmente, mas tinham ascendentes paternos reinóis apresentando "defeito de qualidade", foi a busca por estratégicas alianças matrimoniais. Segundo Maria Beatriz Nizza, era prática comum na sociedade colonial, quando havia um nome ilustre na família, que o filho e o neto a herdavam sem modificações.[46]

A quantidade de homônimos entre os Pires de Carvalho e Albuquerque confirma a assertiva. Além disso, os vínculos matrimoniais dos Carvalho e Albuquerque com famílias de indiscutível peso socioeconômico, como os Ávilas e os Deudarás, foram resgatados sempre que se fizeram necessários estrategicamente.

---

45 *Ibidem*, p. 374.
46 SILVA, *Op. cit.*, p. 105.

Entender a importância de se possuir o hábito de uma ordem militar no território imperial português passa, necessariamente, por enquadrá-lo na lógica da mercê remuneratória que se fez presente, principalmente, em fins do século XVII, no contexto das rivalidades dos Estados europeus, tanto no continente quanto nas áreas coloniais.[47] A troca de interesses entre indivíduos e Coroa caracterizava pagamento de serviços prestados e benefícios adquiridos com a defesa territorial. Indo mais além, durante um longo período, os hábitos, se comparado à fidalguia, apresentavam certa vantagem entre os postulantes, pelo fato de remeterem para um universo simbólico mais aberto entre aqueles que dispunham apenas de serviços e condições na busca de uma carreira de ascensão social.[48]

Na Bahia do século XVIII, ter uma insígnia da Ordem de Cristo era mais um instrumento de legitimação simbólica devidamente valorizado pelos membros das suas elites. Um levantamento básico entre aqueles que assumiram funções em instituições de poder, como a Câmara e a Misericórdia, e buscaram a distinção de se fazerem membros da Ordem Militar de Cristo, conduziu-se a nomes como os de Cristóvão da Rocha Pita, Sebastião da Rocha Pita, Pedro de Albuquerque da Câmara, Pedro Moniz Barreto de Vasconcelos, Francisco Gomes de Abreu e Lima e Garcia de Ávila Pereira.

Em suma, o hábito das ordens militares se apresentou como mais um instrumento de reprodução social buscado pelos colonos no interior da dinâmica imperial. Os hábitos permitiram a eles vislumbrarem oportunidades tanto sob a forma de remuneração financeira, mediante valores das tenças, que se tornavam verdadeiras fontes de renda, quanto da acumulação do capital simbólico inerente a uma sociedade que se estruturava a partir de mecanismos de diferenciação e de privilégios.

A fidalguia da casa real e o sonho dos privilégios da nobreza

A conotação dada à condição de fidalgo, referindo-se a uma qualidade respeitável, sempre esteve presente na sociedade portuguesa do Antigo Regime. Vejamos como se refere aos fidalgos as Ordenações Afonsinas:

> E que estes fossem escolhidos de bons lugares, e algo que quer tanto dizer segundo linguagem de Espanha, como homem de bem, e por isto os chamaram filhos-dalgo, que quer tanto dizer como filhos de bem, e em alguns

---

47 OLIVAL, *Op. cit.*, p. 521.

48 *Ibidem*, p. 177.

outros lugares lhes chamam gentis, e toma este nome de gentileza, que mostra tanto como nobreza, e bondade porque os gentis foram homens nobres e bons, e viveram mais honradamente do que as outras gentes.[49]

Nascida na Espanha, a palavra fidalgo foi incorporada ao vocabulário português já na época de D. Diniz I (1279-1325). Não possuía, no tempo do Lavrador,[50] um significado de título de honra e de nobreza, que somente seria incorporado nos tempos de D. Afonso V (1438-1481), que teria matriculado em um livro todos os cavaleiros e escudeiros da sua Casa Real, dando-lhes, para distingui-los dos não matriculados, o título de moços fidalgos.[51] A intenção do soberano era de ter a nobreza portuguesa no serviço da sua casa. Para tanto, tomou a iniciativa de inscrevê-los como moradores do paço, recebendo anualmente, segundo serviço de cada um, uma quantia paga que ficou conhecida como "moradia". A partir de D. Manuel I (1495-1521), o privilégio de ser morador da Casa Real proporcionava a quem o obtivesse uma "moradia" mensal e uma diária de cevada.

Sobre a concessão do foro de fidalgo a partir de D. Afonso V, vejamos o resumo de Luís da Silva Oliveira:

> Daqui tiveram principio os decantados Filhamentos, ou Foros de Fidalgos tão apetecidos, e estimados neste Reino, como desconhecidos, e nunca usados fora dele. Foros que a política afonsina inventou para com uma folha de papel remunerar grandes serviços sem esgotar o Erário. D. João II. O Perfeito, que lhe sucedeu no trono, conservou estes Foros no estado em que seu Pai D. Afonso os deixara; e D. Manuel o Venturoso, quando fez a reforma da Nobreza, acrescentou os Moços da Câmara a Cavaleiros Fidalgos, e os Moços Fidalgos a Fidalgos Cavaleiros.[52]

A partir das determinações de D. Afonso V, se fez necessário a classificação das diferentes categorias de nobreza, sendo, portanto, sistematizada em duas ordens, cada uma com três graus, são elas: Primeira ordem – 1.º grau: fidalgo-cavaleiro; 2.º grau: fidalgo-escudeiro; 3.º grau: moço fidalgo. Segunda ordem – 1.º grau: cavaleiro-

---

49 Ordenações Afonsinas. Livro I. tit. 63, p. 363.

50 Alcunha de D. Diniz.

51 OLIVEIRA, Luís da Silva Pereira. *Privilégios da Nobreza, e Fidalguia de Portugal.* Lisboa: Oficina de João Rodrigues Neves, 1806, p. 220.

52 *Idem.*

-fidalgo; 2.º grau: moço da câmara; 3.º grau: escudeiro-fidalgo. Mais tarde ocorreu a fixação em torno dos três graus da Primeira ordem, sendo comum o processo de ascensão do terceiro para o segundo ou primeiro grau.

Se, a princípio, a restrição para se alcançar a fidalguia impedia o acesso àqueles que não descendessem de sangue ilustre, a partir do século XVI, as exigências das conjunturas minimizaram tais restrições. Apesar de continuar a ser valorizada a prova da filiação legítima de pai fidalgo para também o ser, houve uma maior abertura para o acesso à fidalguia, incorporando-se aqueles que não tinham "sangue ilustre". Isso se deu pela adoção da prática da declaração de que alguns teriam o "foro de fidalgo". Atribuir o foro de fidalgo equivalia a declarar que o indivíduo agraciado com esse grau de nobreza não a havia herdado de seus pais.[53]

Existiram diferentes espécies de fidalgos,[54] mas interessa-nos aqui apenas os chamados "Fidalgos assentados nos Livros d'ElRei", por serem os mais comuns na Bahia colonial. Esses são conhecidos como "filhados", que, segundo Luís Oliveira, seria o mesmo que "tomados pelo rei para o seu particular serviço, da palavra antiga filhar, que vale o mesmo que tomar com autoridade legal e jurídica".[55] A primeira ordem e seus respectivos graus se referem a subdivisões dessa espécie de fidalgo e se constituíam em nobilitação de topo na hierarquia da nobreza, ficando apenas abaixo dos Títulos.

Entre os nomes que receberam o filhamento do Foro de Fidalgo da Casa Real na Bahia, muitos foram os que se beneficiaram dessa condição, diretamente de seus ascendentes. Exemplo pertinente, por englobar gerações de uma família bastante poderosa, foi o de Álvaro João da Silveira e Albuquerque, natural da Bahia. Tratava-se do neto de D. Álvaro da Silveira e Albuquerque, que ocupou, em 1702, o cargo de governador das capitanias reunidas do Rio de Janeiro, São Paulo e Minas Gerais. O filho de D. Álvaro foi D. Jerônimo da Silveira de Albuquerque, que recebeu o foro de

---

53 Arquivo Pitoresco – Semanário Ilustrado. Volume X. Lisboa: Editores Proprietários Castro e Irmão & Cia. 1867, p. 39.

54 São eles: Fidalgos de solar; Fidalgos de Linhagem; Fidalgos assentados nos Livros d'ElRei; Fidalgos feitos por especial mercê d'ElRei; Fidalgos notáveis; Fidalgos de grandes estados e Fidalgos de cotta d'Armas.

55 OLIVEIRA, *Op. cit.*, p. 228.

moço fidalgo e o de fidalgo escudeiro.[56] O filho de D. Jerônimo, o citado Álvaro João da Silveira e Albuquerque, recebeu o foro de moço fidalgo e o de fidalgo escudeiro.[57]

Outra família das mais poderosas da Bahia colonial foi a Gomes Ferrão Castello Branco. Seus diversos membros estiveram presentes nas principais instituições de poder, além de terem se beneficiado de uma série de mercês. A fidalguia da Casa Real foi uma delas, e marcou a família por várias gerações, em todo o século XVIII.

Entre 1714 e 1796, foram várias gerações da família Gomes Ferrão Castelo Branco se reproduzindo socialmente e beneficiando-se dos diversos privilégios referentes ao Foro de Fidalguia da Casa Real. Percebe-se, nesse caso, a estabilidade e o grau de articulação interna da casa dos Ferrão Castelo Branco.

Na Bahia, fidalgos da Casa Real já estavam presentes desde a chegada de Tomé de Sousa. Dentre eles, destaca-se Diogo Moniz Barreto. A trajetória dos Monizes Barretos na Bahia remonta ao início da colonização e perpassa, de maneira marcante, toda a história de nosso período colonial. Diogo Moniz Barreto, além de ter chegado juntamente com Tomé de Souza, sustentando o foro de fidalgo da Casa Real, foi o primeiro Alcaide-mor de Salvador.

Apesar de ter sido o primeiro Moniz Barreto a aportar na Bahia, não é de Diogo Moniz a descendência dos Monizes Barretos baianos. O tronco desse clã parte de um meio irmão de Diogo Moniz, Egas Moniz Barreto, que passou à Bahia em 1563; ambos eram filhos de Vasco Martins Moniz. Os apelidos Barreto e Menezes, segundo o genealogista Antônio Doria, entraram nos monizes através de Inês de Menezes, mulher de Henrique Moniz, Alcaide-mor de Silves.[58] De acordo com o citado genealogista, a junção das três famílias representou "tipicamente uma aliança entre os rescaldos da nobreza feudal antiga de Portugal, Barretos e Menezes, e a burguesia recém-nobilitada pelos serviços prestados à ascensão da dinastia de Aviz, os Monizes".[59]

Além da mercê de fidalgo da Casa Real, semelhante a outros clãs, os Monizes Barretos se instalaram nas diversas instâncias de poder, como foi o caso de Pedro Moniz Barreto de Vasconcelos, vereador em 1740, e Antônio Moniz de Souza Barreto e Aragão, provedor da Santa Casa de Misericórdia em 1779.

---

56 ANTT, RGM. Mercês de D. Pedro II, liv. 14, f. 392.
57 ANTT, RGM. Mercês de D. João V, liv.15, f. 486.
58 DORIA, José Antônio. *Os Herdeiros do Poder*. Rio de Janeiro: Revan, 1994. p.134.
59 *Idem*.

O processo de filhamento na Casa Real cumpria um ritual burocrático, e a concessão do foro quase sempre se dava como retribuição aos feitos militares, embora também pelas prestações de serviços, ao sangue e às letras. Maria Beatriz Nizza fez a seguinte síntese do processo de escolha:

> O mordomo-mor consultava o rei sobre a pretensão e este examinava os serviços e merecimentos do pretendente, mas em certos casos a concessão do foro era praticamente automática, pois aos filhos de legitimo matrimônio pertencia o mesmo foro de seus pais. Quanto aos filhos ilegítimos, havia que consultar o monarca. O Regimento determina o grau de autonomia do mordomo-mor na concessão dos foros e também os limites dessa autonomia. Cuidava igualmente do pagamento das moradias e por essa razão com a mesma data foi elaborado o regimento das moradias.[60]

Se, no caso do Brasil, os feitos militares possibilitaram que muitos dos seus naturais alcançassem o foro, na Bahia isso não foi diferente. Para o final do século XVII, o inventário dos livros de matrícula dos Moradores da Casa Real registrou o foro de alguns baianos, confirmando os serviços militares como requisito para que pudessem ser "filhados". O primeiro deles foi João Cardoso Pissarra, exemplo dos mais ilustrativos, pois, apesar de ter nascido na Bahia, só alcançou o foro de fidalgo depois de percorrer uma longa carreira militar no reino. Pissarra recebeu o foro de fidalgo cavaleiro constando de 1600 réis de moradia por mês e 1 alqueire de cevada por dia pelos serviços prestados na Província de Tras-os-Montes e cidade de Miranda. Os postos que lhe possibilitaram alcançar tal mercê foram os seguintes: soldado, alferes de mestre de campo, capitão de infantaria, tenente general de artilharia, capitão de cavalos ligeiros e couraças e da guarda do Conde de São João.[61]

Outro baiano foi o capitão e governador da Capitania do Espírito Santo, Francisco Gil de Araújo. Seu alvará de fidalgo cavaleiro foi de 17 de março de 1678, e sua mercê veio depois de ter servido no Brasil como soldado, alferes, mestre de campo, capitão de infantaria e de mar e guerra e coronel de um terço de infantaria.[62] Também baiano, e com serviços prestados no Brasil, Antônio Guedes de Brito rece-

---

60 SILVA, Op. cit., p.73.

61 Arquivo Nacional – Torre do Tombo. Inventário dos Livros de Matrícula dos Moradores da Casa Real 1646 – 1744, v. II. Lisboa: Imprensa Nacional, p. 12.

62 Ibidem, p. 26.

beu mercê de fidalgo cavaleiro em alvará de 16 de março de 1679. Os serviços foram os de soldado, capitão da ordenança, sargento mor e mestre de campo.[63] Estevão Dias Porto, que já era cavaleiro da Ordem de S. Tiago, foi outro que circulou no Império, pois recebeu em 1676 o foro de escudeiro e cavaleiro - fidalgo pelos serviços que prestou nas guerras do Brasil e do Reino.[64] Por serviços prestados na armada e no Alentejo, Gabriel Inácio de Miranda recebeu os foros de escudeiro e cavaleiro – fidalgo pelo alvará de 5 de dezembro de 1677.[65]

No século XVIII, apesar de o requisito militar continuar a ser a referência para que se alcançasse a fidalguia da Casa Real, outros fatores se mostraram importantes como critério. Um exemplo bastante sugestivo é o da família Cunha Brochado cujos requisitos utilizados pelo rei para agraciá-los foram os seus serviços prestados junto à Universidade de Coimbra e ao Desembargo do Paço.

Apesar das moradias recebidas e dos diversos privilégios, o capital simbólico representado pela fidalguia parecia se impor sobre as outras vantagens, ou, como afirmou Armando Castro se referindo ao sentido remuneratório da moradia:

> Embora fosse considerada mais honorífica do que pelo seu conteúdo econômico, pois, como escreveu Frei Luís de Sousa, trata-se de pequena quantia de dinheiro e cevada assinalada desde tempos antigos a toda a família nobre que acompanha a coroa e que se estimava mais pela dignidade do que pela substância do rendimento (...).[66]

Ao estabelecer uma organização esquemática da nobreza portuguesa entre o século XVI e a revolução liberal em 1832-34, Nuno Monteiro, após demonstrar que na base ficaria o que ele chamou de uma "nobreza simples", assim enquadrou os fidalgos:

> Acima, uma categoria intermédia de alguns milhares de fidalgos, que compreendia uma maioria de "fidalgos de cota de armas" e de "fidalgos de linhagens" (cujos ascendentes tinha recebido a carta de brasão ostentando na

---

63   Ibidem, p. 27.
64   Ibidem, p. 51.
65   Ibidem, p.53.
66   CASTRO, Op. cit., p. 51.

fachada das suas casas), com uma muito desigual distribuição geográfica, bem como algumas centenas de fidalgos da casa real e desembargadores.[67]

Em suma, receber o foro de fidalgo da Casa Real por parte dos colonos representou o seu enquadramento na mesma lógica de remuneração e serviços que conduziu a relação entre a Coroa e os seus súditos em tempos de Antigo Regime.

As academias e a possibilidade de produção intelectual

Ser um letrado não necessariamente significava nobreza. Por outro lado, se nem todo letrado era um nobre, ser um letrado na colônia já era uma condição de distinção social. Na sociedade colonial, aqueles que adentravam o mundo das letras faziam-no como mais uma estratégia de acumulação de capital simbólico, na busca da distinção social e da nobilitação.

Ser membro efetivo das academias literárias na América portuguesa significava possuir uma condição de legitimidade social, embora não conduzisse de imediato à nobilitação. Os membros das duas academias surgidas na Bahia no século XVIII já chegavam ao espaço acadêmico ocupando boa posição social. Instituições com o perfil de uma academia literária cumpriam a função de legitimação e classificação dos indivíduos formadores das elites no século XVIII.

Antes de partir diretamente para o entendimento das duas academias baianas do século XVIII, vejamos, de maneira introdutória, a presença desse tipo de instituição no âmbito do reino. De acordo com Fábio Pedrosa:

> É a partir do Renascimento que se acirra, primeiro na Itália e depois em outros países da Europa, o gosto por associações de homens cultos. Assim, por todo o século XVII, surgiram academias em quase todas as cidades europeias.[68]

---

[67] MONTEIRO, Nuno Gonçalo. Trajetórias sociais e governo das conquistas: Notas preliminares sobre os vice-reis e governadores-gerais do Brasil e da Índia nos séculos XVII e XVIII, In: João Fragoso; Maria Fernanda Bicalho; Maria de Fátima Gouvêa, *O Antigo Regime nos Trópicos: A dinâmica imperial portuguesa (séculos XVI-XVIII)*. Rio de Janeiro: Civilização Brasileira, 2001, p. 253.

[68] PEDROSA, Fábio Mendonça. *REVISTA DA SBHC* IN° I/2003 IA Academia Brasílica dos Esquecidos e a história natural da Nova Lusitânia I, p. 22.

O surgimento das academias ocorreu, em fins do século XVII, no contexto da passagem da investigação histórica, antes sob o controle das corporações religiosas, para outros espaços de erudição. Para Iris Kantor, nesse contexto:

> Formava-se, desde então, um novo campo intelectual, delimitado por regras específicas para a constituição do discurso historiográfico, validadas, por sua vez, por uma 'comunidade' ou 'república' de eruditos regida por estatutos próprios.[69]

A História como um olhar sobre o passado ganhava centralidade em termos de construção e legitimação do momento histórico português. Ainda que não tenha sido no Setecentos o momento em que a História nasce como disciplina autônoma e profissionalizada, a reforma pombalina da Universidade de Coimbra em 1772 já contemplava algumas cadeiras voltadas exclusivamente para a História, como foi o caso da cadeira de História Eclesiástica, no curso de teologia, História Civil dos Povos, cátedra da Faculdade de Leis, e História da Igreja Universal e portuguesa e do Direito Canônico, disciplina do programa da Faculdade de Cânones.[70]

Vem do século XVII a presença de algumas academias em Portugal. Controladas pela primeira nobreza do reino, dedicavam-se principalmente à literatura nacional. O ponto de partida pode ter sido a criação da Academia dos Generosos, em 1647. Ao se organizar como uma agremiação literária os Generosos mobilizavam sessões para discutir temas produzidos em forma de canções, sonetos, romances, epigramas e décimas. Alguns dos acadêmicos Generosos, mais tarde, viriam a fazer parte da Academia Real de História Portuguesa. Em 1663, surge a Academia dos Singulares, fundada por Pedro Duarte Ferrão, inquisidor-mor. Segundo o Cônego Fernandes Pinheiro, pode ter sido ela a servir de inspiração para os Esquecidos baianos.[71]

Em 1711, foi fundada a Academia dos Anônimos. Pouco tempo depois, em 1717, sob a liderança de D. Francisco Xavier de Menezes, foi criada a Academia

---

69 KANTOR, Iris. *Esquecidos e Renascidos. Historiografia Acadêmica Luso-Americana (1724 - 1759).* São Paulo: Hucitec; Salvador, BA: Centro de Estudos Baianos/UFBA, 2004, p.23.

70 AVELLAR, Hélio de Alcântara. *História administrativa do Brasil: a administração pombalina.* 2. ed. Brasília, Fundação Centro de Formação do Servidor Público – FUNCEP/ Ed. Universidade de Brasília, 1983, p. 171.

71 RIHGB, Tomo XXXI, 1868, p. 16.

Portuguesa. Sobre o mecenato do Conde de Ericeira, o Cônego Fernandes Pinheiro fez uma descrição que bem ilustra o rito intelectual do século XVIII:

> O conde de Ericeira (D. Francisco Xavier de Menezes), um dos mais conspícuos varões que nessa época honravam as letras portuguesas, franqueou a sua livraria a uma reunião de doutos que entretinham-se na solução de alguns problemas científicos e literários. Estas conferências, que tomaram o nome de *Discretas,* foram frequentadas pela flor da nobreza, nascendo muito provavelmente em seu grêmio o pensamento gerador do *Vocabulário,* que mais tarde levou avante a infatigável erudição de D. Raphael Bluteau.[72]

Finalmente, em 1720, nasceria, sob o mecenato do rei D. João V (1706-1750), uma das mais importantes instituições eruditas do Reino português, a já citada Academia Real de História Portuguesa.

A fundação da Academia Real de História deveu-se a um projeto encomendado pelo monarca a Manuel Caetano de Sousa. Da solicitação de escrita de uma grande história eclesiástica de Portugal, a *Lusitania Sacra*, D. João V ampliou os horizontes para se produzir uma obra mais ousada, que escrevesse sobre tudo o que pertencesse à história do Reino de Portugal e Algarve e de suas conquistas.[73]

Do ponto de vista da Coroa portuguesa, a Real Academia se constituiu em uma instituição de forte conotação política. Na busca da elaboração e registro de uma história do Reino português estava a tentativa da Coroa de estabelecer parâmetros que justificassem e consolidassem a posição de Portugal no contexto dos estados europeus. Uma instituição como a Academia Real de História, mais do que servir como centro produtivo de conhecimento, serviria como instrumento de convergência e de unidade de uma matriz cultural portuguesa. Lisboa era o grande centro de referência cultural do reino. A Universidade de Coimbra continuava sendo o centro de formação intelectual, mas cabia à Real Academia, situada no centro político, fazer a ponte necessária entre cultura e poder. Não foi por acaso que a academia lusitana nascera sob a proteção régia, diferentemente das suas congêneres europeias.

---

72 RIHGB, Tomo XXXI, 1868, p. 16.
73 SILVEIRA, Pedro Telles da. *O cego e o coxo: crítica e retórica nas dissertações históricas da Academia Brasílica dos Esquecidos (1724-1725).* Mestrado. Ouro Preto: PPGH/UFOP, 2012, p. 50.

O monarca via na produção literária da Academia Nacional a possibilidade de interferência oficial na feitura coletiva de uma história do Império e do reino.[74] No âmbito da Academia, membros das elites leigas e eclesiásticas se integravam em torno de uma produção intelectual que tendia a transferir "informações e competências da esfera eclesiástica para a esfera social".[75]

O fato de representar uma tentativa de se constituir uma síntese cultural do reino e de suas conquistas exigiu, consequentemente, da Academia Real, tornar-se o centro de convergência de todas as informações necessárias para se construir uma narrativa histórica de Portugal. Com a Academia Real de História, o que antes era a função do cronista-mor do reino, ou seja, a escrita da história oficial portuguesa, passa a ser de responsabilidade de eruditos que se utilizaram de regras e métodos para exercer seu ofício. A História também passaria a ter a função legitimadora da expansão territorial portuguesa no contexto das relações diplomáticas na Europa, o que fez com que os historiadores régios fossem "frequentemente convocados para municiar os diplomatas nas negociações internacionais".[76]

Partindo do pressuposto de que a produção de uma história portuguesa representaria simbolicamente a unidade do reino, o território do ultramar seria incorporado como resultado dos feitos heroicos do reino. Os descobrimentos e conquistas empreendidos pelos diversos governos portugueses foram incorporados ao esquema de periodização da História produzida sob a chancela da Real Academia. Nesse momento, de acordo com Iris Kantor, "a nação portuguesa deveria incorporar os portugueses de todos os quadrantes do mundo, o sentimento de pertença transcendia as fronteiras políticas do Império Luso".[77]

O Império e toda a dimensão territorial que ele havia alcançado começavam a se transformar em objeto de reflexão dos eruditos da Real Academia. Nesse sentido, a África, a Ásia e a América transformaram-se em objetos de estudos dos eruditos acadêmicos portugueses. O projeto de escrever uma história que incorporasse os diversos territórios do Império se mostrou bastante ousado na prática. A sua materialização demandava um grau de articulação entre Lisboa e os diversos territórios coloniais a fim de fazer fluir para o reino o máximo possível de documentos vindos

---

74   KANTOR, *Op. cit.*, p. 30.

75   *Idem*.

76   *Ibidem*, p. 55.

77   *Ibidem*, p.58.

das partes mais remotas do Império. Uma das estratégias da Real Academia foi atribuir a alguns eruditos a responsabilidade por determinadas áreas. Para o ultramar, coube a Antônio Rodrigues da Costa escrever a história eclesiástica e a Antônio Caetano de Souza, o registro da memória dos seus bispados.

Um grande volume de correspondências partiu de Lisboa em direção aos diversos territórios que compunham o Império. Essas correspondências solicitavam o traslado de cópias de todos os documentos existentes nos arquivos públicos e privados. No caso específico do Brasil, coube ao vice-rei e governador-geral Vasco Fernandes Cesar de Menezes (1720-1735) a função de intermediário na articulação das correspondências entre a Academia e as diversas capitanias brasileiras. Em carta enviada em 24 novembro de 1722 ao capitão-mor da Capitania do Espírito Santo, Vasco Fernandes passou a seguinte instrução:

> Pela cópia inclusa verá Vossa Mercê o que é muito do real agrado de Sua Majestade, que Deus guarde, se remeta à Academia que foi servido mandar erguer para debaixo de sua soberana proteção se escrever a História Eclesiástica e Secular do Reino de Portugal e suas Conquistas. E assim ordeno a Vossa Mercê participe esta carta e cópia aos oficiais da Câmara das vilas continentes nessa capitania (...).[78]

Nessa mesma data foram enviadas cartas para Aires de Saldanha de Albuquerque, governador do Rio de Janeiro, Rodrigo Cesar de Menezes, governador da Capitania de São Paulo e D. Manuel Rolim de Moura, governador da Capitania de Pernambuco. A todos, a missiva levava o seguinte teor:

> E vai inclusa a dita memória para que Vossa Senhoria, na forma dela a execute passando para esse efeito os avisos necessários aos ministros eclesiásticos e seculares e das câmaras das cidades e vilas continentes na jurisdição desse Governo recomendando-lhes envie, cada uma, a Vossa Senhoria, com carta sua os traslados do que acharem nos seus arquivos e cartórios pertencentes ao que se insinua na dita memoria, e o mais que conduzir a maior clareza, individuação e brevidade, para Vossa Senhoria dai-nos expedir e eu os remeter à dita Academia, como o dito Senhor ordena.[79]

---

78 DHBN. Rio de Janeiro: Biblioteca Nacional, v. LXXI, p. 194-195.
79 *Ibidem*, p. 196.

Como a Academia visava a escrita de uma história secular e eclesiástica, além dos governadores, foram, também, procurados os dirigentes religiosos. Em carta de 14 de novembro de 1722, Vasco Fernandes teve como receptores na Bahia os provinciais da Ordem de Nossa Senhora do Carmo, da Companhia de Jesus, dos Carmelitas Descalços, de Santo Antônio dos Capuchos e o Abade Geral da Ordem de São Bento. A todos foi solicitada a "memoria impressa do que se pretende saber das religiões que há neste Estado".[80] Coube principalmente ao Rio de Janeiro, Pernambuco e Bahia o fornecimento do material necessário para o trabalho dos eruditos do reino.

Passados quatro anos da fundação da Academia Real de História, o movimento academicista português alcançou o território colonial, materializando-se na Bahia com a fundação, em 1724, da *Academia Baiana dos Esquecidos*. Apesar da curta existência, a Academia dos Esquecidos cumpriu a função de estabelecer um ensaio de erudição entre os seus membros, cujo desdobramento no tempo criaria as condições para o surgimento da sua congênere da segunda metade do Setecentos, a *Academia Baiana dos Renascidos*.

Comecemos pela primeira delas. Porém, antes, cabe refletir sobre a razão de ter sido Salvador o berço do academicismo colonial. Rota comercial, entreposto, mercado importador e exportador são só alguns dos elementos constitutivos da força exercida por Salvador, no âmbito do Império colonial português. Diversos foram e são os historiadores brasileiros que ao refletirem sobre o Brasil colonial não se furtaram de construir uma imagem de Salvador como o grande centro de poder da América portuguesa. Além do lastro econômico e do consequente amadurecimento político e social, as elites baianas vislumbraram a possibilidade de buscarem se inserir na dinâmica cultural do Império.

Até o início do século XVIII, cabia apenas ao Colégio dos Jesuítas a função de centro cultural da América portuguesa.[81] A porta aberta pela Real Academia, ao inserir o ultramar no interior de uma história do Império português, concedeu aos eruditos baianos força suficiente para pensar a inserção da história do Novo Mundo no contexto da história portuguesa e universal, agora sob o prisma dos próprios americanos. A colônia buscava assumir o controle da construção histórica e iden-

---

80 DHBN. Rio de Janeiro: Biblioteca Nacional, v. XLV, p. 4.

81 SANTOS, Domingos Mauricio dos. O Brasil em Alcobaça (Esquecidas memórias da Academia Brasílica dos Esquecidos, da Baía, entre os Códices alcobacenses). *V Colóquio Internacional de Estudos Luso-Brasileiros*. Coimbra: 1965, p. 6.

titária de seu território. Iris Kantor chega a sugerir uma possível dimensão contraditória do empreendimento acadêmico em situação colonial, na medida em que a Academia possibilitava a "formação de uma nova percepção sobre a territorialidade e as condições de efetivação da soberania portuguesa no continente".[82] Ainda que essa percepção não possa ser identificada como uma consciência autonomista, os temas das dissertações produzidas no âmbito da academia baiana,[83] no mínimo, demonstraram um interesse pelo autoconhecimento não só das próprias vicissitudes da condição colonial como de possíveis soluções para as mesmas.

O projeto de uma Academia literária na Bahia materializou-se sob o mecenato do vice-rei Vasco Fernandes César de Menezes. Quadro dos mais experientes entre os administradores portugueses, com passagem pelo governo da Índia (1712-1717), Vasco Fernandes, apesar de ter governado o Brasil em uma fase de muitas dificuldades econômicas, buscou inserir-se estrategicamente nas relações de poder da Bahia colonial. O empreendimento acadêmico oferecia dupla vantagem a Vasco Fernandes, pois ao mesmo tempo em que aumentava o seu prestígio na Corte lisboeta, aprofundava os seus laços com as elites locais.

É justamente a partir desse aprofundamento de laços com os membros das elites locais, como estratégia de melhor conhecer seus vassalos, que, em 7 de março de 1724, nasceria, sob a direta inspiração da Academia Real de História Portuguesa, a Academia Brasílica dos Esquecidos. Um trecho do auto de nascimento da Academia reproduz o ambiente das letras na Bahia do século XVIII:

> O Exmo. Sr. Vasco Fernandes César de Menezes, incomparável vice-rei do Estado do Brasil, que no seu ínclito nome traz vinculada com a profissão de ilustrar as armas a propensão de honrar as letras, para dar a conhecer os talentos que nesta província florescem, e por falta de exercício literário estavam como desconhecidos.[84]

A ideia de pertencimento a um território de dimensão imperial é visivelmente identificada no discurso de abertura da Academia, de autoria de seu secretário, José da Cunha Cardoso. Ao justificar a escolha do Sol como o grande símbolo dos Esquecidos, Cunha Cardoso utilizou-se das seguintes palavras:

---

82 KANTOR, *Op. cit.*, p. 122.
83 Principalmente a Academia dos Renascidos criada em 1759.
84 RIHGB, Tomo XXXI, 1868, p. 18.

> E porque a jurisdição deste planeta não cabia em um só hemisfério, dispôs com prudente acordo o invictíssimo, e previdentíssimo Senhor do Império Lusitano, que depois de ilustrar a Europa, fosse resplandecer em terras de África, e Ásia. (...) Faltava a maior, e não sei se a melhor parte do mundo para gozar de tão luminoso, e benigno astro; e ou fosse por acaso da nossa ventura, ou por destino da alta providência no Brasil se acabou o seu Zodíaco, concluindo aqui o primeiro giro, que deu como Sol para alumiar o Universo. Na Bahia teve o seu fim este primeiro giro, próspero auspício dos que se lhe hão de seguir; e foi para nós tão feliz, que sendo na ordem os últimos, fomos na dita os principais.[85]

Um dos seus fundadores, talvez o que melhor simbolizou a própria Academia, o historiador Sebastião da Rocha Pitta assim descreveu sua fundação em terras coloniais:

> A nossa Portuguesa América (e principalmente a província da Bahia), que na produção de engenhosos filhos pode competir com Itália e Grécia, não se achava com academias introduzidas em todas as repúblicas bem ordenadas para apartarem a idade juvenil do ócio contrário das virtudes e origem de todos os vícios, e apurarem a sutileza dos engenhos. Não permitiu o vice-rei que faltasse no Brasil esta pedra de toque ao inestimável ouro dos seus talentos de mais quilates do que os das minas. Erigiu uma doutíssima academia, que se fez em palácio na sua presença. Deram-lhe forma as pessoas de maior graduação e entendimento que se achavam na Bahia tomando-o por seu protetor. Tem presidido nela eruditíssimos sujeitos.[86]

Rocha Pitta representava o que a Bahia tinha de mais poderoso na sua hierarquização social, pois originário de uma família de grande riqueza cujos membros distribuíam-se em todos os espaços de poder da Bahia colonial. O ponto de vista de Rocha Pitta era o do sujeito colonial consciente de sua posição periférica, mas ao mesmo tempo sabendo rigorosamente das possibilidades de se empreender na colônia uma dinâmica semelhante à da metrópole. Não parece ter sido ele um indivíduo

---

85 CASTELLO, José Aderaldo. *O movimento academicista no Brasil, 1640-1820/22*. São Paulo: Conselho Estadual de Cultura, 1969, vol. I, tomo 1. p. 8.

86 RIHGB, Tomo XXXI, 1868, p. 18.

submetido à sua condição de periférico, mas alguém ciente do pertencimento a uma unidade política que permitia certa igualdade de oportunidade entre seus membros.

Na visão de Domingos Mauricio dos Santos, a abertura da Academia em Salvador se justificara, porque "havia, ali, nessa conjuntura, além dos dois supranumerários,[87] um grupo de eruditos cheios de entusiasmo pelas letras, quase todos funcionários civis e militares do Estado".[88] No já citado discurso do secretário Cunha Cardoso, vejamos o impacto intelectual da fundação da instituição para a Bahia:

> Neste felicíssimo ocidente nasceu o Sol para a Bahia: agora lhe amanheceu, porque agora se verá a Bahia convertida em Atenas: agora sairão à luz os que o nosso descuido cobria com as sombras do esquecimento, que por isso tão entendidos, como modestos se apropriaram o título dos Esquecidos.[89]

A Bahia teve uma posição de vanguarda quanto ao número de alunos matriculados na Universidade de Coimbra em todo o século XVIII.[90] A título de comparação com outras regiões da América portuguesa, entre 1700 e 1772, saíram de Salvador para os bancos da Universidade de Coimbra 445 estudantes, contra 217 originários da Capitania de Minas Gerais. A existência de instituições como as Ordenanças, a Misericórdia e o Tribunal da Relação deu a Salvador a possibilidade de amadurecimento intelectual e de trocas culturais mais estreitas com os reinóis.

Além disso, não podemos deixar de reconhecer a importância do Colégio dos Jesuítas para a formação de um ambiente intelectual na Bahia do século XVIII. Exemplo dos mais pertinentes, que bem reflete essa atmosfera cultural, foi a publicação, em 1760, da obra "Sistema Físico-Matemático dos Cometas", de autoria do jesuíta José Monteiro da Rocha.

Escrita quando o autor tinha apenas 25 anos de idade, o conteúdo da obra vai além de um relato voltado exclusivamente para as ciências exatas. Na dedicatória que escreveu em homenagem a Frutuoso Vicente Viana, o autor dá as pistas de uma

---

87 Aqui se tratam de Gonçalo Soares da Franca e Sebastião da Rocha Pita, aceitos em 1722 como sócios supranumerários da Academia Real de História Portuguesa.
88 SANTOS, *Op. cit.*, p. 7.
89 CASTELLO, *Op. cit.*, p. 9.
90 FONSECA, Fernando Taveira. *A Universidade de Coimbra (1700 – 1771). Estudo Social e Econômico*. Coimbra: Universidade de Coimbra, 1995. p.170.

possível influência iluminista, ao referir-se aos "excelentes autores franceses".[91] O fato de ter feito toda a sua formação no Colégio dos Jesuítas da Bahia, e, ao mesmo tempo, conseguir forjar uma obra de grande envergadura intelectual ainda jovem, nos leva a refletir sobre o grau de riqueza da educação inaciana e sobre a influência desta na formação cultural da Bahia setecentista.

Reconhecendo todas as limitações inerentes a uma sociedade escravista e fortemente hierarquizada, o fato de ter no Colégio dos Jesuítas uma base formadora de um ambiente razoavelmente aquecido culturalmente pode ter sido suficiente para formar uma matriz de erudição entre alguns baianos, dando-lhes a motivação necessária para ousar estabelecer, em nível local, um esboço de pensamento intelectual minimamente autônomo, no interior da universalidade constituída pelo Império português.

Sob o protetorado de Vasco Fernandes, a primeira composição da Academia dos Esquecidos foi formada pelos seguintes membros: o reverendo padre Gonçalo Soares da Franca, o desembargador Caetano de Brito e Figueiredo, chanceler desse Estado, o desembargador Luis de Siqueira da Gama, Ouvidor Geral do Cível, o Doutor Inácio Barbosa Machado, juiz de fora desta cidade, o coronel Sebastião da Rocha Pita, o capitão João de Brito e Lima, e José da Cunha Cardoso.[92] O lugar social de onde vieram os primeiros acadêmicos restringia-se basicamente aos espaços administrativo, eclesiástico e militar.

Nascida tal qual sua congênere reinol, a academia baiana teve no mecenato do vice-rei seu principal sustentáculo. As reuniões aconteciam no palácio do governo. A criação de academias literárias no mundo português pode ser pensada no contexto cultural do Antigo Regime, no qual o mecenato régio assegurava para seus membros a simbólica aproximação ao poder, situação em direta sintonia com as classificações hierárquicas de uma sociedade estamental.

No reino, a Academia Real de História cumpria um papel remunerador, em função de uma boa prestação de serviço por parte dos vassalos. Iris Kantor amplia esse entendimento quando apresenta trecho de um discurso do desembargador Manuel de Azevedo Soares, que, além de caracterizar a História como "o mais útil ramo das Letras e mestra da melhor política",[93] suplicava ao rei a aplicação da justiça

---

91 ROCHA, José Monteiro. *Sistema Físico-Matemático dos Cometas*. Rio de Janeiro: MAST, 2000, p.24.

92 CASTELLO, *Op. cit.*, p. 3.

93 KANTOR, *Op. cit.*, p. 44.

redistributiva e que "remunerasse os serviços dos que por meio da escrita da história construíram a glória do monarca e da nação portuguesa".[94] A condição de membro de uma academia como a Real de História dava aos letrados portugueses o reconhecimento de serem eles prestadores do real serviço, situação que bem se enquadrava no já analisado *ethos* nobiliárquico do Antigo Regime português. Para os reinóis, o fato de pertencerem aos quadros da instituição literária e de terem a responsabilidade de escrever a história portuguesa foi assim explicado por Taise da Silva:

> O reconhecimento do papel dos letrados para a elevação das letras pátrias conferiu-lhes lugar no rol dos varões ilustres, por armas, por letras ou por virtudes, nobilitando-os, ainda que não procedessem de família fidalga.[95]

Entre os escolhidos para a Academia dos Esquecidos estavam membros das altas esferas da elite econômica, mas principalmente da letrada da Bahia colonial. A organização dos trabalhos, segundo as funções, foi a seguinte: a Luís Siqueira da Gama coube a tarefa de escrever a história política; a história eclesiástica ficou sob a responsabilidade de Gonçalo Soares da Franca; para Caetano de Brito e Figueiredo ficou a história natural; e a Inácio Barbosa Machado foi atribuída a história militar. A secretaria da instituição ficou com o acadêmico José Luís Cardoso. Apesar de ter nascido sob o manto da vocação historiográfica, os Renascidos não se restringiram a ela, incorporaram outras formas de discursos, como os de cunho literário, por exemplo.

Ao núcleo fundador se juntaria mais tarde outro grupo: Antônio Cardoso da Fonseca, José de Oliveira Serpa, Antônio de Oliveira, o reitor do Colégio dos Jesuítas, padre Rafael Machado, João Borges de Barros, Aires Penhafiel e José Pires de Carvalho. Os números da composição da Academia dos Esquecidos não são unânimes entre os estudiosos. Certamente ultrapassou os cem participantes, entre numerários e supranumerários, o que também ajudou a diversificar e ampliar a escala social de seus participantes, comparando-se com os sete fundadores.

As sessões da Academia dividiam-se em duas partes, uma puramente literária e outra que compreendia a leitura de dissertações de caráter investigativo. Essas dissertações ficavam a cargo dos mestres já citados, responsáveis pela investigação

---

94 Idem.

95 SILVA, Taise Tatiana Quadros da. Poder e *episteme* na erudição histórica do Portugal setecentista: uma abordagem do programa historiográfico da Academia Real da História Portuguesa (1720-1721). *História da historiografia*. Ouro Preto, número 03, setembro de 2009, p. 205-206.

e produção histórica. Nos códices alcobacenses analisados por Domingos Mauricio dos Santos foram identificadas várias dissertações cuja temática se referia tanto à "origem dos Índios e primeiros povoadores da América e se tiveram os Antigos dela algum conhecimento" como "Dos céus, Planetas, Constelações e Climas Brazílicos".[96] Inácio Barbosa Machado, lente responsável pela história militar, relatou em suas dissertações a penetração portuguesa no continente brasileiro. A história eclesiástica, sob a responsabilidade do erudito baiano, o padre Gonçalo Soares da Franca, foi bastante prejudicada pela escassa documentação, mas não o suficiente para impedir o religioso de projetar uma história geral da Igreja no Brasil.[97] Um resumo do que representaram os trabalhos da Academia dos Esquecidos, mesmo que possa ter algum exagero de cunho nativista, foi assim realizado por Domingos Maurício dos Santos:

> Não são, porém, aspectos literários de segunda ordem que mais releva acentuar. O que, sim, importa é a manifestação de cultura coletiva que estas dissertações, embora rudimentares para as exigências do nosso tempo, constituem, como sintoma expressivo de despertar da cultura autóctone do Portugal da América, a denunciar a formação duma consciência espiritual coletiva que, daí a um século, sem violências nem contradições, havia de exprimir-se em plenitude.[98]

Em pouco menos de um ano de existência, a Academia Brasílica dos Esquecidos encerraria as suas atividades. O cônego Fernandes Pinheiro fez uma leitura bem realista a respeito da brevidade das academias europeias, com reflexo direto na academia baiana: "Descendente em linha reta das academias italianas, espanholas e portuguesas, foi a Academia Brasílica dos Esquecidos a legítima representante do espírito fútil e da incontinência tropológica que tanto prejudicaram à suas avoengas".[99]

Independentemente de não ter a Academia dos Esquecidos alcançado vida longa, ou mesmo de ter sido possivelmente representante de espírito fútil, os baianos que dela participaram representaram um sopro de vida letrada no inóspito ambiente cultural da colônia. Mesmo que outras academias tenham surgido na América portuguesa nesse período, nenhuma delas alcançou a força simbólica dos Esquecidos

---

96 SANTOS, *Op. cit.*, p. 15.

97 *Ibidem*, p. 18.

98 *Ibidem*, p. 26.

99 RIHGB, Tomo XXXI, 1868, p. 32.

como tentativa de se constituir uma matriz cultural e intelectual minimamente autônoma na América portuguesa. O espaço de sociabilidade representado pela Academia dos Esquecidos criou um ambiente que possibilitou aos colonos a se verem a partir de suas próprias características político-sociais, gerando força suficiente para estimular a produção de uma obra historiográfica com o valor e a dimensão daquela que foi escrita por Sebastião da Rocha Pita.[100] Somente em junho de 1759, com a criação da Academia Brasílica dos Renascidos, o projeto dos Esquecidos seria retomado, agora com mais força e amadurecimento intelectual.

Assim como a Academia dos Esquecidos, que teve no vice-rei o seu principal mecenas, a fundação dos Renascidos está diretamente ligada ao nome de José Mascarenhas Pacheco Coelho Pereira de Melo. Personagem dos mais instigantes da segunda metade do século XVIII, José Mascarenhas de Melo chegou ao Brasil depois de ser nomeado, em 1758, por Sebastião José de Carvalho e Melo, o Marquês de Pombal, para a função de conselheiro do ultramar na Bahia. Entre as atribuições passadas a José Mascarenhas pelo poderoso ministro de D. José I estavam a instalação de uma Mesa de Consciência e Ordens e a expulsão dos jesuítas do Brasil. Um ano antes da sua nomeação, ganhou notoriedade ao participar, ao lado do pai, o desembargador João Pacheco Pereira de Vasconcelos, da repressão de um protesto ao monopólio dos vinhos do Alto Douro, na Cidade do Porto.

A direção da Mesa a ser criada por José Mascarenhas de Melo deveria ser assumida pelo arcebispo primaz D. José Botelho de Matos, entretanto, supostamente,[101] por se posicionar contrário à expulsão dos jesuítas, D. José Botelho renunciou ao cargo de arcebispo, recolhendo-se ao sítio de N. S. da Penha em Itapagipe, onde, depois de reedificar a igreja e construir à sua custa o palacete, veio a falecer em 1767.[102] Mais tarde, esse mesmo D. José Botelho receberia do acadêmico José Pires de Carvalho e Albuquerque homenagem através de um culto métrico composto de 109 cantos.

---

100 Publicada em Lisboa em 1730, o livro História da América Portuguesa foi bastante elogiado pelos membros da Academia Real de História.

101 Sobre isso ver: SOUZA, Evergton Sales. D. José Botelho de Mattos, arcebispo da Bahia, e a expulsão dos jesuítas (1758-1760) VARIA HISTORIA, Belo Horizonte, vol. 24, nº 40: p.729-746, jul/dez 2008.

102 Cf. VILHENA, Luís dos Santos. A Bahia no século XVIII. Salvador: Editora Itapuã, 1969, 3 vols., vol.2, p. 456-457.

É possível fazer um diálogo entre o processo de expulsão dos jesuítas do território colonial e a formação da Academia dos Renascidos. Já buscamos demonstrar aqui o quanto deve ser levado em conta a presença dos jesuítas como representantes dos únicos espaços de saber na colônia. Sobre a relação entre a expulsão dos jesuítas e a fundação da Academia dos Renascidos por José Mascarenhas de Melo, Iris Kantor faz a seguinte conjectura:

> Tendo em vista a importância da Companhia de Jesus não somente na formação intelectual, mas também para a institucionalização do conhecimento sobre o território e os habitantes americanos, não é difícil imaginar o impacto que tais medidas tiveram na sociedade colonial. Aqui, procuro indicar a hipótese de que a instituição da Academia tenha servido de fórum de negociação para enfrentar a crise gerada pela expulsão da Companhia de Jesus. Ao promover a criação da Academia, José Mascarenhas tinha em mente a formação de consensos mínimos que garantissem algum grau de governabilidade, já que seus membros representavam importante parcela das elites dirigentes e econômicas locais.[103]

Não questionamos as conclusões da autora, mas entendemos que a criação dos Renascidos foi resultado da permanência de uma memória intelectual e erudita entre as elites baianas, que remontava aos tempos dos Esquecidos. O ideal de construção de uma identidade historiográfica colonial, presente nos Esquecidos, é retomado pelos Renascidos, cujo principal objetivo foi o de identificar e legitimar, em dimensão imperial, reflexões que representassem os interesses locais. Do ponto de vista da Coroa, uma academia erudita na colônia, de certa forma, colocava-se em sintonia com a nova lógica pombalina de produzir o conhecimento e de formar novas elites distanciadas da pedagogia inaciana.

Apesar de ter vindo de Lisboa, José Mascarenhas era um baiano por ascendência. Seu pai, o citado desembargador João Pacheco Pereira, nasceu em Salvador e chegou a ser chanceler da Relação do Rio de Janeiro em 1751. João Pacheco foi filho do fidalgo cavalheiro e familiar do Santo Ofício, Manuel Pacheco Pereira. De acordo com informação retirada da sua leitura de bacharel, João Pacheco teve um irmão religioso da Companhia de Jesus.[104] Chega a ser irônico o fato de este reli-

---

103 *Ibidem*, p. 119.

104 ANTT, LB - Mç. 31 doc. 16.

gioso ter em seu sobrinho um dos escolhidos para a tarefa de expulsar os jesuítas da América portuguesa.

José Mascarenhas tornou-se grande erudito, com formação em universidades como as de Valladolid e Coimbra. Integrou a Real Academia de la História (Madri) e a Academia de Geografia da Valladolid, também na Espanha. Em Portugal, foi membro numerário da prestigiada Academia Real de História Portuguesa. Como se pode perceber, o fundador da Academia baiana tinha lastro intelectual suficiente para liderar o empreendimento.

Em terras baianas, José Mascarenhas contou com o auxílio de eruditos, principalmente do padre Antônio de Oliveira, ex-membro dos Esquecidos, de Antônio Rodrigues Nogueira e de uma das principais referências da academia durante o seu período de existência, o sargento-mor Antônio Gomes Ferrão Castello Branco.[105] A primeira reunião ocorreu em 19 de maio de 1759 e contou com a presença de 40 pessoas.

É sempre bom de fazermos a ressalva de que no Antigo Regime o termo "Academia" não representava uma instituição aos moldes contemporâneos, com periodicidade definida e estatutos registrados. A reunião de pessoas eruditas, seja por um dia, ou mesmo para homenagear um único evento, já configurava uma reunião acadêmica. Alguns eventos específicos, como a recepção a algum indivíduo importante da metrópole, já seriam suficiente para motivar um encontro de eruditos. No caso da Academia dos Renascidos, ainda que tenha surgido na perspectiva de se tornar uma instituição com certa perenidade e com claros objetivos de produzir conhecimento intelectual na colônia, teve seu pretexto inicial vinculado a um ato pueril como foi o caso do restabelecimento da saúde do rei D. José I (1750-1777).

Entre os quarenta sócios fundadores estavam destacados membros das elites baianas. Em um levantamento dos quarenta numerários, foi possível identificar a seguinte composição: 22 religiosos, 7 militares e 5 magistrados. O expressivo número de religiosos se explica pelo fato de terem boa formação intelectual. Muitos dos membros numerários se confirmaram como autores de obras que se tornaram referências até os dias de hoje, como é o caso de José Antônio Caldas e frei Antônio de Santa Maria Jaboatão.[106]

---

105 LAMEGO, Alberto. *A Academia Brazilica dos Renascidos: sua fundação e trabalhos inéditos*. Paris-Bruxelas: L'Édition d'Art Gaudio, 1923, p. 10.

106 As duas principais obras dos autores citados foram: CALDAS, José Antônio. *Notícia Geral de toda esta Capitania da Bahia desde o seu descobrimento até o presente ano de*

O grupo diretivo da instituição teve a seguinte composição: presidente, José Mascarenhas Pacheco Pereira de Mello, censores, Dr. João Borges de Barros, João Ferreira Bittencourt e Sá, Frei Ignácio Sá e Nasareth e o Dr. José Pires de Carvalho e Albuquerque, eleito em segundo escrutínio, após empate com o Frei Calixto de S. Caetano. Além desses, também fizeram parte o secretário Antônio Gomes Ferrão Castelo Branco e o vice-secretário, Bernardino Marquez de Almeida e Arnizau.[107]

A solenidade de fundação da Academia dos Renascidos ocorreu em 6 de junho de 1759 e foi assim justificada: "(...) pela necessidade de erigir um padrão da alegria que sentiram os habitantes da Bahia com a notícia do perfeito restabelecimento de Sua Majestade Fidelíssima, depois da perigosa enfermidade, e do seu afeto à real pessoa".[108] Como já foi informado, o monarca homenageado foi D. José I. Assim, nascia a instituição literária baiana sob o manto da reiteração simbólica do reino.

A solenidade de fundação envolveu muita pompa, com os acadêmicos reunidos na capela-mor da igreja dos Carmelitas Descalços. Dentre os membros numerários, seis faltaram por motivos pessoais, entre eles o censor da instituição, José Pires de Carvalho e Albuquerque, que se ausentou devido à moléstia do pai, que veio a falecer poucos dias depois. A solenidade contou com juramentos, discursos e entregas de diplomas. Dentre os discursos, cujos temas foram distribuídos entre os membros, um tinha sido encarregado ao censor faltoso, José Pires de Carvalho e Albuquerque, cujo título seria *"O grande affecto d'El Rey Nosso Senhor, às Sciencias e Bellas Letras"*.

Iris Kantor fez uma descrição do cerimonial que possibilita perceber a importância para os acadêmicos baianos do pertencimento a uma mesma comunidade política de dimensão imperial cujo fator de síntese era a condição de vassalidade a um mesmo soberano:

> Logo na entrada, os acadêmicos deveriam fazer uma primeira reverência *profunda* (em noventa graus) voltados para o retrato do rei; no meio do salão, executariam a segunda reverência; e, por fim, uma terceira, próximos do assento. As reverências e os gestos deveriam ser executados em silêncio absoluto. Era recomendado aos acadêmicos, antes de falarem ou lerem as

---

1759. Edição fac-similar. Salvador: Tipografia Beneditina Ltda., 1951. E JABOATÃO, Frei Antônio de Santa Maria. *Catálogo Genealógico das Principais Famílias, de Frei Jaboatão* (1762), 2 v. Edição de Pedro Calmon. Salvador: Empresa Gráfica da Bahia, 1985.

107 LAMEGO, *Op. cit.*, p. 14.

108 *Ibidem*, p. 56.

composições, fazerem uma *vênia* ao retrato de Sua Majestade, e em seguida aos conselheiros, censores e secretários.[109]

Segundo informação do cônego J. C. Fernandes Pinheiro, depois da primeira reunião os acadêmicos voltaram a se encontrar nos dias 21 de julho, 4 e 18 de agosto, 1, 15 e 23 de setembro, 18 e 27 de outubro, 10 e 24 de novembro, 8 e 17 de dezembro de 1759; 31 de março, e 12 e 26 de abril de 1760.[110] As dissertações desenvolvidas pelos acadêmicos Renascidos expressaram o desejo dos eruditos baianos de demonstrar a força política e econômica da América portuguesa. O conteúdo historiográfico produzido pela Academia dos Renascidos serviria como uma espécie de memória histórica da colônia portuguesa na América.

É sempre bom contextualizar a segunda metade do século XVIII como a fase das reformas empreendidas pelo consulado pombalino. Foi uma conjuntura em que algumas tradições foram sendo questionadas, como a exemplo da interferência do poder metropolitano no interior do poder local colonial. Questões relacionadas com a regulamentação da propriedade fundiária e a concessão da propriedade de ofícios públicos e patentes militares impactaram diretamente os interesses das elites baianas. Um exemplo de como a produção da Academia dos Renascidos pode ter servido aos interesses das elites coloniais consiste na obra de pesquisa genealógica do frei Antônio de Santa Maria Jaboatão. As genealogias construídas por Jaboatão serviram como uma espécie de atestado de direitos de propriedades e privilégios nobiliárquicos adquiridos e legitimados no tempo pelos diversos clãs que constituíram as elites baianas. Em contexto de reformas, o trabalho do frei Jaboatão respaldava a defesa da manutenção de privilégios, da comprovação de propriedades e da prerrogativa de se continuar instituindo vínculos de morgado e capela.[111]

A composição das Academias refletia diretamente a segmentação funcional das elites baianas. Entretanto, pelo fato de buscarem a ampliação da quantidade de

---

109 KANTOR, *Op. cit.*, p. 104.

110 RIHGB, Tomo XXXII, 1869, p. 56.

111 KANTOR, Iris. A Academia Brasílica dos renascidos e o Governo Político da América Portuguesa (1759): Notas sobre as contradições do cosmopolitismo acadêmico lusoamericano. *Separata da Revista de História das Ideias*, Vol. 24. Faculdade de Letras, Coimbra, 2003, p. 64.

membros pela via da nomeação de sócios supranumerários[112] de fora da Bahia, as Academias esboçaram a possibilidade de provocar uma aproximação de pensamento das elites que compunham as diversas partes da América portuguesa, o que poderia resultar em uma leitura mais profunda e mais global da realidade colonial. Um exemplo dessa tentativa de se estabelecer relações entre partes diversas da colônia se encontra nas próprias temáticas das dissertações cujo conteúdo transitava entre o específico baiano e o geral, que englobava toda a América portuguesa.

Através do manuscrito publicado na edição de 1839 da revista do Instituto Histórico e Geográfico Brasileiro, é possível ter uma ideia da organização geral das dissertações que visavam a escrever as "Memórias para a História universal da nossa América, que se hão de escrever na língua portuguesa".[113] A distribuição das funções de pesquisa entre os sócios seguiu uma construção bastante fragmentada, atendendo aos limites das regras do discurso historiográfico da época. De uma compilação de grandes temas nasceria uma unidade histórica que viria a dar vida a uma "verdadeira" História Universal da América portuguesa.

Uma das primeiras tarefas entregues a três sócios foi a de escrever, em língua portuguesa, a "história de todos os índios da nossa América".[114] Indo além, a outros três sócios foi indicada a composição de uma história da "agricultura própria do país, especialmente do açúcar, tabaco e suas fábricas".[115] A dois grupos, de quatro sócios cada um, foi solicitada uma história natural que "compreende os três reinos animal, vegetal e mineral" e a escrita das "memórias genealógicas de toda a América".[116] Quanto ao interesse em conhecer o setor militar, a academia prezou pela riqueza de detalhes ao sugerir a cinco de seus sócios o levantamento das:

> Memórias do estabelecimento, aumento e estado presente de todos os corpos militares que há e tem havido na América Portuguesa, com os mapas gerais e particulares do estado presente das tropas, dos soldos que vencem (porque

---

112 Um deles foi o poeta mineiro Claudio Manuel da Costa cuja função seria escrever sobre sua região.
113 RIHGB, Tomo I, 1839, p. 69.
114 *Ibidem*, p. 70
115 *Idem*.
116 *Idem*.

também compreendem os auxiliares e ordenanças), da graduação dos postos, e dos privilégios especiais que tenham sido concedidos aos militares.[117]

A justiça também foi contemplada com estudo específico, quando foi solicitada a construção das "memórias para a história de todos os tribunais, e mais ministros da justiça e fazenda, que há e tem havido no Brasil, com a notícia do seu estabelecimento, e da divisão das suas respectivas jurisdições"[118]. O comércio recebeu da academia tratamento que correspondia à sua centralidade, pois foi identificado como base da riqueza colonial e da exploração metropolitana. Saber do seu funcionamento no interior da rede de relações que configurava o exclusivo metropolitano exigiu que os acadêmicos trabalhassem para estabelecer:

> As Memórias para a história do comércio assim ativo como passivo etc., com uma notícia individual de todas as rendas reais, declarando as que andam por contrato, quem as cobra, os diversos modos por que tem sido administradas, o aumento ou diminuição que tiveram desde sua origem, e o número de escravos que tem entrado e entram em cada ano na nossa América.[119]

A legislação seria considerada com a escrita de uma "coleção de todas as leis, ordens régias, expedidas para a América, e os tratados de paz e de comércio respectivos a este continente, desde o seu descobrimento até o presente".[120] Três sócios seriam designados "para examinar os livros da câmara desta cidade (da Bahia) e tirar do seu arquivo as notícias cronológicas, que se puderem descobrir, concernentes às nossas memórias históricas".[121]

A maneira como esses trabalhos de pesquisa foram apresentados e debatidos no âmbito da Academia deu-se a partir das leituras de dissertações em datas previamente definidas. No tocante à economia, em especial ao comércio, uma temática abordada foi a da liberdade de comércio. Tradicionalmente, um setor da historiografia brasileira atribui ao final do século XVIII uma característica de aprofundamento da crise do sistema colonial. Entre os sintomas desta percepção está a chegada ao

---

117 *Idem.*
118 *Idem.*
119 *Idem.*
120 *Ibidem*, p. 71.
121 *Idem.*

Brasil das ideias liberais. É muito comum entre os que defendem essa tese utilizarem os textos de Silva Lisboa[122] e o relatório de João Rodrigues de Brito,[123] ambos produzidos já no início do século XIX como exemplos de presença consistente das ideias liberais no Brasil colonial. Ainda que não queiramos antecipar para o século XVIII a presença das ideias liberais no Brasil, é interessante refletir sobre o conteúdo da dissertação programada para o dia 13 de outubro: "Se é útil ou prejudicial às monarquias o diminuir-se os juros de dinheiro; por exemplo, de oito a quatro por cento, ou pelo contrário aumentar-se de quatro a oito por cento? E se é mais útil fazer-se o comércio com inteira liberdade, ou por companhias bem estabelecidas?"[124] Mesmo esse discurso tendo sido motivado pela própria condição de colonos submetidos à lógica do exclusivismo comercial, ainda assim, os Renascidos reproduziam uma posição que talvez não tenha ficado tão alheia aos colonos no século XVIII.

A preocupação com questões de natureza econômica ainda seria retomada pelos Renascidos quando definiram a temática a ser apresentada no dia 24 de novembro. Quiseram eles saber, "Qual é a mais antiga no Brasil, se a agricultura dos tabacos, ou das canas? E qual foi o inventor dos engenhos de açúcar e de reduzir a tabaco de pó aquela erva? E se poderá a máquina dos ditos engenhos fazer-se por modo mais fácil?"[125] São exemplos que permitem identificar o papel da academia como um instrumento que viabilizava à elite luso-brasileira a possibilidade de refletir sobre os interesses econômicos e políticos da América portuguesa.

Um dos temas a serem apresentados no dia 23 de junho de 1759 procurava saber "Se a esta capital se deu o nome de – Cidade de S. Salvador – ou somente – Cidade

---

122 José da Silva Lisboa (Visconde de Cairu) foi um jurista e economista baiano e grande intérprete do pensamento de Adam Smith. Notabilizou-se como economista ao defender o livre comércio o que teria influenciado o Príncipe Regente D. João a decidir pela abertura dos portos do Brasil em 1808. Uma das principais obras de Silva Lisboa foi: "Observações sobre o comércio franco no Brasil", publicada em 1808.

123 Aqui me refiro a uma carta escrita pelo Desembargador João Rodrigues de Brito respondendo a uma solicitação do Governador da Capitania da Bahia, o conde da Ponte, que endereçou ao Senado da Câmara cinco questões de natureza política e econômica que impediam o crescimento da Bahia. A resposta de João Rodrigues de Brito, devido sua riqueza de detalhes, transformou-se em um rico documento sobre a economia baiana de fins do século XVIII e início do XIX.

124 RIHGB, Tomo I, 1839, p. 74.

125 *Ibidem*, p. 75.

do Salvador? E de qual destes se deve usar na história da nossa América?"[126] Por outro lado, o tema definido para o dia 7 de julho buscava informações que iam muito além dos interesses baianos, buscando saber "quantas vezes, e em que partes da América Portuguesa se tem descoberto minas de salitre? E em que tempo, e quem as descobriu? Se eram abundantes? Quanto distavam de algum porto de mar? E quais foram os motivos por que se não continuou a tirar dele este precioso mineral".[127]

Entre temas como o que se propôs a interrogar-se sobre "se o dilúvio universal compreendeu esta parte do Mundo Novo chamado América? Ou se nela escaparam os seus habitadores (sic)",[128] estavam problemas mais complexos como os de natureza político-administrativa, como é o caso do questionamento sobre "quando se estabeleceu a primeira vez a Relação neste Estado da Bahia? Quem foi o chanceler que a veio criar? Quanto tempo durou o seu despacho? E porque se extinguiu? O motivo da segunda vez se erigir este tribunal? Como? Por quem? E em que tempo?"[129] Todas essas questões propostas pela Academia dos Renascidos, não obstante não terem sido levadas à frente, representaram uma oportunidade para se conhecer algumas ideias que passavam pela cabeça de alguns membros da parcela privilegiada da sociedade baiana da segunda metade do século XVIII.

Concordamos com Iris Kantor quando ela afirma que os Renascidos pensavam o espaço americano como uma unidade geopolítica e como um território indivisível e homogêneo.[130] Indo mais longe, os Renascidos viam na história da América portuguesa um passado particular e inserido na temporalidade da cristandade universal.[131]

O fato, porém, de pensarem o território americano como uma comunidade geopolítica indivisível e homogênea não significava que os Renascidos tivessem representado um ensaio de crítica ao sistema imperial português. Conhecer e questionar suas vicissitudes no campo econômico não foram atitudes suficientes para criar nos Renascidos uma concepção nativista de cunho separatista. Entendemos, portanto, que projetos sediciosos semelhantes aos que aconteceram no último quartel do

---

126 *Ibidem*, p. 72-73.
127 *Idem*.
128 *Ibidem*, p. 75.
129 *Idem*.
130 KANTOR, *Op. cit.*, 2003, p. 67.
131 *Idem*.

século XVIII compreendem apenas a continuidade de uma mentalidade forjada nas diversas conjunturas desse mesmo século, sem necessariamente significarem "ensaios" de uma crise sistêmica no interior do Império português na América.

O ocaso da Academia dos Renascidos viria junto com a prisão de seu fundador e principal mecenas, José Mascarenhas Pacheco Pereira de Melo. Passados cinco meses desde a sua fundação, não sobreviveu a instituição a tamanho impacto. Apesar de terem sido previstas reuniões até o dia 26 de abril de 1760, possivelmente, o último encontro dos Renascidos não foi posterior o 10 de novembro de 1759.

Em suma, a existência de academias eruditas na Bahia do século XVIII representou não só a criação de espaços de sociabilidade no âmbito de suas elites como também a possibilidade de se instituir uma experiência historiográfica que representasse um olhar da colônia sobre o seu passado com força suficiente para enquadrá-la no contexto de uma história da Cristandade Universal.

Junto com José Mascarenhas Pacheco Pereira de Melo desapareceu a Academia dos Renascidos enquanto instituição. Entretanto, sua existência ainda iria perdurar por um bom tempo como instrumento de resgate da condição de letrados que alcançou os vassalos de Sua Majestade em território colonial.

Capítulo 4

Exercitando o poder no "antigo regime baiano"

As Ordenanças e o governo das armas

Independentemente do grau de centralização política instituída em Portugal no início de sua era Moderna, passou a ser necessária a constituição de uma força militar que ocupasse e normatizasse os espaços do reino diante da "não oficialidade" das instituições militares independentes. É sempre bom lembrar que praticamente não existiam em Portugal tropas pagas e permanentes, antes do fim da União ibérica. Em tempos de guerra, a Coroa recorria tanto ao recrutamento de soldados portugueses pagos ou a mercenários estrangeiros. Nesse caso, por mais de um século, as Ordenanças[1] se constituíram na força militar portuguesa por excelência.

Acompanhando as mudanças na legislação portuguesa referente à defesa, em 1549, D João III (1521-1557) instituiu um regimento que visava à reorganização das forças militares. O seu conteúdo tornava obrigatório o serviço militar dos súditos entre 20 e 65 anos, sem que houvesse distinções de privilégios. A ausência de privilégios para todas as categorias não nobres viria a se constituir em um grande problema. A possibilidade de se ver nivelada aos populares não agradou aos mais abastados, ou, como afirmou Fernando Dores Costa, "a dissociação entre a expectativa de um acréscimo de honra e a participação no exército nas ordenanças seria a chave do problema".[2]

---

1 As Ordenanças, de maneira geral, foram forças militares portuguesas organizadas com base nas Capitanias, lideradas por um Capitão-mor e cujos oficiais eram designados pelas câmaras municipais.

2 COSTA, Fernando Dores." Milicia e Sociedade: recrutamento". In: HESPANHA, A. M. (Org). *Nova História Miliar de Portugal*. Lisboa: Circulo de Leitores, 2004. p. 75. *Op. cit.*

Passados vinte anos do regimento de D. João III, já no governo de D. Sebastião (1557-1578), viriam uma lei e um regimento que serviram de alicerce a toda a legislação referente às Ordenanças na história militar portuguesa. A Lei de Armas, de dezembro de 1569, reafirmava e ampliava o regimento de D. João III em relação à militarização da população. As palavras introdutórias de D. Sebastião explicam por si só a motivação do monarca:

> Faço saber aos que esta lei virem que, considerando eu quanto convém ao serviço de nosso senhor e bem de meus reinos e senhorios terem cavalos e armas todos os meus vassalos que tiverem fazenda (conjunto de bens ou rendimentos) e idade para isso, e como assim o ordenaram os reis destes reinos meus antecessores e, particularmente El- Rei meu senhor e avô que santa glória aja em huma ordenaçam que sobre isso fez no ano de 1549 (...).[3]

No ano seguinte, viria o regimento fundador que regulamentou a Lei de Armas e recebeu o pomposo nome de: "Regimento dos Capitães-Mores e mais Capitães e Oficiais das Companhias da gente de cavalo e de pé e da ordem que terão em se exercitarem".

O Regimento de 1570 provocou um debate em torno de seu real significado. O documento foi visto como a primeira grande caminhada em direção à criação de um sistema militar universal para todo o reino. Antônio Manuel Hespanha, ainda que também identifique esse objetivo universalizante, fez a seguinte ressalva: "Agora o rei dá um passo mais, criando um sistema de milícias geral para todo o reino, facto de monta, não tanto no plano da eficácia prática, mas, sobretudo no plano ideológico" [4]. O que estava em jogo do ponto de vista simbólico era a tentativa de sistematização de um princípio de obrigações militares que alcançasse todo o reino. Na prática, a universalização, ainda que tivesse como meta ampliar os tentáculos da Coroa em termos militares, não se furtou de negociar com os poderes locais. Segundo o Regimento:

---

[3] MELLO, Christiane F. Pagano de. *Forças militares no Brasil Colonial*: Corpos de Auxiliares e de Ordenanças na segunda metade do Século XVIII. Rio de Janeiro: E-Papers, 2009. p. 31.

[4] HESPANHA, Antônio Manuel. "A administração militar". In: HESPANHA, Antônio Manuel. (Org). *Nova História Militar de Portugal*. Vol. II – séculos XVI-XVII. Lisboa: círculo de leitores, 2003, p.169.

> Nas cidades, Vilas e Concelhos onde forem presentes os Senhores dos mesmos Lugares, ou Alcaides-Mores, eles por este Regimento, sem mais outra Provisão minha, servirão de Capitães-Mores da gente dos tais lugares, não provendo Eu outra pessoa que haja de servir os ditos cargos.[5]

Esse princípio da universalização foi também utilizado para caracterizar uma precoce organização miliciana universal do serviço militar em Portugal.[6] As Ordenanças teriam servido como fator aglutinador entre a defesa "nacional" e a mobilização espontânea da sociedade. Essa interpretação de cunho nacionalista foi contestada por Fernando Dores Costa com aquilo que ele chamou de "mito das Ordenanças".[7] Para ele:

> Ao contrário daquilo que se pressupõe na composição deste "mito", o regimento de D. Sebastião de 1570 não é uma lei destinada a organizar o levantamento e a mobilização das forças para a guerra. O seu propósito é bem mais limitado: balizar uma nova tentativa para impor aos vassalos o exercício no uso dos cavalos e das armas cuja posse, uma vez mais, uma lei de dezembro de 1569, na sequência de uma longa tradição de leis de raízes medievais definira como obrigatória.[8]

Percebe-se claramente o objetivo funcional das Ordenanças cuja criação visava principalmente a dar um sentido institucional e de corporação aos direitos individuais estabelecidos pela Lei de Armas. Sua base era formada pela população local cuja função era de defender a ordem interna nas capitanias. O fato de as Ordenanças serem uma força militar não remunerada retirava da Coroa a necessidade de aporte financeiro sistemático com um exército permanente.

A legislação referente às Ordenanças alcançou o Brasil, e por continuidade a Bahia. Provavelmente, é no Regimento dado a Tomé de Souza, em 1548, que se encontra o primeiro grande esboço de uma sistematização militar para o território colonial. Precedendo ao Regimento de 1570, o documento dado a Tomé de Souza

---

5   Regimento dos Capitães –Mores de 1570, In: BORREGO, Nuno Gonçalo Pereira. *As Ordenanças e as Milícias em Portugal*: Subsídio para seu estudo. Vol. I. Lisboa: Guarda-Mor, 2006, p. 867.

6   COSTA, *Op. cit.*, p. 71.

7   Idem.

8   Ibidem, p. 73.

ainda não teria sido produzido sob a luz das Ordenanças. Entretanto, a antiga tradição de armar a população já estava presente no seguinte trecho:

> Porque para defensão das fortalezas e povoações das ditas terras do Brasil, é necessário haver nelas artilharia e munições e armas ofensivas para sua segurança: Hei por bem e mando, que os Capitães das Capitanias da dita terra e senhorios dos engenhos e moradores da terra, tenham a artilharia e armas seguintes, a saber: Cada Capitão em sua Capitania, será obrigado a ter ao menos dous falcões e seis berços, e seis meios berços, e vinte arcabuzes ou espingardas, e pólvora para isso necessária; e vinte bestas, e vinte lanças ou chuças, e quarenta espadas e quarenta corpos d'armas d'algodão das que na dita terra do Brasil se costumam (...).⁹

De acordo com o documento, Tomé de Souza não só seria o governador-geral e o capitão-mor da armada como também acumularia o cargo de capitão da capitania da Bahia. Está explicito que a normatização militar no Brasil e na Bahia nasceram juntas. Por questões de conjuntura e mesmo de estrutura, o impacto normativo do Regimento de Tomé de Souza não foi suficiente para instituir na colônia uma organização militar estável e sólida.

Até o início do século XVII, o reflexo do Regimento de 1570 na colônia não aparece de maneira explícita. Maria Beatriz Nizza da Silva apresenta o seguinte trecho de um Regimento datado de outubro de 1612, enviado ao governador-geral Gaspar de Sousa, em que aparece a necessidade de se aplicar no Brasil o Regimento das Ordenanças:

> Muitos vos encomendo ordeneis que os moradores da cidade da Bahia e das mais capitanias daquele Estado estejam em Ordenança, repartidos por suas Companhias, com os capitães e mais oficiais necessários, e que tenham espingardas e as mais armas, segundo a possibilidade de cada um, e se exercitem aos domingos e dias santos nos exercícios militares, conforme o Regimento Geral das Ordenanças, o qual fareis cumprir assim na gente de pé como de cavalo, naquelas cousas em que se puder aplicar.¹⁰

---

9   Lisboa, AHU, cód. 112, fls. 1-9.
10 SILVA, *Op. cit.*, p. 149.

Outro aspecto vinculado às Ordenanças e com reprodução na colônia é o que refere ao recrutamento. Por tratar-se de um efetivo voluntário e não pago, servir às Ordenanças demandava algum sacrifício. Para Antônio Manuel Hespanha, "a reação popular à criação das ordenanças foi imediata e de vária natureza".[11] A ausência de motivações para a entrada nos corpos das Ordenanças não só consolidaram a resistência como também debilitaram a sua organização. De modo geral, nenhuma das camadas sociais se sentia motivada em servir nas Ordenanças.

A saída era enquadrar-se nos tipos de privilégios que isentavam dos serviços. Além do clero e dos desembargadores, tinham isenção os lavradores e seus filhos únicos, os estanqueiros do tabaco, os vendedores de bulas da cruzada, dentre outros. Um reflexo disso na Bahia deu-se, em 1775, quando o governador Manuel da Cunha Menezes escreveu ao Secretário de Estado da Marinha e Ultramar, Martinho de Mello e Castro, expondo as dificuldades que teria ele para executar o alistamento militar na Capitania, devido ao grande número de privilégios e isenções invocados pela população.

No texto, o governador explicou que teria solicitado do chanceler da Relação um levantamento de todos os tipos de privilégios de isenção de serviço militar praticados na Capitania, obtendo o seguinte resultado: conventos; familiares do Santo Ofício; Bulla da Santa Cruzada; síndicos de Jerusalém; mamposteiros de Santo Antônio de Lisboa; moedeiros; oficiais empregados no Arsenal; Santa Casa de Misericórdia e cidadãos da Bahia.[12] Todos os privilégios alcançavam uma grande quantidade de famílias e em todos eles estava contemplada a isenção de alistamento com impacto direto na segurança da Capitania. O privilégio concedido aos cidadãos da Bahia foi adquirido quando de sua elevação à mesma condição dos moradores da Cidade do Porto.

Os privilégios se enquadravam perfeitamente na lógica de negociação que pautou a prática governamental no Antigo Regime português. A necessidade de isentar ou distribuir mercês no contexto do recrutamento militar explicitava as limitações do poder régio.

Em 1640, com a restauração portuguesa, o tema das Ordenanças entrou novamente na pauta do governo, sendo restabelecidas as leis sebásticas de 1569 e 1570. A conjuntura era a de um soberano em processo de legitimação no poder, o que

---

11 HESPANHA, *Op. cit.*, 2003. p. 170.
12 Bahia. 16.10.1775. - AHU-IDRBECA - doc.9033.

o compeliu a fazer concessões ao conjunto da sociedade. No que se refere ao recrutamento para o serviço militar, os privilégios e concessões foram devidamente contemplados na legislação.

Em termos de organização dos corpos militares, D. João IV instituiu um exército permanente em 1641. Em abril de 1650, um regimento institucionalizou o recrutamento e a organização dessa tropa que seria paga e prestaria serviço em tempo integral. Em 1645, foi constituído um novo corpo militar não remunerado identificado como auxiliar (Terços de Auxiliares ou de Segunda Linha) e que ficariam conhecidas como Milícias. Apesar de não ser uma tropa profissional, os Terços eram comandados por oficiais de formação militar, cabendo ao governador indicar ao rei os nomes dos mestres de campo e dos capitães das companhias. Na raiz da criação dessas Tropas Auxiliares estava a retirada das classes privilegiadas das listas das Ordenanças[13] com os membros destas tropas sendo licenciados após um ano de serviço em campanha. Ainda que fosse formada por civis, semelhante às Ordenanças, as Tropas Auxiliares seriam treinadas e armadas para servirem como apoiadoras das forças de primeira linha.

As Tropas Auxiliares, de certa forma, representaram uma interferência no exercício do poder cotidiano em âmbito local. Cabia às câmaras municipais a eleição dos oficiais das Ordenanças. Já nas Tropas Auxiliares, este poder foi entregue aos governadores, provocando diretamente um conflito de interesses entre os dois segmentos de poder existentes na Capitania. No Alvará de novembro de 1645, o rei deixou bem claro a distinção que deveria ser dada aos oficiais das Tropas Auxiliares: "Que os Capitães e Oficiais enquanto o forem dos Auxiliares gozarão dos mesmos Privilégios da gente paga (...)".[14] O século XVII ainda presenciaria um último regimento para a colônia, datado de 23 de janeiro de 1677, passado ao governador-geral Roque da Costa Barreto (1678-1682).

Este foi o último regimento passado aos governadores-gerais. Composto por 61 artigos, o documento é bastante abrangente nos temas abordados. Em relação às Ordenanças, observava a necessidade de se cumprir o Regimento geral:

> Muito encomendo ao governador ordene que os moradores da Bahia e os mais governos e capitanias do Estado sejam repartidos em ordenanças por companhias e mais oficiais necessários a que todos tenham suas Armas,

---

13 BORREGO, *Op. cit.*, p. 61.
14 Alvará de 24 de novembro de 1645. In: Borrego, *Op. cit.*, p. 881.

fazendo-os exercitar nas suas Freguesias uma vez por mês, e alardos gerais três cada ano, e para que se faça com mais facilidade lhe encomende muito assista nos três alardos, e que com os ditos moradores execute o Regimento Geral das Ordenanças (...).[15]

No caso das Ordenanças, sem necessariamente subtrair poderes dos ocupantes dos cargos, a Coroa interferiu diretamente no processo de escolha dos seus oficiais. A posição do capitão-mor sempre o colocara como um dos indivíduos mais poderosos localmente. O fato de administrar as listas, sendo a última instância de decisão entre o servir ou não ao Exército, fazia do posto de capitão-mor um grande objeto de desejo. Partindo do pressuposto de que cabia às câmaras a escolha de quem desempenharia tal função, não custa muito imaginar o corporativismo dessa eleição. Diante desse cenário, o rei não se furtava de estabelecer limites ao exercício do poder dessa instituição local. Referindo-se diretamente a esse aspecto, escreveu o rei D. João V no Alvará de 18 de Outubro de 1709:

> Desejando Eu evitar este dano e que em meus vassalos haja toda a união e que sejam governados por pessoas dignas de ocupar os postos militares, e não por aqueles que com maior poder e séquito, sem merecimento ou capacidade usurpam para suas vinganças, Hei por bem extinguir as ditas eleições dos postos da milícia, derrogando nesta parte o dito Regimento, ficando em seu vigor as mais disposições dele.[16]

O excesso de burocracia é sintomático e servia a dois propósitos: diminuir a interferência do poder local representado pela Câmara e ampliar a presença dos agentes da Coroa no interior da disputa política local. O rei passou a ser a última instância de decisão, sendo necessária uma carta patente assinada por ele como forma de validar a escolha. É certo que tudo isso não seria suficiente para tirar das forças políticas locais o poder de decisão. Assim, os escolhidos para a lista tríplice sairiam sempre dentre aqueles que tinham o privilégio de "viverem sob as leis da nobreza".

Uma lei de 21 de abril de 1739 provocou uma mudança importante ao definir como competência do governador e capitão general, com a confirmação do rei, o provimento dos postos das Ordenanças. Dez anos depois, uma ordem de 12 de dezembro de 1749 não só reiterava várias decisões da anterior como estabelecia a vi-

---

15 DHBN. Rio de Janeiro: Biblioteca Nacional, v. XVI, p. 340.
16 Alvará de 18 de outubro de 1709. In: BORREGO, *Op. cit.*, p. 882.

taliciedade para o posto de capitão-mor, até aquele momento trienal. Segundo Graça Salgado, ainda no século XVIII, uma carta régia de 22 de março de 1766 "reiterava a formação no Brasil de terços auxiliares e de ordenanças, com a justificativa de que se achavam desorganizadas as principais forças de defesa da colônia".[17]

O aparato militar, nas suas várias formações, foi uma das engrenagens a compor a máquina por onde passavam as relações de poder em nível local. A partir de 1640, ficou evidenciado que o caminho tomado pela Coroa foi o de estabelecer, mediante certos instrumentos de poder régio, uma política de ampliação da sua presença e controle na colônia. Da segunda metade do século XVII, passando por todo o século XVIII, os poderes locais coloniais sofreram o impacto da política fiscalista e burocrática da Coroa. No caso das Ordenanças, ainda que tivesse nascido com inspiração de ordem militar, por suas próprias características fugiu à condição de força militar de campanha. Sua fundação caracterizou-as como instrumento de defesa, portanto militar, mas sua evolução a fez servir como instrumento político – principalmente em âmbito local – dos interesses de poder da Coroa.

No domínio local colonial as Ordenanças serviram a dois propósitos: de um lado, como instrumento de penetração tentacular da Coroa no interior do território colonial; de outro, como aparato de exercício e consolidação de poder para a elite local. Um ambiente de troca e negociação caracterizou a relação militar entre Coroa e instâncias locais. Não obstante os cargos nas Ordenanças não serem remunerados, a posse em uma patente estabelecia, por benefícios e privilégios, a condição superior na hierarquia social local de quem a recebia.

Apesar de a legislação ter tomado o caminho da diminuição da influência dos poderes locais sobre as Ordenanças durante o século XVIII, esteve longe de destituir os seus porta-vozes da condição de sujeitos políticos ativos. Na prática, era inalcançável à Coroa não transigir em relação ao exercício compartilhado de poder. As condições objetivas do cotidiano das relações de poder na colônia não permitiam à Coroa alternativa que não fosse a de admitir a existência de parcelas de poder no âmbito local.

Em 1791, em observância a uma carta régia de novembro de 1787, o governador e capitão-general D. Fernando José de Portugal (1788-1801) fez uma descrição da composição dos corpos de auxiliares e ordenanças da Capitania da Bahia. Com

---

17 SALGADO, *Op. cit.*, p. 109.

base no documento, foi possível construir o seguinte quadro apresentando os corpos e os seus respectivos comandantes e localidades na Comarca da Bahia:

Quadro 4
Corpos militares da Bahia em 1791

Corpo	Comandante	Localização
Regimento de Infantaria Auxiliar dos Uteis	O Governador e Capitão-General	Salvador
Terço de Ordenança	José Pires de Carvalho e Albuquerque	Salvador (parte Sul)
Terço de Ordenança	Christovão da Rocha Pitta	Salvador (parte Norte)
Terço de Infantaria Auxiliar	Salvador Pires de Carvalho e Albuquerque	Salvador
Regimento de Infantaria e Artilharia Auxiliar	Valentim Maia Guimarães	Salvador
Terço dos Homens Pretos (Henrique Dias)	Felix Barbosa	Salvador
Companhia dos Moedeiros	O próprio Provedor	Salvador
Companhia dos Familiares	Domingos da Costa Braga	Salvador
Terço de Infantaria da Marinha de Pirajá	Antônio José de Sousa Freire	Salvador (subúrbio e termo)
Terço de Infantaria das Marinhas da Torre	Garcia de Ávila Pereira de Aragão	Distrito da Torre (termo de Salvador)
Terço de Infantaria Auxiliar	José da Costa Teixeira Mirales de Bettencourt	Ilha de Itaparica
Regimento de Infantaria Auxiliar	Antônio Gomes de Sá	São Francisco do Conde e Santo Amaro
Terço de Ordenança	João Felipe de Cerqueira	São Francisco do Conde
Terço da Ordenança	Salvador Borges de Barros	Santo Amaro
Regimento de Cavalaria Auxiliar	José Pereira Brandão	Cachoeira, Maragogipe, Jaguaripe e Agua Fria
Regimento de Infantaria Auxiliar	Jeronimo da Costa de Almeida	Cachoeira, Maragogipe e Jaguaripe
Terço da Ordenança	Antônio Brandão Pereira Marinho Falcão	Cachoeira

Terço da Ordenança	Francisco Manuel da Silva Barreto de Moraes Sarmento	Maragogipe
Terço da Ordenança	Antônio José Calmon de Sousa Eça	Jaguaripe

Fonte: Bahia. 11.06.1791 - AHU-IDRBECA - doc. 14397 (anexo ao doc. 14394).

Na Bahia do século XVIII, servir em um cargo militar, principalmente no posto de capitão-mor, era privilégio de grande monta. Um cruzamento de nomes e famílias que se repetiram entre as diversas instituições de poder, como a Câmara e a Misericórdia, além das academias literárias, revelou-se uma presença maciça daqueles que apresentavam alguma patente militar. Famílias como Rocha Pitta, Dias D'Ávila, Ferrão Castelo Branco, Borges de Barros e Pires de Carvalho e Albuquerque foram só algumas cujos membros fizeram questão de ostentar, durante todo o século XVIII, suas insígnias militares.

O Senado da Câmara: O simbolismo do poder concelhio

Charles Boxer afirmou que o Senado da Câmara e as irmandades de caridade garantiam ao Império português a estabilidade e a unidade que governadores, bispos e magistrados não podiam assegurar.[18] Essa afirmativa leva a pensar nessas instituições como representantes de certa perenidade do poder político imperial no interior da sociedade colonial, como também espaços de negociação de interesses locais. Longe de serem meros transplantes da lógica política portuguesa para terras do ultramar, instituições como o Senado da Câmara respondiam a uma dinâmica que já estava definida histórica e juridicamente na metrópole.

Em Portugal, o que mais tarde viria a ser a Câmara dos Vereadores, surgiu a partir do século XIV, no contexto de crise das assembleias concelhias que foram sendo substituídas por órgãos coletivos mais restritos.[19] Essa prática restritiva e, portanto, menos "democrática" de se exercer o poder nos centros urbanos foi aprofundada na medida em que a administração municipal foi se tornando mais complexa. As reuniões ampliadas das assembleias concelhias foram ficando inviáveis para exercer a prática administrativa, o que levou à instituição de um colegiado de cinco

---

18 BOXER, *Op. cit.*, p. 305.

19 HESPANHA, Antonio Manuel. *História da Instituições*: Épocas medieval e moderna. Coimbra: Almedina, 1982. p. 245.

ou seis homens bons, a princípio designados como "vedores" e mais tarde como "vereadores".[20] O processo de escolha desses vereadores variava conforme o concelho e poderia ser tanto direto quanto indireto. Uma vez definidos os escolhidos dentre os principais do concelho, cabia ao senhor ou ao rei a confirmação dos nomes e a validação para assumirem a função pública.[21]

O sistema de escolha que viria a funcionar em Portugal e também no ultramar foi estabelecido por D. João I (1385-1433) mediante uma lei de 12 de junho de 1391, e ficaria conhecida como ordenações de pelouros. Esse sistema, ainda que tivesse sofrido algumas alterações e não necessariamente estivesse presente na totalidade das eleições para as câmaras do reino, praticamente durou até o final do Antigo Regime.

Na Bahia, até 1696, ocorria o mesmo procedimento presente no reino. Até então, o corpo de oficiais da Câmara de Salvador era composto por dois juízes ordinários, três vereadores e um procurador.[22] O sistema eletivo, seguindo as ordenações de pelouros, consistia na elaboração de três listas pelo povo nobre da cidade, contendo cada uma cinco nomes de candidatáveis aos cargos. Em seguida, a lista (pauta) era confinada em bolas de cera e a cada início de ano, por sorteio, e em cerimônia presidida pelo ouvidor geral, retirava-se do cofre um dos pelouros, revelando os nomes dos que exerceriam os cargos naquele ano.[23] Pelo fato de terem os nomes guardados nos pelouros, esses vereadores eram chamados de "vereadores de pelouros", o que os diferenciava dos "vereadores de barrete", aqueles escolhidos pela própria Câmara para compor vagas disponíveis durante a legislatura.[24]

Após 1696, a Câmara sofreu uma série de modificações, o que incluiu a sua composição e o seu sistema de escolha. A primeira grande mudança foi a substituição dos dois juízes ordinários por um juiz de fora nomeado pelo rei, que também

---

20 Ibidem, p. 247.

21 Ibidem, p. 48.

22 Depois de 1696 a Câmara de Salvador passou a ter um juiz de fora, três vereadores e um procurador. Nesse caso, repetiu a mesma composição das grandes Câmaras do Reino, com exceção de Lisboa, Porto e Coimbra que tinham quatro vereadores. Cf. FONSECA, Teresa. *Absolutismo e municipalismo: Évora 1750-1820*. Lisboa: Colibri, 2002, p. 111.

23 SOUSA, Avanete Pereira. *Poder Local e Cotidiano: A Câmara de Salvador no século XVIII*. Salvador: Ufba, Dissertação de Mestrado, 1996, p. 40.

24 RUY, Affonso. *História da Câmara Municipal da Cidade do Salvador*. Salvador: Câmara Municipal, 1996, p. 40.

assumiria a presidência do Senado da Câmara. No reino, essa mudança ocorreu a partir do século XIV, e representou a progressiva intervenção da justiça régia sobre a justiça autônoma dos concelhos,[25] ou, como afirmou Francisco Ribeiro da Silva, referindo-se ao reino:

> Um dos objetivos régios ao colocar agentes seus espalhados pelo Reino terá sido o de tentar atenuar ou calibrar o eventualmente progressivo poder das famílias dominantes que tenderam a perpetuar-se no poder municipal, especialmente nas cidades e vilas mais importantes.[26]

Na colônia não foi diferente, e a nomeação do Juiz de fora respondia a uma demanda de centralização por parte da Coroa, visando a interferir no poder das instituições locais. O sistema de pelouros foi substituído pela decisão dos desembargadores da Relação, que agora escolhiam entre os nomes das listas, por "Provisões passadas em nome do rei".[27] O impacto dessa intervenção centralizadora da Coroa não só rompeu com a autonomia possibilitada pela anterior dinâmica de escolha dos vereadores como atingiu diretamente o fazer cotidiano da Casa legislativa baiana. Na conclusão pessimista de Affonso Ruy, "a vereação tornou-se, daí por diante, um simulacro de corporação executiva, não passando de simples colaboradora do governo geral".[28] Se durante o século XVIII a Câmara não se tornou por completo essa instituição inexpressiva caracterizada por Affonso Ruy, certamente, a submissão aos desembargadores da Relação interferiu em muito na dinâmica autônoma da Casa.

Ao analisarmos a composição do corpo central de oficiais camarários no âmbito das relações sociais locais, identificamos, por exemplo, na figura do juiz de fora, um elemento externo à sociedade local cumprindo uma função de aproximação entre o poder real e a comunidade. O fato de ser estranho à terra, pressuporia o favorecimento da imparcialidade judicial e administrativa.[29] À primeira vista, o

---

25 HESPANHA, *Op. cit.*, 1982. p. 260.

26 SILVA, Francisco Ribeiro da. Escalas de poder local: das cidades aos campos. In: FONSECA, Fernando Taveira da. (Coord). *O poder local em tempo de Globalização*: uma historia e um futuro. Coimbra: Imprensa da Universidade de Coimbra, 2005. p. 95.

27 RUY, *Op. cit.*, p. 46.

28 *Idem*.

29 FONSECA, Teresa. *Relações de Poder no Antigo Regime*: A Administração Municipal em Montemor-O-Novo (1777 – 1816). Montemor-o-Novo: Câmara Municipal, 1995, p. 28.

juiz de fora não poderia ser percebido de outra forma que não fosse a de um "corpo estranho" no âmbito da administração local. Esse sentimento se deu tanto no reino quanto no ultramar.

Por outro lado, parece que somente por princípio o juiz de fora pode ser visto como um elemento externo às redes de solidariedade local. Tanto no reino quanto nas sociedades coloniais, os juízes de fora buscaram inserir-se nas tramas das elites locais.[30] Em estudo específico sobre a Câmara baiana, Avanete Sousa assim analisou essa questão:

> (...) Diferentemente do que talvez fosse a pretensão da Coroa, com a nomeação de um oficial camarista estranho, as atribuições que eram inerentes ao seu papel, enquanto agente real, e sua sobreposição ao conjunto da sociedade baiana setecentista, porque distanciada dela, não provocaram a sua exclusão social. Ao contrário, uma vez sanadas as vicissitudes iniciais que envolviam a sua instalação na cidade e no seio da administração da Câmara, o que se pode perceber é o total entrosamento desse oficial régio na rede de sociabilidade local, enquadrada e mantida por relações de parentesco, compadrio e aliança espiritual.[31]

No Antigo Regime português a função de juiz de fora pertencia ao início de carreira na magistratura, o que nos leva a conclusão de que esses oficiais chegavam muito jovens a seus locais de serviços, com uma história de vida ainda por ser construída. Esse fato motivaria o jovem magistrado a buscar uma inserção mais sólida na sociedade local.

Nas câmaras portuguesas, compostas por três a seis vereadores, um juiz de fora e um procurador, existiam também os oficiais subordinados da municipalidade, que não tinham direito de voto, mas possuíam posição de destaque. Entre esses oficiais estavam o almotacé, o juiz dos órfãos e o alferes. Essa mesma estrutura se fazia presente na Câmara da Bahia. Um exemplo de que os cargos dos oficiais subordinados eram exercidos por pessoas importantes da cidade foi o exercício do cargo de almotacé por

---

30 RODRIGUES, José Damião. *Poder Municipal e Oligarquias Urbanas: Ponta Delgado no século XVII*. Ponta Delgado: Instituto Cultural de Ponta Delgado, 1994, p. 70.

31 SOUSA, *Op. cit.*, p. 46.

Domingos Pires de Carvalho.[32] Domingos não chegou a ser vereador, mas foi nomeado procurador em 1687, sendo que o seu filho e outros membros da família exerceram a vereança por longos períodos.

A Câmara de Salvador foi uma das que foram fundadas com autorização da Coroa e seguia o modelo metropolitano, especificamente, o modelo da Cidade do Porto. Ao ser fundada, a Câmara colonial recebia os mesmos privilégios da sua congênere do Reino. Segundo Boxer, a Câmara do Porto foi o modelo mais procurado.[33]

Na Bahia, os moradores passaram a gozar tal privilégio a partir de 1646, após um Alvará de 22 de março cujo conteúdo estabeleceu o papel da sua Câmara na defesa dos interesses dos cidadãos:

> Houve S. M. por bem tendo respeito ao que lhe representou por parte dos oficiais da Câmara da Cidade do Salvador Bahia de todos os Santos em razão dos muitos serviços que tem feito nas ocasiões, que se ofereceram prometendo-lhes S. M. por este respeito de lhes fazer mercê e pedindo ora ao dito Senhor lhe fizesse por não ter aquela cidade privilégio algum de que pudesse gozar os mesmos que tem e goza a Câmara da Cidade do Porto, assim como se concedeu à Cidade de São Luis do Maranhão. E visto por S. M. seu requerimento e os serviços que Moradores da Bahia lhe tem feito com tanto amor e lealdade, impondo sobre si subsídios e vintenas para acudir ao sustento do Presídio dela e outras contribuições precisas: Há S. M. por bem de lhe fazer mercê de que goze dos mesmos privilégios que tem e goza a Cidade do Porto, por ser cabeça do Brasil. Pelo que manda S. M. ao Governador Geral daquele Estado e a todos os mais Ministros de Justiça, guerra e fazenda do mesmo Estado, cumpra cada um pela parte que lhe tocar este alvará tão inteiramente como se nele contem, sem duvida nem contradição alguma e o Alvará foi feito a 22 de março de 1646.[34]

A composição tanto social quanto étnica dos membros da Câmara da Bahia tendeu sempre para a manutenção do elemento branco. Além da aristocracia local

---

32 Em capítulo posterior a vida de Domingos Pires de Carvalho será tratada com maiores detalhes.
33 BOXER, *Op. cit.*, p. 311.
34 AHU-IDRBECA – doc. 8896. (anexo ao doc. 8863.).

que se reproduzia constantemente entre si, ainda havia a incorporação de reinóis no interior da sociedade.

Prática comum nas câmaras coloniais foi a função de administrar a cobrança dos donativos solicitados pela Coroa. Uma análise básica sobre essas cobranças permite refletirmos sobre a existência ou não da efetiva presença de uma oligarquia camarária na Bahia colonial. Em duas oportunidades de cobrança de donativos régios de alto valor econômico, a câmara sofreu ampliação numérica na sua composição. Uma análise desses dois momentos de ampliação no corpo da vereança permitiu-nos identificar certa rotatividade de nomes entre os que fizeram parte da composição da Câmara nos dois momentos distintos. Informação pertinente é o fato de José Pires de Carvalho ter sido o único dos indivíduos da colônia a estar presente nas duas oportunidades.

O primeiro dos donativos cobrados foi denominado "Dote de Inglaterra e paz de Holanda" e representavam respectivamente o dote de Catarina de Bragança, em seu casamento com Carlos II, e a indenização paga para obter a paz com as Províncias Unidas. A cobrança foi dividida entre as Câmaras da metrópole e as da colônia. A Bahia entrou com a contribuição de 90 000 cruzados anuais, escalonado em trinta e cinco anos.

A cobrança desse donativo se deu de maneira direta, sendo utilizados cobradores em seu recolhimento. Essa estratégia se mostrou bastante autoritária e gerou reclamações de quem não tinha como cumprir com o pagamento. Os membros das Ordenanças participaram diretamente da cobrança do donativo e alguns deles seriam beneficiados com mercês régias por bem cumprirem esse papel. Um dos que se beneficiaram foi Domingos Pires de Carvalho, na época em que ocupava o posto de sargento mor das Ordenanças. Em 1701, Domingos foi nomeado coronel dos Distritos de Rio Real. Na carta de nomeação, identifica-se o seguinte trecho:

> (...) atendendo em ser necessário haver um Regimento e serem dos Distritos de Rio Real de cima e de baixo de Lagarto da Cidade de Cotinguiba, e provesse em pessoa de valor, prática na disciplina militar e experiência da Guerra, por concorrerem todas estas qualidades e suposições na de Domingos Pires de Carvalho e a satisfação com que tem servido a Sua Majestade que Deus Guarde treze anos efetivos dos quais foram três com o Posto de Capitão de Infantaria e onze como de Sargento mor da Ordenança do Regimento de que hoje é Coronel Luis de Mello de Vasconcelos, havendo-se nas obriga-

ções destes postos com pontual satisfação assim na cobrança das fintas para o Donativo do Dote de Inglaterra e paz de Holanda.[35]

Em 1727, pouco tempo depois de ter encerrado o prazo da cobrança anterior, uma carta régia de seis de abril estabeleceu um "Donativo" para pagamento das despesas com os casamentos dos príncipes.[36] A Carta foi enviada ao vice-rei do Brasil, Vasco Fernandes Cesar de Menezes e constava do texto:

> Sendo grandes os empenhos em que se acha a minha Real Fazenda por causa da mesma guerra, será necessário que os povos desse Estado concorram com um considerável Donativo e assim sou servido, que logo que receberes esta carta manifesteis aos moradores desse Governo e Câmaras dele, a obrigação que lhes ocorre para se esforçarem a contribuírem com um bom donativo para com ele se suprir a maior parte das ditas despesas e dote.[37]

Tão logo recebeu a missiva real, o vice-rei tratou de responder a D. João V, o que fez na data de 30 de julho de 1727. No documento, o vice-rei explicou a iniciativa tomada para implementar a cobrança do imposto e a participação da Câmara no processo:

> Senhor. Pela frota do Rio de Janeiro fiz presente a V. M. haver arbitrado 3 milhões de Donativos nesta Capitania por V. M. se servir ordenar-me, que devia ser considerável aquela quantia, supostas as despesas dos casamentos dos nossos augustos Príncipes com os de Castela e dote da Serenissima Infante D. Maria. Agora represento a V. M., que depois de eleito 8 homens bons por todo o povo dessa cidade para com o Senado da Câmara, não só conferirem, mas assentarem na forma deste estabelecimento, sem vexame ou prejuízo grave destes moradores, se resolveu ultimamente com assistência minha na mesma Casa da Câmara o que V. M. verá da cópia do termo que então se fez, entrando-se logo na cobrança deste novo imposto.[38]

---

35   Bahia. 11.05.1701. AHU-IDRBECA – (anexo ao doc. 26066.).
36   Lisboa. 06.04.1727. AHU-IDRBECA – (anexo ao doc. 712.).
37   *Idem.*
38   Bahia. 30.07.1727. AHU-IDRBECA – (anexo ao doc. 712.).

Ficou definido que os três milhões seriam pagos em vinte anos, à razão de 150 mil cruzados por ano, sendo que Salvador pagaria 110 mil e as outras vilas 40 mil. A dinâmica de cobrança do donativo – implementada pelo vice-rei em parceria com a Câmara ampliada com os oito procuradores do povo – se deu mediante um valor agregado ao preço final de mercadorias como carne e aguardente.

No processo de eleição de oito membros temporários a se juntarem aos oficiais da Casa legislativa baiana é perceptível uma ação da Câmara como efetivo poder legislativo ou uma espécie de conselho ampliado do vice-rei. O termo a que o vice-rei se refere no documento enviado ao rei apresenta uma lista dos homens bons que foram escolhidos para comporem o coletivo municipal. Foram eles: juiz de fora e Presidente do Senado, Wenceslau Pereira da Silva; vereadores, o coronel Sebastião da Rocha Pita, Cosme Rolim de Moura e Diogo da Rocha de Albuquerque; procurador, Custódio Rodrigues Lima; e os eleitos Balthazar de Vasconcelos Cavalcante, Manuel da Silva Vieira, Miguel de Passos Dias, Manuel Gonçalves Viana, Pascoal Marques de Almeida e os Coronéis José Pires de Carvalho, José de Araújo Rocha e José Álvares Viana.[39]

A composição revela que a escolha recaiu sobre os principais membros da nobreza baiana. Nomes como Rocha Pita, Rolim de Moura, Vasconcelos e Cavalcante e Pires de Carvalho estiveram presentes por todo o século XVIII nas principais instituições de poder da Bahia.

Outro episódio envolvendo cobrança extraordinária de imposto por parte da Coroa e que envolveu diretamente o Senado da Câmara foi a solicitação de apoio financeiro para a reconstrução de Lisboa após o terremoto.

Um ofício de maio de 1756, do vice-rei Conde dos Arcos para Diogo de Mendonça Corte Real, relata em detalhes todo o processo que envolveu o pagamento desse novo donativo. O vice-rei principia o documento confirmando o recebimento da carta enviada pelo rei solicitando a ajuda e o encaminhamento da mesma para a Câmara da cidade. Em seguida, informa da escolha de oito adjuntos nomeados pela nobreza e pelo povo, que prestariam assistência à Câmara no encaminhamento da cobrança do imposto. Ficou definido que a Bahia iria contribuir com três milhões de cruzados e estes seriam pagos no decurso de trinta anos, à razão de 110 mil cruzados por ano.[40]

---

39 Bahia. 30.06.1727. AHU-IDRBECA – (anexo ao doc. 712.).
40 Bahia. 14.05.1756. AHU-IDRBECA – doc. 2079.

O valor do donativo deveria ser pago anualmente, ficando Salvador com a maior parte e o restante sendo dividido entre Sergipe d'El Rey e as outras vilas e Capitanias agregadas à Bahia. Os nomes dos oito escolhidos para somar-se ao coletivo da Câmara foram assim relatados no Termo da Eleição:

> (...) e procedendo-se a votos para que nomeassem 8 homens de governança, que juntos com a Câmara conferissem o quanto e o como se devia trazer este pedido e depois tirados os ditos votos e apurados saíram com mais votos o Capitão José Pires de Carvalho e Albuquerque, Fidalgo da Casa de S. M., André de Brito de Castro, também Fidalgo da Casa do dito Senhor, o Coronel Jerônimo Velho de Araújo, o doutor Francisco da Cunha Torres, Pascoal Marques de Almeida, Lourenço da Silva Niza, Thomaz da Silva Ferraz, Simão Gomes Monteiro, todos da Nobreza e Povo, os quais tinham sido chamados a som de sino corrido e neles se comprometeram para que elegendo e arbitrando quantia com que se devia concorrer e satisfazer com o pedido do dito cuidassem nos meios suaves para a sua contribuição e para clareza de tudo se fez este termo em que todos assinaram. E eu João de Couros Carneiro que o escrevi.[41]

Dos nomes escolhidos em 1727, apenas José Pires de Carvalho se manteve na lista de 1756. A lista dos que participaram da votação em 1756 foi composta de 75 pessoas, e dos 13 que compuseram a Câmara extraordinária de 1727, apenas José Pires de Carvalho estava presente entre eles. Dos que tiveram participação na composição ampliada de 1727, 30 anos antes, apenas José Pires de Carvalho retornou à Câmara por quatro mandatos. O total de 30 anos equivale a 30 mandatos diferentes. Do total de vereadores que exerceram mandatos entre 1727 e 1757, apenas quatro deles – João de Souza Câmara, Francisco Xavier de Araújo Passos, Pedro Moniz Barreto de Vasconcelos e José Pires de Carvalho – voltaram à Câmara por no mínimo três vezes. Houve, nesse intervalo de 30 anos, uma consistente variação de nomes e a grande maioria exerceu apenas um mandato, o que correspondeu à média de 1,0 mandatos por indivíduo. São números que esboçam a possibilidade de questionamento da existência de concentração oligárquica no Senado da Câmara de Salvador no século XVIII.

---

41 Bahia. 27.03.1756. AHU-IDRBECA – doc. 2081. (anexo ao doc. 2079.).

É sabido que o acesso aos cargos municipais só era alcançável por uma parcela ínfima da população local. A não conservação em arquivo das pautas de votação da Câmara impede de traçar um quadro mais completo dos nomes e da quantidade dos indivíduos da elite baiana com prerrogativas de participarem do pleito para a Câmara municipal.

Baseando-se em listas referentes às câmaras do reino, Teresa Fonseca apresentou alguns números: Évora, com mínimo de 10 e máximo de 17; Motemor-o-Novo, entre 1777 e 1816, apresentou um mínimo de 10 e um máximo de 19; Loulé teve 16 nomes arrolados em um certo ano e até 20 nomes em outro; em Portimão, concelho considerado de maior mobilidade social, houve oscilação de 11 a 32 arrolados.[42]

Tomando como base a lista de 75 indivíduos que participaram da votação para a escolha dos membros que compuseram a Câmara extraordinária em 1759, ainda assim, nada garante qualquer certeza sobre o universo de indivíduos que compuseram as pautas da Câmara de Salvador.

Entretanto, outras fontes documentais permitem construir um perfil social desses indivíduos, na medida em que um grupo de nomes familiares tendem a se fazer presentes nas diversas instituições de poder da Bahia setecentista. A condição de serem homens "puros de sangue" e de "viverem sob as leis da nobreza" determinava as qualificações do elegível.

Apesar de se caracterizar como espaço privilegiado de exercício do poder e de importante aparato simbólico de ascensão social, a Câmara de Vereadores não se constituiu na única instituição que cumpriu esse papel em termos locais. A identificação de um determinado número de membros de algumas famílias nas principais instituições de poder local não é suficiente para afirmar, de maneira categórica, que houve uma concentração oligárquica.

Naquilo que se refere exclusivamente à Câmara de Vereadores, a rotatividade de nomes na ocupação dos cargos favorece a identificação de uma desconcentração oligárquica. A Câmara de Salvador, no século XVIII, revelou-se bastante rotativa. Se comparada com outras Câmaras do reino, a média de exercício de mandatos por indivíduos em Salvador é realmente bastante variável. Observe-se o quadro abaixo que identifica a distribuição da Câmara de Salvador entre 1727 e 1757:

---

42 FONSECA, *Op. cit.*, p. 116.

Quadro 5
Distribuição dos vereadores pelo n° de vezes em que foram eleitos para a Câmara Municipal de Salvador, entre 1727 e 1757

N° de vezes	Indivíduos	%	Mandatos	%
1	88	94,6	88	86.2
2	3	3,2	6	5.8
3	1	1.0	3	2.9
Total 1 - 3	92	98,9	97	95,0
4	0		0	
5	1	1.0	5	4.9
Total 4 - 05	01		5	
TOTAL MÉDIA: 1.0	93	100.0	102	100.0

Fontes: Câmara Municipal de Salvador. Atas da Câmara, vols. 7,8,9,10,11. Salvador, 1984 e RUY, Affonso. História da Câmara Municipal da Cidade do Salvador. Salvador: Câmara Municipal de Salvador, 1996.

Ao utilizarmos como referência os números do quadro acima e definirmos que o exercício de até três mandatos configurou-se como normal, e em sintonia com a lógica política da época, é possível comparar os números de Salvador com os de outras câmaras metropolitanas e coloniais, em período semelhante:

Quadro 6
Distribuição de vereadores nas Câmaras de Tomar, Goa e Recife

N° de Mandatos	Tomar (1775 – 1800)	Goa (1757 – 1793)	Recife (1761 – 1800)
1	5	102	60
2	2	25	14
3	2	10	7
4	3	5	2
5	3	3	1
6	2	2	-
7	-	-	-
8	-	1	-
9	1	-	-
10	2	-	-
11	-	2	-
12	-	-	-
13	-	-	-

Fontes: Para Tomar e Goa trabalhou-se com os dados de VIDIGAL, Luís. *Câmara, Nobreza e Povo:* Poder e Sociedade em Vila Nova de Portimão (1755 – 1834). Portimão: Câmara Municipal de Portimão, 1993. Os números referentes a Recife vieram de: SOUZA, George Felix Cabral de. *Os Homens e os Modos da Governança:* A Câmara Municipal do Recife do Século XVIII. Recife: Gráfica Flamar, 2003.

Identifica-se em Tomar uma alta concentração de indivíduos assumindo mais de um mandato, o que indica uma quase profissionalização no exercício do cargo. Por outro lado, Goa e Recife, de forma semelhante a Salvador, tiveram um grande número de pessoas assumindo a vereança por apenas um mandato. A tendência a uma rotatividade e desconcentração oligárquica é claramente perceptível e confirmada nesses casos.

Outra linha de comparação – mesmo que os cortes temporais sejam um pouco maiores – que analisa a rotatividade dos mandatos de Salvador, tendo como referência câmaras do reino, pode ser vista nos dois quadros abaixo, que apresentam a distribuição dos vereadores na Câmara de Montemor-o-Novo e do Porto:

Quadro 7
Distribuição dos vereadores pelo n° de vezes em que foram eleitos para a Câmara Municipal de Montemor-o-Novo, entre 1771 e 1818

N° de vezes	Indivíduos	%	Mandatos	%
1	9	29.0	9	9.0
2	6	19.3	12	12.1
3	5	16.1	15	15.1
Total 1 – 3	20	64.4	36	36.2
4	3	9.6	12	12.2
5	5	16.1	25	25.2
7	1	3.3	7	7.1
9	1	3.3	9	9.1
10	1	3.3	10	10.2
Total 4 – 10	11	35.6	63	63.8
TOTAL MÉDIA: 3.1	31	100.0	99	100.0

Fonte: Esse quadro foi composto através de informações retiradas de: FONSECA, Teresa. *Relações de Poder no Antigo Regime*: A Administração Municipal em Montemor-o-Novo (1777 – 1816). Montemor-o-Novo: Câmara Municipal, 1995.

Quadro 8
Distribuição dos vereadores pelo n° de vezes em que foram eleitos para a Câmara Municipal do Porto, entre 1700 e 1750

N° de vezes	Indivíduos	%	Mandatos	%
1	51	55.4	51	24.5
2	18	19.5	36	17.3
3	8	8.7	24	11.5
Total 1 - 3	77	83.6	111	53.3
4	5	5.4	20	9.7
5	4	4.3	20	9.7
7	2	2.1	14	6.8
8	1	1.0	8	3.8
10	1	1.0	10	4.8
11	1	1.0	11	5.2
14	1	1.0	14	6.7
Total 4 - 14	15	15.8	97	46.7
TOTAL MÉDIA: 2.2	92	100.0	208	100.0

Fonte: Informações retiradas de: NUNES, Ana Silvia Albuquerque de Oliveira. *História Social da Administração do Porto (1700 - 1750)*. Porto: Universidade Portucalense, 1999.

No intervalo de 30 anos, a Câmara de Salvador apresentou uma média de 1,0 mandatos por indivíduo, enquanto Montemor-o-Novo, em 47 anos, registrou média de 3,1 indivíduos por mandato, e a Câmara do Porto, em exatos 50 anos, contabilizou uma média de 2,2 indivíduos por mandato. O Porto apresentou número relativamente baixo em comparação com Santarém, que em 27 anos teve 3,5 de média, e Coimbra, com 4,0 de média, em corte temporal de 38 anos.[43]

São informações que permitem identificar em Salvador uma razoável renovação dos membros da Câmara, com os mandatos recaindo sobre um número diminuto de pessoas. A ampliação do tempo de análise para o intervalo de 100 anos

---

43 FONSECA, Teresa. *Absolutismo e Municipalismo. Évora 1750 - 1820*. Lisboa: Edições Colibri, 2002, p. 168.

não será suficiente para provocar grandes alterações nessa média, que alcançou um patamar de 1.5 mandatos por indivíduos:

Quadro 9
Distribuição dos vereadores pelo n° de vezes em que foram eleitos para a Câmara Municipal de Salvador, entre 1700 e 1800

N° de vezes	Indivíduos	%	Mandatos	%
1	174	71.0	173	47.0
2	47	19.0	94	25.0
3	12	5.0	36	10.0
Total 1-3	232	95.0	303	82.0
4	7	2.6	28	8.0
5	2	0.8	10	2.4
6	2	0.8	12	3.2
8	1	0.4	8	2.0
10	1	0.4	10	2.4
Total 4-10	13	5.0	68	18.0
TOTAL MÉDIA: 1,5	246	100.0	371	100.0

Fontes: Câmara Municipal de Salvador. Atas da Câmara, vols. 7,8,9,10,11. Salvador, 1984 e RUY, Affonso. História da Câmara Municipal da Cidade do Salvador. Salvador: Câmara Municipal de Salvador, 1996.

Recorrendo mais uma vez à comparação com câmaras do reino, agora em período mais alargado, Portimão apresentou uma média de 3,7 mandatos por indivíduo, em 79 anos; Évora, em 71 anos, teve média de 5,3; e Braga mostrou a mesma dinâmica de Portimão, com média de 3,0 mandatos por indivíduo em 61 anos.[44]

Os números comparativos até agora questionam a existência de uma elite camarária com perfil oligárquico no século XVIII e a identificação da Câmara de Vereadores como instrumento exclusivo de ascensão sociopolítica. Ao se acompanhar as demais instituições de poder concorrentes da Câmara, percebe-se que havia entre os indivíduos das elites baianas uma grande diversificação nas suas estratégias de ascensão, ora prevalecendo a Misericórdia, ora também as Ordenanças, além da

---

44 FONSECA, Op. cit., p. 168.

própria Câmara municipal. Existiram indivíduos, entre eles José Pires de Carvalho, que chegaram a resistir a tomar posse no Senado da Câmara em certo momento.

Mesmo que as comparações sejam pertinentes para a investigação histórica, não se pode perder de vista algumas características dos lugares envolvidos na comparação. Um exemplo é a alta média entre indivíduos/mandatos apresentada por Évora. Nesse concelho alentejano, o peso da antiga aristocracia exercia força considerável nos critérios de admissão aos lugares cimeiros da administração municipal,[45] Essa concentração social oriunda de uma tradição aristocrática remota dificilmente se reproduziria em território colonial.

O quadro abaixo,[46] composto a partir dos dados sobre a participação das mais poderosas e atuantes famílias[47] das elites baianas setecentistas nas instituições, esboça a alternância dos indivíduos dessas elites nesses lugares do poder local:

Quadro 10
As elites e a participação nas instituições de poder local

Nome	Câmara de Vereadores[48]	Provedor da Santa Casa[49] ou Irmão de maior condição	Ordenança
Antônio da Rocha Pita	1705	1700	X
Sebastião da Rocha Pita	1704 – 1708 – 1721 – 1727.		X
Cristovão da Rocha Pita	1752 – 57 – 67 – 75 – 76 – 81 – 85 – 91.		X
João da Rocha Pita	1769		
Simão da Fonseca Pita	1751 - 1758	X	

---

45 FONSECA, Op. cit., p. 166.

46 Antecipo de que esse quadro apresenta informações referentes exclusivamente ao século XVIII, alguns desses indivíduos também estiveram nessas instituições no século XVII.

47 Deixo de fora os Pires de Carvalho e Albuquerque, pois essas informações serão identificadas em capítulo específico que trata da família.

48 Ano em que exerceu o mandato.

49 Ano em que foi provedor.

Francisco da Fonseca Pita	1707		
Gonçalo Ravasco Cavalcante e Albuquerque	1703 – 1711 - 1725	1717 - 1720	
Inácio Ravasco Cavalcante e Albuquerque	1719		X
Domingos Borges de Barros		1750 – 1752 - 1754	X
Sebastião Borges de Barros		1763	X
Francisco Borges de Barros	1799	X	
Frutuoso Vicente Viana	1790 - 1794	1773 - 1775	X
João Vicente Viana		1790	
Domingos Francisco Vicente Viana		1792	
Rodrigo da Costa de Almeida	1750 – 1755 - 1760	1764 - 1770	
Francisco Dias de Ávila	1736		X
Garcia de Ávila Pereira e Aragão	1761 - 1766		X
Antônio Moniz Barreto e Aragão		1779	
Pedro Moniz Barreto de Vasconcelos	1740 – 1747 - 1752	X	X
Antônio Gomes Ferrão Castelo Branco	1755 - 1762	X	
Pedro Ferrão Castelo Branco		X	X
José Diogo Gomes Ferrão Castelo Branco	Procurador - 1789	X	
Francisco Gomes de Abreu e Lima Corte Real	1753 – 1756 - 1759		
Gonçalo Gomes da Franca Corte Real	1769 – 1784 - 1794	X	
Inácio Barbosa da Franca Corte Real	Procurador - 1782	X	
Rodrigo de Argolo Vargas Cirne de Menezes	1762 – 1769 – 1774 – 1777 - 1780	X	X

Inácio de Argolo Vargas Cirne de Menezes	1779 - 1883	X	X
Vitorino de Argolo de Menezes	1782	X	X
Paulo de Argolo Menezes	1768		
João de Teive Argolo	1788		
Pedro Barbosa leal	1704	1703-1704	X

Fonte: RUY, Affonso. *História da Câmara Municipal da Cidade do Salvador*. Salvador: Câmara Municipal de Salvador, 1996. Livros 3, 4 e 5 de Termos de Irmãos da Santa Casa de Misericórdia da Bahia.

A família Rocha Pita, vinculada tradicionalmente à "nobreza da terra," com propriedade de diversos engenhos e com os pés fortemente fincados na carreira militar, optou claramente pela atuação no Senado da Câmara, no qual esteve constantemente representada ao longo do século XVIII. Gonçalo Ravasco Cavalcante e Albuquerque, filho do poderoso Secretário de Estado e Governo Bernardo Vieira Ravasco, além de ter herdado do pai a Secretaria, monopolizada por ambos por quase toda a primeira metade do século XVIII, encontrou disposição para atuar tanto na Câmara – chegou assumir o ofício de vereador com 80 anos de idade – quanto na Misericórdia. A família Borges de Barros caracterizou-se tanto pela inserção na carreira militar quanto na Misericórdia. Frutuoso Vicente Viana e João Vicente Viana, pai e filho, assumiram funções na Câmara e na Misericórdia, respectivamente, em 1790. Francisco e Garcia, membros da rica e poderosa família Ávila, foram os grandes representantes do clã no Senado da Câmara durante o Setecentos. Representantes da grande lavoura canavieira, os Argolo Menezes também optaram por se fazer representantes no Senado da Câmara, por todo o século XVIII.

Avanete Souza assim descreveu o perfil socioeconômico dos oficiais da Câmara de Salvador durante o século XVIII:

> (...) 49 proprietários de terras, entre senhores de engenho e criadores de gado, declarados; 18 comerciantes e 87 letrados e burocratas oficiais, e, dentre estes, muitos bacharéis e licenciados, ou seja, aqueles que viviam e eram reconhecidos pelo exercício de cargos em instituições do governo, como na Alfândega, no Tribunal da Relação da Bahia, na milícia, como alferes, capi-

tães de ordenanças, ajudantes de terço, mestres de campo, ou mesmo como escrivães e tesoureiros de regimento de artilharia.[50]

Independentemente de algumas famílias se fazerem presentes na Câmara, reproduzindo uma prática de perfil oligárquico, muitos foram os nomes que, não obstante não tenham constituídos redes alargadas e perenes de sociabilidades, amealharam riquezas e buscaram se firmar como pessoas principais da terra. Para tanto, agiram de maneira intensa na busca por ocupação dos espaços de poder que os beneficiasse em tais ações. Nesse caso, não resta dúvida, o Senado da Câmara de Salvador se impôs como um dos mais cobiçados espaços de valorização social. Entretanto, um olhar mais atento sobre a renovação permanente de mandatos entre seus membros, decerto, coloca essa instituição em posição privilegiada, mas não a enxerga como a única entre as representativas da simbologia nobilitante do Antigo Regime na Bahia.

A Universidade de Coimbra e a formação de uma elite de dimensão imperial

Um resumo que consta da apresentação do site da Universidade de Coimbra apresenta o seguinte texto referente à sua criação:

> Ao assinar o "Scientiae thesaurus mirabilis", D. Dinis criava a Universidade mais antiga do país e uma das mais antigas do mundo. Datado de 1290, o documento dá origem ao Estudo Geral, que é reconhecido no mesmo ano pelo papa Nicolau IV. Um século depois do nascimento da nação, germinava a Universidade de Coimbra. Começa a funcionar em Lisboa e em 1308 é transferida para Coimbra, alternando entre as duas cidades até 1537, quando se instala definitivamente na cidade do Mondego.[51]

Identifica-se na Universidade de Coimbra o espaço simbólico que se não chegava a nobilitar aquele que nela ingressasse, em muito o credenciava a adentrar as portas de instituições nobilitantes. Seja no reino ou no ultramar, os egressos da instituição souberam processar em benefício próprio o legado profissional e social que ela lhes proporcionou. A título de exemplo, vejamos o que escreveu Fernando

---

50 SOUSA, *Op. cit.*, p. 52.
51 http://www.uc.pt/sobrenos/historia. Consultado em 04 de fevereiro de 2014.

Taveira da Fonseca, quando se referiu ao papel da Universidade de Coimbra na vida dos que nela passaram:

> Não menos importante é o fato de os "aprendizes" irem à universidade não apenas em busca do saber, mas igualmente do reconhecimento, no final do processo de aprendizagem, da sua idoneidade para exercerem uma função no ordenamento e no governo da "república". Ao mesmo tempo em que transmite o saber, a universidade, pelo juízo dos seus mestres, qualifica também para o exercício do poder.[52]

Um aspecto que se deve levar em conta na história da Universidade de Coimbra são os seus longos períodos de estabilidade no que diz respeito ao quantitativo de alunos que a frequentaram. Por não ser uma ilha desconectada das dinâmicas conjunturais, a Universidade sofreu o impacto de fatores como as conjunturas demográficas e econômicas, as situações de guerra e paz e as transformações culturais.[53] É necessário analisar o papel da Universidade no século XVIII como caminho para entendê-la como objeto de atração da sociedade da época.

Na história portuguesa, diversas conjunturas determinaram a estabilidade ou o recuo das matrículas universitárias. Os tempos de crises, principalmente os que levaram à guerra, tiraram os jovens do caminho universitário. Em Portugal, o fim da guerra de Restauração teve um reflexo direto na ampliação das matrículas, e o século XVIII, com a estabilidade econômica proporcionada pelo ouro brasileiro, viu a curva se mostrar solidamente ascendente.[54]

Antes da reforma pombalina,[55] e mesmo depois dela, a predominância dos estudos jurídicos – principalmente os estudos de Cânones – fez a fama da Universidade de Coimbra. A preferência pelo curso de Cânones em detrimento do de Leis[56] pode ter explicação na característica do próprio curso cuja ambivalência possibilitava aos

---

52 FONSECA, *Op. cit.*, p. 18.
53 *Ibidem*, p. 93.
54 *Ibidem*, p. 110.
55 Mudança ocorrida nos Estatutos da Universidade, a partir de 1772, sob a liderança do Marquês de Pombal.
56 A desproporção do numero de alunos entre os dois cursos era tão grande que Fernando Taveira cita uma provisão régia de 1724 que concedia facilidades aos legistas para se candidatarem à leitura no Desembargo do Paço.

seus bacharéis adentrarem tanto na carreira da administração eclesiástica quanto da magistratura secular.[57]

Outro aspecto referente à preferência pelo estudo de Cânones foi a opção da Igreja por esses bacharéis entre seus quadros. Segundo Fonseca, "a importância dada ao Direito Canônico radica sem dúvida no peso que adquirem as questões disciplinares na igreja pós-tridentina".[58] Por outro lado, esse mesmo autor, identifica uma mudança nessa dinâmica que conduz a uma gradual, mas constante, ampliação do direito civil. De acordo com Fonseca, "o poder eclesiástico vê-se diminuído pela transferência da polícia das ideias para a Mesa censória".[59] Mudanças outras, como as leis que se referem ao morgadio, cujo alcance passa a ser buscado pelos que se distinguiram no comércio, viriam a impactar diretamente na escolha pelo curso de Leis entre os estudantes de Coimbra.

Assim como outras importantes instituições de poder político, social e religioso, também a Universidade de Coimbra refletiu e incorporou-se ao processo de alargamento do estatuto de nobreza em Portugal. Pertencer aos seus quadros, seja como estudante ou como lente, passou a conferir a distinção social tão necessária em uma sociedade cuja legitimação era composta por um mosaico de privilégios e mercês.

A posição de única instituição de nível universitário do Império português trouxe para o reino indivíduos das diversas partes que o compunham. Esse fato proporcionou à Universidade uma condição de força centrípeta na ordem imperial. Vejamos o quadro abaixo:

---

57 TAVEIRA, *Op. cit.*, p. 126.
58 *Ibidem*, p. 131.
59 *Ibidem*, p. 134.

Quadro 11
Origens dos graduados (juristas formados e médicos aprovados)

	Canonistas		Legistas		Médicos	
	NN	%	NN	%	N	%
Continente	11831	93,3	2562	92,4	1062	93,9
Madeira	155	1,2	13	0,5	8	0,7
Açores	71	0,6	27	1,0	12	1,0
Brasil	602	4,7	160	5,8	46	4,1
Angola	11	0,1	8	0,3	0	0,0
Outras proveniências	15	0,1	2	0,1	3	0,3
Total	12691	100,0	2772	100,0	1131	100,0

Fonte: FONSECA, Fernando Taveira da. A Universidade de Coimbra (1700 – 1771). Estudo Social e Econômico. Coimbra: Universidade de Coimbra, 1995. p. 170.

Para o século XVIII, a posição de destaque econômico do Brasil colocou a colônia americana como fornecedora privilegiada do contingente estudantil de Coimbra. A Bahia e o Rio de Janeiro foram majoritários nesse contingente.

Analisando a distribuição espacial dos estudantes de Coimbra no século XVIII, Fernando Taveira da Fonseca constatou a existência de uma hierarquia entre os lugares de origem, tendo Salvador estado sempre entre os cinco primeiros. No caso da Faculdade de Cânones, Salvador ocupou o quinto lugar, ficando atrás de Lisboa, Porto, Coimbra e Braga, sendo que entre 1726 e 1744 Salvador ocupou a terceira posição, perdendo apenas para Lisboa e o Porto. Na Faculdade de Leis, Salvador manteve-se em quarto lugar, atrás de Lisboa, Porto e Braga e à frente de Coimbra.

A título de comparação com outras regiões da colônia americana, entre 1700 e 1772, somente de Salvador saíram para os bancos da Universidade de Coimbra

445 estudantes.⁶⁰ Nesse mesmo período, de toda a Capitania de Minas Gerais, 217 indivíduos foram para Coimbra.

Um dado que ganha peso entre os números levantados é o que mostra a grande concentração de estudantes vindos da Bahia na fase final do período colonial. Entre 1808 e 1822, um total de 105 baianos se matricularam em Coimbra. Nota-se também a procura dos baianos pelas carreiras científicas como a Filosofia (que habilitava em Ciências Naturais) e a Matemática (que habilitava em Astronomia). É possível perceber, nesse caso, uma sintonia dos baianos com a pretensão pombalina de se criar uma elite com habilitação científica que viesse a colaborar na administração do Império. No período de D. Rodrigo de Souza Coutinho,⁶¹ muitos brasileiros com esse perfil acadêmico foram convidados a participar da administração, dentre eles o baiano José da Silva Lisboa (futuro Visconde de Cairu), formado em Direito e Matemática, e que mais tarde se destacaria como um grande representante do pensamento liberal no Brasil.

Partindo da fase em que ocorreu a reforma da Universidade de 1772 até 1808, algo em torno de 608 brasileiros se matricularam na Universidade de Coimbra.⁶² Destes, 130 eram oriundos da Bahia, ou seja, pouco mais de 1/5 dos estudantes brasileiros em Coimbra, no período, eram baianos. Ampliando os marcos cronológicos para 1772 a 1822, o total de brasileiros chega a 866 alunos e o de baianos a 235, uma ampliação significativa, com os baianos respondendo por quase 1/3 daqueles que passaram pela Universidade portuguesa.

Se já sabemos de onde vieram, precisamos saber quem foram e em quais condições chegaram esses estudantes. Já se afirmamos que a universidade não é uma

---

60 O número apresentado por Fernando Taveira da Fonseca identifica uma totalidade de 318 estudantes baianos. Para demonstrar esse resultado Fonseca utilizou como critério o momento da conclusão do curso. No meu caso, como me interessa apenas registrar o número de indivíduos que teriam tido condições socioeconômicas para se candidatarem a uma vaga na Universidade, escolhi a matrícula como critério, o que me exige atribuir uma equivalência entre os indivíduos que podem apenas ter se matriculado uma única vez (sem concluir o curso); indivíduos que concluíram o curso após diversas matrículas, até aqueles que fizeram o curso em seu tempo normal. Por conta disso, o número total de estudantes baianos que chegaram a se matricular na Universidade de Coimbra entre 1700 e 1771 foi de 445 indivíduos.

61 Primeiro conde de Linhares foi ministro de D. João VI no Brasil.

62 MORAIS, Francisco de. Estudantes brasileiros na Universidade de Coimbra. *Anais da Biblioteca Nacional.* 62 (1940) 137-335.

instância desconectada da realidade social e econômica que a cerca. Por outro lado, à Universidade não cabia interferir deliberadamente – como cabia a outras instituições – na ordenação da sociedade que se organizava com base em critérios de estratificação e hierarquia social.

Entretanto, ainda que estivessem abertas a qualquer segmento da sociedade, as portas da universidade não deixavam de estabelecer alguns critérios de "filtragem" social. Uma tentativa de estabelecer um perfil do grupo social baiano que lá ingressou no século XVIII só foi possível através das inquirições de *genere* e dos cruzamentos de nomes entre as diversas instituições de poder do período. Foi possível perceber o quanto foi majoritária a presença dos segmentos das elites baianas entre os matriculados.

Diferentemente de instituições como o Santo Ofício e a Ordem de Cristo, não havia, para o acesso à vida acadêmica, a obrigatoriedade de apresentar nenhuma atestação de limpeza de sangue.[63] Verifica-se, nesse aspecto, o espírito universal do estudo e de sua admissão a qualquer pessoa. A ausência de critérios sociais mais rígidos era devidamente respeitada durante toda a vida acadêmica do aluno, que ia desde a sua admissão até a conclusão do curso.

Até o limite da formatura, muito pouco poderia se fazer para dificultar a presença nos quadros da Universidade de quem quer que fosse. O problema estava justamente a partir desse limite. Para aqueles que quisessem avançar no percurso acadêmico, como o de candidatar-se à leitura de bacharéis no Desembargo do Paço, as inquirições cumpririam o papel de "purificação social", tão de acordo com os valores estruturais do Antigo Regime.

Apesar de a universidade não prever legalmente qualquer tipo de discriminação nos seus estatutos, seus membros reproduziam no cotidiano os valores discriminatórios da época. Os cristãos-novos e os mulatos e negros sofreram diretamente o preço de pertencerem aos segmentos que não se enquadravam na "naturalidade social" da elite do Antigo Regime. Um exemplo de intolerância em relação à presença de cristãos-novos nos quadros da Universidade pode ser identificado no episódio do suposto desacato à Nossa Senhora, que levou o Claustro Pleno a propor considerar-se a exclusão de judeus das diversas faculdades. Sobre esse episódio, e sobre a decisão do órgão coletivo da instituição, escreveu Fonseca:

---

63 FONSECA, *Op. cit.*, p. 251.

> Este assento revela simultaneamente que o Claustro reconhece a existência, entre os estudantes, de cristãos-novos (em que medida tendo uma noção exata de quais eram é que não se pode saber) e que, no seio da comunidade universitária, há uma clara má vontade contra eles, ponto de lhes atribuir um desacato cuja autoria era desconhecida e de propor a consequente punição que não era nada menos que a exclusão legal (e geral para todo o grupo) do Estudo.[64]

Outro episódio sintomático foi a pretensão da Universidade de negar o grau de doutor a dois candidatos, pelo fato de serem negros. Um dos episódios envolveu o baiano Inácio Pires de Almeida. Após adquirir a sua licenciatura, ele requisitou do vice-reitor a determinação do dia para tomar o grau de doutor. A resposta a esta solicitação corriqueira no cotidiano da universidade veio em forma de uma negativa em que a cor do requerente foi o objeto central para a decisão. O caso foi bastante polêmico e só alcançou uma solução por graça régia assinada pelo rei D. José I, cujo texto é bastante elucidativo:

> Eu El-Rei, como Protetor que sou da Universidade de Coimbra. Faço saber a vós D. Nuno Alvares Pereira, do meu conselho e Reitor da mesma Universidade, que Inácio Pires de Almeida, homem pardo natural da Bahia, licenciado em exame privado na faculdade de Cânones, me enviou a dizer que depois de cursar os anos que dispõem os Estatutos, e fazer todos os seus autos com geral aprovação dos seus mestres, fora admitido ao exame privado, que fez com a mesma aprovação, depois do qual lhe deu o Cancelário da Universidade o grau de licenciado na dita faculdade e licença para tomar o de Doutor todas as vezes que quisesse e requerendo ao Vice-Reitor lhe determinasse dia para poder tomar o dito grau, lhe deferira que tinha inabilidade patente muito notória pela sua cor para a graduação que requeria (...).[65]

A discriminação racial dissimulada ficou explicitada nesse caso. Ainda que entre a matrícula e a formatura o estudante não pudesse sofrer intervenções do tipo, a ascensão acadêmica após a formatura era o estágio em que a universidade poderia

---

64 *Ibidem*, p. 254.
65 BRAGA, Teófilo. *História da Universidade de Coimbra nas suas relações com a instituição pública portuguesa*. Tomo III – 1700 a 1800. Lisboa: Tipografia da Academia Real das Ciências, 1898, p. 241.

exercer o controle e a exclusão social que organizava a estrutura hierárquica da sociedade portuguesa do Antigo Regime.

A continuidade do texto da provisão régia sustenta-se na legalidade da situação e expressa uma contradição, pois a cor do candidato não foi empecilho para torná-lo licenciado, mas foi usada como justificativa para impedir o seu doutoramento:

> E porque a cor do suplicante não era impedimento para o privar da honra desta graduação, porque se o fora expressamente o disporão os Estatutos da Universidade, e se acha por mim legitimado para todos e quaisquer honras, dignidades, sucessões e morgados e por rescrito Pontifício dispensado para o estado sacerdotal, tendo feito tanta despesa a seu Pai para conseguir a dita graduação, sendo-lhe devida pela sua ciência, me pedia lhe fizesse mercê mandar que seu embargo do dito impedimento logo com efeito lhe assineis dia para tomar o dito grau, e que o Cancelário lhe dê no dia destinado e que o lente de prima, e por seu impedimento o de véspera, ou impedidos estes qualquer outro que lhe suceder deem o grau ao suplicante.[66]

O pai do suplicante, a quem o documento régio se refere, tratava-se do Capitão de Infantaria e Cavaleiro Professo da Ordem de Cristo,[67] Francisco Pires de Almeida. A intervenção régia no processo revela a posição da Coroa como instância reguladora de conflitos de interesses que colocavam em lados opostos os valores da sociedade reinol e os empenhos dos colonos em ascender socialmente pelas brechas da estrutura institucional do Império.

Entre os governos de D. João V e de D. José I, a Universidade de Coimbra foi a grande formadora intelectual dos filhos das elites reinóis e do ultramar. Muito por conta disso, havia certa distância entre o que estava previsto em seus estatutos e o que se praticava em seu cotidiano. Nesse caso, concordamos plenamente com Virginia Valadares, quando ela afirma que "as relações patrimoniais e clientelares tinham, em Coimbra, mais validade do que as normas estatutárias, e a vontade do Rei e da Mesa de Consciência e Ordens prevaleciam sobre as cláusulas do Estatuto".[68]

---

66 *Ibidem*, p. 242.
67 ANTT, RGM. Mercês de D. Pedro II, liv. 2, f. 386.
68 VALADARES, Virginia Trindade. *Elites Mineiras Setecentistas*: conjugação de dois mundos. Lisboa: Edições Colibri/ Instituto de Cultura Ibero-Americana, 2004. p. 133.

A identificação da presença majoritária de membros das elites baianas entre os matriculados da Universidade de Coimbra se respalda nas informações obtidas nas inquirições de *genere* e em inquirições como as do Santo Ofício e da Ordem de Cristo. Esses documentos são testemunhos primorosos para se compreender a realidade socioeconômica de uma determinada família. Porém, outras informações foram incorporadas nessa teia investigativa construída para estabelecer parâmetros que possibilitassem a identificação do perfil do grupo social baiano ao qual era dada permissão de frequentar e formar-se na Universidade.

Uma informação de grande incidência nas leituras de bacharéis era referente ao sustento da família do candidato. Só para citar o caso de alguns baianos, temos Anacleto José Macedo Portugal cuja informação sobre os ascendentes afirmava que "o pai vivia das suas fazendas e lavouras de cana de açúcar. Em Portugal o pai foi estudante e o avô paterno (Domingos Gomes) era lavrador, cultivava suas próprias fazendas e nenhum deles exerceu ofício mecânico".[69] Ou Antônio Rodrigues Gaioso, que chegou a desembargador da Relação do Rio de Janeiro, cujos pais e avós paternos e maternos eram todos naturais da Bahia e "porquanto todos os sobreditos viveram sempre com os rendimentos de suas fazendas".[70] A totalidade dos inquiridos, quando apresentavam essa informação referente a fonte de renda da família, registravam sempre o fato de viverem dos rendimentos das suas fazendas.

O custo para se manter um filho em Coimbra era realmente muito alto. Segundo Fonseca, depois de 1725, um estudante custaria entre 25 e 30 mil réis por todo o período do curso.[71] Esses custos poderiam variar para mais, a depender, por exemplo, do tipo de moradia que o estudante teria em Coimbra. As opções poderiam ser o aluguel de uma casa – normalmente para os mais abastados – ou o aluguel de quartos em casa de terceiros. Outra opção seria compartilhar os alojamentos com outros colegas, o que baixaria o custo, que ainda teria que ser dividido com o da alimentação. O cálculo da despesa teria que ser ampliado se o estudante optasse por seguir na carreira após a formatura. As propinas para se atingir o grau de doutor eram muito altas e dentre elas incluía-se a aquisição das insígnias e a remuneração dos músicos que solenizavam o cortejo e o próprio ato.[72] No século XVIII,

---

69 ANTT, LB – Mç. 21 Doc. 20
70 ANTT, LB – Mç. 25 Doc. 5
71 FONSECA, *Op. cit.*, p. 265.
72 *Ibidem*, p. 267.

entre os baianos que fizeram a leitura de bacharéis, encontraram-se os doutores José Pires de Carvalho e Albuquerque,[73] Manuel Bernardo de Souza Magalhães[74] e Vasco Lourenço Velloso.[75]

Outro caminho de investigação que possibilitou conjecturar sobre o poder econômico dos estudantes baianos foi a presença de irmãos matriculados em Coimbra. Fonseca fez esse levantamento para a totalidade das formaturas nas duas faculdades jurídicas, entre 1700 e 1771, e obteve o número de 15% de um grupo formado por dois a quatro irmãos matriculados. Fonseca caracterizou essa porcentagem como representativa de uma componente bastante significativa e reveladora de que um grupo numeroso de famílias poderia suportar o encargo que a formatura de dois ou mais filhos representava.[76]

Partindo do pressuposto – referente ao reino – analítico de Fonseca, identificamos para a Bahia, para o mesmo período, um total de 442 matriculados.[77] Desse universo, contamos o total de 151 indivíduos para um grupo formado por dois e três irmãos que efetuaram suas matrículas no período. Esse número representou 34% do total de matriculados, o que identifica uma razoável concentração familiar entre os estudantes baianos que frequentaram a Universidade de Coimbra no século XVIII. É sempre bom lembrar que a média de idade com que esses estudantes se formavam era de 26 anos. Logo, todos entravam na Universidade abaixo dos vinte anos e, portanto, ainda não tinham rendimentos para o seu próprio sustento, ficando todo o custo sob a responsabilidade do pai.

O primeiro professor "brasileiro" a lecionar na Universidade foi o baiano Manuel Botelho de Oliveira. Depois dele, outros nove tiveram esse privilégio, e entre eles estava Francisco Pires de Carvalho e Albuquerque. Sua história na instituição inicia-se ao receber, em junho de 1766, o grau de bacharel. Em seguida, em junho de 1768, alcançou a licenciatura e, com o doutoramento, em julho de 1768, consolidou a base de um futuro acadêmico. A espera da docência duraria pouco mais de dez

---

73 BNL. Códice 10856. Fl. 338.
74 BNL. Códice 10856. Fl.237.
75 BNL. Códice 10856. Fl.175.
76 FONSECA. *Op. cit.*, p.277.
77 Mais uma vez, diferentemente de Fonseca, não trabalhei com o número de formados, mas o de matriculados, porém, a quantidade de baianos que concluíram o curso é majoritária, o que não inviabiliza a conclusão do estudo.

anos, pois em 1779 assumiria as cadeiras 1ª e 2ª da disciplina Analíticas de Cânone. Entre 1782 e 1787, seria Lente de Direito Natural. Além disso, foi nomeado para o canonicato residencial de Coimbra por Carta Régia de 12 de janeiro de 1787 e escolhido deputado da Real Mesa da Comissão Geral sobre o Exame e Censura dos Livros, em julho de 1787.[78]

Outro episódio referente aos baianos em Coimbra, ainda que possa parecer apenas um fato pitoresco, foi o caso da capela dos estudantes da Bahia no Colégio de São José dos Marianos. A fundação do Colégio remonta ao início do século XVII, mas a história vinculada aos baianos só foi descoberta em 1949. Em dezembro desse ano, a igreja sofreu uma reforma, e por baixo da argamassa do arco de uma das capelas foi descoberto um letreiro com as seguintes palavras: "*ESTA CAPELLA MANDARAM FAZER A SUA CUSTA OS ESTUDANTES ULTRAMARINOS DA BAHYA EM O ANNO DE 1728*".

Na verdade, a capela já existia desde o século XVII, mas coube aos estudantes baianos a sua fundação canônica. Para implementar a fundação e poderem ter o privilégio de uma capela própria, os estudantes teriam que fazer uma doação financeira ao Colégio. O pesquisador da arte Pedro Dias apresentou o seguinte relato sobre a fonte de renda que proporcionou aos estudantes baianos fazerem o pagamento:

> Tentamos encontrar alguma documentação que fizesse luz sobre a Capela, mas não fomos muito bem sucedidos. Ainda assim, no Tombo dos Legados, Foros, etc. que se guarda no Arquivo da Universidade de Coimbra, deparamos com o assento de um legado de 3.000 cruzados feito pelo Padre Domingos Álvares, residente na Bahia, através do seu representante, o mercador e homem de negócios de Viana do Lima, Manuel Soares Lima.[79]

Essa história pode ter como pano de fundo a obrigatoriedade estatutária da Universidade, que exigia que as diversas comunidades de estudantes tivessem seus espaços de culto, e muitos deles, ligados a Ordens Religiosas, tinham esses espaços assegurados. No caso dos baianos, formavam também uma comunidade própria e em franco crescimento numérico. Em 1728, ano da inauguração da Capela, se con-

---

78   AUC – Processo de Professores, Cx. 03.
79   DIAS, Pedro. A capela dos estudantes da Bahia da Universidade de Coimbra (1728). In: *Actas do III Colóquio Luso-Brasileiro de História da Arte: a arte no espaço Atlântico do Império Português*. Évora: Universidade de Évora, 1997, p. 263.

tarmos a matrícula de baianos a partir de 1724, a comunidade chegava a algo em torno de 70 indivíduos.[80] Esse número já era suficiente para acolher uma proposta de Capela própria cuja função não somente servia para o fortalecimento da alma como para aprofundar a unidade comunitária entre os baianos.

A título de conclusão sobre o papel da Universidade de Coimbra na formação intelectual dos baianos, reconhecemos que se tratou de uma relação de reciprocidade cujas consequências giraram em torno da reafirmação entre eles dos valores da metrópole e em direta sintonia com o sentimento de pertencimento a uma dimensão imperial. De certa forma, em relação à comunidade estudantil baiana, a Universidade se comportou da mesma maneira que o fez com outras regiões coloniais, como afirma para Minas Gerais, Virgínia Valadares:

> Entendo que a Universidade do Mondego não formou revolucionários; quando muito, formou uma mentalidade corporativa e patrimonialista que defendia os interesses que convinha à elite mineira de formação em Coimbra.[81]

Uma elite conservadora e escravista representou a Bahia na instituição de ensino portuguesa. Os diversos egressos aqui analisados reproduziram em suas práticas e carreiras todos os benefícios oriundos da projeção acadêmica. Seja nas diversas instituições judiciárias ou nas instâncias de poder local e imperial, os baianos pensaram e agiram como verdadeiros vassalos de sua majestade e membros privilegiados de uma comunidade política, econômica e social de dimensão imperial.

A justiça no Antigo Regime: Os baianos nos lugares de Letras

Outro espaço institucional que reproduziu em vários aspectos a hierárquica e excludente organização social do Antigo Regime português foi a justiça. Organizada de maneira corporativa, a justiça portuguesa se constituiu em torno de um sistema polissinodal cuja estruturação foi assim definida por Camarinhas:

> Podemos ver os tribunais de relação como o topo da hierarquia dos órgãos que lidavam com as causas cíveis e crimes, com uma ligeira preponderância da Casa da Suplicação sobre as restantes relações; o Conselho da Fazenda

---

80 MORAIS, Francisco. Estudantes da Universidade de Coimbra Nascidos no Brasil, *Separata de Brasília*, Suplemento ao vol. IV, Faculdade de Letras da Universidade de Coimbra, Instituto de Estudos Brasileiros, Coimbra Editora, 1949.

81 VALADARES, *Op. cit.*, p. 442.

como topo da estrutura de administração financeira; o Conselho de Guerra como última instância para as causas que envolvessem militares; a Mesa de Consciência e Ordens como último recurso para as instituições como as provedorias ou as causas que envolvessem as ordens militares. Acima de todos estes órgãos, e partilhando com o monarca da capacidade de administração da graça estava o Desembargo do Paço, instituição que concentrava também a gestão do pessoal judicial.[82]

O Desembargo do Paço foi o tribunal supremo do reino português. A posição central desse tribunal pode ser percebida claramente quando o identificamos como a sede dos julgamentos em último recurso, a instância de apelo da graça e a instituição encarregada de resolver os conflitos de jurisdição entre os tribunais ou os conselhos centrais.[83] Segundo Subtil, "a graça consistia na atribuição de um bem que não competia justiça, portanto, não era juridicamente devido".[84] Comparado ao outro importante tribunal da estrutura judicial portuguesa, a Casa de Suplicação, vejamos o que afirmou Camarinhas: "Se o Desembargo do Paço era a última instância em matéria de graça, a Casa de Suplicação era, efetivamente, o tribunal de última instância do reino em matéria jurídica".[85]

Para buscar compreender a presença e a atuação de membros das elites baianas no interior da justiça portuguesa do Antigo Regime, é necessário explicitar a dinâmica sociopolítica desses dois tribunais. No caso do Desembargo do Paço, interessa diretamente sua função de "gestor do pessoal judicial".[86] A Casa de Suplicação era uma das metas a serem alcançadas pelos baianos na sua busca pela distinção social característica do Antigo Regime. Independentemente das formas pelas quais o Desembargo do Paço exerceu o poder no interior da estrutura judiciária, o fato de

---

82 CAMARINHAS, Nuno. Os Desembargadores no Antigo Regime (1640 – 1820). In SUBTIL, José. *Dicionário de Desembargadores (1640 – 1834)*. Lisboa: EDIUAL, 2010, p. 14-15.

83 CAMARINHAS, Nuno. *Juízes e administração da justiça no Antigo Regime*: Portugal e o império colonial, séculos XVII e XVIII. Lisboa: Fundação Calouste Gulbenkian/Fundação para a Ciência e a Tecnologia. 2010a, p. 69.

84 SUBTIL, José Manuel Louzada Lopes. *O Desembargo do Paço (1750 – 1833)*. Lisboa: Universidade Autônoma de Lisboa, 1996, p. 180.

85 CAMARINHAS, *Op. cit.*, 2010a, p. 72.

86 Para um entendimento mais abrangente sobre o Desembargo do Paço sugerimos a leitura da supracitada obra de José Manuel Louzada Lopes Subtil.

controlar o acesso às nomeações e promoções aos cargos dos tribunais superiores de justiça servia para elevar o Tribunal à condição de uma das principais instituições definidoras da organização das distinções e hierarquias sociais. A "porta de entrada" do universo da magistratura portuguesa, cuja "chave" ficava em poder do Desembargo do Paço, foi o exame da leitura de bacharéis. Sobre essa forma avaliativa, escreveu Subtil:

> O significado político desta prova residia no fato de que, por seu intermédio, o tribunal régio geria a magistratura periférica ao serviço da administração da Coroa. Capitalizando, a seu favor, a certificação das notas e dos anos das "leituras", elementos estruturantes nas classificações dos bacharéis, o Desembargo do Paço retirava à Universidade de Coimbra a capacidade da legitimação acadêmica e transferia-a, inteiramente, para sua sede.[87]

A carreira das magistraturas também esteve entre os interesses dos acadêmicos baianos em Coimbra. Entre 1700 e 1800, 70 baianos fizeram leitura de bacharéis no Desembargo do Paço. Alguns pressupostos eram básicos para se ingressar na magistratura, e dentre eles estava o diploma de formatura nas Faculdades de Leis e Cânones. Para se submeter à "leitura", eram enviadas ao Desembargo do Paço listas dos diplomados, nas quais deveria constar a avaliação qualitativa dos candidatos, sendo "Muito Bom" e "Bom" as qualificações mínimas para candidatar-se. Antes de se tornarem prontos a fazer a "leitura", os candidatos ainda se submetiam ao "procedimento e costumes" (condições sociais de recrutamento) e à "prudência, probidade e desinteresse".[88] Em seguida, teriam que apresentar a "Certidão de Estágio" para só então fazerem o exame. A aprovação passava por receber de todos, ou da maioria do júri, a classificação de "Bem" ou "Muito Bem". Todos os baianos foram devidamente aprovados, e uma grande parte deles recebeu dos avaliadores, quase que unanimemente, a avaliação "Muito Bem".

Enquanto aguardavam a marcação do exame, era instaurada a já citada inquirição de *genere* a fim de verificar as condições sociais requeridas para o recrutamento. Essas inquirições se transformaram em um importante "atestado de nobreza" para os oriundos da colônia. As inquirições tinham como objetivo central a investigação da ascendência dos candidatos, buscando-se definir se os ascendentes eram

---

[87] SUBTIL, *Op. cit.*, p. 299.

[88] *Idem.*

de "nações infectas" como mouros, mulatos, judeus e cristãos-novos ou, além disso, se teriam entre seus ascendentes (avô ou pai) alguém que houvesse exercido ofícios mecânicos. Percebe-se, mais uma vez, o distintivo da limpeza de sangue permeando a organização hierárquica da sociedade portuguesa.

Dentre alguns exemplos de inquirições de baianos, temos a de Antônio Luís Pereira da Cunha, cujo processo informava:

> (...) seus lembrados antecedentes não cometeram crime algum de Lesa Majestade, Divina ou humana, nem, como Réus de delitos tal, foram condenados, ou sentenciados, que foram Oficiais de Patente na Tropa paga e da Ordenança, que não há noticia de haverem tido ocupação alguma das que exercitam as pessoas da plebe.[89]

O fato de viverem sob as leis da nobreza era informação de grande importância para a afirmação social. Diversos processos apresentaram essa informação, a exemplo do de Cristóvão Álvares de Azevedo Osório:

> O bacharel era cristão velho, limpo, sem raça alguma de cristão novo, mouro, mulato ou de outra qualquer infecta nação. Sua mãe e avós maternos eram dos mais nobres da dita terra, estes tinham estado sempre a lei da nobreza sem exercitarem em tempo algum ofício mecânico.[90]

A partir da segunda metade do século XVIII, a referência às "nações infectas" perdeu importância. A investigação passou a buscar informações relativas à heresia ou apostasia dos investigados e de suas famílias, assim como se tinham cometido crimes de lesa-majestade divina ou humana.

Por estarem residindo muito tempo fora da Bahia e para minorar as despesas financeiras com o processo, muitos candidatos reivindicavam o direito de terem as suas inquirições feitas no reino. Para tanto, solicitavam ao rei a graça de poder fazer na Corte "Pátria Comum", como foi o caso de Felix Manuel da Silva Machado: "porém porque a distância da sua Pátria impossibilita a fazer as justificações necessárias e deste modo recorre a V. Majestade se digne conceder-lhe especial graça de fazer nesta Corte Pátria Comum." [91] Em outros casos, o fato de um irmão já ter sido apro-

---

89 ANTT, LB – Mç. 31 Doc 12
90 ANTT, LB – Mç. 3 Doc. 4
91 ANTT, LB – Mç. 19 Doc. 12

vado em inquirição anterior possibilitava a habilitação, justificando a fraternidade. Foi o que fez o irmão de José da Silva Lisboa, Baltazar da Silva Lisboa.[92]

Outro trunfo relevante para aqueles que se candidatavam a um "lugar de letras" era a ostentação do título de familiar do Santo Ofício ou o de Cavaleiro da Ordem de Cristo. Entre os magistrados baianos, vários apresentaram tais mercês, como Antônio Ferreira do Vale, que foi Fidalgo Cavaleiro e habilitou-se ao Tribunal do Santo Ofício.[93] Outro foi Faustino Fernandes de Castro Lobo, habilitado da Ordem de Cristo que chegou ao cargo de desembargador da Relação da Bahia em 1808.[94] Também o fez Francisco Alves de Andrade, familiar do Santo Ofício, como fizera o seu pai. A leitura do pai apresentou a seguinte informação sobre os seus ascendentes:

> Por serem pessoas que sempre se trataram com muita nobreza e distinção vivendo uns das suas fazendas e outros de negociarem em mandar carregações nas frotas, servindo alguns dos mesmos como é o pai do habilitando referido nos ofícios nobres da Câmara e República.[95]

O ingresso na carreira se dava a partir dos resultados das leituras de bacharéis. Seguia-se de uma lista elaborada pelo Desembargo do Paço, constando os nomes dos candidatos que estavam aptos a ocupar os postos vagos. Os nomes eram submetidos à escolha final do rei. As listas se utilizavam de informações de várias naturezas sobre o candidato, a exemplo das notas obtidas na universidade e no exame ao ingresso da carreira. Baseavam-se também em informações que visavam a construção de um perfil do candidato de acordo com os diferentes tipos de postos disponíveis.[96]

Questão de grande interesse é a que se refere ao percurso da carreira na magistratura. A princípio, é necessário fazer a distinção entre dois tipos de percurso: o dos magistrados de jurisdição territorial e o dos desembargadores. O primeiro ponto que diferenciava os dois percursos era o fato de que, no caso dos magistrados territoriais os cargos eram providos de acordo com nomeações provisórias e trienais,

---

92 ANTT, LB – Mç. 10 Doc. 13
93 ANTT, LB – Mç. 6 Doc. 3
94 ANTT, LB – Mç 18 – Doc. 5
95 ANTT, LB – Mç. 9 Doc. 37
96 CAMARINHAS, *Op. cit.*, 2010a. p. 264.

ficando o magistrado submetido a uma sindicância ao final do período do exercício da função. Já os desembargadores recebiam nomeações definitivas, ou seja, vitalícias.

A carreira de um magistrado territorial seguia o caminho que passava pelo exercício em cargos de primeira e segunda instância. Os postos de juiz de fora[97] e juiz dos órfãos caracterizavam o início da carreira na primeira instância. Na colônia, durante algum tempo, o juiz de fora foi precedido pelo juiz ordinário, que se diferenciava daquele pelo fato de não serem letrados. A presença do juiz de fora nas vilas e cidades coloniais foi a forma encontrada pela Coroa de impor a sua jurisdição aos diversos espaços que compunham o território imperial português e de interferir na autonomia do sistema político local. A ideia parece ter surgido de uma avaliação da Relação da Bahia. Pelo menos, é o que informa Stuart Schwartz:

> Em agosto de 1677, a Relação sugeriu à Coroa que a presença de um magistrado profissional na câmara seria não só capaz de melhorar a administração da justiça eliminando a parcialidade e favoritismo demonstrados pelos juízes ordinários como também poderia evitar a apropriação indébita de fundos por parte da câmara.[98]

Esse ato só seria efetivado pela Coroa em 1696, conforme já informado nesse mesmo capítulo, em tópico referente à Câmara de vereadores.

O passo à frente na projeção da carreira foram os cargos considerados de segunda instância como os de corregedor, provedor e ouvidor. Após um percurso de 12 anos, o magistrado poderia começar a pensar em alcançar a beca de desembargador. A progressão, entretanto, não era tão previsível e segura. Muitas vezes era possível iniciar como juiz de fora e permanecer nesse posto por sucessivos anos. Aqueles que entravam em uma etapa superior superando o nível periférico local seguiam o caminho que se iniciava como juiz de fora e chegavam a alcançar os postos de provedor e corregedor. Segundo Camarinhas, essa realidade correspondeu a 34% dos percursos, entre os séculos XVII e XVIII.[99] Quanto aos que conseguiam atingir o posto máximo, o de desembargador, Camarinhas assim os avaliou: "da totalidade dos magistrados que são nomeados desembargadores de um tribunal de relação,

---

97 Segundo Nuno Camarinhas 93% dos magistrados começam suas carreiras por este posto.
98 SCHWARTZ, Stuart B. Burocracia e sociedade no Brasil colonial: a Suprema Corte da Bahia e seus juízes: 1609 – 1751. São Paulo: Perspectiva, 1979, p. 213-214.
99 CAMARINHAS, Op. cit., 2010a, p. 283-284.

colonial ou metropolitano, 88% fazem-no após uma carreira mais ou menos longa de serviço nas jurisdições periféricas".[100]

Uma análise mais apurada da progressão de carreira dos magistrados baianos que alcançaram o posto de desembargador no século XVIII permite enquadrá-los na mesma dinâmica de progressão de carreira seguida pelos magistrados reinóis.[101] A quase totalidade deles iniciou como juízes de fora e alguns permaneceram nesse posto por um bom tempo, como foi o caso de Antônio Ramos da Silva Nogueira que, antes de chegar a desembargador da Relação do Rio de Janeiro, foi juiz de fora de Sousel e de Mariana,[102] assim como João Eliseu de Sousa Serrão que, entre 1723 e 1737, foi juiz de fora de Golegã, Coruche e Moncorvo.[103] José Joaquim de Almeida de Araújo Correia de Lacerda é um bom exemplo de como uma ascendência poderosa não necessariamente assegura uma trajetória mais curta em direção ao posto de desembargador.[104] Neto de médico e filho de desembargador, José Joaquim trilhou o seguinte percurso: juiz de fora de Monforte(1791), juiz de fora de Barcelos (1800), juiz de fora do Crime do Porto (1806), desembargador da Relação do Porto (1812), superintendente do tabaco do Porto (1812) e desembargador da Casa de Suplicação (1821).[105]

Alguns, como Antônio Luís Pereira da Cunha, tiveram trajetórias longas e se enquadraram naquilo em que Camarinha contabilizou como correspondendo a 34% dos percursos. Iniciou-se em 1789 como juiz de fora de Torres Vedras, tendo o seguinte percurso: ouvidor de Pernambuco (1793), provedor das fazendas dos defuntos e ausentes da Comarca de Pernambuco (1793), ouvidor da Comarca de Sabará (1802), desembargador da Relação do Porto (1802) e finalmente desembargador da

---

100 *Ibidem*, p. 288.

101 RIBEIRO, Ana Beatriz. Ministros de Sua Majestade, Bacharéis oriundos da Provedoria de Aveiro na carreira das Letras. (1700 – 1770). In: FONSECA, Fernando Taveira da (Org). *O Poder Local em tempo de globalização: uma história e um futuro*. Coimbra: CHSC/Palimage Editores, 2005. Nesse artigo a autora concluiu que esta foi a matriz de um percurso regular da carreira de um magistrado para o citado território do Reino.

102 SUBTIL, José. *Dicionário de Desembargadores (1640 – 1834)*. Lisboa: EDIUAL, 2010, p. 106.

103 *Ibidem*, p. 268.

104 ANTT, LB – Mç. 59 Doc. 12

105 SUBTIL, *Op. cit*. 2010. p. 356.

Casa de Suplicação em 1806.[106] Sua leitura de bacharel apresentou informações pessoais que devem ter tido boa repercussão na carreira:

> Seus lembrados antecedentes não cometeram crime algum de Lesa Majestade, Divina ou humana, nem, como Réus de delitos tal, foram condenados, ou sentenciados, que foram Oficiais de Patente na Tropa paga e da Ordenança, que não há noticia de haverem tido ocupação alguma das que exercitam as pessoas da plebe. (...) O pai (Bartolomeu Pereira da Silva) foi Tenente da tropa paga na Bahia e é neto pela parte paterna do Capitão mor Manuel Pereira da Silva (também governador de uma das fortalezas da cidade) e pela materna do Sargento mor Antônio Ferreira da Cunha Velho, todos naturais da Bahia.[107]

Uma característica dos magistrados baianos que chegaram a desembargador no século XVIII é o fato de nenhum deles ter começado a carreira no Brasil. Dos 24 identificados, apenas seis ocuparam o posto de desembargador na Relação da Bahia. Os outros concluíram as suas carreiras como desembargadores da Relação do Porto ou da Casa de Suplicação, ainda que tenham passado por algum posto no Brasil durante sua vida de magistrado. Possivelmente, essa realidade se justifique pelo enquadramento ao princípio – presente em todo o período – da proibição de julgar em sua cidade natal.[108]

Uma família de magistrados com fortes ligações com a Bahia foi a dos Cunha Brochado. Antônio Cunha Brochado, apesar de afirmar em sua leitura de bacharéis ter nascido em Lisboa, também informou que sua mãe e avós maternos eram naturais da Bahia. Independentemente de onde tenha nascido, Antônio Cunha Brochado era, para todos os efeitos, um baiano. Filho do desembargador Belchior Cunha Brochado e sobrinho do também desembargador José Cunha Brochado, teve como avô paterno Antônio da Cunha Fonseca, que foi tenente do Castelo de São Jorge.

O interessante da família Cunha Brochado é o fato de serem fieis representantes de uma trajetória familiar cuja matriz social ascendente se deveu basicamente às letras e às armas. De origem portuguesa, Belchior Cunha Brochado foi um exemplo de reinol que se adaptou completamente à dinâmica cotidiana da sociedade colonial.

---

106 *Ibidem*, p. 97.

107 ANTT, LB – Mç. 31 Doc 12.

108 CAMARINHAS, *Op. cit.*, 2010. p. 282.

Seu casamento, em terras baianas, com Maria Francisca de Paula e Almeida, filha do capitão-mor Sebastião Barbosa e Almeida, recebeu do poeta, e também magistrado, Gregório de Matos uma interpretação em verso que bem refletiu as relações de sociabilidade que envolviam indivíduos do reino e da colônia:

> É questão mui antiga e altercada
> Entre os Letrados e Milicianos,
> Sem se haver decidido em tantos anos,
> Qual é mais nobre, a pena ou a espada.
>
> Discorrem em matéria tão travada
> Altos entendimentos mais que humanos,
> E julgam ter brasões mais soberanos
> Uns que Palas togada, outros que armada.
>
> Esta pois controvérsia tão renhida,
> Tão disputada quanto duvidosa,
> Cessou c'o desposório que se ordena.
>
> Uma pena a soltou mui entendida,
> Uma espada a cortou mui valerosa,
> Pois já se dão as mãos espada e pena.[109]

Os versos permitem identificar o quanto a "espada" e a "pena", simbologias do *status* social presentes na dimensão reinol, permaneciam no âmbito local do ultramar. O exercício da magistratura pelos Cunha Brochado – pai e filho – refletiu o impacto causado pela circulação imperial na trajetória social ascendente de ambos. O Pai chegou à Bahia em 1687 como desembargador da Relação, passando depois a provedor da alfândega e procurador da Coroa e Fazenda. Viveu na Bahia até 1695, tempo suficiente para se casar e ter filhos. O seu filho Antônio, apesar de não ter nascido na Bahia, nela viveu por muito tempo. Fez sua leitura de bacharel em 1712, onde consta a informação de que "seu pai e avós são cristão velho limpo de toda a

---

109 TOPA, Francisco. *Edição Crítica da Obra Poética de Gregório de Matos*: Edição dos Sonetos: vol.II. Porto: Edição do Autor, 1999, p. 138.

raça de infecta nação".[110] Diferentemente do pai, construiu a sua carreira toda fora da Bahia, com início no cargo de juiz da Índia e Mina, em 1713, sendo reconduzido por mais três anos, até 1716.[111]

Juntos, pai e filho se beneficiaram de diversas mercês. O pai foi familiar do Santo Ofício, cavaleiro da Ordem de Cristo[112] e fidalgo da Casa Real.[113] O filho se beneficiou desses antecedentes, mas teve em seu alvará de filhamento de fidalgo a valorização pelos bons serviços prestados à Universidade de Coimbra e ao Desembargo do Paço.[114] Antônio da Cunha Brochado ainda receberia a Comenda de S. Pedro do Sul da Ordem de Cristo[115] e o filhamento de fidalgo cavaleiro com 20.000 reis de moradia e um alqueire de cevada dia e Tença de 12$000 reis com o hábito de Cristo.[116]

Outra trajetória bastante significativa foi a de João Pacheco Pereira, já citado anteriormente como o pai de José Mascarenhas, fundador da Academia dos Renascidos. Formado em Cânones pela Universidade de Coimbra, sua leitura de bacharel ocorreu em 1713.[117] Seu pai foi o familiar do Santo Ofício e cavaleiro fidalgo Manuel Pacheco Pereira, e seu irmão foi religioso da Companhia de Jesus. Além de ter alcançado o posto máximo da justiça, João Pacheco Pereira também recebeu o foro de fidalgo da Casa Real.[118] Seu percurso na magistratura foi o seguinte: juiz de fora de Almada (1714), ouvidor e provedor da comarca de Faro (1718),[119] corregedor das Ilhas dos Açores (1737), desembargador da Relação do Porto (1741), desembargador da Casa da Suplicação (1748), chanceler da Relação do Rio de Janeiro (1751) e desembargador do Desembargo do Paço (1751).[120] A sua trajetória enquadra-se naquilo que José Subtil chamou de progressão militante na carreira, assim descrita:

---

110 ANTT, LB – Mç. 1 Doc. 27.
111 ANTT, RGM. Mercês de D. João V, liv. 5, f. 31 e f. 683.
112 ANTT, RGM. Mercês de D. João V, liv. 4, f. 433 v.
113 ANTT, RGM. Mercês de D. João V, liv. 4, f. 433.
114 ANTT, RGM. Mercês de D. João V, liv. 5, f. 31.
115 ANTT, RGM. Mercês de D. João V, liv. 3, f. 19 v.
116 ANTT, RGM. Mercês de D. João V, liv. 4, f. 433 v.
117 ANTT, LB – Mç. 31 Doc. 16.
118 ANTT, RGM. Mercês de D. João V, liv. 37. f. 463.
119 ANTT, Casa das Rainhas, Chancelaria, liv. 6 fls 333v
120 SUBTIL, Op. cit., 2010, p. 287.

Chegar-se-ia a desembargador depois de concluído o tirocínio em juiz de fora, de ter experimentado o lugar de juiz de segunda instância e ter feito correição como corregedor e/ou provedor. Ou seja, uma carreira feita, sobretudo, com base no exercício efetivo dos cargos, prática nos bancos dos juízes e auditórios, contatos com os povos, provas de conhecimentos técnicos, jurídicos, de honra e probidade.[121]

Subtil completa o texto caracterizando como excepcional esse tipo de itinerário, pois, segundo ele, entre os indivíduos que ingressavam na magistratura territorial, apenas 8% conseguiam chegar a desembargador. Partindo do pressuposto de que 70 bacharéis baianos "leram" no Desembargo do Paço, entre 1700 e 1800, e destes, 24 chegaram a desembargador, cumprindo a "progressão militante", temos um índice de 35%, o que nos parece um número bastante consistente.

Outra importante instituição de poder no interior da estrutura administrativa portuguesa foi a Casa da Rainha. Embora a sua origem remonte ao reinado de D. Sancho I (1185-1211), esta instituição tomou forma oficial com D. Leonor, esposa de D. João II (1491-1495). Desde 1643, época da regência de D. Luisa de Gusmão,[122] passou a haver um conselho, ou tribunal do Despacho da Fazenda da Casa das Senhoras Rainhas, tendo a seu cargo a administração dos respectivos bens.[123] Este Conselho foi constituído por um ouvidor presidente, dois deputados, um provedor, um escrivão e um porteiro. Além disso, o Regimento do Conselho da Fazenda e Estado, outorgado em 1656, estabeleceu a existência de um vedor da Fazenda, um ouvidor e dois deputados – um dos quais ouvidor geral das terras da rainha –, um procurador da Fazenda, um chanceler e um escrivão.

Segundo Maria Paula Marçal Lourenço, a Casa da Rainha, além de constituir um centro de poder político, econômico e social, configurou-se como um espaço privilegiado de patrocinato que, mediante remuneração, mercês e favores, protegia moradores e dependentes da Casa.[124] De maneira geral, a Casa da Rainha se formava

---

121 SUBTIL, *Op. cit.*, 1996, p. 325.

122 Esposa do rei D. João IV e mãe do rei D. Afonso VI, chegou a ser Regente de Portugal durante a menoridade do filho.

123 LOURENÇO, M. p. M. *Casa, Corte e Patrimônio das Rainhas de Portugal (1640- 1754): poderes, instituições e relações sociais.* Tese de Doutoramento. Universidade de Lisboa, Faculdade de Letras. Lisboa, 1999. p. 123.

124 *Ibidem*, p. 124.

do conjunto de bens dados pela Coroa portuguesa às suas rainhas para despesas pessoais. Esses bens eram constituídos por rendimentos de vilas e herdades e por propinas da venda de certos produtos, além da produção de atividades industriais.[125]

Na Bahia, os bens da Casa da Rainha se compuseram de 500 quintais de pau-brasil, 500 arrobas de açúcar branco; uma vintena de ouro das minas de S. Paulo até 5$000 cruzados/ano. Três baianos serviram como magistrados na Casa da Rainha: o já citado João Pacheco Pereira, que foi ouvidor e provedor da comarca de Faro,[126] em 1718, José Pires de Carvalho, que foi nomeado em 1740 como procurador da fazenda na Cidade da Bahia, por falecimento do coronel José Álvares Viana,[127] e seu filho, o Dr. José Pires de Carvalho e Albuquerque, que exerceu os cargos de ouvidor e provedor da Comarca de Alenquer,[128] em 1738, e foi nomeado, em 1761, para o mesmo ofício de procurador da fazenda, após a morte do pai.[129]

O recrutamento daqueles que compunham a elite governativa da Casa da Rainha se dava não só entre os membros das velhas casas tituladas do reino como também entre "importantes donatários senhoriais; quase todos comendadores na mais importante das ordens militares, a de Cristo, com algumas exceções para a ordem de Avis e de Santiago".[130] Parece que essa lógica foi seguida na escolha dos membros residentes no ultramar, pois José Pacheco Pereira foi fidalgo da Casa Real[131] e familiar do Santo Ofício.[132] José Pires de Carvalho e seu filho, o Dr. José Pires de Carvalho e Albuquerque, foram membros de uma das casas mais qualificadas da Bahia. O pai foi capitão de infantaria, sargento-mor, coronel de ordenança e vereador do Senado da Câmara. O filho foi alcaide-mor de Maragogipe; secretário de Estado e Guerra; escrivão e provedor da alfândega; familiar do Santo Ofício; fidalgo da Casa Real; cavaleiro da Ordem de Cristo e membro fundador da Academia Brasílica dos Renascidos.

---

125 Casa da Rainha, Lexicoteca. *Moderna Enciclopédia Universal*. Vol 4, Buraca, 1994.

126 ANTT, Casa das Rainhas, Chancelaria, liv. 6 fls 333v

127 ANTT, Casa das Rainhas, Chancelaria, liv. 8 fl. 242.

128 ANTT, Casa das Rainhas, Chancelaria, liv. 8, fls. 99 e 99v

129 Lisboa. 08.01.1762, AHU-IDRBECA – doc. 27696 (anexo doc. 27677).

130 LOURENÇO, *Op. cit.*, p. 589.

131 ANTT, RGM. Mercês de D. João V, liv. 37, f.463.

132 ANTT, HSO. mç. 57 Doc. 1093.

A partir de levantamento nas listas da leitura de bacharéis,[133] depositadas na Biblioteca Nacional de Lisboa, identificamos – como já foi informado – um total de 70 baianos que "leram" no Desembargo do Paço, entre 1700 e 1800, sendo que destes, 24 chegaram a desembargador. Foi possível constatar pelas leituras de bacharéis a ausência completa, tanto de cristãos novos quanto de mecânicos, até mesmo entre os progenitores. Em muitos casos, os avós ocuparam cargos no Estado ou nas ordenanças.

Uma síntese do perfil prosopográfico desse grupo de baianos que leram no Desembargo do Paço entre 1700 e 1800 identifica um equilíbrio de preferência entre os campos de Leis e de Cânones com uma ligeira vantagem para o primeiro[134] (quadro 12). O grau acadêmico dominante foi o de bacharel, sendo que dos 70 apenas três foram licenciados e quatro doutores. A idade média ficou em torno de 26 anos, com o mais jovem deles fazendo a leitura aos 24 anos e o mais velho aos 44 anos. O estado civil, maioria de solteiros, também não foi novidade e estava compatível com o início da vida acadêmica – em torno de 19 e 20 anos – , apenas quatro eram casados.

Quadro 12
Bacharéis de Cânones e Leis, oriundos da Bahia entre 1700 e 1800 que fizeram Leitura no Desembargo do Paço

Curso	N°	Percentagem
Leis	38	54,3 %
Cânones	32	45,7 %
Total	70	100 %

Fonte: BNL. Códices: 10856, 10857, 10858

Essas informações levaram a estabelecer algumas conclusões em torno desse grupo de indivíduos que representaram a Bahia na magistratura do Império. Tratou-se de um grupo cuja origem social foi marcadamente de elite, com riqueza definida a partir dos ganhos adquiridos de suas próprias fazendas, com progenitores ocupando importantes cargos no aparato do Estado e, de modo geral, vivendo sob as leis da nobreza.

Assim como a busca por uma familiatura do Santo Ofício ou o hábito de uma ordem militar, concluir o curso universitário e atingir um posto na magistratura se

---

133 Códices: 10856, 10857 e 10858.

134 Não foi possível a identificação dessa informação para três magistrados.

mostraram aspirações de grande monta para uma parcela das elites baianas do século XVIII. Prestar serviço ao rei e ao Império parecia ser uma estratégica iniciativa de ascensão em direta consonância com a lógica da mobilidade social do Antigo Regime português.

A Santa Casa de Misericórdia: A esmola a serviço da distinção social

Podemos contextualizar a criação das Santas Casas de Misericórdia entre dois processos de mudança e transformação que impactaram na conceitualização da pobreza na Europa ocidental. O primeiro deles diz respeito a mudanças estruturais que já vinham ocorrendo desde o século XII, motivados pelas investidas da miséria.[135] Os pobres passaram a ser percebidos como parte da sociedade e, mais do que isso, como um problema social a ser minimizado. Nesse contexto, a caridade se impôs, deixando de ser, por sua vez, um monopólio eclesiástico ou, como afirmou Michel Mollat,

> (...) confiar a clérigos e monges a realização, em seu nome, das obras de misericórdia não era suficiente para os laicos. Desde meados do século XII, eles passaram a assumir pessoalmente o encargo com mais frequência, num contato direto com os pobres. O progresso da circulação monetária forneceu a um número maior de laicos e, entre eles, à categoria nova dos mercadores, o meio de rivalizar com a generosidade dos senhores e das comunidades monásticas.[136]

É evidente que servir aos pobres não significava, na época, iniciativa exclusivamente altruísta e desinteressada. Além da disputa de *status* no interior da elite econômica e social, havia um *ethos* subjacente, que se manifestou na literatura cavalheiresca, que exaltava "a esmola como uma proeza e o pobre que se beneficia dela serve para realçar uma ostentação vantajosa".[137] O receio da não salvação no leito de morte refletia na proporcionalidade entre os donativos e a quantidade de pobres beneficiados. Além disso, a existência do purgatório como espaço de maturação e passagem da alma em direção ao paraíso exigia e legitimava a doação como uma ne-

---

135 Termo tomado de Michel Mollat.

136 MOLLAT, Michel. *Os pobres na Idade Média*. Rio de Janeiro: Campus, 1989, p. 95.

137 *Ibidem*, p. 97.

gociação de salvação da alma.¹³⁸ Essa foi a matriz motivacional que levou à fundação de casas de misericórdia em várias cidades da Europa.

O papel das elites nos bastidores dessas instituições de caridade também é algo que remonta àquele período e foi transportado para períodos posteriores como uma continuidade histórica. Vejamos uma caracterização dessa realidade, de acordo com Mollat:

> De um lado, nas cidades, eram os mesmos homens que compunham as confrarias, as manufaturas, geriam as Mesas dos pobres, alimentavam com seus donativos e seus legados os fundos de beneficência e constituíam os conselhos e as almotaçarias. Suas atividades não comportavam compartimentações. Assim, um eremita de Vallombreuse escreveu, em 1373, a um amigo titular de uma função municipal: "Saiba dirigir seu olhar e seu espírito para a honra de Deus, para o bem da comuna e para as necessidades dos pobres".¹³⁹

Outro aspecto que está na raiz da caridade e do novo olhar dispensado à pobreza se vincula a duas condições inerentes ao poder régio. De um lado, o tradicional papel do príncipe de colocar-se como o benfeitor e guardião do bem comum, de outro, o acréscimo de legitimidade do poder do monarca. No caso das Misericórdias portuguesas, esse parece ter sido o fator preponderante para a sua aparição. Na base inicial desse processo encontra-se a necessidade de se estabelecer uma organização governamental dos diversos hospitais que serviam à comunidade.

O assistencialismo se mostrou um caminho estratégico para o monarca exercer a sua autoridade. Em contrapartida, a Coroa não se furtou de estabelecer uma relação negocial com as elites locais, permitindo que as Misericórdias desenvolvessem estratégias próprias de defesa dos seus interesses.¹⁴⁰ O fato de tratar-se de uma relação de negociação não pode, entretanto, levar à conclusão de que não havia o interesse da Coroa de exercer controle sobre a instituição assistencialista. A própria

---

138 SÁ, Isabel dos Guimarães. *As Misericórdias Portuguesas de D. Manuel I a Pombal*. Lisboa: Livros Horizontes, 2001, p. 23.

139 *Ibidem*, p. 265.

140 ABREU, Laurinda. O papel das Misericórdias na sociedade portuguesa de Antigo Regime. In: *Santa Casa da Misericórdia de Montemor-o-Novo: história e património*. Jorge Fonseca (cord.). Lisboa: Tribuna da História/SCMMN. 2008, p. 35.

existência de um regulamento já era suficiente para provar a tentativa de uniformização das práticas.[141]

Essa é mais uma situação que exemplifica o tipo de relação que se estabeleceu entre o centro e a periferia no Império português. A autonomia das instituições locais, ainda que não fosse uma ilusão, existia até o limite do alcance tentacular da Coroa. Assim como as diversas instituições de poder existentes na Bahia do século XVIII, as Misericórdias funcionavam em um raio de ação cuja autonomia não deixava de reproduzir, no âmbito das relações de poder, todas as regras presentes nos estatutos editados pela Coroa.

Foi justamente no contexto de busca de legitimação do poder régio que, sob o véu do Estado representado pela presença de D. Leonor, irmã do rei D. Manuel I, numa capela do claustro da Sé de Lisboa, no dia de Nossa Senhora da Assunção, foi fundada a primeira misericórdia de Portugal, em 15 de agosto de 1498. Uma profusão de Misericórdias foram fundadas em diversas cidades do reino e das conquistas, todas sob a proteção régia. As Misericórdias se tornaram o centro oficial da caridade e do assistencialismo em Portugal. Durante o governo de D. Manuel I (1495 – 1521), foram estabelecidas com o monarca as bases da relação entre o Estado e a misericórdia, demonstrando a sua generosidade na forma de ações que se enquadravam na já citada função régia de benfeitor dos seus súditos. A concessão de privilégios e benefícios logo alcançou a instituição e os seus administradores.

O próximo passo após a fundação seria a criação de algum instrumento de normatização, o que viria, pouco depois, em 1516, na forma de Compromisso ou Estatuto. Mesmo que os compromissos da Misericórdia de Lisboa regessem algumas misericórdias, no reino e no ultramar, a da Bahia sendo um exemplo, muitas optaram em criar compromissos próprios, ainda que dialogando com o documento régio.

Além do Compromisso de 1516, mais dois deles – 1577 e 1618 – foram produzidos. A evolução dos compromissos refletiu mudanças na dinâmica interna da instituição e no grau de aprofundamento que a mesma viria a ter com a comunidade em que estava inserida.

O Compromisso de 1618 foi decisivo para a consolidação do papel das misericórdias, principalmente em âmbito local. Ao legislar sobre as novas condições de acesso aos quadros da irmandade, o Compromisso estabeleceu os parâmetros para fazer da instituição mais um instrumento de diferenciação social. Além disso,

---

141 *Idem.*

afirmou a posição de destaque e de *status* social dos que assumiam os cargos de provedor, escrivão ou tesoureiro.

Em relação ao impacto das Misericórdias no âmbito das relações sociais e políticas locais, os privilégios a elas concedidos e exercidos por seus membros a colocaram como mais um espaço de distinção e definição dos lugares de elite ou, como afirmou Isabel dos Guimarães Sá, "os privilégios concedidos às Misericórdias funcionaram sempre como um importante estímulo à sua criação e desenvolvimento, ultrapassando em muito a importância de aspectos espirituais ou meramente devocionais".[142]

A organização administrativa interna das Misericórdias refletia a lógica da estrutura social hierárquica do Antigo Regime. Exemplo disso foi a própria evolução dos compromissos. Em 1516, o acesso estava aberto a todos os indivíduos batizados. Em 1577, esse acesso se torna menos abrangente, limitando-se aos cristãos-velhos, mediante apresentação de provas genealógicas. Em 1618, em razão da cobrança de "limpeza de sangue", a exclusão se tornou mais evidente. A Misericórdia baiana, além de se submeter a todas as sete condições de ingresso estabelecidas pelos Compromissos de 1618, impôs, ainda, uma condição local: a pureza de sangue étnico, ou seja, ser de etnia branca.[143]

De modo geral, o acesso à condição de membro tendia a se restringir ao circuito da elite, aos que eram considerados os melhores daquele lugar. As condições para ser o "melhor" variavam de lugar a lugar e acompanhavam o tipo de dinâmica sobre a qual se estruturava a sociedade local.

Se no reino havia um espaço garantido para a nobreza local, no ultramar os critérios eram mais amplos e além de incorporarem aqueles que representavam a Coroa, como governadores ou capitães-generais, alcançavam outras categorias sociais. Na Bahia, em um primeiro momento, restringia-se aos grandes proprietários de terra, mas não deixou de incorporar aqueles que exerciam funções nobilitantes, como foram os cargos nas ordenanças e na magistratura. Mais tarde, os comerciantes devidamente enriquecidos também tiveram acesso garantido.

Schwartz afirma que a presença dos desembargadores da Relação como provedores da Santa Casa, no início do século XVIII, resultou de um processo de

---

142 SÁ, Isabel dos Guimarães. *Quando o rico se faz pobre*: Misericórdias, caridade e poder no Império Portugues, 1500 – 1800. Lisboa: Comissão Nacional para as Comemorações dos Descobrimentos Portugueses, 1997, p. 92.

143 RUSSEL-WOOD, *Op. cit.*, 1981, p. 95

integração entre os magistrados e os grandes proprietários, pois os homens de letras ou eram proprietários de terras ou eram casados com as filhas destes. Para Schwartz, o prestígio de ser magistrado não era suficiente para ocupar um cargo na Misericórdia, sendo necessário estar intimamente ligado à colônia.[144] Um exemplo que se enquadra nessa realidade evidenciada por Schwartz é o caso do provedor João de Sá Sottomaior. Exercendo o cargo de provedor entre 1711 e 1713, Sottomaior, natural de Ponte de Lima, já estava na colônia desde 1699, quando assumiu o cargo de ouvidor e provedor em Sergipe d'El Rey. Em 1708, foi nomeado desembargador da Relação da Bahia[145] e em 1711 chegou a ouvidor geral do Crime nesse Tribunal.[146] Foi preciso pouco mais de 10 anos de trabalho na colônia para que João de Sá Sottomaior tivesse construído o prestígio necessário para assumir um posto central na Misericórdia da Bahia. Os magistrados, ao buscarem a admissão na direção da Misericórdia, fizeram uso da legitimidade da pureza de sangue adquirida nas prévias inquirições de acesso a uma ordem militar ou à familiatura do Santo Ofício.

A composição interna das Misericórdias já estabelecia uma hierarquia de *status*. Os membros eram divididos entre irmãos nobres, considerados como de primeira condição, e irmãos não nobres, tidos como de segunda condição. O grupo dos irmãos de segunda condição era formado pelos que exerciam as artes mecânicas. Os de primeira condição foram respaldados pelos Compromissos de 1618, que asseguravam apenas a estes os cargos de escrivão, tesoureiro e provedor.[147]

Percebe-se a diversidade da composição social das elites baianas no período colonial. Isabel dos Guimarães Sá fez a seguinte ressalva sobre o impacto dessa divisão interna no âmbito da sociedade local:

> Para os candidatos a irmãos que integravam uma Misericórdia enquanto irmãos de segunda categoria, esta pertença podia significar tanto a proximidade do poder (nesse caso o aspirante conformava-se com seu estatuto e sentia-se promovido), ou uma frustação de expectativas de ascensão social. Nesse caso, era vulgar a revolta do visado, em especial em Misericórdias

---

144 SCHWARTZ, *Op. cit.* 1979. p. 256.
145 ANTT, RGM. Mercês de D. João V, liv. 4, f.596.
146 ANTT, RGM. Mercês de D. João V, liv. 4, f.596
147 RUSSEL-WOOD, *Op. cit.*, 1981, p. 96.

inseridas em meios de maior mobilidade social ascendente, como é o caso de Salvador.[148]

A organização hierárquica da Misericórdia servia como uma espécie de microcosmo da busca de ascensão social. Fazer parte do grupo superior era condição das mais valorizadas, e não foi incomum entre aqueles que foram aceitos apenas entre os irmãos menores a recusa de prestar juramento, pois se esperava outra oportunidade com uma Mesa mais condescendente.[149]

Qualquer tentativa de se estabelecer alguns parâmetros entre o reino e a colônia exige uma relativização das análises, compreendendo que as realidades eram diferentes. Por outro lado, o que permeia esta relação e se permite buscar na colônia certos reflexos da dinâmica reinol é o sentido de pertencimento a um mesmo Império, o que se mostrava subjacente ao comportamento e ação dos indivíduos no espaço colonial.

Mesmo que as referências de fundação e de consolidação das Misericórdias estivessem no reino, elas adquiriram dimensão imperial de maneira bastante rápida. Essa condição é a justificativa de usá-las como instrumento de análise histórica, a fim de identificar a reprodução, em território colonial, de uma prática reinol. Exemplo dessa reprodução são os já citados Compromissos, escritos a princípio para regulamentar a Misericórdia de Lisboa e outras congêneres do reino, e que serviram para normatizar as Misericórdias do ultramar.

As Misericórdias só foram fundadas na América portuguesa a partir da década de trinta do século XVI. A Misericórdia baiana foi fundada em 1549. Em território colonial americano, a fundação das Misericórdias só veio a ocorrer após a instalação de uma mínima estrutura urbana que criasse uma demanda por instituições de cunho assistencialista. Além disso, instituições como as misericórdias, por representarem um papel simbólico da unidade imperial portuguesa no contexto de uma territorialidade ainda por ser definida e compreendida, serviram como fatores de consolidação da presença portuguesa no local e, ao mesmo tempo, contribuíram para assegurar o povoamento da região.[150]

---

148 SÁ, *Op. cit.*, 2001, p. 66.

149 RUSSEL-WOOD, *Op. cit.* 1981, p.102.

150 MOURAFILHA, Maria Berthilde. A Santa Casa da Misericórdia da Paraíba: o passado no presente. In: *A Misericórdia de Vila Real e as Misericórdias no Mundo de Expressão Portuguesa*. Natalia Marinho Ferreira-Alves (Coord.). Porto. CEPESE, 2011. p. 443.

Outro aspecto relevante quando se refere às Misericórdias em território do ultramar é aquele que as coloca no interior das relações de poder local. Charles Boxer já afirmou, mesmo que com algum exagero, que a Câmara e a Misericórdia podem ser descritas como os pilares gêmeos da sociedade colonial portuguesa.[151]

Uma característica que era peculiar às Misericórdias e que as diferenciava das outras instituições portuguesas, era a sua autonomia. Mesmo tendo os Compromissos de Lisboa como referência normativa, as Misericórdias caminhavam de maneira bastante autônoma. A Misericórdia da Bahia seguia os Compromissos de 1618, mas não havia uma submissão absoluta a esse estatuto, pois muitas vezes foi necessário adaptar-se a determinadas situações típicas de uma formação social colonial não previstas em uma norma reinol. O enterro de escravos e o pagamento de juros de empréstimos em forma de açúcar foram algumas dessas adaptações.[152]

Distante que estavam do poder eclesiástico, as Misericórdias tinham na figura do monarca a sua única referência de autoridade. Os corregedores e provedores, ainda que estivessem ali como representantes do poder delegado pelo rei, exerciam suas funções sem que a tutela régia se fizesse sentir de maneira objetiva e cotidiana.

Outro caminho para compreender a presença das Misericórdias no âmbito local é aquele que debate a circulação dos mesmos indivíduos entre essa instituição e a Câmara de Vereadores. Apesar de Charles Boxer as ver como instituições gêmeas, não havia uma relação simples e linear entre ambas.[153] No espaço colonial, a interação era mais factível, pois a elite local era mais restrita numericamente, o que facilitava o pertencimento simultâneo às duas instituições.

Esse fato não é, entretanto, uma realidade inquestionável. Apesar de muitos indivíduos ou membros de uma mesma família terem servido, em vários momentos, à Câmara e à Misericórdia, isso não significa que durante o período colonial a relação entre as duas instituições tenha sido amigável. Um olhar específico sobre as funções das duas instituições possibilita a percepção de que ambas representavam interesses diversos. Os diálogos da Câmara com a Coroa ilustram a diversidade de assuntos que eram tratados pelo conselho municipal. Por outro lado, à Misericórdia cabia defender os seus próprios interesses institucionais necessários à manutenção

---

151 BOXER, *Op. cit.*, p. 286.

152 RUSSEL-WOOD, *Op. cit.*, 1981. p. 76.

153 SÁ, *Op. cit.*, 2001. p. 75.

do seu equilíbrio financeiro e à sua existência. O tema foi tratado por Russel-Wood da seguinte forma:

> Apesar da verdade contida no provérbio alentejano "quem não está na Câmara, está na Misericórdia", as relações entre as duas instituições eram frequentemente azedas. A Câmara municipal prejudicava a Misericórdia de todas as formas, a não ser que pudesse obter vantagem imediata. Com efeito, quando a Misericórdia em 1736 estava em situação financeira crítica, suas possibilidades de recuperação foram comprometidas pelo fato de que a Câmara tomou medidas judiciais para o pagamento de onze mil e quinhentos cruzados devidos pela irmandade.[154]

As situações retratadas acima permitem relativizar a coesão das elites baianas. A complexidade de interesses envolvidos impede a conclusão simplista de que o conjunto dos indivíduos privilegiados da Bahia formava uma oligarquia fechada em si mesma e sem possibilidades de disputas internas.

Outro aspecto que deve constar como elemento central de qualquer estudo sobre as Misericórdias é o que diz respeito ao seu patrimônio. Não foi necessariamente linear o nível de enriquecimento das Misericórdias do Império português. Para algumas, como as do Estado da Índia, as doações régias foram decisivas, o que leva a identificar níveis diferentes de evolução patrimonial.[155]

Uma configuração global das fontes de arrecadação das Misericórdias deve ser composta pela recolha de esmolas, pelos empréstimos a juros e pelo recebimento de rendas e foros dos bens imóveis. Ao mesmo tempo em que ampliava as suas fontes de renda e, consequentemente, o seu patrimônio, as Misericórdias tenderam a ampliar também o seu raio de ação, tornando-se mais burocratizadas e complexas do ponto de vista administrativo. Um número muito grande de funcionários se fez necessário, e todos prestavam os seus serviços mediante remuneração.

Os empréstimos a juros surgiram como consequência direta de uma realidade de completa ausência de instituições bancárias e do pouco dinheiro em circulação. As Misericórdias tinham como uma de suas principais fontes arrecadadoras a doação em dinheiro para a salvação das próprias almas. Essa prática punha grandes somas nos cofres da instituição, o que lhe possibilitava adentrar o mercado de crédi-

---

154 RUSSEL-WOOD, *Op. cit.*, 1981. p. 78.

155 *Ibidem*, p. 46 – 47.

to com grande vantagem, em virtude dos capitais que concentrava. Em média, a taxa cobrada pelas Misericórdias ficava em torno de 5% e 6,25%, estando entre as mais baixas do mercado.[156]

Na Bahia, a condição de instituição creditícia da misericórdia se insere no contexto da crise e escassez monetária no espaço colonial.[157] Em estudo sobre o sistema de concessão de crédito da Misericórdia baiana, Augusto Fagundes Santos fez o seguinte enquadramento das relações entre empréstimos e elite local:

> A Misericórdia da Bahia foi uma das maiores credoras do Brasil colonial, ofertando crédito a juros dentro dos padrões permitidos pela legislação portuguesa de 6,25% ao ano. É certo que muitos, ao se tornarem irmãos, objetivavam facilitar o seu acesso ao crédito. Mas no geral, acreditamos que a presença desses novos irmãos ao longo do Setecentos, significou mais benefícios do que malefícios financeiros à irmandade.[158]

Uma observação deve ser feita sobre a facilidade dos irmãos em adquirirem créditos. A irmandade baiana tinha dificuldade para cobrar dívidas, o que acabava por transforma-la em uma financiadora a fundo perdido.[159] Como toda instituição financeira, a Santa Casa vivia dos riscos que envolviam os bons e os maus pagadores. Augusto Santos identificou, para meados do século XVIII, uma elevada quantia de dinheiro da Misericórdia em mãos de 72 bons pagadores, cuja dívida atingia a quantia de 110:425$282 contos de réis, o que rendia aos cofres da confraria quase sete contos de réis ao ano.[160]

Mas nem só com bons pagadores se relacionava a Misericórdia. Ao analisar um relatório enviado em fins do século XVII por dois desembargadores da Relação da Bahia ao rei, descrevendo a situação financeira da Santa Casa de Misericórdia, Isabel Sá chegou à seguinte conclusão:

> A misericórdia ajudava antes de mais os irmãos e não aos pobres: eram estes que pediam dinheiro emprestado sem assegurar quer o pagamento

---

156 *Ibidem*, p. 50.
157 RUSSEL-WOOD, *Op. cit.*, 1981. p. 76.
158 SANTOS, Augusto Fagundes da Silva. *A Misericórdia da Bahia e o seu sistema de concessão de crédito (1701 - 1777)*. Salvador, FFCH/UFBA, 2013, Dissertação de Mestrado, p. 29.
159 SÁ, *Op. cit.*, 1997, p. 217.
160 SANTOS, *Op. cit.*, p. 59.

de juros quer da dívida. A presença de amigos e familiares nos cargos de direção servia como garantis de que não seriam pressionados a pagar os juros e dívidas. As esmolas aos pobres desculpabilizariam este universo financeiramente promíscuo se de fato o documento não revelasse que alguns provedores eram os primeiros a endividar-se para satisfazer a sua vaidade em conceber esmolas aos pobres.[161]

Em suma, o pertencimento aos quadros da Misericórdia, além de servir como um instrumento de nobilitação e distinção social, possibilitava aos indivíduos das elites locais o acesso ao mercado de crédito de maneira privilegiada, principalmente em tempos de crise. Vejamos o que Schwartz afirmou sobre essa temática:

> Embora a maior parte dos empréstimos da Misericórdia fossem pequenas quantias, garantidas por hipotecas de propriedades urbanas, os créditos ao setor açucareiro eram mais vultosos. O empréstimo para um engenho era pouco mais de 1 conto de réis, e para um canavial cerca de 30% a menos. Em 1727, quando foi efetuada uma nova contabilidade das finanças da Misericórdia, a situação declinante da economia açucareira refletia-se na lista dos devedores dessa irmandade. Àquela época, 234 devedores, mais da metade dos 303 para quem foi possível determinar a ocupação, eram senhores de engenho ou lavradores de cana. A Misericórdia havia concedido acima de 374 contos de réis em empréstimos, mais de três vezes a quantia registrada em 1694.[162]

Uma prova evidente da ausência de moeda em circulação na Bahia em fins do século XVIII nos foi dada por Maria José Rapassi Mascarenhas que, ao analisar uma série de inventários pertencentes aos membros da elite econômica da Bahia, identificou valores monetários pouco significativos entre os inventariados.[163] As dívidas geralmente eram pagas com produtos ou bens de família. Foi possível perceber no trabalho de pesquisa da autora que o montante em dinheiro de José Pires de Carvalho e Albuquerque, terceiro maior dentre os inventariados, alcançara tão somente o valor de 130 mil réis, e que as maiores quantias estavam em mãos dos

---

161 SÁ, *Op. cit.*, 1997. p. 218.
162 SCHWARTZ, Stuart B. Segredos Internos: Engenhos e Escravos na sociedade Colonial (1550-1835). São Paulo: Companhia das Letras, 1988. p. 180.
163 MASCARENHAS, *Op. cit.*, p. 183.

comerciantes cuja dinâmica negocial proporcionava maior liquidez, se comparada com a dos senhores de engenhos.[164]

O estudo de Mascarenhas favorece a compreensão a respeito do papel de José Pires de Carvalho e Albuquerque no jogo econômico da Bahia. Dono da terceira maior fortuna, com um montemor de 200 contos e 973 mil e uma dívida ativa de pouco mais de 26 contos de réis, figurou na posição de terceiro maior credor entre os inventariados. Por outro lado, a sua dívida passiva de 25:082$488 o posicionava entre os maiores devedores da Bahia, em fins do século XVIII.[165]

Percebe-se, portanto, que o enriquecimento da Misericórdia baiana esteve em sintonia com a sua atividade econômica. Ao colocar-se como casa de crédito, financiou boa parte da movimentação financeira, seja para o setor de produção de açúcar, seja para o comercial. Entretanto, sua força financeira permaneceu refém da não tão regular assiduidade dos pagamentos por parte dos devedores.

Como se tratou de uma instituição que continha entre os seus pares os seus próprios credores e devedores, configurou-se uma relação de promiscuidade, principalmente nos processos eleitorais cujas fraudes estavam normalmente ligadas aos desvios de capitais e aos interesses particulares dos devedores.[166] Exercer um cargo na Mesa da Misericórdia passou a ser, para alguns devedores, uma maneira de evitar a quitação. Sobre o processo de escolha dos membros da Mesa na Bahia, afirmou Russel-Wood:

> As eleições 'combinadas' foram frequentes durante a primeira metade do século XVIII. Isso se devia em parte à situação econômica da Bahia. Havia uma escassez crônica de dinheiro à vista e os empréstimos eram feitos com a duvidosa garantia da colheita de açúcar seguinte".[167]

Para o século XVIII, une-se a esse fato das eleições combinadas a falta de interesse das elites locais de servirem como provedores da Santa Casa de Misericórdia. Russel-Wood sustentou que essa recusa em aceitar o lugar de provedor deveu-se à crise financeira decorrente do declínio dos preços do açúcar e do fumo, na primeira metade do século XVIII, e o exercício da função retiraria do indivíduo a condição

---

164 *Ibidem*, p. 185.
165 *Ibidem*, p. 192.
166 SÁ, *Op. cit.*, 1997. p.219.
167 RUSSEL-WOOD, *Op. cit.*, 1981. p.82

de estar à frente dos seus negócios, o que poderia conduzir a elevados prejuízos financeiros.[168]

A falta de interesse ainda alcançaria instituições de poder como a Câmara,[169] por exemplo, em que alguns de seus eleitos também se escusaram de exercer o mandato. São fatores que ajudam a pensar sobre o papel dessas instituições de poder, no que tange à mobilidade social. É possível relativizar a sua importância como espaços únicos e vitais para o exercício do poder e para a legitimação social dos indivíduos que formavam as elites na Bahia colonial. O que se tinha era um mosaico de espaços com representatividade simbólica diferenciada e com potencial de uso estratégico, a depender dos interesses circunstanciais de cada segmento social.

Entendemos que a falta de interesse por parte de alguns membros das elites locais em servir em algumas das mais importantes instituições de poder da Bahia colonial não revela necessariamente uma perda de capacidade dessas instituições como espaços de prestígio social. A condição de ser irmão da Santa Casa de Misericórdia nunca deixou de ser interessante e prestigiosa para as elites locais. O fato de a instituição passar por momentos de crise financeira não foi suficiente para apagar o seu *status* simbólico. Russel-Wood destaca o aumento no número de ingressos, entre 1730 e 1735, e o atribui ao êxito da provedoria do reverendo cônego e chanceler da Relação Eclesiástica, Francisco Martins Pereira.[170] A gestão do cônego foi caracterizada por diversas reformas estruturais e artísticas.

No fundo, a falta de interesse correspondeu a um processo de diversificação interna e de mobilidade social no âmbito das próprias elites locais. Em paralelo à perda gradual de poder econômico pelos proprietários rurais se fortalecia a dos homens de negócios. Entretanto, é sempre bom afirmar que não ocorreu uma substituição de poder, pois a aristocracia agrária continuaria potencialmente poderosa, principalmente mediante os laços matrimoniais com os membros do grupo comercial. A tradição de diversas famílias em servir aos postos da misericórdia foi mantida por todo o século XVIII. Um levantamento dos nomes, tanto como provedores quanto como irmãos, vai encontrar uma razoável repetição de sobrenomes.

---

168 *Ibidem*, p. 85.

169 *Ibidem*, p.86.

170 RUSSEL-WOOD, A, J. R. Mobilidade Social na Bahia Colonial. *Revista Brasileira de Estudos Políticos*. n. 27. Julho de 1969. Belo Horizonte: Universidade Federal de Minas Gerais, 1969, p.181.

Por outro lado, a aproximação dos comerciantes aos espaços de poder local estava ligada tanto a uma transformação na distribuição da riqueza quanto à centralidade do universo concelhio. Apesar de tudo isso, é inegável que as Misericórdias mais do que representaram um papel fundamental como entidades promotoras da unidade e da identidade portuguesa nos diversos territórios do Império, serviram como instrumentos simbólicos de organização das posições sociais hierarquizadas na complexa formação social que caracterizou a Bahia do século XVIII.

Capítulo 5

A casa dos Pires de Carvalho e Albuquerque: família, sociedade e estratégias de poder no "antigo regime baiano"

Relações matrimoniais e a construção de uma genealogia nobilitante na Bahia colonial

Ao estudar as famílias de elite da Bahia colonial, Francisco Antônio Doria constituiu a seguinte tipologia baseada na origem dos ascendentes:

> *Famílias com até três gerações de ascendentes em Portugal*: são, na verdade, famílias que se constituem nas classes urbanas, pós-revolução de Aviz, ou que descendem de imigrantes de origem modesta;
> *Famílias da pequena nobreza, não titulada*: em geral com ascendentes chegando ao século XIV;
> *Famílias ligadas à nobreza titulada ou a casas reinantes*: tratam-se sempre de ramos empobrecidos, mas que em geral mantêm contato com os parentes no centro da classe dominante da metrópole[1].

Os Pires de Carvalho se enquadraram no primeiro perfil, pois descendiam do oleiro Pedro Pires. Coube a Domingos Pires de Carvalho iniciar a saga dos Pires de Carvalho em terras baianas. Os descendentes de Domingos, por meio de matrimônios oportunos, construíram uma ampla e vitoriosa rede de relações familiares e políticas que perpassou todo o período colonial brasileiro, sendo legítima representante de uma época.

---

1   DORIA, *Op. cit.*, p. 55.

A extensão familiar alcançada pelos Pires de Carvalho e Albuquerque Dias D'Ávila,[2] em mais de 150 anos de história, é suficiente para estabelecer parâmetros consistentes sobre a trajetória cotidiana de parcela das elites baianas. Resultante da junção de três ramos familiares – Pires de Carvalho, Albuquerque e Ávila –, de considerável importância no interior das relações econômicas e políticas, os Pires de Carvalho e Albuquerque consolidaram um *modus operandi* característico a todos os que buscavam ascender política e economicamente na colônia.

O primeiro ramo familiar a se entrelaçar com os Pires de Carvalho foi o dos Albuquerques, cuja matriz é pernambucana. O encontro entre os dois clãs foi institucionalizado pelo matrimônio de José Pires de Carvalho (1º)[3] e D. Teresa Cavalcante de Albuquerque.

A ascendência de D. Teresa remonta ao encontro entre dois ramos que se fixaram em Pernambuco, os Albuquerques e os Cavalcantes. No caso dos Albuquerques, o ponto inicial foi Jerônimo de Albuquerque (1510-1584), que chegou ao Brasil em companhia de seu cunhado Duarte Coelho Pereira (1485-1554), primeiro donatário da Capitania de Pernambuco. Em terras pernambucanas, casou-se Jerônimo de Albuquerque com uma gentia de nome Arco-Verde, depois conhecida como D. Maria do Espirito Santo Arco-Verde.

Um dos filhos desse casal, D. Catharina de Albuquerque foi entregue em casamento ao fidalgo florentino Felipe Cavalcante (1525-1614) – de onde viria o ramo Cavalcante no Brasil – que chegara em terras pernambucanas após se envolver em conflito contra o duque Cosme de Médicis. Desse casal nasceram onze filhos, dos quais interessa D. Felipa de Albuquerque, casada com Antônio Holanda de Vasconcellos.

Um dos filhos de D. Felipa com Antônio Holanda foi Lourenço Cavalcante de Albuquerque que, nascido em Goiana e membro das principais famílias locais, teve sua riqueza identificada nas Memórias de Duarte de Albuquerque Coelho como proprietário de dois engenhos e muito gado.[4] Com importante participação nas guerras holandesas, emigrou para a Bahia em 1635, abandonando as suas propriedades logo

---

2   Ao final, em anexo, segue informações mais detalhadas sobre os membros da família citados neste livro.

3   Durante o século XVIII a família apresentou uma série de homônimos os quais serão representados a seguir com uma numeração ordinal.

4   COELHO, Duarte de Albuquerque. *Memórias Diárias da Guerra do Brasil*: 1630-1638. Recife: Fundação de Cultura Cidade do Recife, 1982, p. 254.

após a capitulação pernambucana. Em terras baianas, viria a se casar com D. Úrsula Feio do Amaral, viúva de Pedro Carneiro e senhora do engenho Cotegipe.

Lourenço Cavalcante de Albuquerque, o marido de D. Úrsula, após se fixar na Bahia, trouxe o seu irmão Antônio de Vasconcelos Cavalcante, com quem casou sua enteada, D. Catarina Soares. Antônio e Catarina viveram pouco, mas o suficiente para conceberem seu único filho, Francisco de Vasconcellos Cavalcante.

Criado pelo tio paterno, Francisco veio a se casar com D. Antônia Lobo, descendente de Baltazar Lobo de Souza, de quem Jaboatão informa ter morrido na carreira da Índia a serviço d'Elrei e que teria sido irmão do Conde de Sortelhas.[5] O filho de Francisco e D. Antônia Lobo foi Baltazar de Vasconcellos Cavalcante de Albuquerque. A esposa de Baltazar de Vasconcellos foi D. Antônia de La Penha Deusdará, filha de D. Francisca de La Penha Deusdará, que chegou à Bahia em companhia de seu irmão, o desembargador Simão Martins de La Penha Deusdará, e de Simão da Fonseca de Siqueira, fidalgo da casa de Sua Majestade e senhor do engenho Caboto.

Baltazar de Vasconcellos e D. Antônia de La Penha tiveram vários filhos, entre eles D. Tereza Cavalcante de Albuquerque, cujo matrimônio viria a ser contraído com o familiar do Santo Ofício, fidalgo da casa de S. Majestade e Cavaleiro professo da Ordem de Cristo, capitão José Pires de Carvalho (1º).

Com esse casamento iniciava-se em terras baianas a trajetória dos Pires de Carvalho e Albuquerque. A ascendência de D. Teresa Cavalcante remonta, por parte de mãe, à família Deusdará, típico exemplo de indivíduos que se firmaram na colônia pela via das mercês. Em uma justificação de nobreza de nascimento de seu pai, José Pires de Carvalho, Salvador Pires de Carvalho – filho de Dona Tereza Cavalcante – fez um longo relato genealógico da família Deusdará, descrevendo uma série de gerações, até chegar a um parente de nome Simão Alvares de La Penha Deusdará.[6]

O primeiro a utilizar esse sobrenome em terras brasileiras foi Manuel Alvares Deusdará, a quem o rei D. João IV fez a mercê de honrar com brasão de armas e de fazer fidalgo de cota de armas, assim como aos que dele descendessem legitimamente por linha direta com todos os privilégios dos nobres e fidalgos do reino.

---

5 JABOATÃO, Fr. Antonio de S. Maria. *Catálogo Genealógico das principais famílias que procederam de Albuquerques e Cavalcantis em Pernambuco e Caramurús na Bahia. Revista do Instituto Histórico e Geográfico Brasileiro*, vol.LII e Notas de Pedro Calmon ao Catálogo, p. 79.

6 Lisboa. 18.03.1718, AHU-IDRBECA – doc. 26136 (anexo doc. 26066).

No documento enviado ao Conselho Ultramarino por Salvador Pires de Carvalho e Albuquerque, o trecho em que o rei justifica a mercê de Simão Alvares é bastante esclarecedor da troca de favores que marcou a relação entre a Coroa e os seus súditos na América:

> Simão Alvares de Lapenha Deus Dará nos tem servido pela via das Letras no Brasil como também nos fez seu pai Manuel Alvares Deus Dará, já defunto, a quem primeiramente concedemos que pudesse usar do dito apelido Deus Dará, nas Guerras de Pernambuco donde foi morador com sua pessoa ajudando a sustentar o Exercito mais de quatro anos de mantimentos que por meio de sua boa diligência e indústria fez conduzir de outras partes com seu dinheiro em tempos que a Minha Real Fazenda se achava com menos rendimento saindo fora das trincheiras com evidente risco em busca de farinha darnos em abundancia consumindo muita fazenda que possuía enquanto duraram as guerras nas Capitanias no Norte do Brasil.[7]

O rei resgatou o pai de Simão Alvares, e este foi mais tarde resgatado pelo bisneto da sua irmã, Salvador Pires de Carvalho. É pertinente perceber como uma família constituída por um indivíduo como Domingos Pires de Carvalho, que chegou à colônia sem ter tido nenhuma expressão no reino que o nobilitasse, conseguiu, por seus descendentes, articular força suficiente para negociar honras e privilégios.

Do casal José Pires de Carvalho (1º) e D. Teresa Cavalcante de Albuquerque nasceram seis filhos, quatro mulheres – todas enviadas ao Convento do Desterro – e dois homens. Entre os homens, o primogênito, Salvador Pires de Carvalho e Albuquerque, recebeu o morgado do pai, e o segundo, José Pires de Carvalho e Albuquerque (2º), foi para Coimbra adentrar o mundo das Letras.

Em janeiro de 1727, o primogênito de José Pires de Carvalho, o alferes Salvador Pires de Carvalho e Albuquerque contraiu núpcias com sua prima, D. Joana Cavalcante e Albuquerque, filha do seu tio materno Baltazar de Vasconcelos Cavalcante e Albuquerque e de Ana Pereira da Silva.

Um dos filhos de Salvador Pires de Carvalho e Albuquerque foi o fidalgo da Casa Real, José Pires de Carvalho e Albuquerque (3º). O casamento deste vinculou o clã a mais uma família de prestígio da Bahia colonial, os Ávilas. O desdobramento dessa vinculação matrimonial fez nascer a linhagem dos Pires de Carvalho

---

[7] Lisboa. 18.03.1718, AHU-IDRBECA – doc. 26136 (anexo doc. 26066).

e Albuquerque Dias D'Ávila. A responsável por anexar os Ávilas ao clã dos Pires de Carvalho e Albuquerque foi D. Leonor Pereira Marinho.

O caminho de ascendência de D. Leonor Marinho é longo e remonta a Diogo Álvares Caramuru (1475-1557) e Catarina Paraguaçu (1495-1583). Uma das filhas desse casal – tido como precursor de todas as famílias baianas – foi Genebra Álvares, cujo filho, Diogo Dias (1552-1597), casou-se com Izabel D'Ávila (1554-1593), filha legítima de Garcia D' Ávila (1528-1609), que aportou na Bahia ao lado do primeiro Governador Geral, Tomé de Sousa.

Acelerando os ponteiros genealógicos, vamos encontrar dois bisnetos desse casal: os irmãos Catarina Fogaça (1643-1704) e Francisco Dias D'Ávila 2° (1648-1694). Catarina Fogaça foi casada com Vasco Marinho, cuja filha, Leonor Pereira Marinho, viria a se casar com seu tio – irmão de sua mãe – Francisco Dias D'Ávila 2°.

Um dos filhos desse casamento entre tio e sobrinha foi Francisco Dias D'Ávila 3° (1710-1750), que segundo Jaboatão, teria sido coronel de ordenança da cidade, mestre de campo de auxiliares do terço da Torre – primeiro a ocupar tal cargo –, além de fidalgo cavaleiro e familiar do Santo Ofício.[8] Do seu casamento com D. Catarina Francisca Corrêa de Aragão Vasque Anes nasceram Garcia D'Ávila Pereira de Aragão (1735-1805) e Leonor Pereira Marinho (1734-1795), homônima de sua avó paterna.

Garcia D' Ávila Pereira de Aragão seguiu os passos do pai e do avô, sendo também mestre de campo de auxiliares do terço da Torre, professo da ordem de Cristo e fidalgo cavaleiro. Mantendo a tradição endogâmica, casou-se este com Ana Tereza Cavalcante de Albuquerque, filha de Salvador Pires de Carvalho e Albuquerque. Sua irmã, Leonor Pereira Marinho contraiu núpcias com José Pires de Carvalho e Albuquerque (3°), irmão de sua cunhada Ana Tereza.

Garcia D' Ávila Pereira de Aragão foi uma figura controversa. Foi o quarto entre os homônimos da família e o sétimo e último varão dos senhores da Casa da Torre. Faleceu em 1805, momento em que a colônia já se distanciava de um cotidiano regido pela expansão territorial e pela busca de minérios, que tão bem caracterizaram os tempos dos bandeirantes dos primeiros séculos da colonização portuguesa. Esse tempo desbravador, tão bem encarnado pelos senhores da Casa da Torre, ficou no passado. O momento exigia o direcionamento ao trabalho na administração dos engenhos, principal fonte de renda da família.

---

8   JABOATÃO, *Op. cit.*, p. 91.

Garcia D'Ávila Pereira de Aragão parece representar uma transição entre as duas eras ou, como afirmou Pedro Calmon, "parecia-se, sobretudo, com os bisavós das bandeiras; foi o homem semibárbaro das guerras sertanejas da velha era".[9]

O controverso em sua vida se deu com seus dois matrimônios. Do primeiro, com Teresa Cavalcante de Albuquerque, tornou-se suspeito de ter abreviado a vida da esposa. O segundo, com Josefa Maria Pitta do Sacramento, filha de Cristóvão da Rocha Pita (herdeiro de grande fortuna), teve a seguinte descrição pelo Cônego Pais Leme da Câmara:

> Casamento desastrado não obstante seu aparato, porque a noiva temeu a sorte da antecessora e não quis sair da casa de seus pais e Garcia d' Ávila retirou-se para a Torre em companhia de uns poucos de bastardos mamelucos que tem e acham-se sem filhos não obstante constar que faz visitas todos os anos à mulher.[10]

Ainda que tivesse tido filhos bastardos, não fez herdeiros legítimos em nenhum dos casamentos. Em testamento, legou todos os seus bens à filha da sua irmã, a sobrinha Ana Maria de São José e Aragão, casada com o primo, o capitão mor e secretário de Estado José Pires de Carvalho e Albuquerque. O texto da verba testamentária foi bastante curto e objetivo: "declaro que os bens vinculados da minha Casa pertencem a Senhora Donna Anna mulher do Secretario do Estado e Capitão mor José Pires de Carvalho", em seguida registrou o escrivão: "e não se continha mais coisa alguma em a dita Verba".[11] Esse ato significou a definitiva incorporação da Casa da Torre à família Pires de Carvalho e Albuquerque.

A união dos Pires de Carvalho e Albuquerque aos Ávilas resultou em um amálgama que incorporou ao clã, saído dessa aliança, resultados duradouros. Uma rede endogâmica bastante embaraçada foi sendo tecida a partir dos casamentos entre os dois ramos familiares, evidenciando vínculos cuja materialidade resultou em acúmulo de bens, propriedades e cargos, consolidando, no tempo e no espaço, o poder e a afirmação social dessa família.

---

9   CALMON, Pedro. *História da Casa da Torre: uma dinastia de pioneiros*. Rio de Janeiro: Livraria José Olympio Editora, 1958, p. 161.

10 Roque Macedo Leme. Apud. CALMON, Pedro. *História da Casa da Torre: uma dinastia de pioneiros*. Rio de Janeiro: Livraria José Olympio Editora, 1958, p. 161.

11 Bahia. 16.10.1805. AHU-IDRBECA – doc. 27467 (anexo ao doc. 27464).

O encontro entre essas duas famílias propiciou um somatório de experiências no exercício diário de sobrevivência no cotidiano da colônia. Apesar de estarmos construindo aqui uma linha de interpretação e análise histórica sob o ponto de vista dos Pires de Carvalho e Albuquerque, entendemos que a relação dessa família com o clã dos Ávilas exige inverter, momentaneamente, o ponto de vista. A longa tradição de riqueza e poder dos Ávilas os fazem necessariamente protagonistas em qualquer aliança familiar.

A riqueza iniciada pelo primeiro Garcia D'Ávila, amealhada em séculos de exploração de uma imensidão territorial conquistada à força por seus membros, foi, de maneira competente, utilizada por três séculos como lastro de negociação de poder por todos os seus descendentes. Presentes tanto na administração quanto no setor militar, os Ávilas negociaram privilégios suficientes para consolidar-se como uma das principais famílias da colônia. É este cabedal de experiências e patrimônio econômico e político que foi incorporado pelos Pires de Carvalho e Albuquerque.

A morte de Garcia D'Ávila Pereira de Aragão e a consequente incorporação de seu morgado por sua sobrinha Ana Maria de São José e Aragão, esposa de José Pires de Carvalho e Albuquerque (6º), foi a passagem definitiva para as mãos dos Pires de Carvalho e Albuquerque de todo o patrimônio dos Ávilas. Vejamos o que afirma Ângelo Emílio da Silva Pessoa sobre o desdobramento dessa incorporação:

> Pouco a pouco os Pires de Carvalho liquidaram o patrimônio territorial e encaixaram seus herdeiros em um novo negócio da Casa, a obtenção dos postos de mando no Estado Imperial que começava a se consolidar. Vários desses descendentes dos Pires de Carvalho, apesar de não reunirem riqueza tão lendária como a da Casa da Torre não tiveram dificuldade em manter-se em relativa proeminência social, particularmente através da influência política granjeada por tão longa tradição, obtendo cargos de relevância no âmbito militar e judicial até dias bem recentes, ou seja, cargos e mercês do Estado, mais um dos importantes negócios da Casa em sua secular trajetória.[12]

É inegável que a herança material e o *status* deixado pelos Ávilas possibilitaram aos Pires de Carvalho e Albuquerque a utilização dessa ascendência para a

---

12 PESSOA, Ângelo Emílio da Silva. *As Ruínas da Tradição: A Casa da Torre de Garcia D' Ávila – Família e propriedade no Nordeste colonial*. Tese, USP, 2003, p. 192.

busca de cargos e mercês tão necessários a colocá-los entre as principais famílias da Bahia colonial.

Os membros mais destacados dos Pires de Carvalho e Albuquerque caracterizaram-se por estabelecer relações matrimoniais com poucos ramos externos. Além dos já citados Albuquerques, Cavalcantes e Ávilas, é possível incluir as famílias Deusdará e Rocha Pita. Afora isso, a construção genealógica da família permitiu perceber que o matrimônio endogâmico foi a principal estratégia de articulação das suas redes de poder. Não faziam nada de original, apenas repetiam uma dinâmica típica de qualquer ramo familiar do período. O casamento, em tempos coloniais, mais do que unir pessoas e famílias, possibilitava a unidade política dos grupos formadores das elites.[13]

Por outro lado, ao acompanharmos a dinâmica de alianças dos Pires de Carvalho e Albuquerque, confirmou-se que a prática matrimonial endogâmica foi um recurso central para a sobrevivência econômica e política das famílias coloniais e para a não fragmentação do seu patrimônio. Além do casamento endogâmico, o morgadio foi o instrumento legal mais utilizado para se alcançar a unidade e a perenidade dos bens e do *status* no interior das famílias coloniais. Entre os Pires de Carvalho e Albuquerque, o morgadio nasceu com Domingos Pires de Carvalho, quando da sua solicitação ao rei para vincular em morgado todos os seus bens a seu filho José Pires de Carvalho (1º).

Domingos Pires de Carvalho: Um minhoto nos trópicos

É comum definir a primeira metade do século XVII como a idade de ouro da Espanha, o que torna esse século ibérico por excelência. Isso não está distante da realidade, pois a Espanha realmente tornara-se referência em vários aspectos. Seu império ditava as regras de uma economia europeia que se articulava em torno dos seus portos que distribuíam ouro e prata pelo velho continente. A posição de um poder político forte e determinado legitimava com vigor o estilo de vida aristocrático.

Por outro lado, do ponto de vista português, o século XVII será lembrado como o da privação da plena liberdade, provocada pelo domínio espanhol e, ao mesmo tempo, como o do renascimento de outro Portugal, saído das guerras de restauração com fôlego e determinação suficientes para compensar o tempo per-

---

13 BRANDÃO, Tanya Maria Pires. *A Elite Colonial Piauiense*: família e poder. Recife: Ed. Universitária da UFPE, 2012, p. 320.

dido. Eduardo D' Oliveira França assim define o homem português gestado nesta conjuntura de reconstruções:

> O homem de 1640? É o fidalgo português. Que não é rico-homem da Idade Média. Que não é o hidalgo espanhol. Que não é o cidadão português de hoje. Que vinha de 1580 e que se prolongou inquieto e arredado até a época faustosa de D. João V. Época em que se amornou, resfriado pela prosperidade. Herdeiro diminuído das glórias dos descobridores e conquistadores do século XVI. Dos "ínclitos infantes", dos batedores de mares, dos heróis do Oriente. Mas, prisioneiro da mediocridade da dominação castelhana. O drama dos horizontes fechados. A revolução de 1650 foi uma ruptura de um equilíbrio improdutivo. Um gasto de energia economizada a contragosto. Uma descompressão.[14]

Na segunda metade do século XVII, o que possivelmente sobrava ao homem português era disposição e energia empreendedora. Ao se pensar a história de Portugal após a União Ibérica, vamos encontrá-la em um momento de reestruturação tanto política quanto econômica. Portugal saía da União Ibérica – o Oriente já não respondia mais às suas necessidades econômicas – e o Brasil afastava-se de forma definitiva da sua condição de periferia no interior do Império português, assumindo a centralidade tão necessária para a sustentação do Império nessa nova fase. Em termos práticos, a Coroa portuguesa empreendeu ações que aprofundaram os mecanismos de exploração já existentes na lógica coercitiva do sistema colonial. Por outro lado, em paralelo às ações de natureza econômica, uma base de ação administrativa começou a estruturar-se, alicerçada em instrumentos históricos das formações sociais do Antigo Regime português inseridos no contexto da relação metrópole/colônia.

Entre 1656 e 1662, respondia pelo governo português a regente D. Luísa de Gusmão, esposa do falecido D. João IV, ficando à frente do poder até a aclamação de seu filho D. Afonso VI. Em sintonia com as necessidades de reorganização econômica do reino, a regência de D. Luísa não demoraria a alcançar as terras americanas. Em abril de 1661, uma carta régia interferia na abertura de novos engenhos

---

14 FRANÇA, Eduardo D' Oliveira. *Portugal na época da Restauração*. São Paulo: Hucitec, 1997, p. 92.

no recôncavo baiano,[15] e uma provisão do mesmo ano proibia o descarregamento de embarcações estrangeiras nos portos do reino.[16]

É justamente nesse cenário de mudanças econômicas e administrativas que chega à Bahia, em 1660, Domingos Pires de Carvalho. À primeira vista, em seus primeiros anos na América portuguesa, a constituição de uma base econômica sólida que viesse a colocá-lo em posição de destaque no espaço social da Bahia colonial pareceu ter sido a estratégia de Domingos Pires de Carvalho. Camada a camada, o imigrante português construiu a sua trajetória de ascensão social utilizando-se de todas as formas que pudessem ser convertidas em capital simbólico que reafirmasse a sua posição de prestígio e que se desdobrasse em benefícios.

Ao tomarmos de empréstimo a teoria de Norbert Elias e Jonh Scotson sobre relações de poder em uma pequena comunidade, é possível atribuir a Domingos Pires de Carvalho a condição de *outsiders*, quando chegou à Bahia no final do século XVII.[17] Seu principal lugar de enriquecimento foi o comércio e o mundo urbano, e sua estratégia foi a de buscar ascensão mediante um posto na Ordenança ou na direção de uma ordem religiosa de prestígio, o que significou, na prática, a tentativa de se aproximar dos setores identificados pelo exercício de poder dos *estabelecidos*.

Em uma sociedade de complexa organização social como a baiana do século XVIII, cuja base escravista interferia diretamente em uma possível estruturação estamental típica do Antigo Regime, coube ao setor social tradicionalmente privilegiado, como os senhores de terra, construir uma autoimagem positiva e excludente em relação ao outro. Na prática, houve na Bahia do século XVIII, duas dinâmicas que permearam as relações sociais. De um lado a reprodução excludente da normatização jurídica do Antigo Regime que se materializava através de questões tais como, "defeito

---

15 Lisboa, 1.04.1661. Anexo: portaria. AHU_ACL_CU_005, Cx. 2, D. 123

16 Lisboa, 15.12.16. AHU_ACL_CU_005, Cx. 2, D. 130

17 Ao estudarem uma comunidade urbana de periferia, Elias e Scotson notaram que nela havia se formado uma relação entre os moradores mais antigos, que eles designaram como os *estabelecidos*, e um grupo de presença mais recente os quais eles identificaram como os *outsiders*. O conflito entre os grupos foi assim explicado pelos autores: "O grupo estabelecido cerrava fileiras contra eles e os estigmatizava, de maneira geral, como pessoas de menor valor humano. Considerava-se que lhes faltava a virtude humana superior - o carisma grupal distintivo - que o grupo dominante atribuía a si mesmo". ELIAS, Norbert, SCOTSON, John L. *Os estabelecidos e os outsiders: Sociologia das relações de poder a partir de uma pequena comunidade*. Jorge Zahar Editor: Rio de Janeiro, 2000, p. 19.

mecânico", "raça infecta" e judaísmo (cristãos–novos), e de outro lado a necessidade de negociação e conciliação entre setores econômicos e sociais diferentes, mas não permanentemente divergentes, cujo exemplo se deu através dos matrimônios.

Ao colocar em prática a sua estratégia de afirmação social, Domingos Pires de Carvalho adequou-se à dinâmica do Antigo Regime português. Pertencer aos principais da terra inserindo-se nas suas instituições administrativas, militares ou religiosas, consolidava a distinção social tão necessária à ascensão social peculiar de uma sociedade cuja maioria era composta de cativos.

Domingos Pires de Carvalho nasceu em São Pedro de Serzedelo, freguesia do Arcebispado de Braga, na província do Minho, numa região que, durante o século XVII e início do XVIII, vivenciou uma depressão econômica que atingira tanto o comércio quanto a agricultura. A maior parte das terras do reino estava nas mãos da nobreza, senhora de vastos latifúndios improdutivos por falta de mão-de-obra. A emigração mostrou-se a saída mais propícia aos minhotos. A atividade comercial foi preponderante entre os minhotos, o que gerou uma situação na qual "quase metade (48%) dos negociantes de Lisboa tinha pai ou avô minhoto".[18] Aos minhotos, o Brasil também serviu como destino na busca por melhores condições de vida e trabalho.

Os ascendentes paternos de Domingos Pires de Carvalho foram o seu pai João Pires de Carvalho e o seu avô Pedro Pires de Carvalho. Em Portugal, teria iniciado a sua vida como cirurgião, ofício de menor prestígio, fato que lhe seria instado mais tarde, quando de sua candidatura ao Hábito de Cristo.[19] Na Bahia, casou-se com D. Maria da Silva, nascida em Salvador e filha de Paulo Nogueira e Ignez da Silva.

Ainda está um pouco obscura a trajetória inicial de Domingos Pires de Carvalho em terras baianas. Porém, a princípio, parece que se está diante de um empreendedor que, ao inserir-se no jogo das relações de poder presentes na Bahia, colheu em grande monta os frutos de tal desenvoltura. Domingos foi sujeito essencialmente urbano, sua prosperidade econômica e social estava basicamente no comércio de grosso trato. Dos Pires de Carvalho, linhagem da qual Domingos seria

---

18 MACHADO, Carlos Alberto Dias. Mobilidade social ascendente no Antigo Regime. José da Silva Leque, um homem de negócio de Lisboa, mestre de navio da carreira da Bahia. *Politeia: Hist. e Soc.*, Vitória da Conquista, v. 8, n. 1, p. 105-128, 2008.

19 SILVA, *Op. cit.*, p 150

o fundador em terras americanas, dizia Pedro Calmon: "doiravam na cidade os brasões recentes".[20]

Apesar da dificuldade de encontrar fontes que retratem de maneira mais completa o processo de enriquecimento de Domingos Pires de Carvalho e aceitando que 1660 foi o ano de sua chegada à América, o registro de uma carta de rematação de 1673,[21] passada a Domingos Pires de Carvalho pelo provedor-mor da Fazenda pela compra do Ribilim Santo Alberto da Praia, permite concluir que, no espaço de treze anos, já tinha o colono português adquirido uma fortuna considerável.

Uma leitura mais atenta do documento possibilita entender o cotidiano das relações de poder entre os membros da administração colonial. O Forte de Santo Alberto era uma construção abandonada, já não servia para a defesa da cidade. A praia em que estava localizado era pequena e já havia um grande número de casas construídas no local. A sua artilharia estava desativada, o que o transformara apenas em ônus para a fazenda pública. Em tempos de diminuição das despesas e de uma necessidade de geração de rendas, o provedor-mor da Fazenda, Antônio Lopes de Ulhôa, decidiu pela venda da propriedade. Seguindo os trâmites burocráticos da época, uma comissão foi criada para avaliar e decidir sobre a venda. Após minuciosa avaliação, o grupo que a compôs concordou com a venda e o sitio foi colocado a pregão pelo provedor-mor da Fazenda.

Um fato que viria a interferir nos rumos do negócio proporcionou um entendimento mais detalhado das conexões entre os distintos poderes institucionais na colônia. O procurador da Fazenda Real pediu vista dos atos da venda para apontar o que melhor conviesse à Fazenda do Príncipe. O provedor-mor, atendendo ao pedido, deu vista do processo ao procurador. A relação completa dos documentos constava dos que deram lances e dos seus respectivos valores, sendo o maior deles o de Domingos Pires de Carvalho cujo lance alcançou a quantia de quinhentos e trinta mil reis.

De acordo com o procurador da Real Fazenda, os fortes e muros da cidade não se poderiam vender sem consulta e autorização do príncipe, alegando base jurídica para isto. Diante de tais considerações, o provedor-mor comunicou ao governador geral o imbróglio em que tinha se transformado o leilão e este baixou o

---

20 CALMON, *Op. cit.*, p167
21 DHBN. Rio de Janeiro: Biblioteca Nacional, v. XXV, p. 222.

seguinte despacho: "O Provedor-Mor da Fazenda defira aos embargos como lhe parecer justiça".[22]

Perante tal concessão oficial, o provedor-mor emitiu um despacho cujo conteúdo permite identificar o grau de autonomia dos poderes públicos da colônia em relação à metrópole, evidenciando uma dinâmica administrativa própria no contexto de um território de dimensão imperial, que necessitava permanentemente de tomadas de decisões que acompanhassem as demandas criadas diariamente no interior do cotidiano colonial:

> Recebo a razão oferecida por Embargos do Procurador da Fazenda Real e a julgo por provada vista a disposição de Direito com que hei por deferido o seu requerimento porem porque o mesmo Direito, e a doutrina dos Doutores tem suas limitações conforme as necessidades dos tempos, e ocorrência deles me parece que se deve fazer Mesa, e Conselhos da Fazenda como já em outros casos semelhantes se fez para nela se determinar e resolver o que mais convier ao serviço de Sua Alteza.[23]

A distância entre colônia e reino não permitia que fosse outra a decisão dos poderes públicos para dirimir questões como estas. O mesmo documento apresentou outro exemplo de ação semelhante, quando decidiu por vender outro sitio de regalia, a casa velha da pólvora.[24] Uma ressalva, porém, foi feita no documento entregue ao comprador, onde ficou registrado que após a comunicação da venda a Sua Alteza Real, havendo alguma posição em contrário, seria devidamente devolvido o valor pago, além da remuneração pelas benfeitoras que tivessem sido feitas. O que se depreende desse episódio é o fato de que as decisões administrativas tomadas a partir da colônia, no interior da dinâmica imperial, resultam de ações paralelas nas quais o poder da Coroa continuava sendo respeitado sem que houvesse impedimento ou entrave ao funcionamento da administração colonial que precisava ser gerida, em nome da sobrevivência do equilíbrio do sistema imperial.

O último ritual do pregão que se concluiu com a arrematação por Domingos Pires de Carvalho também é revelador de interessante informação sobre esse cotidiano:

---

22 *Ibidem*, p. 222.
23 *Idem*.
24 *Ibidem*, p.225.

> (...) Mandou ao Porteiro do Concelho Braz da Silva que andasse com o dito Rebelim na Praça em pregão afrontando a todos com um ramo verde na mão dizendo que quem quisesse rematar e lançar mais viesse fazer seu lanço a esta Casa da Fazenda Real que logo se havia de rematar, e por não haver quem mais lançasse em altas vozes, e com o ramo na mão apregoando, e afrontando a todos com as cerimonias que manda o Regimento meteu o ramo na mão do dito Domingos Pires de Carvalho que o aceitou e logo entregou os quinhentos e sessenta mil reis em dinheiro contado.[25]

O termo de posse foi assinado em dezesseis de julho de 1673. Um detalhe do texto desperta interesse pelo que pareceu ser a Domingos Pires de Carvalho um momento de importante conquista pessoal: "entrando no dito Rebelim o dito Domingos Pires de Carvalho abrindo, e fechando as portas dele pondo mão pelas paredes tomando terra, e botando-a para o ar".[26]

O terreno do forte logo se transformou em dois trapiches, cujos nomes foram Gaspar e Grande, que serviram como depósito de açúcar e fumo. A opção pelo ramo de trapiche não parece ter sido uma escolha impensada de Domingos Pires. Pelo contrário, veio configurar-se como uma estratégica escolha comercial.

Apesar de os trapiches de Domingos Pires de Carvalho não estarem voltados apenas para o armazenamento de fumo, foi este produto a fonte maior da sua arrecadação. A segunda metade do século XVII exigiu da administração do Império, devido às despesas empreendidas nas guerras de reconquista, ações desenfreadas por arrecadação. Diversos produtos sofreram fortes taxações, mas coube ao fumo, produto tido como supérfluo, receber o maior impacto, com a criação, em 14 de julho de 1674, da cobrança de um direito de entrada na Alfândega, além da assinatura, por D. Pedro II, do decreto que instituiu a Junta da Administração do tabaco.[27]

Em fins do século XVII, a taxação do fumo mediante o direito de entrada na Alfândega não atingiu as cifras esperadas pelo governo, obrigando o Estado português a empreender novas políticas para o mercado de tabaco. A princípio, foi pensada a instituição de práticas liberais para a produção e o comércio, mas isso seria uma caminhada muito radical para um governo acostumado com os vícios do exclusivismo estatal. Novas medidas administrativas foram tomadas, entre elas a

---

25 DHBN. Rio de Janeiro: Biblioteca Nacional, v. XXV, p. 228.
26 *Ibidem*, p. 230.
27 NARDI, Jean Baptiste. *O fumo brasileiro colonial*. São Paulo: Brasiliense, 1996, p.81.

criação de um órgão específico para o Brasil, a Superintendência do Tabaco. A Bahia já se configurava como o maior produtor, principalmente com um fumo de melhor qualidade. Por conta disso, foi o principal alvo de um regimento assinado pelo rei, em 1699, com o título de *Regimento que se há de observar no Estado do Brazil na arrecadação do tabaco*.

Fora de Salvador, em locais produtores como Cachoeira, Santo Amaro, Maragogipe, Sergipe del Rei, Rio São Francisco, Alagoas e Torre existia um total de dez trapiches. Em Salvador, existiam três voltados para o armazenamento de fumo, entre eles o de Domingos Pires de Carvalho. Segundo o regimento, o rei elegeria um ou dois trapiches para ocupar a posição de Alfândega oficial do tabaco na Bahia. O escolhido foi o de Domingos Pires de Carvalho.

Entre os séculos XVII e XVIII, o fumo foi a grande novidade da produção colonial. O tabaco servia não só ao consumo no reino, mas também à reexportação para o resto da Europa. Além disso, tratava-se da mais importante moeda de troca com a África no comércio escravista.

Quando, em 1698, Domingos Pires de Carvalho requereu do Conselho Ultramarino um alvará para vincular os seus bens em morgado, já tinham se passado 38 anos, desde a sua chegada à Bahia.[28] Foi tempo suficiente para que ele se firmasse como um dos mais destacados cidadãos da Bahia do final do século XVII. Um resumo de sua presença em terras baianas está presente em um requerimento feito por seu bisneto, José Pires de Carvalho e Albuquerque, em que solicita a justificação dos seus serviços e os do seu pai, irmão, avós e outros ascendentes:

> (...) Item que o S. pela mesma via paterna é bisneto de Domingos Pires de Carvalho, cavaleiro Professo na Ordem de Cristo, que tão bem serviu a S.M. nesta Praça por espaço de 21 anos, 2 meses e 19 dias, até o ano de 1708 em que faleceu, nos postos de Capitão de Infantaria, Sargento mor da Ordenança desta cidade, e de Coronel dos distritos do Rio Real da Capitania de Sergipe d' Elrei, sendo encarregado pelo Governador D. João de Alencastre por portaria de 28 de maio de 1694 da administração da obra da Casa da Moeda desta cidade, que ele construiu em utilidade de S.M. e benefício público, como se manifesta pelos documentos 40 e 41.[29]

---

28   Lisboa, 8.01.1698. Anexo: aviso, relação, sentença de justificação. AHU_ACL_CU_005-02, Cx. 32.

29   Bahia. 10.07.1804, AHU-IDRBECA – doc. 26085 (anexo doc. 26066).

Os cargos relatados por seu bisneto foram basicamente os militares, e eles caracterizam de forma clara a ascensão de Domingos Pires de Carvalho, através da brecha que caracterizava o espaço miliar. Entre o fundador da família em terras baianas e os seus descendentes do limiar do século XIX, a carreira militar sempre esteve presente como caminho dos mais requisitados para servir ao monarca. No caso específico de Domingos Pires de Carvalho, a escolha pela via militar pode ter correspondido a uma estratégia de ascensão social que se enquadrava em critérios menos rigorosos de estratificação. Não havia, para adentrar na carreira militar, exigências de certas "qualidades" políticas e sociais presentes, por exemplo, para se exercer o cargo de vereador no Senado da Câmara. A trajetória militar de Domingos Pires de Carvalho iniciou-se com o posto de capitão de infantaria em que serviu por três anos. Em seguida, ficou 11 anos como sargento-mor da Ordenança, até atingir a patente de coronel dos distritos do Rio Real da Capitania de Sergipe d' Elrei.[30]

Como já demonstrado em capítulo anterior, participar das ordenanças era uma condição de honorabilidade que dava aos seus membros uma posição de destaque na sociedade e favorecia a obtenção de outras mercês, como ser membro de alguma ordem militar.

Esse atributo honorífico das Ordenanças transformou o acesso a suas fileiras em importante artifício de ascensão social, principalmente para os homens de negócios. Situados em posição desfavorável entre os membros das camadas mais abastadas da colônia, os comerciantes viam nas Ordenanças uma forma de penetrar no espaço fortemente hegemonizado pelos grandes proprietários. Na Bahia da segunda metade do século XVII, os homens de negócios ocupavam quatro dos oito postos de capitão das companhias urbanas. Entre eles estava Domingos Pires de Carvalho.[31]

Os critérios de escolha dos oficiais, ainda que levassem em conta especificidades militares como disciplina e experiência de guerra, não foram os utilizados no caso de Domingos Pires de Carvalho. É notável uma mudança de critérios, pois a carta do governador que o nomeou para o posto de coronel, entre outros fatores, visivelmente privilegiou a sua capacidade administrativa, quando do exercício dos postos anteriores de capitão e sargento. Pelo documento do governador, Domingos fez jus ao cargo pelo fato de:

---

30 Bahia. 11.05.1701, AHU-IDRBECA – doc. 26133 (anexo doc. 26066)
31 SILVA, Op. cit., p. 150.

Havendo-se nas obrigações destes Postos com pontual satisfação assim na cobrança das fintas para o Donativo do Dote de Inglaterra e paz de Holanda executando pontualmente as ordens que se lhe mandaram deste Governo Geral que lhe havia encarregado.[32]

É nítido o uso de atributos não exclusivamente militares.

É evidente que as funções militares representavam para a Coroa muito mais do que instrumentos de segurança. Os oficiais são funcionários régios a serviço dos interesses diretos da administração imperial. A contrapartida por tamanha dedicação foi assim relatada por Maria Beatriz Nizza da Silva:

> A importância destes postos decorria não só de passarem atestados de nobreza a quem os ocupava, mas também dos privilégios que foram concedidos a estes oficiais a 24 de novembro de 1645. Deseja o rei que as pessoas alistadas nas companhias auxiliares o fizessem "com melhor vontade" e o servissem "com melhor gosto". Assim, deixaram de ser obrigados a contribuir com "peitas, fintas, talhas, pedidos, serviços, empréstimos, nem outros encargos dos Concelhos". Nem se lhes podiam tomar "casas, adegas, estribeiras, pão, vinho, roupa, palha, cevada, lenha, galinhas e outras aves e gados, assim bestas de sela e albarda, não as tenho a ganho". Seriam além disso "filhados aos foros da Casa real" aqueles que merecessem, "conforme as qualidades de suas pessoas".[33]

A fim de inserir-se socialmente, a administração local também se configurou em espaço buscado por Domingos Pires de Carvalho. Em 1687, foi nomeado procurador do Senado da Câmara.[34] Esse cargo tinha sido criado na América portuguesa em 1532, quando se fundou a Vila de São Vicente, a primeira erigida no Brasil. Na prática, aquele que o assumia funcionava como uma espécie de "prefeito" do Concelho, exercendo as atribuições de cuidar dos reparos e consertos referentes a casas, fontes, pontes, chafarizes, poços, calçadas, caminhos e de todos os bens do Concelho. Além disso, era responsável por requerer dos vereadores e oficiais responsáveis o reparo dos bens não consertados a contento e de fazer, ao fim do seu ofício, um levantamento do estado dos bens do Concelho sob a sua responsabilidade,

---

32 Bahia. 11.05.1701, AHU-IDRBECA – doc. 26133 (anexo doc. 26066)
33 SILVA, *Op. cit.*, p. 150.
34 Bahia. 26.09.1795, AHU-IDRBECA – doc. 26129 (anexo doc. 26066).

enviando-o aos vereadores.[35] Serviu também como almotacé, e exercendo o cargo de tesoureiro geral do Estado do Brasil fez empréstimos para o provimento da tropa e foi encarregado da reedificação da Casa da Moeda e da Fortaleza de Santo Antônio.

Apesar de se estabelecer como comerciante, Domingos Pires de Carvalho também teve o seu patrimônio ampliado através de terras adquiridas por sesmaria,[36] em 1690. As terras de Domingos Pires de Carvalho, segundo informação de Campos, situavam-se entre os rios Doce e Pardo, com medida de média quatro léguas em quadro, e hoje, possivelmente, seriam parte do Estado de Minas Gerais.[37] Todo esse patrimônio foi devidamente vinculado em morgado em nome de seu filho José Pires de Carvalho (1º).

Além dos cargos nas Ordenanças e no governo da colônia, Domingos também buscou se firmar entre os principais da Bahia fazendo-se membro da Santa Casa de Misericórdia a partir de petição escrita em 1683 e aceita pela Mesa e Junta da instituição.[38]

Como irmão benemérito e ministro, por três vezes, da Venerável Ordem Terceira de São Francisco, foi dos mais ativos no que diz respeito às doações pecuniárias. Em documento extraído de "Novo Orbe Seraphico Brasilico", identificamos ter sido na época em que Domingos Pires de Carvalho foi ministro da Ordem, em 1702, que foi feito o lançamento da pedra fundamental da Igreja de São Francisco e que Domingos Pires de Carvalho despendeu mais de vinte mil cruzados em benefício da instituição religiosa.[39] Frei Jaboatão complementa a informação relatando que a fachada do templo veio de Lisboa, lavrada em fragmentos numerados, e foi inaugurada pelo mesmo Domingos Pires de Carvalho, em 22 de junho de 1703.[40] No Arquivo

---

35 SALGADO, Op. cit., p. 133.

36 No Quarto livro das ordenações manuelinas a instituição das sesmarias recebeu tratamento legislativo específico. Para Portugal as sesmarias eram terras antes lavradas e aproveitadas e por não mais serem podiam e deviam ser doadas. Ordenações Manuelinas (1521), 5 vols. Lisboa: Calouste Gulbekian, 1984, p. 164.

37 CAMPOS, J. da Silva. Descendência esclarecida de um minhoto ilustre na Baia. Revista de Guimarães. Vol.XLV. n. 1-2. Jan/Jun 1935, p. 27.

38 Arquivo Nacional/CODES/Documentos Privados. Fundo Família Pires de Carvalho e Albuquerque. Caixa 1. Envelope 2. Doc. 21.

39 Arquivo Nacional/CODES/Documentos Privados. Fundo Família Pires de Carvalho e Albuquerque. Caixa 1. Envelope 6. Doc. 50.

40 Frei Jaboatão, p. 65.

Nacional do Rio de Janeiro, uma transcrição manuscrita do Livro de Tombo da capela da Venerável Ordem Terceira de São Francisco registra uma doação de dois mil e oitocentos cruzados feita pelo ministro da Ordem, o coronel Domingos Pires de Carvalho, com o objetivo de que fosse rezada missa, cotidianamente, por sua tenção, até o fim do mundo.[41] Hoje, um quadro com a imagem de Domingos Pires de Carvalho, se encontra exposto com destaque no museu pertencente à Ordem Terceira de São Francisco da Bahia.

A familiatura do Santo Ofício foi uma das últimas conquistas de Domingos Pires de Carvalho, em sua busca de prestígio social em terras da colônia. Domingos Pires de Carvalho requereu, em 1682, a familiatura, mas só a recebeu em 1695.[42] Requereu também a habilitação da Ordem de Cristo em 1686.

Na colônia, a familiatura era procurada pelos homens de negócios, pois o "critério" de ter fortuna facilitava-lhes o acesso e os elevava de categoria na luta com a aristocracia fundiária por afirmação social. Domingos Pires de Carvalho e seus descendentes se enquadraram perfeitamente nos padrões vigentes de nobilitação: postos de ordenanças, familiatura, cargo municipal e, ocasionalmente, Ordem de Cristo.[43]

De modo geral, o que se percebe é a existência de prática da utilização de certos cargos como estratégia para adquirirem outros cargos e benefícios. A cada novo posto assumido, ocorria uma acumulação de privilégios que eram resgatados sempre que se buscavam outras variedades de mercês. Domingos Pires de Carvalho, ao buscar o Hábito de Cristo, fez questão de lembrar da sua condição de titular do posto de sargento-mor de um dos terços de ordenança da Cidade.

Quando faleceu, em 1708, Domingos Pires de Carvalho já tinha atingido condição privilegiada no interior da dinâmica política e econômica da colônia. Deixara para seu filho um morgado que serviu à família por muitos anos e, ao mesmo tempo, investiu-se de uma representação simbólica de fiel servidor de Sua Majestade, cujos dividendos seus descendentes souberam otimizar e reprocessar no decorrer de mais de um século.

---

41 Arquivo Nacional/CODES/Documentos Privados. Fundo Família Pires de Carvalho e Albuquerque. Caixa 1. Envelope 2. Doc. 21.

42 Arquivo Nacional/CODES/Documentos Privados. Fundo Família Pires de Carvalho e Albuquerque. Caixa 1. Envelope 2. Doc. 21.

43 SILVA, *Op. cit.*, p. 161.

Família, sucessão vincular e reprodução social em território colonial

Domingos Pires de Carvalho foi um exemplo do imigrante minhoto que chegou ao Brasil, estruturou-se economicamente, casou-se, teve filhos e os legou todas as suas conquistas materiais e simbólicas.

O que pretendemos fazer aqui é uma descrição da dinâmica de reprodução social colocada em prática pelos Pires de Carvalho e Albuquerque, durante o século XVIII. Decorrente de especificidades jurídicas, a reprodução social de certas famílias em território do reino enquadrou-se ao estatuto da nobreza, com todas as prerrogativas e privilégios de um grupo social juridicamente definido. É de difícil questionamento a admissibilidade dos riscos de se tentar identificar a existência de uma "nobreza" colonial nos moldes da reinol. A impossibilidade de enquadramento ao estatuto legal da nobreza reinol, entretanto, não foi fator suficiente para impedir a vinculação dos bens entre as famílias mais abastadas da Bahia colonial nem do uso do morgadio como seu desdobramento imediato.

Não almejo aqui construir um modelo de sucessão vincular somente a partir da trajetória de uma família estabelecida na Bahia do século XVIII. O que se objetiva é apenas apresentar um caminho que, mesmo não se constituindo em regra, certamente não foi incomum. O que buscamos é a realização de uma análise embrionária de uma prática do modelo reprodutivo vincular enquanto comportamento de referência de uma família de comprovado peso político, econômico e social na Bahia colonial. Vejamos o que Nuno Monteiro apresentou, ao se referir ao modelo reprodutivo vincular em Portugal:

> A sua adoção traduzia-se não apenas na fundação de vínculos (morgadis), mas ainda no encaminhamento da grande parte das filhas e da maioria dos filhos secundogênitos para as carreiras eclesiásticas. A reprodução alargada da "casa" constituía o desígnio estratégico ao qual se deviam submeter todos os destinos individuais.[44]

---

44 MONTEIRO, Nuno Gonçalo. Trajetórias sociais e formas familiares: O modelo de sucessão vincular. In: JIMENEZ, Francisco Chacón. e FRANCO, Juan Hernandez. (eds). *Familia, Poderosos y Oligarquias/* Seminário: Familia y elite de poder em el Reino de Murcia. Siglo XV – XIX. Murcia. Universidad de Murcia, Departamento de História Moderna, Contemporânea y de América, Serviços de Publicaciones, 2001, p. 19.

A "casa" a que Nuno Monteiro se refere teve sua centralidade identificada por ele ao afirmar que, "como tantas outras no mundo de então, a sociedade aristocrática portuguesa era, em primeiro lugar, uma sociedade de 'casas', e que seu "código de conduta fundamental era definido pelo direito vincular".[45] Esse conceito de "casa" foi reproduzido de maneira direta entre os colonos. Em diversos documentos, os Pires de Carvalho e Albuquerque apresentaram ações de reafirmação e de defesa da sua "casa". A "casa" foi uma espécie de instituição do exercício privado do poder mediante a qual as diversas famílias das elites coloniais "costuraram" suas trajetórias de poder e enriquecimento.

A motivação que Nuno Monteiro identificou para a existência de "casas" entre os Grandes do reino pode ser vista como uma síntese perfeita para o que foi reproduzido em território colonial, senão vejamos:

> A primeira e fundamental dimensão das casas dos Grandes traduzia-se nas obrigações impostas a todos quantos nela nasciam. De fato, a estreita disciplina doméstica abrangia não só os sucessores, mas todos os filhos e filhas, e visava objetivos bem definidos. Em primeiro lugar, garantir a sua perpetuação, que se procurava, desde logo, através do esforço para obter sucessão biológica varonil e, na falta desta, por um conjunto de práticas destinadas a encontrar sucessão, evitando, tanto quanto possível, os riscos de anexação por outras casas. Em seguida, favorecer o seu 'acrescentamento'. Antes de mais, através do exclusivo social. Assim, os sucessores (que desde 1651 se casaram em cerca de 80% dos casos com filhas de Grandes e na quase totalidade com senhoras da primeira nobreza da corte ou do estrangeiro) e as filhas (valores quase idênticos até 1800) estavam sujeitos a uma apertada homogamia matrimonial. A esmagadora maioria dos filhos secundogênitos e das filhas que não encontravam colocação matrimonial dentro da primeira nobreza era encaminhada para o clero.[46]

O ponto de partida é o pressuposto de que havia subjacente à colônia e ao reino uma mesma base cultural e jurídica, ou seja, a cultura senhorial do Antigo Regime português. Nesse caso, ações que compreendiam a defesa da indivisibilidade patrimonial serviriam como substrato comum aos dois lados do Atlântico.

---

45 MONTEIRO, *Op. cit.*, 2012. p. 89.
46 *Ibidem*, p. 90.

Três são as questões básicas que entendemos serem necessárias para uma análise da sucessão vincular e da reprodução social em território colonial: o morgadio, o matrimônio e a carreira eclesiástica. Esses são os pontos em relação aos quais será tecida a trajetória de reprodução social dos Pires de Carvalho e Albuquerque na Bahia do século XVIII.

O texto que trata da sucessão dos Morgados[47] no livro IV das Ordenações Filipinas é bastante direto e não deixa dúvidas:

> Posto que o filho mais velho morra em vida de seu pai, ou do possuidor do morgado, se o tal filho mais velho deixar filho, ou neto, ou descendentes legítimos, estes tais descendentes por sua ordem se preferirão ao filho segundo.[48]

A primogenitura deveria ser respeitada acima de tudo, mesmo que se tratasse de filhos legitimados.

A presença da instituição do morgado entre os Pires de Carvalho e Albuquerque remonta ao seu fundador, Domingos Pires de Carvalho. Em janeiro de 1698, o Conselho Ultramarino fez consulta sobre Domingos Pires de Carvalho e sua mulher, Maria da Silva, que pediam alvará para poderem vincular em morgado todos os seus bens ao seu filho José Pires de Carvalho (1º).[49] Em 9 de dezembro de 1698, saiu a ordem do rei D. Pedro II para se passar a provisão solicitada.[50] O valor dos bens vinculados foi de 120.000 cruzados, o que totalizava uma fortuna de grande monta para a época. A sucessão desse morgado passou por várias gerações de primogênitos da família, a começar pelo primeiro filho de José Pires de Carvalho (1º), Salvador Pires de Carvalho. Salvador Pires, segundo Pedro Calmon, também teria sucedido um morgado dos Pereiras de Santa Senhorinha de Viana, no reino.[51]

O sucessor de Salvador Pires de Carvalho foi o seu primogênito, José Pires de Carvalho e Albuquerque (3º). Do primogênito deste José Pires de Carvalho e

---

47 O morgadio é uma forma de organização familiar baseada na instituição de vínculos entre o pai e seu primogênito no qual os bens são transmitidos assegurando que os mesmos sejam inalienáveis e indivisíveis.

48 Ordenações Filipinas, vols. 1 a 5; Rio de Janeiro: Edição de Cândido Mendes de Almeida, 1870. Livro IV, título 100, p. 990.

49 Lisboa, 8.01.1698. Anexo: aviso, relação, sentença de justificação. AHU_ACL_CU_005-02, Cx. 32, D. 4107 - 4110

50 *Idem.*

51 CALMON, *Op. cit.*, p. 171.

Albuquerque, homônimo do pai, viria o primeiro imbróglio no processo de sucessão do morgado instituído por Domingos Pires de Carvalho. José Pires de Carvalho e Albuquerque (4°) sucedeu o seu pai, falecido em maio de 1796. Um fato, entretanto, causaria uma longa contenda na família e envolveria diretamente a sucessão desse morgado. O morgado José Pires de Carvalho e Albuquerque (4°) veio a falecer em julho de 1796, apenas dois meses depois do pai. Solteiro, sem herdeiro legítimo a suceder-lhe, teve com Maria da Expectação Alves Braga três filhos naturais por ele legitimados.[52]

Uma extensa contenda viria a instalar-se em torno da transmissão do morgado instituído no século XVII por Domingos Pires de Carvalho. A história envolveu uma disputa, a partir de documentos enviados ao Conselho Ultramarino, tendo como litigantes de um lado, Antônio Ferreira de Andrade (nomeado tutor pelo morgado dos seus três filhos bastardos), e de outro, Catarina Francisca Corrêa de Aragão, Ana Maria de São José e Aragão, Maria Francisca da Conceição e Aragão, Catarina Joaquina dos Anjos e Aragão e Joaquina Maurícia de São Miguel e Aragão, respectivamente avó e irmãs do morgado.

O objetivo da avó e das irmãs era de impugnar a legitimação dos filhos bastardos do morgado. Alegaram que foram obrigadas a assinar vários termos e escrituras em benefício dos bastardos a fim de evitar que o morgado viesse a se casar com uma "mulher infame de perversos costumes e de qualidade parda por sua avó, sendo as suplicantes de conhecida nobreza".[53] Alegaram também que a legitimação dos bastardos causaria dolo e prejuízo às suplicantes e seus legítimos filhos e descendentes.[54]

Tal indignação das suplicantes pode ter tido fundamento na suspeita de que teria Antônio Ferreira Andrade persuadido o morgado a casar-se com Maria da Expectação.[55] Segundo Moniz Bandeira, é fato que, antes de falecer, José Pires de Carvalho e Albuquerque(4°) tenha realmente pretendido casar-se, mas que, diante da oposição da família, tenha exigido como condição para não fazê-lo que seus

---

52 Bahia. s/d AHU-IDRBECA – doc. 24477 (anexo doc. 24467).
53 Bahia. s/d AHU-IDRBECA – doc. 24474 (anexo doc. 24467).
54 *Idem.*
55 BANDEIRA, Luiz Alberto Moniz. *O Feudo: a Casa da Torre de Garcia d'Ávila: da conquista dos sertões à independência do Brasil.* Rio de Janeiro: Civilização Brasileira, 2000, p. 324.

parentes assinassem em favor dos seus filhos um termo de desistência e demissão da herança que estava por deixar.⁵⁶ Esse termo foi assinado em 6 de julho de 1796.⁵⁷

A assinatura do documento não encerrou a contenda. A avó e as irmãs continuaram questionando a validade do testamento do morgado. Fizeram representação pedindo o sequestro dos bens até ser resolvido o problema da validade do testamento.⁵⁸ A rainha D. Maria I atendeu-lhes a petição e mandou nomear um juiz comissário privativo para administrar a arrecadação das rendas dos bens de José Pires de Carvalho e Albuquerque.(4º)⁵⁹ A reação de Antônio Ferreira de Andrade foi bastante incisiva. A princípio, tentou uma representação buscando embargar a pronta execução da carta régia que nomeava o juiz comissário.⁶⁰ Não sendo atendido, apelou em carta particular endereçada a D. Rodrigo de Sousa Coutinho, Ministro da Marinha e Ultramar.

A carta de Antônio Ferreira de Andrade tinha endereço certo, visava a acusar o cunhado do morgado, o secretário de Estado José Pires de Carvalho e Albuquerque (6º), casado com Ana Maria de São José e Aragão, irmã do morgado falecido e uma das que lideravam, junto com a avó, a disputa pelos bens do irmão. Homem poderoso, José Pires de Carvalho e Albuquerque foi visto por Antônio Andrade como o principal responsável por articular os interesses da família em contraposição aos seus interesses.

Referindo-se à legitimidade da carta régia, Antônio Andrade afirmou que ela atingia invioláveis direitos, "de cujo teor não consta por qual das Secretarias de Estado fosse expedida, nem porque oficial fosse escrita com a data que trás de 29 de outubro do próximo ano de 1796 a favor deste prepotente Secretário de Estado e Guerra do Brasil".⁶¹ Retratando o quanto era difícil lutar contra os interesses de família tão poderosa, Antônio Andrade acusou um membro do clã, o Dr. Francisco Pires de Carvalho e Albuquerque, desembargador da Casa de Suplicação em Lisboa, de assinar como procurador o requerimento da avó e das irmãs do morgado falecido.⁶²

---

56 Idem.
57 Bahia. 26.07.1796. AHU-IDRBECA – doc. 24469 (anexo doc. 24467).
58 BANDEIRA, Op. cit., p. 325.
59 Idem.
60 Bahia. 10.06.1797. AHU-IDRBECA – doc. 18246 (anexo doc. 18245).
61 Bahia. 14.04.1797. AHU-IDRBECA – doc. 18247 (anexo doc. 18245).
62 Idem.

Referindo-se à justiça da Bahia, Antônio Ferreira de Andrade afirmou que essa era "toda suplantada ou subordinada por este Ditador o referido Secretario! Fatal justiça a da Bahia, meu senhor, mais venal que a de Roma".[63]

O governador D. Fernando José de Portugal veio em defesa do secretário de Estado José Pires de Carvalho e Albuquerque (6º). Também se reportando a D. Rodrigo de Sousa Coutinho, o governador deixou bem claro que as acusações eram "expressões fortes e soltas" e que Antônio Andrade teria chamado o Secretario de,

> (..)prepotente e de pequeno Déspota, quando a honra com que serve a Sua Majestade no dito emprego e seu bom comportamento, e de toda a sua família, é uma prova evidente de que não é próprio aquele péssimo caráter, que o suplicante lhe supõe.[64]

O litígio caminhou até o início do século XIX. Durante o processo, a família Pires de Carvalho e Albuquerque utilizou-se de todas as formas de ofensa à reputação da mãe dos bastardos. Uma delas a retratava como uma "concubina de péssimo procedimento, fácil acesso a outros homens e até notoriamente infamada de trato ilícito".[65] O caso parece ter se resolvido com a instituição do morgado de José Pires de Carvalho e Albuquerque (4º), vinculado àquele instituído por seu bisavô Domingos Pires de Carvalho.[66]

Ainda que o episódio acima retratado possa demandar maiores aprofundamentos e investigação, a menção a ele decorreu apenas da necessidade de demonstração da centralidade do morgadio enquanto instrumento de defesa e consolidação dos bens e riquezas no âmbito familiar. Ao buscar impedir a dissipação do morgado instituído por Domingos Pires de Carvalho, os membros da casa dos Pires de Carvalho e Albuquerque não pouparam esforços nem se submeteram a qualquer tipo de impedimento que viesse a favorecer os seus adversários.

Apesar de o morgado ter sido deixado aos herdeiros legitimados do falecido José Pires de Carvalho e Albuquerque (4º), a família foi compensada com a transmissão do morgado de Garcia d'Ávila Pereira de Aragão à sua sobrinha, filha mais velha da sua irmã Leonor Pereira Marinho, casada com outro José Pires de Carvalho

---

63 *Idem.*
64 *Idem.*
65 Bahia. s/d AHU-IDRBECA – doc. 24478 (anexo doc. 24467).
66 AHU_ACL_CU_005, Cx. 211, D. 14893.

e Albuquerque. Ana Maria era casada com o já citado secretário de Estado e Guerra, José Pires de Carvalho e Albuquerque (6º), e o morgado ficou na família até a sua extinção no século XIX.

Outro aspecto vinculado ao processo de reprodução social dos Pires de Carvalho e Albuquerque se refere ao casamento. O destino a ser dado a cada filho se definia a partir das estratégias de reprodução pensadas por cada casa ou clã familiar. Segundo Nuno Monteiro, referindo-se ao reino:

> Um dever essencial para com a casa era o que tinham os seus presuntivos sucessores: casar e dar-lhe descendência, como em qualquer casa reinante. As opções matrimoniais dos filhos sucessores, tal como das filhas que se casavam, por seu turno, eram determinadas pelas políticas de alianças das casas.[67]

A casa dos Pires de Carvalho e Albuquerque optou por dois caminhos, em relação aos vínculos matrimoniais. Por um lado, reproduziram os casamentos com indivíduos de fora da família enquadrando-se na tradicional estratégia de aliança política e econômica, por outro, reafirmaram o uso dos casamentos endogâmicos. Ainda que os vínculos com os Albuquerques e os Ávilas tenham se destacado, outras famílias também se juntaram ao leque de relações matrimoniais dos Pires de Carvalho e Albuquerque.

A primeira geração, oriunda do filho de Domingos Pires de Carvalho, formou-se reproduzindo a estratégia que se tornaria prática comum da família por várias gerações. Ao primogênito, além de suceder ao morgado, cabia um casamento que assegurasse a descendência da casa. Às mulheres restava muito pouca alternativa que não fosse a carreira religiosa. O filho de Domingos Pires de Carvalho, José Pires de Carvalho (1º), fez casamento dos mais estratégicos para uma família que iniciava a sua trajetória de ascensão e legitimação social. Juntou-se a D. Teresa, filha de Baltazar de Vasconcelos Cavalcante e Albuquerque e de Antônia de La Penha Deus-dará. D. Tereza trouxe a linhagem dos Albuquerques, uma das mais prestigiadas da colônia, e a Deusdará era uma linhagem de fidalgos, magistrados e grandes provedores da Fazenda de Sua Majestade em terras coloniais.

A descendência de José Pires de Carvalho (1º) e D. Tereza constituiu-se de seis filhos: dois homens e quatro mulheres. Essa segunda geração ainda reproduziu

---

67 MONTEIRO, Nuno Gonçalo. Casa e Linhagem: o Vocabulário Aristocrático em Portugal nos séculos XVII e XVIII. *Penélope*: Fazer e Desfazer a História. N 12, 1993, p. 58.

a prática iniciada pelas filhas de Domingos Pires, e as quatro foram para o Convento do Desterro. O destino dos dois varões também foi devidamente enquadrado na lógica de reprodução tradicional da aristocracia. O primogênito, Salvador Pires de Carvalho e Albuquerque, sucedeu o pai no morgado e casou-se com uma prima. Mais do que garantir no interior da família a manutenção dos bens e riquezas, inaugurou a prática que se tornaria tradição do clã por todo o século XVIII e XIX. No que se refere ao casamento endogâmico, os Pires de Carvalho e Albuquerque não representavam nenhuma originalidade, isso foi prática comum na colônia como era no reino. Ao analisar o casamento entre dois primos em Minas Gerais, Carla Almeida afirmou que o matrimônio "cumpria uma dupla função dentro das estratégias sutil e habilmente tecidas pelas duas famílias".[68] Segundo ela, o casamento endogâmico, ao mesmo tempo que reforçava a condição de nobreza presente no seio da família, também evitava a dispersão do patrimônio fora da casa.[69]

Ao outro varão, o segundogênito José Pires de Carvalho e Albuquerque (2º), além do casamento fora da família, incorporando novas relações sociopolíticas, coube não só engrandecer intelectualmente a casa, tornando-se um letrado de Coimbra, como também fazê-la circulante em termos imperiais.

Salvador Pires de Carvalho e Albuquerque teve oito filhos. O destino dos seus filhos é bastante ilustrativo dessa estratégia de reprodução social. O primogênito, homônimo de outros José Pires de Carvalho e Albuquerque (3º), deu continuidade ao morgadio e, ao casar-se com Leonor Pereira Marinho, legou aos Pires de Carvalho sua aliança matrimonial, possivelmente, mais lucrativa. D. Leonor Marinho era filha do poderoso mestre de campo Francisco Dias D'Ávila. A aliança com os Ávilas ainda seria ampliada com o casamento da filha mais velha de Salvador Pires, com o também Mestre de Campo, Garcia de Ávila Pereira. O segundogênito de Salvador Pires foi o padre Baltazar Pires de Carvalho e Albuquerque. Além dele, dois irmãos e uma irmã também seguiram a carreira eclesiástica. Entre os descendentes de Salvador Pires de Carvalho, completando o caminho clássico de reprodução social, esteve o Dr. Francisco Pires de Carvalho e Albuquerque que, além de permanecer soltei-

---

68 ALMEIDA, C. M. C. (2007), Uma nobreza da terra com projeto imperial: Maximiliano de Oliveira Leite e seus aparentados. In: J. L. R. Fragoso, C. M. C. Almeida e A. C. J. Sampaio (orgs.), *Conquistadores e Negociantes: História das Elites no Antigo Regime nos Trópicos (América Lusa, Séculos XVI a XVIII)*, Rio de Janeiro: Civilização Brasileira, 2007. p. 155.

69 Idem.

ro, também se firmou como indivíduo de circulação imperial ao vincular-se aos quadros da Universidade de Coimbra, onde foi lente das disciplinas Analítica de Cânones e Direito Natural, membro do canonicato residencial e deputado da Real Mesa da Comissão Geral sobre o Exame e Censura dos Livros.

O irmão de Salvador Pires de Carvalho e Albuquerque, o já citado José Pires de Carvalho e Albuquerque (2º), antes de voltar para a Bahia, foi ouvidor e provedor da Comarca de Alenquer. Na colônia, casou-se e teve onze filhos. Seus três primeiros faleceram menores. O quarto, que na prática tornou-se o primogênito, apesar de não ter um morgado a suceder, adquiriu um posto hereditário vinculado a todos os primogênitos descendentes diretos de José Pires de Carvalho e Albuquerque (2º). Tratou-se da chefia da Secretaria de Estado e Guerra do Brasil. Esse "primogênito" foi também um homônimo José Pires de Carvalho e Albuquerque (5º). Ficou no posto de secretário de Estado entre 1774 (ano de falecimento de seu pai) e 1778, quando veio a falecer, aos 31 anos de idade. Após a morte deste José Pires de Carvalho e Albuquerque (5º), o posto de Secretario de Estado foi passado a seu irmão, de mesmo nome.

Resgatamos agora a prole de um dos já citados José Pires de Carvalho e Albuquerque (3º), identificado como o marido de Leonor Pereira Marinho e responsável em vincular o clã aos Ávilas. Desse matrimônio vieram 12 filhos. A grande maioria faleceu precocemente e o grande número de mulheres, superior ao de homens, fez destas as protagonistas dos casamentos estratégicos da família. O primogênito foi o varão José Pires de Carvalho e Albuquerque (4º). Dele já tratamos aqui quando da confusão causada pela sucessão de seu morgado, já que não tinha filhos legítimos e teve que legitimar os bastardos tidos com Maria da Expectação Alves Braga. O destaque, entretanto, vai para três de suas irmãs, Ana Maria de São José e Aragão, Catarina Joaquina dos Anjos e Aragão e Joaquina Maurícia de São Miguel e Aragão.

A primeira delas casou-se com o primo José Pires de Carvalho e Albuquerque (6º), filho do Dr. José Pires de Carvalho e Albuquerque. A partir dos documentos é possível reconstituir uma imagem de D. Ana Maria de São José e Aragão como uma grande liderança feminina no seio familiar. Através dela a família incorporou a propriedade do cargo de escrivão da alfândega (vinda de seu pai) e a sucessão do morgado da Torre de Garcia D'Ávila, por legado do seu tio, o mestre de campo Garcia D'Ávila Pereira de Aragão. Após a morte do marido, em 1808, exerceu papel central na defesa dos interesses dos filhos e da família.

A outra filha, D. Catarina Joaquina dos Anjos e Aragão, manteve a tradição do casamento intrafamiliar ao unir-se ao seu primo, o capitão-mor Antônio Joaquim Pires de Carvalho e Albuquerque, filho do seu tio paterno, Dr. José Pires de Carvalho e Albuquerque (2º), e de Isabel Joaquina de Aragão. A última das três foi Joaquina Mauricia de São Miguel e Aragão. Seu casamento se mostrou perfeitamente enquadrado na lógica de aliança política e econômica da época. Seu marido foi o capitão-mor Joaquim Inácio de Siqueira Bulcão, filho de Baltazar da Costa Bulcão e de Maria Joana de Jesus e Aragão. No início do século XIX, Siqueira Bulcão possuia uma das maiores fortunas da Bahia colonial.

O último dos aspectos referentes às estratégias de reprodução social dos Pires de Carvalho e Albuquerque é o que diz respeito à carreira eclesiástica. Nesse caso, foi possível perceber uma mudança de comportamento, a partir de finais do século XVIII. Até pouco mais da primeira metade do século XVIII, o ato de enviar as filhas para um convento era prática comum entre os Pires de Carvalho e Albuquerque. Esse gesto foi perdendo força ao longo do século XVIII. A análise decorrente desse fato é o da representação do casamento como fator de ameaça à integridade das posses e bens adquiridos. O dote caracterizava-se como um risco de partilha de rendimentos, o que fazia do casamento de uma filha menos investimento e mais despesa.

Domingos Pires de Carvalho e seu filho José Pires de Carvalho (1º) são exemplos superlativos dessa mentalidade. Ambos enviaram para o convento todas as suas filhas. Eduardo Hoornaert fez um levantamento no convento do Desterro em Salvador, entre 1680 e 1797, cujo resultado afirma que "77 por cento das filhas de 53 famílias baianas entraram para o Desterro, oito por cento permaneceram em casa sem se casar e apenas quatorze por cento delas se casaram".[70]

O documento comprobatório de que as filhas de Domingos Pires de Carvalho tomaram hábito no Desterro foi uma Consulta feita em janeiro de 1701 pelo Conselho Ultramarino ao rei D. Pedro II sobre a carta do cônego procurador do convento de Santa Clara da Bahia, Gaspar Marques Vieira, acerca de se conceder noviciado às filhas de Domingos Pires de Carvalho. D. Pedro II deferiu o pedido de Domingos Pires de Carvalho, à época, sargento-mor de Ordenança.[71]

---

70 HOORNAERT, Eduardo. A Igreja Católica no Brasil Colonial. In: Leslie Bethell (Org). *América Latina Colonial*, V I. São Paulo: Editora da Universidade de São Paulo; Brasília, DF: Fundação Alexandre Gusmão, 1998, p. 566.

71 AHU ACL_CU_005, Cx. 3, D. 305.

No que se refere a José Pires de Carvalho (1º), uma resolução do Conselho Ultramarino, de 5 de fevereiro de 1718, permite entender bem o quanto a questão do dote era tema central financeiramente. Vejamos o conteúdo do documento:

> O Marquês de Angeja, vice-rei e capitão general de mar e terra do Estado do Brasil, em carta de 2 de agosto do ano próximo passado, dá conta a Vossa Majestade, pela Secretaria de Estado, que o coronel José Pires de Carvalho, natural e morador naquela cidade da Bahia, e nela casado nobremente se achava com algumas filhas, as quais desejava recolher no convento do Desterro daquela cidade, por não ter dote com que as casar com pessoas da sua igualdade, pela fazenda que possui estar toda vinculada em morgado, e que pelo honrado procedimento com que o dito coronel servia a Vossa Majestade naquele posto e pelo aumento que fazia ter ao contrato dos dízimos reais daquela capitania no crescimento a que o subia com os lanços que nele dava, e pela perda que tinha experimentado em alguns que arrematara, se fazia digno de que Vossa Majestade por sua real grandeza seja servido deferir seu requerimento.
>
> Pareceu representar a Vossa Majestade que este convento se acha não só com o número das religiosas com que se instituiu, mas com muitas mais supranumerárias, e que a esta consideração já o Arcebispo da Bahia expôs a Vossa Majestade, por carta sua, o grande dano que se seguia de concederem mais lugares por este meio se ia empobrecendo e viriam a experimentar a impossibilidade de não terem com que se poderem sustentar, e Vossa Majestade também a este respeito ordenou que este Conselho não admitisse neste particular requerimento algum, e que estas mercês não costuma Vossa Majestade fazer senão a pessoas de maior nobreza, e de grandes merecimentos, o que não concorre em José Pires de Carvalho, e se não pode deixar de reparar que o Marquês de Angeja, vice-rei, haja de inculcar a Vossa Majestade em sujeito tal para a concessão de semelhante graça, em quem se não encontre aquelas circunstâncias que se façam atendíveis para a merecer, antes convém que sendo a casa deste coronel tão opulenta case suas filhas, porque não faltarão na esperança dos dotes pessoas de toda a nobreza, que lhas procurem enobrecendo-se por este caminho a sua família e também ajudando a estender-se mais naquela cidade.[72]

---

72   DHBN. Rio de Janeiro: Biblioteca Nacional, v. XCVII. p.113-114.

A transcrição completa do documento se justifica pela riqueza do seu conteúdo. Nele é possível perceber que a ação de se colocar uma filha no convento não era uma decisão exclusivamente unilateral da família. Era necessário a aprovação da autoridade religiosa local e, principalmente, da mercê régia. Não adiantou a José Pires de Carvalho (1º) utilizar do argumento de ter colaborado com o aumento do contrato dos dízimos, pois, aos olhos do rei, valia mais o *status* social do requerente, ficando claro também que José Pires de Carvalho (1º), ainda que fizesse parte de uma casa opulenta, não tinha nobreza suficiente para ser atendido em sua reivindicação.

Em 1717, ano em que José Pires de Carvalho (1º) solicitou o recolhimento da filha ao convento, ele já tinha sido vereador em três oportunidades. Seu morgado era um dos mais valiosos da época. Tendo sido sargento-mor, ocupava então o posto de coronel de infantaria das Ordenanças. Tudo isso ainda não era suficiente para que ele viesse a ser considerado por Sua Majestade como pessoa de maior nobreza. José Pires de Carvalho, entretanto, não desistiu da sua intenção, continuou insistindo e obteve sucesso, pois todas as suas quatro filhas receberam o hábito negro do Desterro.

A relação da família Pires de Carvalho e Albuquerque com o convento do Desterro ainda teria outro contratempo. Em 1766, uma carta particular do chanceler da Relação, José Carvalho de Andrade, para o secretário de Estado da Marinha e Ultramar, Francisco Xavier de Mendonça Furtado, relatou uma desordem que se tinha dado no convento de Santa Clara da Ordem de São Francisco, por causa do provimento de um lugar de véu preto que vagara e que a Abadessa pretendia para uma sua sobrinha, filha de seu irmão José Pires de Carvalho e Albuquerque (2º).[73] Ao que parece, José Pires de Carvalho e Albuquerque e sua irmã, a abadessa do convento, quiseram "driblar a burocracia" e admitir sua filha como noviça sem antes ter recebido a expressa licença de Sua Majestade. A abadessa citada foi a freira Maria do Sacramento, uma das quatro filhas de José Pires de Carvalho, que foram para o convento depois de 1718. O irmão da Abadessa foi o Dr. José Pires de Carvalho e Albuquerque (2º) que, no final das contas, conseguiu enviar as suas quatro filhas para o Desterro.

O quadro abaixo identifica o peso da carreira eclesiástica para a família, em todo o século XVIII, e a perda de importância em fins do XVIII e início do XIX:

---

73 Bahia. 25.07.1766. AHU-IDRBECA – doc. 7198.

Quadro 13
Os Pires de Carvalho e Albuquerque e a carreira eclesiástica

Pai	Total de filhos	Total de filhos que seguiram a carreira eclesiástica
Domingos Pires de Carvalho (? – 1708)	5	4 Freiras
José Pires de Carvalho (1677 - 1759)	6	4 Freiras
Salvador Pires de Carvalho e Albuquerque (1701 - 1746)	8	3 Padres 1 Freira
Dr. José Pires de Carvalho e Albuquerque (1709 – 1774)	12	4 Freiras
José Pires de Carvalho e Albuquerque (1756 – 1808)	10	Nenhum deles. Das três filhas, uma faleceu menor e as outras se casaram com primos.
Antônio Joaquim Pires de Carvalho e Albuquerque (1776 – 1812)	05	Nenhum deles. Teve duas filhas e ambas se casaram com primos.

Fonte: JABOATÃO, Fr. Antonio de S. Maria. *Catálogo Genealógico das principais famílias que procederam de Albuquerques e Cavalcantis em Pernambuco e Caramurús na Bahia*. Revista do Instituto Histórico e Geográfico Brasileiro, vol.LII e *Notas de Pedro Calmon ao Catálogo*.

    Os Pires de Carvalho e Albuquerque adotaram, como ficou explicitado, a prática de transmissão patrimonial a um único herdeiro, pelo instituto do morgadio. Até onde foi possível pesquisar o cotidiano dessa família, não identificamos qualquer informação que pudesse evidenciar o não reconhecimento por parte dos demais membros da família da legitimidade dos direitos de primogenitura. Mais do que isso, essa mesma mentalidade também servia como estratégia de preservação patrimonial para os outros membros da família excluídos da primogenitura. A partir do segundogênito, aqueles que constituíam família tratavam de assegurar para os seus herdeiros a propriedade vitalícia de uma série de ofícios que, de certa forma, reproduziam a lógica vincular do morgadio.

    Os casamentos e o destino celibatário refletiam um comportamento estratégico na evolução do processo de ascensão e consolidação socioeconômica da família no interior da sociedade baiana colonial. A forte tendência eclesiástica do início do século XVIII correspondeu a um momento de consolidação da riqueza material familiar, evitando-se os riscos de fragmentação dessa riqueza. Os casamentos fora do núcleo familiar foram pontuais e estrategicamente estabelecidos com famílias de importância econômica e social consolidada, em termos econômicos e sociais. Os casamentos endógenos refletiram a tendência concentradora da família cujas relações consanguíneas ajudavam a legitimar a casa e a descendência.

A economia da mercê e o acúmulo de capital social

A riqueza dos Pires de Carvalho e Albuquerque foi adquirida e ampliada basicamente no interior da colônia, e eles se utilizaram de mecanismos que vão da instituição de morgados até os matrimônios. Pagaram muito à Coroa, mas beneficiaram-se em grande proporção.

Em estudo sobre a formação da elite colonial, entre os anos 1530 a 1630, abordando os períodos iniciais da conquista portuguesa, Rodrigo Ricupero apresenta uma série de estratégias de ascensão e consolidação social utilizadas pelos colonos, e que tendo servido para o século XVI, fase de características muito próprias, permaneceu valendo para os séculos seguintes.[74]

Diferente da fase em que tinha o Oriente como principal centro gerador de rendas e que exigia maior controle e presença militar e administrativa da Coroa, na América tudo era incipiente e a Coroa viria a depender, em regra, da iniciativa de colonos e intermediários.[75] Tratava-se de conjuntura propícia àqueles que em busca de oportunidades e lucros mostrassem espírito aventureiro. Essa foi a realidade da colonização do Brasil, com a Coroa se utilizando de recursos humanos e financeiros particulares e sinalizando sempre com moedas de troca tais como terras, mercês e cargos.

A busca por honras e mercês foi prática comum desde o início do processo de colonização portuguesa na América. Todas as iniciativas adotadas pela família Pires de Carvalho e Albuquerque ao longo do século XVIII, visando a adquirir rendas, honras e mercês, se afirmavam como permanência de práticas já estabelecidas na relação metrópole/colônia, desde os primeiros anos da colonização. Para a Bahia, o autor do *Livro que dá razão do Estado do Brasil* já afirmava, para o início do século XVII, que no curso do desenvolvimento dessa Capitania "também para isto servirão

---

74 RICUPERO, Rodrigo. *A formação da elite colonial: Brasil c. 1530 – c. 1630*. São Paulo: Alameda, 2009.

75 SARAIVA, Antônio José. *Inquisição e Cristãos-novos*. Lisboa: Editorial Estampa, 1985, p.175.

muito as honras e mercês de Sua Majestade que não custarem fazenda, para dar animo aos moradores ricos".[76]

É possível se dividir a história da concessão de honras e mercês na América em duas fases que, não tendo sido necessariamente distintas, enquadraram-se em conjunturas diferentes. Para a primeira das fases, que pode ser demarcada pelo século XVI e pelo início do XVII, utilizamos a seguinte síntese de Ricupero:

> Tal processo de formação da elite, que combina acesso a cargos, obtenção de mercês e consolidação de patrimônio, já se delineava a partir de 1530, mantendo-se nessa dinâmica até 1630, ou seja, coincidindo com o processo de conquista e ocupação da fachada atlântica. Não se trata, porém, de mera coincidência, se levarmos em conta que a colonização portuguesa na América se iniciou pela necessidade de efetiva ocupação e defesa do território que coube à Coroa de Avis pelo Tratado de Tordesilhas. Dessa forma, as próprias soluções administrativas adotadas (indiretas, pelas Capitanias Hereditárias, ou diretas, pelo Governo-geral) bem como o processo produtivo que se consolidou foram gerados no contexto inicial de ocupação e defesa.[77]

Para essa fase, a obtenção de cargos, mercês e patrimônio estava em sintonia com uma conjuntura de ocupação e defesa. O sistema colonial estava em fase de implantação e consolidação, mas o Brasil ainda não tinha a importância que viria a ter mais tarde no contexto do Império.

A segunda fase teve início em meados do século XVII. Recém-saído do domínio espanhol, Portugal vivenciou, em fins do século XVII, um fortalecimento do seu sentido de Império com reflexos evidentes na administração política. Coube ao monarca utilizar-se de todos os recursos disponíveis que possibilitassem a implementação do controle e da exploração desse Império. Nesse momento, aspectos de uma economia arcaica de concessão e renovação de mercês foram revalorizados e ganharam importância decisiva como estratégia política.

Com o Oriente em decadência, a América tornou-se decisiva para a sobrevivência do Império português. Conhecer e controlar o ultramar passou a ser o grande desafio da Coroa e as mercês viraram instrumento de remuneração daque-

---

[76] MORENO, Diogo de Campos. *Livro que dá razão do Estado do Brasil*. (1612). Recife: UFPE. 1955, p. 139.

[77] RICUPERO, *Op. cit.*, p. 23-24.

les que se aventurassem pelo mundo português. Adquirir privilégios e honras servindo ao rei em terras de ultramar colocou-se como uma opção das mais viáveis para o homem português.

Nesse momento, apresentaram-se dois tipos de trajetórias para esse homem português. De um lado, encontravam-se aqueles que em Portugal já se beneficiavam da condição de nobres e que usavam os cargos do ultramar como forma de renovarem permanentemente essa condição e aqueles que conquistaram patrimônio e privilégios em virtude de sua participação no governo da conquista no século XVI.[78] De outro lado, identificamos uma trajetória como a de Domingos Pires de Carvalho, indivíduo pertencente ao Terceiro Estado do reino, possivelmente situando-se entre aqueles – tomando aqui emprestado a estrutura identificada por Godinho – que têm ofício ou mester em que trabalhe e ganhe sua vida.[79] Esses últimos chegaram à colônia sem nenhum vínculo nobiliárquico, mas que, refletindo as concepções válidas no Antigo Regime, buscaram, mediante serviços prestados ao monarca – em clara sintonia com a lógica remuneratória da Coroa –, mover-se no interior da sociedade colonial em um profícuo processo de acumulação de benefícios, honras e mercês. Ainda que se identifiquem dois tipos diferentes de trajetórias, a cultura de Antigo Regime se constituía em arcabouço que pairava sobre os dois processos.

Para o que foi identificado como primeira fase, o uso da estrutura familiar como fator de ascensão e conquista de poder político e econômico se deu mediante a ocupação de cargos importantes pelos membros das grandes Casas portuguesas, construindo uma rede de influência e constituindo-se em centros de distribuição de poder. Nesse caso, homens com o perfil social de Domingos Pires de Carvalho não se beneficiaram necessariamente da adoção de tais estratégias, pois elas só encontraram terreno fértil para desenvolver-se na fase inicial da colonização, quando a elite colonial ainda dava os seus primeiros passos. Domingos Pires de Carvalho chegou em período de poderes já consolidados e buscou inserir-se em uma sociedade mais amadurecida, utilizando-se para isso de mecanismos já existentes na cultura política do Império.

De modo geral, as mercês dadas na colônia estavam vinculadas a momentos de guerras de conquistas ou de expulsão de invasores. Em Pernambuco, muitos se beneficiaram com a guerra de restauração e, na Bahia, a expulsão dos holandeses

---

[78] Estes foram minuciosamente estudados por Ricupero em obra citada.
[79] GODINHO, *Op. cit.*, p. 82.

rendeu grandes distinções a quem dela participou. No século XVIII, época em que os conflitos armados típicos do século XVII já não mais eram uma realidade cotidiana, outros critérios foram sendo incorporados à politica de concessão de mercês.

No caso da família Pires de Carvalho e Albuquerque, coube a Domingos Pires de Carvalho principiar o clã no caminho das mercês e dos privilégios em terras americanas. Os descendentes do minhoto conseguiram articular-se e amealharam para a casa dos Pires de Carvalho e Albuquerque todos os possíveis meios disponíveis de enriquecimento e ascensão social. Os nomes dos antepassados, seja do lado paterno ou materno, foram sempre reiterados de maneira oportuna, quando da necessidade de se comprovar algum tipo de passado nobre. Uma justificação de serviços prestados por José Pires de Carvalho (1º), enviado ao Conselho Ultramarino por seu neto, descreve muito bem a importância do resgate nobiliárquico dos antepassados:

> (...) Item que ele S. é neto pela parte paterna de José Pires de Carvalho, cavaleiro Professo na Ordem de Cristo, Fidalgo da Casa Real por alvará de 22 de agosto de 1637 e que serviu a S.M.F. nesta Praça da Bahia 72 anos efetivos, em praça de soldado pago e nos postos de capitão de Infantaria da Ordenança, Sargento mor e Coronel do regimento do distrito do Rio Real, do qual passou para o da Mata de São João, Inhambupe e Itapicuru de Cima, e depois de Pirajá e Praça desta mesma cidade e ultimamente de Capitão mor das Ordenanças dela por carta patente do Vice-Rei do Estado o Conde das Galvêas, de 28 de agosto de 1743, sendo o primeiro em que se proveu o dito posto, e Procurador da Fazenda da Seren. Rainha a Snra. D. Marianna de Áustria; além de outros empregos da Republica (...).[80]

O documento traz à tona a obtenção por José Pires de Carvalho (1º), tanto da nobilitação da Ordem de Cristo quanto da fidalguia da Casa Real. Ambas as distinções ganharam, para os membros da família, contornos de tradição. Quase todos os seus principais membros buscaram e conseguiram tais mercês.

Quanto à fidalguia da Casa Real, um alvará do rei o reconheceu como filho de Domingos Pires de Carvalho, fez elogios ao pai já falecido e descreveu os principais cargos militares exercidos pelo agraciado que, segundo o documento, "acudiu as obrigações do dito posto com grande zelo e cuidado dando pronta execução a todas as ordens e diligencias que lhe foram encarregadas pelos mesmos governadores,

---

80 Bahia. 10.07.1804, AHU-IDRBECA – doc. 26085 (anexo doc. 2666).

Vice-Reis, Capitães generais do Estado do Brasil".[81] O decreto foi assinado em 22 de agosto de 1737, determinando os benefícios de mil e seiscentos reis de moradia mensal e um alqueire de cevada por dia.[82]

Percebe-se que o critério – diferentemente dos primeiros anos da conquista portuguesa, quando se vinculava a mercê à ação no campo de batalha – foi principalmente o da fidelidade e competência no bom cumprimento da função na administração colonial. A referência aos serviços prestados pelos antepassados ajudava a ampliar o "cesto de virtudes" que credenciava o requerente a receber a mercê.

A fidalguia da Casa Real praticamente alcançou todas as gerações dos Pires de Carvalho e Albuquerque durante o século XVIII. Em levantamento feito no Registro Geral de Mercês no arquivo da Torre do Tombo, encontramos 15 alvarás referentes à família. O primeiro deles, de 1737, pertenceu a José Pires de Carvalho (1º), e os últimos, de 1790, agraciavam os irmãos da Casa da Torre: Antônio Joaquim Pires de Carvalho e Albuquerque, Francisco Elesbão Pires de Carvalho e Albuquerque e Joaquim Pires de Carvalho e Albuquerque.[83]

O filhamento entre os Pires de Carvalho e Albuquerque seguiu a tradição de concessão automática do foro aos filhos de legítimo matrimônio. José Pires de Carvalho (1º), fidalgo da Casa Real, teve seis filhos: quatro mulheres, todas freiras do Convento do Desterro, e dois homens, ambos também fidalgos como ele.[84] O primogênito de José Pires de Carvalho foi Salvador Pires de Carvalho, pai de oito filhos. Desses, seis eram homens, e todos receberam o foro de fidalgo.[85] O irmão de Salvador Pires, outro José Pires de Carvalho (2º), teve 12 filhos, oito mulheres. Entre os homens, dois foram fidalgos da Casa Real.[86] Um dos mais importantes membros do clã, e que esteve entre os que exerceram o posto de secretário de Estado e Guerra, José Pires de Carvalho e Albuquerque (6º), ele próprio um fidalgo da Casa Real, viu cinco dos seus filhos receberem o foro.

Outra instituição em que os Pires de Carvalho e Albuquerque se fizeram presentes foi a Ordem Militar de Cristo. Referência das mais importantes, a busca

---

81 ANTT, RGM. Mercês de D. João V - Livro: 29, fl. 10.

82 *Idem.*

83 627 ANTT, RGM. Mercês de D. Maria I - Livro: 25, fl. 358.

84 ANTT, RGM. Mercês de D. João V - Livro: 29, fl. 10.

85 ANTT, RGM. Mercês de D. João V - Livro 38, fl. 245-246.

86 *Idem.*

da família por um hábito da Ordem Militar de Cristo correspondia à estratégia de colocar-se como membros diferenciados no interior da hierarquia social baiana do século XVIII. Além disso, a obtenção do hábito ampliava o *status* da família, possibilitando a sua utilização simbólica sempre que se fazia necessário negociar algum privilégio com a Coroa.

Apresentar-se com a insígnia de uma ordem militar no peito era sinal de distinção de grande monta no imaginário coletivo da sociedade colonial. Tal privilégio se reproduzia em uma prática simbólica de distinção social que identificava o indivíduo como um vassalo destacado de Sua Majestade, com limpeza de sangue legitimada.

Um fato que se apresentou de maneira consistente entre aqueles que buscaram o habito de Cristo foi o impedimento em razão de se possuir ascendentes mecânicos. Normalmente, os ascendentes reinóis, pais e avós, se constituíam de mecânicos, o que exigia uma maior articulação dos seus descendentes coloniais a fim de alcançar êxito em sua solicitação. A presença de mecânicos entre os ascendentes, ainda que fosse um critério central no processo de inquirição, não se mostrou, na prática, como um impedimento absoluto. Tal impedimento poderia ser "driblado" com a apresentação pelo suplicante de relato dos serviços prestados à Coroa por esses mesmos ascendentes assim como a prova de ter o suplicante, na época da habilitação, conduta cotidiana aos moldes da nobreza.

O processo de habilitação de José Pires de Carvalho (1º) é bastante ilustrativo dessa situação. Em resolução de janeiro de 1699, após relatar os serviços prestados nas Ordenanças e em outros cargos do Estado por José Pires de Carvalho (1º) e por seu pai, Domingos Pires de Carvalho, no território da Bahia, o rei fez mercê a José Pires de Carvalho do hábito da Ordem de Cristo.[87]

Em fevereiro de 1701, viria, porém, uma notícia desagradável para José Pires de Carvalho (1º): o resultado de suas provanças acabou gerando um documento com o seguinte conteúdo:

> Das provanças que se mandaras fazer a José Pires de Carvalho para poder receber o Hábito da Ordem de Nosso Senhor Jesus Cristo de que Vossa Majestade lhe fez mercê, constou que em sua pessoa concorreu as partes pessoais e limpeza necessária. Mas por também constar que seu pai foi cirurgião em seu principio, e avô paterno oleiro, e o materno alfaiate, se julgou por estes impedimentos não estar capaz de entrar na Ordem do

---

[87] ANTT, HOC – Letra J, Mç. 98, doc. 52.

que se da conta a Vossa Majestade Conselheiro Governador e perpetuo Administrador dela na forma que o disporem os Definitórios. 22 de fevereiro de 1701.[88]

A reação de José Pires de Carvalho (1º) não demorou e veio em forma de uma petição ao rei. O conteúdo dessa petição foi apresentado em um documento da Mesa de Consciência e Ordem que se referia às provanças de José Pires de Carvalho (1º):

> Recorreu a Vossa Majestade com sua petição em que refere haver-lhe Vossa Majestade feito mercê do dito Hábito em satisfação de seus serviços e dos de seu pai Domingos Pires de Carvalho. Os seus por espaço de 8 anos 3 meses e 28 dias em praça de Soldado pago e Capitão de Infantaria da Ordenança na Cidade da Bahia e os de seu pai por espaço de onze anos onze meses e 21 dias efetivos nos postos de Capitão e Sargento mor da Ordenança na dita cidade com a satisfação que constava da cópia da Portaria que oferecia e porque de suas inquirições lhe resultou impedimento de falta de qualidade e em semelhantes costuma Vossa Majestade dispensar e espera da grandeza de Vossa Majestade a mesma graça.
> E a Vossa Majestade que atendendo ao merecimento dos ditos serviços lhe faça mercê dispensá-lo nos ditos impedimentos para poder receber o Hábito.[89]

O documento é de 1703 e alcançou êxito, pois a carta de habilitação lhe foi passada em 5 de Abril de 1704.[90] A conquista dessa mercê por José Pires de Carvalho (1º) consolidou uma força simbólica de valor estratégico para todas as futuras gerações da família. Suas mercês e virtudes foram resgatadas por todos os que vieram depois dele e a repetição do seu nome entre membros do clã de todas as gerações do século XVIII repetiu uma prática comum na sociedade colonial de reprodução de um nome ilustre da família pelas várias gerações seguintes.

Apesar da conquista de José Pires de Carvalho (1º) ter facilitado a obtenção de mercês por parte de outros membros da família, é bom ressaltar que seus filhos tiveram ainda dificuldades devido à ascendência mecânica do avô. No processo do

---

88   *Idem.*

89   *Idem.*

90   ANTT, HOC - Livro 94, fl. 76 – 77.

seu primogênito, Salvador Pires de Carvalho, como habilitando da Ordem Militar de Cristo, mais uma vez aparece o impedimento de mecânica do avô do suplicante.

Quando buscou habilitar-se a uma insígnia da Ordem de Cristo, Salvador Pires de Carvalho já era fidalgo da Casa Real e ocupava o posto de alcaide-mor e ajudante de tenente. Na oportunidade, solicitou ao rei a mercê de fazer as suas diligências na Corte, devido aos custos e demora de fazê-los na Bahia. Segundo ele, na Corte, muitos eclesiásticos e seculares poderiam dar provas a respeito dos seus ascendentes. Além disso, continuou Salvador Pires de Carvalho, para facilitar a mercê, seu pai era o coronel José Pires de Carvalho, fidalgo da Casa Real, Familiar do Santo Ofício e Cavaleiro da Ordem de Cristo. Seu irmão legítimo, o Dr. José Pires de Carvalho e Albuquerque (2º), era fidalgo da Casa Real, secretário de Estado do Brasil, familiar do Santo Ofício e cavaleiro da Ordem de Cristo. Portanto, segundo Salvador Pires de Carvalho, tinha ele razão de se achar sem nenhum gênero de impedimento, sendo, então, merecedor da graça que pretendia.[91]

O que se percebe nesse documento é a ausência de informações referente ao avô mecânico do suplicante. Logicamente que não se tratava de esquecimento, mas de uma estratégica omissão. Salvador Pires de Carvalho utilizou-se das mercês e da posição social privilegiada do pai e do irmão a fim de facilitar a sua solicitação. Depois de feitas as inquirições, a Mesa de Consciência e Ordens apresentou documento com o seguinte teor:

> (...) das suas provanças constou ter as partes pessoais de limpeza necessária. Porém que o avô paterno foi cirurgião e a avó mulher de segunda condição, e prestes impedimento se julgou não estar capaz de entrar na Ordem do que se da conta a Vossa Majestade.[92]

De modo semelhante ao seu pai, Salvador Pires de Carvalho e Albuquerque recorreu ao rei justificando que a mercê lhe tinha sido concedida pelos seus serviços e que o impedimento advindo do seu avô não era sórdido, e que Sua Majestade, em semelhantes casos, costumava dispensar em atenção aos serviços prestados.[93] Tal qual o pai, Salvador Pires de Carvalho e Albuquerque alcançou êxito e pode ostentar a insígnia da Ordem de Nosso Senhor Jesus Cristo. O que se percebe nesses casos de

---

91 ANTT, HOC – Letra S, Mç. 6, doc. 12.

92 *Idem.*

93 *Idem.*

impedimento é a existência de uma formalidade burocrática que não se sustentava diante da necessidade régia de contar, na colônia, com uma rede de vassalos leais e prontos a servir nos mais diversos postos da administração imperial.

Apenas na segunda metade do século XVIII, com a terceira geração da família, a "mancha" mecânica já não se constituiria em impedimento. O neto de José Pires de Carvalho (1º), outro homônimo, José Pires de Carvalho e Albuquerque (6º), deu entrada na solicitação do hábito de Cristo. As inquirições transcorreram sem nenhum problema e o processo, iniciado em abril de 1779, foi concluído no mês seguinte, durando exatamente oito dias, ao custo de 22 mil e quatrocentos reis a serem pagos pelo suplicante.[94]

O sumário das diligências foi totalmente positivo e apresentou que o suplicante não tinha defeito pessoal, que constava de 22 anos de idade e que servia no posto de tenente no Regimento de Artilharia da Graça. Ele era também fidalgo da Casa Real e proprietário do ofício de secretário de Estado e Guerra do Brasil. Além disso, não era professo de outra religião, sempre se tratou, e trata com muita distinção e nobreza, e era bem reputado entre os homens bons.[95]

Quanto aos seus ascendentes, o sumário informou que os pais tratavam-se sob a lei da nobreza e os avôs paterno e materno, e suas respectivas mulheres, nunca tiveram algum exercício mecânico. Mostrou que o justificante, seus pais e avós, nunca cometeram crime de lesa majestade divina ou humana que por eles fossem sentenciados e condenados nas penas estabelecidas nas Leis do reino.[96]

Na altura desse processo, a casa dos Pires de Carvalho e Albuquerque já tinha alcançado um elevado nível de distinção e legitimidade e possuía capital simbólico suficiente para requisitar mercês para todos os seus membros. Na segunda metade do século XVIII, os membros da família utilizaram várias justificações de serviços e de nobreza para facilitar a obtenção de mercês. Há documentos que permitem acompanhar a evolução das diversas honras e mercês adquiridas por várias gerações da família. Um exemplo foi a justificação de nobreza processada e julgada em 1779 por requerimento de José Pires de Carvalho e Albuquerque (6º).

O citado documento é longo, com muitas vias, devido ao fato de fazer toda uma descrição genealógica do requerente, tanto do lado paterno quanto materno.

---

94 ANTT, HOC – Letra J, Mç. 49, doc. 5.
95 *Idem*.
96 *Idem*.

Começa o mesmo informando ser o suplicante filho legítimo do Dr. José Pires de Carvalho e Albuquerque (2º) e relata todos os cargos e mercês do pai. Em seguida, descreve o avô paterno, José Pires de Carvalho (1º), e relata todos os cargos exercidos nas Ordenanças, na República, no Desembargo do Paço e suas mercês. Ainda do lado paterno, foi até seu bisavô, Domingos Pires de Carvalho, de quem fez questão de frisar a nomeação pelo Governador D. João de Lencastre da função de administrador da obra da Casa da Moeda de Salvador. Pela via materna, citou o avô Domingos da Costa e Almeida e todos os seus respectivos cargos e mercês. Finalizou se referindo a Maria de Aragão, sua bisavó, e ao pai da mesma, Cristóvão Cavalcanti de Albuquerque. Outros membros da família foram também contemplados, como um tio em oitavo grau chamado Francisco de Araújo e Aragão.[97]

Em 1794, foi a vez de um outro Salvador Pires de Carvalho e Albuquerque fazer um requerimento no qual pedia a mercê do hábito de Cristo em remuneração por seus serviços e pelos que prestaram os seus ascendentes. Nesse documento, além de relatar o exercício nos postos do exército, os dele e os do pai, deixou registrado que andava fardado à sua custa e tinha feito grande despesa com o Terço em que era marechal de campo.[98]

Além da fidalguia da Casa Real e do hábito da Ordem de Cristo, alguns dos Pires de Carvalho e Albuquerque sentiram a importância de terem se submetido às inquirições do Santo Ofício e ostentaram, com orgulho, a função de servir como auxiliares do Tribunal religioso.

O primeiro dentre os Pires de Carvalho e Albuquerque a buscar a familiatura do Santo Ofício foi Domingos Pires de Carvalho. Seu processo está anexado ao de seu filho, José Pires de Carvalho (1º). Um fato, porém, que chama atenção é o conteúdo de um documento produzido por Domingos Pires de Carvalho para iniciar o processo de seu citado filho.

O texto é bastante significativo no que diz respeito à importância da nobilitação para a legitimação social de um indivíduo na sociedade colonial. Vejamos a íntegra do documento:

> Diz o Sargento Mor Domingos Pires de Carvalho Morador na Cidade da Bahia de Todos os Santos que ele fez petição a Vossa Majestade para haver

---

[97] Arquivo Nacional/CODES/Documentos Privados. Fundo Família Pires de Carvalho e Albuquerque. Caixa 1. Envelope 3. Doc. 30.

[98] Bahia. 17.06.1794, AHU-IDRBECA – doc. 16438.

de ser Familiar do Santo Ofício desta cidade de Lisboa; e Vossa Majestade foi servido de lhe despachar no ano de 1682. E com isso fez o depósito costumado para os gastos de suas diligencias; para continuação das quais se lhe pediu dai a tempos notícias dos Avos Maternos de Sua Mulher Maria da Silva; e dando-lhe por algumas vezes todas a que pode alcançar parece que não bastaram, pois em doze anos ele não tem deferido com o despacho final de Sua pretensão, e porque toda a sua geração ficará arruinada com o labeo de se saber, que ele pretendeu ser familiar do Santo Ofício, e que o não conseguiu, sendo ele um homem honrado e muito conhecido na Cidade da Bahia pelo seu procedimento e posto que ocupa de Sargento Mor e sendo pela Misericórdia de Deus é Cristão Velho, e da mesma sorte sua mulher, só poderá conservar sua honra, e aumentar o crédito de sua geração, usando Vossa Majestade com ele de sua clemencia e grandeza fazendo-lhe Mercê admitir em seu lugar a um filho que tem capaz de ser Familiar do Santo Ofício e que se chama José Pires de Carvalho pois nele fica baixando um grau de sua geração.[99]

O fato de sua condição socioeconômica não ter sido suficiente para a aceitação da sua pretensão de tornar-se familiar exigiu que Domingos Pires de Carvalho encontrasse meios que pudessem livrar os seus descendentes de "tamanha desonra" e ao mesmo tempo aumentassem o crédito da sua geração. Todos os seus esforços se deslocaram para o seu filho, como último recurso de assegurar, no tempo e no espaço, o capital simbólico tão necessário para a existência da sua família no interior de uma sociedade cuja hierarquização social se baseava na distinção e no privilégio.

O crivo das inquirições do Santo Ofício era profundo no levantamento da vida cotidiana do candidato. Na pergunta número cinco do interrogatório de José Pires de Carvalho (1º), pretendia-se saber se ele era "pessoa de bons procedimentos, vida e costumes, capaz de ser encarregado de negócios de importância e segredo, se vive limpa e abastadamente, se sabe ler e escrever"[100]. Além de estar em sintonia com os critérios exigidos pelo Regimento do Santo Ofício de 1640, o interrogatório apresentava as características que se esperava de alguém que cumpriria um papel muito mais do que apenas religioso.

---

99 ANTT – HSO, José, mç. 6, doc. 116.
100 *Idem*

A familiatura não foi tão comum entre os Pires de Carvalho e Albuquerque. Identificamos tal distinção para Domingos Pires de Carvalho, seu filho, José Pires de Carvalho (1º), e seu neto, José Pires de Carvalho e Albuquerque (6º). O outro filho de José Pires de Carvalho, Salvador Pires de Carvalho e Albuquerque, candidatou-se à familiatura, mas seu processo[101] está incompleto e não há certeza de que tenha sido aceito o seu pedido, pois o seu nome não aparece em documentação posterior.

Maria Beatriz Nizza da Silva assim identifica a relação entre a condição de ser nobre e a administração política empreendida pela Coroa portuguesa:

> A concessão do estatuto de nobre foi sucessivamente utilizado pela Coroa para incentivar a busca e a extração do ouro, para solidificar o corpo mercantil e aumentar as transações comerciais, e para recompensar aqueles que ajudavam financeiramente os reis em ocasião de crise. Nobilitar alguém constituía a moeda de troca de que dispunham os monarcas do Antigo Regime para obter os resultados pretendidos sem grande dispêndio da Fazenda Real uma vez que os vassalos se contentavam com as honras e privilégios inerentes à condição de nobre. As formas mais visíveis dessa nobreza colonial ligavam-se à concessão do foro de fidalgo da Casa Real, à atribuição de hábitos e mais raramente de comendas das três ordens militares (Cristo, Santiago e Avis), à inserção no grupo privilegiado dos familiares do Santo Ofício, à ocupação de postos na oficialidade auxiliar, e mais raramente na tropa paga (na qual reinóis e açorianos predominavam), à pertença ao grupo dos "cidadãos", ou seja, dos eleitores e dos elegíveis para os cargos municipais, à instituição de morgados, e à ocupação de ofícios que só por si nobilitavam.[102]

Os Pires de Carvalho e Albuquerque se enquadraram no *ethos* nobiliárquico inserido na cultura do Antigo Regime. Na Bahia colonial, a família em estudo buscou permanentemente explicitar a marca simbólica do ser nobre, reiterada a cada momento como dependia da mercê para poder realçar a sua existência e distingui-la socialmente.

Entretanto, em território colonial, as distinções se davam não apenas pelas mercês ou serviços prestados nas instituições. Toda possibilidade de distinção pela

---

[101] ANTT – HSO, Salvador, mç. 25, doc. 5186 (incompleta)

[102] SILVA, *Op. cit.*, p. 7 – 8.

diferenciação e pertencimento a uma condição simbólica de superioridade era incorporada pelos sujeitos coloniais. Pertencer a um espaço de domínio intelectual, como uma Academia literária, era resultado de grande repercussão.

Os Pires de Carvalho e Albuquerque entre esquecidos e renascidos

Ao fazer uma comparação entre os membros da família Ávila e aqueles dos Pires de Carvalho e Albuquerque, Moniz Bandeira assim se referiu aos últimos: "Ao contrário dos Ávilas, os Pires de Carvalho e Albuquerque eram humanistas, homens de letras e poetas".[103]

Entre os Pires de Carvalho e Albuquerque, três participaram ativamente das duas academias literárias instituídas na Bahia no século XVIII. Entre os Esquecidos estiveram o coronel José Pires de Carvalho (1º) e o seu primogênito, Salvador Pires de Carvalho e Albuquerque. Nos Renascidos, a família se fez presente com o Dr. José Pires de Carvalho e Albuquerque (2º), o segundogênito do coronel José Pires de Carvalho.

Em 1724, à frente do morgado instituído por seu pai, o coronel José Pires de Carvalho (1º) já tinha se firmado como um dos homens mais ricos e poderosos da Bahia. De longa carreira nas Ordenanças, teve no Senado da Câmara o seu grande espaço de exercício do poder. Ostentando a insígnia de Cavaleiro da Ordem de Cristo, presidiu um das conferências da referida academia literária. Fazer parte de uma academia de eruditos em território colonial foi apenas uma consequência da condição socioeconômica superior, na qual José Pires de Carvalho se afirmava cada vez mais.

O fato de não ter pertencido ao núcleo fundador da Academia não se constituiu em fator suficiente para obscurecer o seu brilho entre os pares. Das dezoito conferências acontecidas no período de existência da Academia dos Esquecidos, coube a José Pires de Carvalho presidir a penúltima, ocorrida em dia 21 de janeiro de 1725.

A participação de José Pires de Carvalho (1º) no volume total da produção literária da Academia foi inexistente. Diferente do seu filho, que apresentou uma série de poemas em diversas conferências, José Pires de Carvalho (1º) restringiu-se a escrever o texto de abertura da conferência a qual presidiu.

Mais do que seu próprio texto, são as homenagens dos seus pares o que melhor diz respeito à posição de José Pires de Carvalho (1º) na sociedade da primei-

---

103 BANDEIRA, *Op. cit.*, p. 280.

ra metade do século XVIII. O conteúdo da conferência, redigida e lida por ele no exercício de sua presidência, não fugiu ao estilo de inspiração barroca, resgatando aspectos da mitologia greco-romana. Independentemente da qualidade literária do texto, José Pires de Carvalho demonstrou profunda erudição, mostrando-se sintonizado com os cânones retóricos da época.[104] As primeiras linhas já dão o tom do discurso: "Não se opôs tão obstinadamente Hercules a Hidra, como Catão a César. Mas hoje havemos de ver unidos estes dois bravos inimigos: o jovial de César com o severo de Catão".[105] O resto do texto caminha nessa mesma toada e, ao utilizar-se de personagens mitológicos como Juno ou Cupido e de filósofos como Aristóteles, José Pires de Carvalho (1º) apenas reproduzia a estratégia de construção de uma história de cunho moralista, tendo a metáfora como elemento de sustentação do discurso.

Mesmo recorrendo quase que exclusivamente às características da cultura greco-romana, os textos dos Esquecidos mandavam mensagens que eram demandadas pelas próprias vicissitudes do ambiente político e social em que viviam. Vejamos um trecho que nos parece caracterizar uma espécie de "Espelho do Príncipe":

> Senhor, os Césares são os Deuses da terra: por esta razão não pode deixar a Soberania de Vossa Excelência de gostar do jocoso; e sendo o jocoso misturado com o sério não pode deixar de exultar: pois Vossa Excelência é o César, que tem feito perpétua paz com Catão, e também é Catão, que é inseparável amigo de César, tão sério, que ainda no jocoso mostra ser sempre César, sempre Catão: e assim é Vossa Excelência a mais eficaz prova do meu assunto.[106]

Mais do que o texto de abertura da conferência, escrito por José Pires de Carvalho, foram as produções literárias realizadas em homenagem ao presidente – que se faziam em tom abertamente bajulatório – que permitiram identificar a posição desse indivíduo naquela sociedade.

A primeira homenagem veio do acadêmico José da Cunha Cardoso, que optou por duas Décimas joco-sérias e, ao jogar com as palavras "José" e "Carvalho", construiu sua homenagem a José Pires de Carvalho:

---

104 CALMON, *Op. cit.*, p. 169.

105 CASTELLO, José Aderaldo. O movimento academicista no Brasil, 1640-1820/22. São Paulo: Conselho Estadual de Cultura, 1969, vol. I, tomo 4, p. 161.

106 *Ibidem*, p. 161 - 162

O Antigo Regime no Brasil Colonial   245

> Graças a Deus, que já vim.
> A alcançar o que desejo,
> Graças a Deus, que já vejo
> Nesse trono um xarapim.
> Sempre os Josés para mim
> Foram homens de talento;
> E como de entendimento
> Tão grandes mostras nos dão,
> Porque eles no aumento estão,
> Folgo de os ver com aumento.
> Eu sei que Apolo algum dia
> Nas consultas mais urgentes
> Como Oráculo das gentes
> De um Carvalho respondia.
> E que milagre seria
> Se cá para nosso polo
> O trouxesse Febo ao colo,
> E à custa do seu trabalho
> Víssemos neste Carvalho
> Outro Oráculo de Apolo?.[107]

Outro acadêmico, Júlio Baculino, escreveu sonetos, canções e epigramas em homenagem a José Pires de Carvalho. O soneto brincou com a palavra "Pires", motivado pela metáfora de um banquete:

> Com pasmo se viu nesta Academia
> De um famoso banquete hoje o retrato:
> E o papel que faria um grande prato,
> Um rico Pires só nele fazia.
> (...) Repartiu-se o manjar, e foi portento,
> Que sendo a mão larga repartido,
> No Pires se não via abatimento.[108]

Júlio Baculino escreveu uma canção com oito estrofes. Em algumas delas, o tom de bajulação chega aos exageros:

---

107 *Ibidem*, p. 166.
108 *Ibidem*, p. 167.

(...) Fui nesta Academia
Juntamente convosco introduzido;
E aplicando o sentido
A quanto a vossa boca já feria.
Vi que as obras do vosso entendimento
Nada têm que não seja um pensamento.

Pensamento digo,
Pelo ligeiro não, sim pelo agudo;
E nisso digo tudo,
Porque o passar daqui tem em seu perigo;
Mas se a todo por vós expor-me devo,
Vede o quanto, senhor, por vós me atrevo.

Esse parto elegante
Do vosso nobre engenho produzido,
Deu-se à luz tão polido
Qual entre as demais pedras o diamante;
E entre as mais Orações vencendo a tantas,
Quantas vence o Carvalho humildes plantas.

Na praia o concebestes
E o formastes, Senhor, Também na praia.
Pois, que muito que saia
Tão alto, e levantando, se o fizestes,
Segundo o que chega aos Palácios da Cidade.[109]

O homem retratado no poema de Júlio Baculino é um senhor de raízes profundas na sua terra (ou praia), que dela se fez nobre frequentador de Palácios.

De Francisco Pinheiro Barreto, vigário da igreja de São Pedro, recebeu José Pires de Carvalho (1º) uma Décima que também fez uso do sobrenome "Pires" para produzir uma metáfora edificante do homenageado:

Meu Coronel, nessa Mesa
Em que Apolo guisa os pratos,
São os manjares mais gratos

---

[109] *Ibidem*, p. 168.

> Vosso discurso, e agudeza.
> Não está, não, a grandeza
> Em ser o prato avultado,
> Nesse Pires asseado
> Tendes vós tal suavidade,
> Que inda comendo à vontade,
> Fica o desejo esfaimado.[110]

O tom de bajulação ganhou contornos exacerbados no soneto do acadêmico Antônio Ribeiro da Costa. Com o título "Sem a letra vogal, A", Ribeiro da Costa se forçou ao desafio de escrever quatro estrofes sem usar, uma única vez, a letra "A":

> Bem se viu ser o nosso Presidente
> Pelo que orou, discreto, e portentoso,
> Pois mostrou como homem engenhoso,
> O sutil, o político, e o ciente:
>
> No que brilhou por douto, e eloquente,
> Tido de todos foi por extremoso,
> Merecedor de um victor glorioso,
> Por ser em tudo único, e prudente:
>
> Por um Herói sublime se conhece,
> Em quem concorre tudo que dizemos,
> Pois o Sol junto dele se escurece:
>
> Sendo público, e certo, como o vemos,
> Repetirei; que o victor bem merece,
> E se este, se lhe deve, o victor demos.[111]

João Brito de Lima descreveu em forma de Décima um louvor a José Pires de Carvalho em que comparava o coronel baiano a outro José, o pai de Jesus:

> José vosso nome é,
> E tanto em glórias cresceis,
> Que espero, que avantajeis

---

110 *Ibidem*, p. 171.
111 *Ibidem*, p. 172.

> As que teve outro José.
> De vossas prendas se crê
> Por certa esta profecia;
> Pois um com outro emporfia
> Das ações, que não repito,
> Se um foi crédito do Egito
> Outro é glória da Bahia.[112]

As homenagens se repetiram por vários acadêmicos, e todas reproduziam o mesmo discurso bajulatório. Um soneto do historiador Sebastião da Rocha Pita, talvez o mais laureado e produtivo dos acadêmicos, foi escrito em quatro estrofes, e pode ser considerado uma joia da hipérbole barroca que tanto caracterizou a primeira metade do século XVIII colonial:

> Um Carvalho da délfica Montanha
> Veio ao nosso Parnaso da Bahia
> Lá aos pés a Hipocrene lhe corria,
> E cá o domicílio o Mar lhe banha.
>
> Obrando enquanto Herói toda a façanha
> Soldado, Presidente, Esforço, e Guia
> Exerce em discrição na Academia,
> Quanto em valor promete na Campanha.
>
> Tendo Pires também por Apelido
> Consegue em primoroso termo grato
> Com dois efeitos, lustre repetido.
>
> Carvalho e Pires sendo em doce trato,
> Nos Pênsis do Brasil Tronco florido,
> Nas Mesas da ciência rico Prato.[113]

Foram precisamente 23 textos escritos em homenagem a José Pires de Carvalho (1º), mas isso não foi privilégio nem distinção exclusiva a ele. As homenagens, não só ao presidente da conferência, mas também a qualquer autoridade,

---

112 *Ibidem*, p. 177.
113 *Ibidem*, p. 180.

eram uma prática comum das sessões acadêmicas desse período. Tratavam-se, essas sessões de homenagens, de momentos de construção de legitimidade social que se davam pela mútua bajulação entre pares.

O outro Pires de Carvalho que teve a distinção de participar dos Esquecidos foi o primogênito de José Pires de Carvalho (1º), Salvador Pires de Carvalho e Albuquerque. Segundo Pedro Calmon, Salvador Pires foi aceito como membro da academia aos 23 anos.[114] Diferentemente do pai, teve uma atuação mais firme e uma produção literária própria. A primeira produção se deu logo na segunda conferência, em 7 de maio de 1724. O assunto tratado nesse dia recebeu o seguinte título: "Quanto deve a República das Letras à Majestade del-Rei Nosso Senhor que Deus guarde verdadeiro Protetor delas".[115] Em forma de Soneto, Salvador Pires assim respondeu ao questionamento que deu título à conferência:

> Quanto o zelo real tem promovido
> A toda a Literatura Faculdade,
> Se capricho não foi da majestade,
> Mais que força de gênio há parecido.
>
> Como em bronze estampada, no sentido
> Deve andar esculpida esta verdade;
> Senão para incentivo da vaidade
> Para ser-lhe o Brasil agradecido.
>
> Apare o Douto a pena, o estilo apure,
> E publique esta nobre Academia
> Quanto deve ao Monarca Lusitano.
>
> E para que de ingrata a não censure
> Pague em folhas se quer, que escreva um dia
> O fruto que colher em todo o ano.[116]

Salvador Pires de Carvalho e Albuquerque voltaria a pronunciar-se em uma conferência no dia 4 de junho de 1724. O homenageado do dia foi o reverendo

---

114 CALMON, *Op. cit.*, p. 170.

115 CASTELLO, *Op. cit.*, 1969. p. 149.

116 *Ibidem*, p. 149.

Francisco Pinheiro Barreto, vigário de São Pedro. Assim como fizeram em relação a seu pai, Salvador Pires usou do sobrenome do reverendo para construir seu soneto. Vejamos a primeira das quatro estrofes:

> Ver no ar um Pinheiro entronizado
> Com tanta majestade, e tanta alteza,
> É sinal, de que o tinha a Natureza
> Para ser Rei das plantas decretado.[117]

Nessa mesma conferência, Salvador Pires de Carvalho pode também apresentar os seus dotes mais literários e ficcionais ao escrever o romance, sobre o tema do dia, "Uma Hera sustentando a um álamo seco".[118]

A conferência de 9 de julho de 1724 teve como primeiro assunto a morte da Senhora Marquesa Dona Teresa de Moscoso.[119] Salvador Pires escreveu em forma de Oitavas um acusatório contra a figura da "Morte". Chamou-a de cruel, monstro fatal e parca homicida. Na sexta estrofe, assim se referiu à morte da Marquesa:

> Essa ilustra Senhora, essa Marquesa,
> Que é objeto da tua crueldade,
> Ciúme honroso foi da Natureza,
> E fidalgo esplendor da nossa idade.
> Foi emprego, sem par, da mesma Alteza,
> Desvelo singular da Majestade,
> Nobre ramo de um tronco Soberano,
> Mimo enfim do Monarca Lusitano.[120]

Ao solidarizarem-se com a morte de um membro da nobreza reinol, os acadêmicos baianos se faziam cúmplices de uma compaixão que, ao se mostrar europeia e universal, lhes dava o indispensável sentimento de pertencimento a uma dimensão espacial europeia, ligando-os a valores nobiliárquicos e lusitanos.

---

117 CASTELLO, José Aderaldo. O movimento academicista no Brasil, 1640-1820/22. São Paulo: Conselho Estadual de Cultura, 1969, vol. I – T. 2. p. 15.

118 *Ibidem*, p. 40.

119 Trata-se de D. Teresa de Moscoso Osório, feita Marquesa de Santa Cruz por ordem de D. João V, em 1691. A Marquesa veio a falecer em 13 de abril de 1724.

120 . CASTELLO, *Op. cit.* 1969. p. 136.

Na conferência de 23 de julho de 1724, a presidência ficou a cargo do reverendo padre da Companhia de Jesus e reitor do Colégio da Bahia, Rafael Machado. Nessa oportunidade, o jesuíta recebeu de Salvador Pires de Carvalho uma distinção que se materializou em forma de cinco epigramas. Outro religioso que também receberia de Salvador Pires de Carvalho homenagem das mais piegas foi o desembargador eclesiástico João Borges de Barros, presidente da décima conferência, ocorrida em 10 de setembro de 1724. Homenageado com quatro epigramas, em um deles, Salvador Pires de Carvalho fez questão de enaltecer a família do reverendo, uma das mais poderosas da Bahia colonial:

> Se como a seu Consultor
> Lisipo me perguntara,
> De que a Imagem fabricara
> De um engenho Orador;
> Dissera-lhe hoje, senhor,
> Que se perfeita a queria,
>
> Sem controvérsia devia
> Mandar ao Brasil por ela,
> E em todo o caso fazê-la
> Destes Barros da Bahia.[121]

Não era a qualidade literária o que mais importava aos membros da Academia dos Esquecidos. José e Salvador Pires de Carvalho apresentaram em seus textos cânones literários que apenas reproduziam as práticas adulatórias e conciliadoras típicas das relações sociais e de poder do Antigo Regime português.

Na segunda metade do século XVIII, com a fundação da Academia dos Renascidos, a representação da família ficou a cargo do Dr. José Pires de Carvalho e Albuquerque (2º), irmão do acadêmico Esquecido Salvador Pires de Carvalho e Albuquerque. Este José Pires foi um dos mais poderosos membros da família no século XVIII; doutor em Cânones em Coimbra serviu, ainda no reino, no posto de provedor e ouvidor da comarca de Alenquer. Na colônia, entre os diversos ofícios por ele assumidos, destacou-se pela propriedade hereditária do ofício de Secretário de Estado do Brasil.

---

121 CASTELLO, *Op. cit.*, 1969. p. 22.

Na Academia dos Renascidos, foi membro dos mais destacados, o que se evidenciou pelo fato de ter sido escolhido para escrever a história da Cidade do Salvador, além de ter sido eleito um dos censores da instituição, juntamente com o ex-membro dos Esquecidos, João Borges de Barros.

O símbolo maior da relação entre José Pires de Carvalho e Albuquerque (2º) e a Academia dos Renascidos foi a autoria de uma das obras mais marcantes e singulares da instituição literária baiana. Quando, em 1869, o cônego Dr. J. C. Fernandes Pinheiro publicou na Revista do Instituto Histórico e Geográfico Brasileiro o seu estudo sobre a Academia dos Renascidos, ainda se considerava verdadeira a versão de que apenas duas obras, dentre as várias produzidas no âmbito dos Renascidos, tinham sobrevivido ao tempo. Uma delas foi o manuscrito intitulado "História Militar do Brasil desde 1547 até 1762". Oferecida ao rei D. José I, essa obra foi escrita por José Miralles, tenente-coronel de um dos regimentos de Salvador. A outra foi um culto métrico que recebera o longo título de: "CULTO MÉTRICO, TRIBUTO OBSEQUIOSO QUE ÀS ARAS DA SACRATISSIMA PUREZA de MARIA SANTISSIMA, Senhora Nossa e may de Deos, dedica, oferece e consagra pelas sagradas Mãos do Exm. e Revm. Sr. D. José Botelho de Mattos, Arcebispo da Bahia, Primaz dos Estados do Brasil, do conselho de Sua Majestade Fidelissima, e presidente do Supremo Tribunal da Mesa de Consciência e Ordens, dos seus escravos o mais rendido Joseph Pires de Carvalho e Albuquerque, fidalgo da casa de sua Majestade, doutor nos sagrados cânones pela universidade de Coimbra, ouvidor e provedor que foi da comarca d'Alenquer, cavaleiro professo na Ordem de Christo, alcaide-mor da Villa de Maragogipe, e secretario de Estado e Guerra do Brasil, Censor da Academia Brasílica dos Renascidos".[122]

---

122 ALBUQUERQUE, José Pires de Carvalho e. "CULTO MÉTRICO, TRIBUTO OBSEQUIOSO QUE ÀS ARAS DA SACRATISSIMA PUREZA de MARIA SANTISSIMA, Senhora Nossa e may de Deos, dedica, oferece e consagra pelas sagradas Mãos do Exm. e Revm. Sr. D. José Botelho de Mattos, Arcebispo da Bahia, Primaz dos Estados do Brasil, do conselho de Sua Majestade Fidelissima, e presidente do Supremo Tribunal da Mesa de Consciência e Ordens, dos seus escravos o mais rendido Joseph Pires de Carvalho e Albuquerque, fidalgo da casa de sua Majestade, doutor nos sagrados cânones pela universidade de Coimbra, ouvidor e provedor que foi da comarca d'Alenquer, cavaleiro professo na Ordem de Christo, alcaide-mor da Villa de Maragogipe, e secretario de Estado e Guerra do Brasil, Censor da Academia Brasílica dos Renascidos". Lisboa: Na Oficina Patriarcal de Francisco Luiz Ameno, 1760.

No início do século XX, Alberto Lamego divulgou uma série de trabalhos inéditos produzidos pelos Renascidos e deu fim à versão de que apenas dois deles haviam sobrevivido ao tempo. Entretanto, o Culto Métrico de autoria de José Pires de Carvalho e Albuquerque continua sendo documento dos mais valiosos dentre os produzidos pelos Renascidos. Um dos impressos do Culto Métrico se encontra, hoje, na Biblioteca Nacional de Lisboa.

Seguindo o rito típico das academias portuguesas e europeias, José Pires de Carvalho e Albuquerque fez questão de buscar as licenças e pareceres necessários para a publicação de seu poema. Os primeiros a serem requisitados a fazer parecer sobre a obra foram os membros da Mesa Censória dos Esquecidos, João Borges de Barros e João Ferreira Bitencourt e Sá. Pares de José Pires de Carvalho e Albuquerque (2º), os dois censores não só aprovaram a publicação da obra como teceram os maiores elogios ao autor. A opinião dos censores Renascidos sobre a obra se enquadra perfeitamente na prática do elogio mútuo entre os pares, que tanto caracterizou a relação interna da academia. De João Borges de Barros, temos as seguintes palavras: "He este livro hum dos mais abonados testemunhos do talento, e virtudes do seu autor".[123] Do outro censor, João Ferreira Bitencourt e Sá, temos a afirmativa de que a obra "contem em si materiais tão sublimes, e cantos tão suaves, que parece ser todo inspirado do Céu".[124] Por outro lado, distanciado completamente no tempo, o cônego Dr. J. C. Fernandes Pinheiro, ao escrever no final do século XIX, assim se referiu ao tão decantado poema: "não passa de uma insulsa narrativa da vida da Virgem Santíssima desde a conceição até a assumpção, recheado de alegorias de péssimo gosto e entretecido de antíteses e trocadilhos".[125]

Do reino também vieram a aprovação do Qualificador do Santo Ofício, o Dr. frei Luiz Nogueira, do representante do Convento de Jesus de Lisboa, o frei José de Madre de Deus e do Frei Inácio da Graça, do Convento de São Francisco de Xabregas, representando o Desembargo do Paço.

O poema é longo, com 119 cantos, e apesar de manter o estilo prolixo que tanto caracterizou os textos das academias baianas, trocou a mitologia greco-romana pela matriz devocional do discurso de inspiração cristã. Outro aspecto interessante referente ao poema é o personagem a quem ele é dedicado: D. José Botelho de

---

123 ALBUQUERQUE, op. cit.

124 *Idem*

125 RIHGB, Tomo XXXII, 1869, p. 60.

Mattos, ex-arcebispo da Bahia. Na época em que o poema foi escrito, D. José Botelho de Mattos vivia o ostracismo voluntário de uma aposentadoria precoce. Escolhido pelo Marquês de Pombal para ser o diretor da Mesa de Consciência e Ordens a ser criada na Bahia, o religioso, por mostrar-se contrário à expulsão dos jesuítas da Bahia, preferiu renunciar ao cargo de arcebispo, recolhendo-se à ermida de Nossa Senhora da Penha de Itapajipe, onde veio a falecer. Pois foi justamente um personagem com esse perfil que José Pires de Carvalho e Albuquerque resolveu homenagear em seu poema.

Em suma, não é como crítico literário que buscamos enxergar a presença dos Pires de Carvalho e Albuquerque nas duas academias fundadas na Bahia do século XVIII. Identificá-los pelos seus escritos é apenas uma estratégia para conhecer o cotidiano de uma incipiente, mas atuante, produção erudita na colônia que, de certa forma, mediante mecanismos de assimilação cultural, refletiram as bases intelectuais características do Antigo Regime na metrópole.

Capítulo 6

A casa dos Pires de Carvalho e Albuquerque: relações cotidianas com os poderes estabelecidos

Entre as instituições da República e a posse dos ofícios

Comerciantes e grandes proprietários, os Pires de Carvalho e Albuquerque foram exemplos concretos de como era possível obter ganhos dentro da dinâmica imperial portuguesa apenas utilizando-se dos mecanismos de negociação de privilégios tão necessários para a manutenção do funcionamento imperial. As negociações em torno dos cargos, ofícios e mercês figuraram entre as estratégias de enriquecimento mais presentes na trajetória dos Pires de Carvalho e Albuquerque. Os emolumentos alcançados pelos cargos tiveram importância central na consolidação da riqueza da família. A busca e manutenção de monopólios de cargos públicos de grande valor econômico foi prática recorrente entre eles.

Uma das facetas dessa lógica era o provimento dos cargos públicos. De acordo com Arno e Maria José Wehling, vejamos como se dava, na figura do indivíduo que exercia o cargo público, a fusão de interesses público e privado: "era um súdito fiel, embora com interesses pessoais e de grupos de natureza privada que muitas vezes predominava sobre o interesse comum e as intenções dos governantes".[1] No fundo, a prerrogativa de provimento manteve-se sempre com o rei, mas, ao mesmo tempo, a força das vontades particulares estava longe de ser desprezível.

Além das Ordenanças e da Secretaria de Estado, os Pires de Carvalho e Albuquerque ocuparam importantes e estratégicos postos na administração. O Senado da Câmara foi um deles. Domingos Pires de Carvalho foi seu procurador

---

1 WEHLING, Arno e WEHLING, Maria José. O Funcionário Colonial entre a Sociedade e o Rei. In: PRIORE, Mary del (Org.). *Revisão do Paraíso*. Rio de Janeiro: Nova Fronteira, 1999, p. 159.

em 1687, e o seu filho José Pires de Carvalho (1º) foi o membro da família com maior identificação com essa instituição. Uma certidão depositada no Arquivo Ultramarino apresentou uma descrição de todos os períodos em que José Pires de Carvalho (1º) exerceu o cargo de vereador na Câmara de Salvador. A certidão foi produzida em 1795 pelo Escrivão da Câmara, José Rodrigues Silveira. Os anos identificados como os de presença de José Pires de Carvalho como vereador foram os seguintes: 1702, 1709, 1713, 1717, 1722, 1726, 1733, 1734, 1738 e 1750.[2] Em levantamento que fizemos nos Termos de posse de vereadores não foi possível confirmar os anos de 1713 e 1733. Entretanto, caso esteja correta a informação registrada nesse documento, não terá havido entre os baianos alguém que tenha exercido tal posto por tantas vezes no período colonial.

Como existe uma grande quantidade de homônimos na família, muitas vezes mostrou-se de difícil identificação qual deles exerceu determinado cargo. No caso da Câmara de Vereadores, além do já citado José Pires de Carvalho (1º), encontramos os seguintes membros da família exercendo o posto de vereador no século XVIII: José Pires de Carvalho e Albuquerque (3º) (1755,1762,1767,1790), Antônio Joaquim Pires de Carvalho e Albuquerque (1789, 1793) e Salvador Pires de Carvalho e Albuquerque (1791).

O termo de abrimento da pauta dos vereadores, produzido em 24 de dezembro de 1701, definiu os nomes que serviriam como vereadores no ano seguinte. Na reunião da Câmara, como tradicionalmente se fazia, foi aberta uma carta de Sua Majestade pelo Desembargo do Paço que trazia o alvará da pauta dos vereadores e do procurador que exerceriam o mandato no ano seguinte. Dizia um trecho do Alvará:

> Faço saber a vós Juiz de Fora, Vereadores e Procurador, que ora servem na Câmara desta cidade, que eu hei por bem que este ano que entra de mil e setecentos e dois, sirvam de Vereadores dela Domingos Afonso Sertão, Domingos Barbosa da Franca, e o Sargento mor José Pires de Carvalho,[3] e de Procurador Manoel de Souza Azevedo, aos quais mandarei logo chamar, e lhes darei posse e juramento, para que bem verdadeiramente sirvam os ditos cargos conforme o seu Regimento, de que se fará assento no livro da vereação.[4]

---

2   Bahia. 26.09.1795, AHU-IDRBECA – doc. 26129 (anexo doc. 26066).

3   Grifo nosso.

4   CMS. Atas da Câmara, 1700 – 1718. Salvador, 1984, p. 90.

O termo de vereação e posse de José Pires de Carvalho (1º) foi assinado em 11 de janeiro de 1702. Iniciava-se a profunda e duradoura relação dos Pires de Carvalho e Albuquerque com o Senado da Câmara da Cidade da Bahia.

Em relação à magistratura, apesar de não ter sido um setor de presença marcante pelos membros da família, já identificamos, em capítulo anterior, a presença dos Pires de Carvalho e Albuquerque na estrutura judiciária da Casa da Rainha. Trilhando os caminhos de afirmação e ascensão social, José Pires de Carvalho(1º) alcançou importante honra por um alvará régio cujo texto iniciava assim:

> Eu a Rainha faço saber que atendendo a boa informação que me foi dada da qualidade, procedimento, zelo e fidelidade da pessoa do Coronel José Pires de Carvalho hei por bem nomeá-lo Procurador de Minha Fazenda na cidade da Bahia".[5]

Tratava-se de D. Maria Ana, esposa de D. João V. Esse José Pires de Carvalho faleceu em 1759, e dois anos depois, seu filho José Pires de Carvalho e Albuquerque (2º) solicitou o posto antes ocupado pelo pai. Sobre isso escreveu a rainha em alvará:

> Atendendo ao que sobre o referido me consultou a Mesa de Minha Fazenda e Estado, em que foi ouvido o Desembargador Procurador dela, e as circunstâncias que concorreu na pessoa do suplicante, para com suficiência se empregar em tudo que for do Meu Real Serviço. Hei por bem e me praz de o nomear por Procurador de Minha Real Fazenda na dita Cidade para na mesma parte dela e jurisdição procurar requerer o que a bem da mesma Real Fazenda convier, e tudo mais, em que o encarregar e a ele pelo dito cargo pertencer.[6]

Os Pires de Carvalho e Albuquerque prestaram seus serviços a duas Rainhas de Portugal, D. Maria Ana da Áustria, esposa e depois viúva de D. João V, e a D. Mariana Vitória, esposa de D. José I. É interessante registrar que durante certo período, entre 1750 e 1754, as duas rainhas coexistiram, a primeira como rainha-mãe e a segunda como rainha consorte.

Na colônia, a função do procurador da Casa da Rainha era a de representar os interesses financeiros dos bens pertencentes à esposa do rei. A leitura dos docu-

---

5   Lisboa. 07.10.1740, AHU-IDRBECA – doc. 27695 (anexo doc. 27677).
6   Lisboa. 08.01.1761, AHU-IDRBECA – doc. 27696 (anexo doc. 27677).

mentos enviados ao Conselho Ultramarino por José Pires de Carvalho (1º) e por seu filho José Pires de Carvalho e Albuquerque (2º) nos permite identificar não só os tipos de bens pertencentes à rainha em terras da Bahia como também as vantagens financeiras de quem exercia o posto de procurador.

Em 6 de janeiro de 1752, o vice-rei, Conde de Athouguia, remeteu, por um ofício, um recibo de José Pires de Carvalho (1º), a quem fora entregue uma barra de ouro pertencente à rainha mãe, como vintena das Minas Novas e Minas do Rio das Contas.[7] Em 1773, uma série de documentos trocados entre José Pires de Carvalho e Albuquerque (2º) e o Marquês de Pombal, que era o inspetor geral das rendas da Casa da Rainha, deixa explícito os produtos e os valores dos bens pertencentes à rainha na colônia.

Em 28 de maio de 1773, o capitão Vitório Gonçalves Ruas, comandante dos navios São José e São Caetano, fez a seguinte descrição:

> (...) ancorado no porto dessa Capitania com o favor de Deus seguir viagem ao porto da cidade de Lisboa onde é minha direita descarga, que é verdade, que recebi e tenho carregado dentro do dito navio debaixo de coberta, enxuta e bem acondicionado, do Alcaide-Mor José Pires de Carvalho e Albuquerque como Procurador da Rainha Nossa Senhora quarenta rolos de tabaco com quinhentas e quatro arrobas e vinte e quatro libras liquidas, que declarou fazer por conta e risco da mesma Rainha Nossa Senhora.[8]

Além do ouro, o tabaco também fazia parte dessa riqueza. O procurador José Pires de Carvalho e Albuquerque (2º) ainda fez uma fatura detalhando o carregamento e reafirmando que o mesmo seria enviado por conta e risco da rainha.[9] Em 30 de junho de 1773, um ofício de José Pires de Carvalho e Albuquerque (2º) ao Marquês de Pombal descreveu de maneira detalhada as práticas cotidianas da função de procurador da Real Fazenda. Além de fazer uma espécie de relatório geral do exercício do ofício de procurador em terras baianas, José Pires de Carvalho e Albuquerque (2º) ainda permitiu entender a dinâmica remuneratória da função que tanto fazia valer a pena exercê-la. O documento fala por si mesmo:

---

7   Bahia. 06.01.1752, AHU-IDRBECA – doc. 198.

8   Bahia. 28.05.1773, AHU-IDRBECA – doc. 8584 (anexo ao doc. 8582).

9   Bahia. 30.05.1773, AHU-IDRBECA – doc. 8583 (anexo ao doc. 8582).

Com Carta de Novembro do ano passado me honrou muito Vossa Excelência pela notícia de que foram presentes à Rainha Nossa Senhora, as contas que dei de vinte e quatro de Março de mil setecentos e setenta e um, e vinte e oito de Fevereiro do ano próximo antecedente, a respeito das somas produzidas do ouro da vintena dos quintos da Jacobina e Rio das Contas, que tinha recebido na Casa da Moeda como Procurador da Real Fazenda da mesma Senhora, também da importância das carregações do tabaco, que tinha mandado na Nau de Licença Santa Ana e S. Isabel, e pelo Navio N. Sra. Da Piedade e S. Boa ventura, como também da remessa das vinte e três caixas que embarquei com mil arrobas de açúcar branco da propina dos Dízimos dos anos de mil setecentos e setenta e um, e mil setecentos e setenta e dois, nos Navios N. Sra. Da Lapa, e S. Antônio, e N. Sra. Da Conceição e Almas, de cujas carregações e despesas que tinham feito rendi conta à Vossa Excelência por Cartas de quinze de Maio, e seis de Junho do ano passado as quais acompanharam a mesma remessa nos referidos Navios com a certeza de que sendo revistas na Contadoria Geral do Erário Régio as contas do meu recebimento, aumentando com a soma de duzentos e quarenta e um mil cento e um reis, de que estava devedor a Real Fazenda da dita Senhora, e sendo igualmente revista a importância das carregações acima declaradas e despesa feita com elas, ficava sendo credor de quatrocentos e trinta e sete mil e oitocentos reis a mesma Real Fazenda, e que finalmente por se acharem certas as minhas contas se procedia a escrituração necessária[10].

Ao procurador ainda cabia cobrar celeridade aos produtores para que cumprissem as datas previstas referentes ao envio das carregações para Lisboa. Funcionando como uma Casa distinta da Casa Real, a Casa da Rainha necessitava de um volume de recursos materiais e humanos de grande monta para sustentá-la. As fontes de receitas vinham das tradicionais doações da Coroa, mas como pode ser visto, as colônias tinham uma participação consistente no montante final desses rendimentos, o que tornava imprescindível a função de seu procurador em terras coloniais.

Outro importante e estratégico órgão da administração régia que contou com a participação efetiva dos Pires de Carvalho e Albuquerque em seus quadros foi a Alfândega. Tratando-se de um Império que se organizou em torno de relações comerciais, as alfândegas tinham papel central para a arrecadação dos direitos de

---

10 Bahia. 30.05.1773, AHU-IDRBECA – doc. 8582.

entrada e saída de mercadorias. A posição de Salvador como sede do governo português e, ao mesmo tempo, porto central da América, exigiu a instalação de uma alfândega já nos inícios da colonização. Importante praça comercial, Salvador era o grande entreposto dos produtos vindos da metrópole portuguesa.

Os Pires de Carvalho e Albuquerque exerceram na Alfândega da Bahia os ofícios de provedor e escrivão. O primeiro deles a exercer o posto de provedor foi José Pires de Carvalho e Albuquerque (6º), cujo ofício chegou até ele através de sua mãe D. Isabel Joaquina de Aragão. D. Isabel foi filha de Domingos da Costa e Almeida, proprietário da provedoria da Alfândega, por carta de maio de 1718.[11] O filho de Domingos da Costa de Almeida era Rodrigo da Costa de Almeida, a quem seria passada a propriedade da provedoria da Alfândega. Quando do falecimento de Rodrigo da Costa de Almeida, o governador Marques de Valença nomeou interinamente José Pires de Carvalho e Albuquerque para o posto, justificando com o seguinte argumento:

> A serventia do sobredito ofício e mais lugares a dei ao Secretário deste Estado José Pires de Carvalho e Albuquerque pelo julgar bastantemente hábil e capaz de desempenhar as suas obrigações, sem embargo de estar ocupado nesta Secretaria; não é servindo isto de impedimento algum porque em outras ocasiões tem servido bom nos impedimentos do falecido seu tio Rodrigo da Costa de Almeida, sem faltar ao expediente das partes e mais negócios pertencentes à mesma Secretaria.[12]

O "mais lugares" a que se refere o governador deve-se ao fato de José Pires de Carvalho e Albuquerque (6º) ter sido também nomeado intendente de marinha e vedor geral do Exército. Anos mais tarde, José Pires de Carvalho e Albuquerque (6º) viria a pedir demissão dos postos, principalmente o de intendente da marinha, alegando problemas de saúde, não sem antes ressaltar a sua competência no exercício do cargo:

> Tendo finalmente concluído o Balanço dos Armazéns da Coroa pertencentes à administração da Intendência da Marinha e regulado a Alfândega desta Cidade o que me não tem sido de pequeno embaraço pela confusão e desordem em que achei estes Lugares e porque me acho em tempo con-

---

11 ANTT, RGM. Mercês de D. João V. liv. 10. Fl. 24.
12 Bahia. 09.09.1782, AHU-IDRBECA – doc. 11133.

veniente de poder tratar da minha saúde arruinada pelos efeitos de uma grande lesão que adquiri na Corte e Cidade de Lisboa quando passei a ela em serviço de Sua Majestade, o que a V. Excelência referido pessoalmente, me vejo na precisão de rogar a V. Excelência a minha demissão.[13]

A solicitação foi atendida pelo governador D. Rodrigo José de Menezes que, em ofício enviado a Martinho de Mello e Castro, comunica o pedido de demissão de José Pires de Carvalho e Albuquerque (6°) tanto da provedoria da Fazenda quanto da intendência da Marinha. Na oportunidade, indicou para o primeiro posto o desembargador Felipe José de Faria e para o segundo, José Venâncio de Seixas.[14]

Apesar de não ter passado muitos anos como provedor da Alfândega, José Pires de Carvalho e Albuquerque (6°) teve tempo suficiente para brigar por benefícios para a própria fazenda. Em 28 de abril de 1784, o provedor enviou um ofício para Martinho de Mello e Castro repercutindo a representação dos capitães dos navios contra o pagamento de emolumentos que eram cobrados pelo provedor e escrivão da Alfândega pelas marcas que consideravam arbitrárias e ilegais.[15] Na oportunidade, o provedor reclamava de uma provisão expedida pelo Conselho Ultramarino na qual lhe ordenava sustar as contribuições pagas pelos navios até resolução da rainha.

Juntamente com o ofício, José Pires de Carvalho e Albuquerque (6°) anexou informação documentada com o objetivo de justificar a manutenção da cobrança dos emolumentos dos navios que partiam para o reino. Segundo ele, através de um certo documento em anexo, seria possível constatar que o provedor e escrivão da Alfândega estavam na condição funcional de receberem a contribuição em questão desde 1704 e que desde 45 anos antes já havia o costume de receberem o emolumento. O fato de ter fácil acesso aos arquivos referentes à legislação imperial possibilitou ao secretário de Estado José Pires de Carvalho e Albuquerque (6°) o uso, em benefício particular, de sua condição de responsável pela memória cartorial da administração imperial. Vejamos no quadro abaixo os ganhos pertencentes à Provedoria da Alfândega:

---

13 Bahia. 12.08.1784, AHU-IDRBECA – doc. 11661. (anexo ao doc. 11660).

14 Bahia. 12.09.1784, AHU-IDRBECA – doc. 11660

15 Bahia. 28.04.1784, AHU-IDRBECA – doc. 11529.

Quadro 14
Propinas, salários e ordenados do Provedor da Alfândega

Ordenado por um ano	Sessenta mil reis
Por entrada na Alfândega de cada partida ou carregação que constar de uma só marca em um navio.	Oitenta reis.
Por saída de cada partida que constar de uma só marca carregada em navio.	Cento e dez reis.
De cada escravo que vier de Angola, Mina e Cabo Verde.	Sessenta reis.
De entrada de cada navio de qualquer parte e embarcação da Costa da Mina.	Quatrocentos reis.
De entrada e saída de cada sumaca que pertencer à jurisdição da Cidade da Bahia.	Trezentos e vinte reis.
De cada sumaca saindo do porto da Bahia com fazendas.	Cento e dez reis.
Por entrada e saída de cada sumaca que pertencer às Capitanias de Pernambuco e Rio de Janeiro, quando forem ao porto da Bahia por negócio.	Seiscentos e quarenta reis.
Por entrada e saída das fazendas que levarem ou tiverem as sumacas de Pernambuco e Rio de Janeiro.	Cento e dez reis.
Por cada levada que se fizer havendo dúvida entre as partes.	Cem reis.
De cada certidão que assinar das liberdades.	Cem reis.

Fonte: BIBLIOTECA NACIONAL. Alvará de regimento para as propinas e salários dos oficiais da Fazenda, Alfândega e Senado da Câmara da cidade da Bahia de Todos os Santos, de 15 de abril de 1709. Documentos Históricos, v. 80, 1955, p. 90-108

Em relação ao outro cargo da Alfândega, o de escrivão, os Pires de Carvalho e Albuquerque o transformaram, por quase todo o século XVIII, em monopólio familiar. O caminho percorrido por este cargo no interior da família começou com a sua arrematação por Baltazar de Vasconcelos Cavalcante, que o recebeu por carta régia de setembro de 1709. A filha de Baltazar, Joana Cavalcante e Albuquerque, casou-se com seu primo Salvador Pires de Carvalho e Albuquerque a quem foi passada a propriedade do cargo de escrivão da Alfândega, em fevereiro de 1719, após renúncia do sogro.

Em 1746, Salvador Pires de Carvalho e Albuquerque veio a falecer e a propriedade do cargo foi requisitada por seu primogênito José Pires de Carvalho e Albuquerque (3°), contemplado com esta mercê através de carta do rei D. João V, assinada em setembro de 1749.[16] Este José Pires de Carvalho e Albuquerque (3°) faleceu em 1796, e, sem perder muito tempo, sua filha, Ana Maria de São José e Aragão, fez requerimento ao Conselho Ultramarino. A resposta veio em forma de alvará, em 20 de junho de 1797:

> Eu a Rainha faço saber aos que este Alvará virem que em consulta do Meu Conselho Ultramarino me foi presente o Requerimento de Ana Maria de São José e Aragão em que expôs que seu pai o Mestre de Campo José Pires de Carvalho e Albuquerque, Fidalgo da Minha Casa, fora proprietário encartado do Ofício de Escrivão da Alfândega da Cidade da Bahia, como mostrava da Carta que oferecia, o qual se achava havia muitos anos em sua Casa, e como a suplicante era a sucessora dela, por ser a filha mais velha e legitima do dito seu falecido pai, por não existir um filho varão, e se achava casada com o Capitão mor José Pires de Carvalho e Albuquerque, também Fidalgo da Minha Casa, que com honra e zelo se empregava no exercício de Secretário de Estado daquela Capitania havia mais de vinte anos, e a suplicante habilitada pelo juízo das justificações do Reino, para poder implorar da Minha real grandeza a graça da propriedade do dito Ofício a exemplo de outras filhas de proprietários a quem eu tinha feito a mesma mercê.[17]

A mercê da rainha D. Maria I contemplou o marido de Ana Maria de São José e Aragão por um despacho do Conselho Ultramarino de 14 de dezembro de 1797 em que se mandou passar a José Pires de Carvalho e Albuquerque (6°) a carta de propriedade do ofício de escrivão da Alfândega da Bahia.[18]

É interessante notar nesse episódio a presença das mulheres como instrumento de transmissão de posse hereditária do ofício. Segundo frei Jaboatão, a propriedade deste ofício foi passada a Baltazar de Vasconcelos Cavalcante por meio de sua esposa, D. Ana Pereira da Silva.[19] O mesmo posto chegou a Salvador Pires de Carvalho

---

16 ANTT. RGM, Mercês de D. João V, liv. 124, fl. 273-274.
17 Lisboa. 20.06.1797, AHU-IDRBECA – doc. 18892 (anexo ao doc. 18890).
18 Lisboa. 14.12.1797, AHU-IDRBECA – doc. 18893 (anexo ao doc. 18890).
19 JABOATÃO, Op. cit., p. 66.

e Albuquerque por intermédio do seu casamento com a filha de Baltazar Cavalcante, D. Joana Cavalcante e Albuquerque. José Pires de Carvalho e Albuquerque (6º), que exerceu o posto em fins do século XVIII, só o fez devido à mercê que lhe foi dada pela rainha por solicitação de sua esposa. Os ganhos advindos do ofício de escrivão da Alfândega justificaram o empenho dos Pires de Carvalho e Albuquerque por sua propriedade. É o que mostra o quadro seguinte:

Quadro 15
Propinas, salários e ordenados do escrivão da Alfândega

Ordenado por ano.	Trinta mil reis.
Por entrada de cada partida ou carregação que constar de uma só marca em um navio.	Oitenta reis.
Por saída da mesma forma anterior.	Cento e dez reis.
De cada termo de entrada dos navios de Angola e Costa da Mina.	Mil e duzentos reis.
Por entrada de cada navio no porto.	Quatrocentos reis.
Por cada termo de saída de qualquer navio ou sumaca da Costa da Mina.	Mil e duzentos reis.
Por entrada e saída de cada sumaca da costa pertencente à jurisdição da Cidade da Bahia.	Trezentos e vinte reis.
Saindo, algumas sumacas, do porto da Bahia com fazendas, levará por cada partida.	Cento e dez reis.
Por entrada e saída de cada sumaca que for ao dito porto da jurisdição de Pernambuco e Rio de Janeiro com carga por negócio.	Seiscentos reis.
Por registro de cada provisão que se der aos navios, e embarcações que forem para a Costa da Mina.	Mil e duzentos reis.
Quando for a bordo de algum navio a requerimento de partes a fazer vistoria por causa de avaria ou outra qualquer parte, levará de salário por cada vistoria.	Seiscentos e quarenta reis.
Por cada certidão que passar ao pé do despacho que se dá na Alfândega as sumacas que nela despacharem da Costa da Bahia.	Cem reis.
Por cada termo de fiança ou depósito que se fizer na Alfândega.	Trezentos reis.
Por cada termo que fizer aos capelães dos navios, tanto de entrada quanto de saída.	Trezentos reis.

Por cada termo que fizer dos negros que morrerem no dia que em que se despachar qualquer navio de Angola.	Trezentos reis.
Por qualquer certidão que lhe pedir.	Trezentos e vinte reis.
Por qualquer busca que se tiver de fazer.	Cento e oitenta reis.

Fonte: BIBLIOTECA NACIONAL. Alvará de regimento para as propinas e salários dos oficiais da Fazenda, Alfândega e Senado da Câmara da cidade da Bahia de Todos os Santos, de 15 de abril de 1709. Documentos Históricos, v. LXXX, 1955, p. 90-108.

Os Pires de Carvalho e Albuquerque também se fizeram presentes na Santa Casa de Misericórdia ocupando o posto de provedor, em vários momentos do século XVIII.

Um levantamento nos Livros de Termos de Irmãos possibilitou-nos encontrar sete membros dos Pires de Carvalho e Albuquerque entre os irmãos da Santa Casa de Misericórdia no século XVIII. Foram eles:

Quadro 16
Membros dos Pires de Carvalho e Albuquerque entre os irmãos da Santa Casa de Misericórdia

Nome	Condição	Data de admissão
José Pires de Carvalho	Irmão maior	03 de Maio de 1700 Provedor em 1719
Salvador Pires de Carvalho e Albuquerque	Irmão maior	28 de Março de 1728 Provedor em 1745/46
Dr. José Pires de Carvalho e Albuquerque	Não indica a condição	09 de Abril de 1743 Provedor em 1753
José Pires de Carvalho e Albuquerque*	Irmão maior	25 de Março de 1771
José Pires de Carvalho e Albuquerque* *Primos.	Irmão maior	25 de Março de 1771
José Pires de Carvalho e Albuquerque	Irmão maior	09 de Abril de 1775 Provedor em 1778/79/89
Antônio Joaquim Pires de Carvalho e Albuquerque	Irmão maior	01 de Julho de 1778

Fonte: Livros 3, 4 e 5 de Termos de Irmãos da Santa Casa de Misericórdia da Bahia.

Como pode ser constatado no quadro acima, quatro deles chegaram a provedor da instituição de caridade.

O acompanhamento do cotidiano burocrático e administrativo do período em que os Pires de Carvalho e Albuquerque estiveram à frente da Santa Casa de Misericórdia como provedores permitiu perceber uma rotina administrativa que em nada os diferenciava das provedorias exercidas por indivíduos de outras famílias.

Na provedoria de Salvador Pires de Carvalho e Albuquerque encontramos informações sobre duas reuniões, por ele presididas, nas quais foram tratados os seguintes assuntos: "Termo de como foi admitido por Síndico do Cível desta Santa Casa da Misericórdia, o Doutor Joseph Correa da Costa, por desistência do Reverendo Doutor Manoel Ribeiro da Rocha",[20] e "Termo da Mesa em que se manda criar de novo, um cofre para nele se recolherem as esmolas que se tiram do sustento dos presos da cadeia desta cidade".[21] São temas que refletem um cotidiano bastante rotineiro na vida da instituição.

Entretanto, a depender da conjuntura, a vida de um provedor vai muito além de simples resoluções burocráticas. A provedoria do Dr. José Pires de Carvalho e Albuquerque (2º), iniciada em 1753, encontrou a Santa Casa passando por sérias necessidades financeiras. Uma das primeiras medidas tomadas por ele foi enviar uma carta ao Conde de Atouguia, vice-rei do Brasil, reclamando da situação em que recebeu as finanças da instituição. O trecho abaixo deixa claro o motivo da crise:

> Logo que entramos a servir nesta Mesa da Santa Misericórdia, encontramos o grande encargo de se não haverem cumprido todas as obras pias, a que é obrigada, deixando-nos as Mesas antecedentes necessitados de mais de cinquenta mil cruzados para este desempenho, sem dúvida por não poderem cobrar os réditos do Patrimônio da Casa, que são superabundantes às suas obrigações.[22]

O provedor reclamava principalmente dos grandes devedores que, por conhecerem as "dificuldades de serem obrigados por justiça",[23] não pagavam as suas dívidas com a instituição. Só restava ao provedor apelar para a ajuda do vice-rei e de Sua Majestade. É interessante notar as limitações do provedor diante dos maus pagadores. Muito pouco adiantava o poder pessoal de quem exerce o cargo, restava-lhe apenas buscar a intermediação da autoridade maior.

---

20 ASCM – Livro 15 de Acordãos. Fl. 4.
21 ASCM – Livro 15 de Acordãos. Fl. 4v.
22 ASCM – Livro 15 de Acordãos. Fl. 70.
23 *Idem.*

Servir à Santa Casa de Misericórdia como irmão de maior condição já reforçava nos Pires de Carvalho e Albuquerque a condição de membros superiores da sociedade baiana do século XVIII. Alcançar o posto de provedor foi resultado da continuada proximidade ao poder, prática dos membros da família em todo o século XVIII.

Os Pires de Carvalho e Albuquerque tinham um padrão de comportamento cujo fundamento era o fazer político cotidiano. De modo geral, os documentos que os favorecem com mercês os retratam sempre como súditos zelosos e fieis defensores dos interesses de Sua Majestade. Ao mesmo tempo, quando se colocavam na condição de requerentes ou suplicantes, era a essa condição de súditos que eles recorriam para justificar e obter êxito nas suas solicitações. Entre Coroa e indivíduo havia um acordo latente, suficiente para não tirar desse indivíduo a condição de sujeito ativo na relação, cujo desfecho agradava ambas as partes.

Por dentro das Ordenanças

A presença na carreira militar foi uma marca da família Pires de Carvalho e Albuquerque durante todo o século XVIII, atingindo o momento da Guerra de independência do Brasil na Bahia.

Como já foi mencionado, José Pires de Carvalho (1º) foi o único filho de Domingos Pires de Carvalho. Além do morgado e de todas as outras mercês adquiridas a partir da referência paterna, José Pires de Carvalho (1º) passou à carreira militar seguindo os passos do pai. Em janeiro de 1702, recebeu do rei D. Pedro II (1683-1706) a confirmação de mercê na patente de sargento-mor do Regimento da Ordenança de Sergipe d'Elrei, cujo coronel era o seu próprio pai.[24] Em 1708, com a morte do pai, assumiu o posto de coronel do Regimento de Infantaria da Ordenança de Cotinguiba[25] e, em 1712, foi confirmado no posto de coronel de infantaria de Ordenanças dos distritos de Mata de São João, Inhambupe e Itapicuru, após a morte de seu comandante, o coronel Sebastião de Araújo de Góes.[26] Nesse posto ficou até 1720, quando, mediante permuta com João Velho Araújo de Azevedo, consentida pelo governador D. Sancho de Faro, assumiu a patente de coronel do Regimento dos

---

24   Lisboa. 28.01.1702, AHU-IDRBECA – doc. 26118 (anexo doc. 26066).

25   Bahia. 06.11.1708, AHU-IDRBECA – doc. 26119 (anexo doc. 26066).

26   Lisboa. 06.11.1712, AHU-IDRBECA – doc. 26122 (anexo doc. 26066).

distritos de Pirajá até a Terra Nova[27]. Mas o grande cargo das Ordenanças ainda estava por vir. Em agosto de 1743, por carta patente, o vice-rei Conde de Galvêas o nomeou capitão-mor de todas as Companhias das Ordenanças da Cidade da Bahia.[28]

Com essa escalada de poder nas Ordenanças, Jose Pires de Carvalho (1°) consolidou a presença da família na carreira militar. O trabalho do capitão-mor das Ordenanças era burocrático, no interior da estrutura militar. Suas atribuições iam desde o recebimento de juramentos dos capitães-de-companhia, quando eleitos pela Câmara, até o envio ao rei do juramento de todos os oficiais das Ordenanças. O trabalho se mostrava bastante pesado, e para compensar a ausência de soldo, o rei registrava o gozo dos ocupantes dos cargos sobre as honras, privilégios, liberdades e isenções.[29]

As Ordenanças não devem ser vista apenas como uma força de defesa, mas como um instrumento do exercício do poder político e administrativo da Coroa em território colonial. O número e a variação de patentes presentes entre os membros da família Pires de Carvalho e Albuquerque apenas refletiu o quanto a carreira militar possibilitou o uso de mecanismos de ação política com benefícios diretos na ascensão social do clã. Acompanhar o cotidiano do exercício da função militar pelos Pires de Carvalho e Albuquerque possibilitou entender que a função militar desempenhava um papel fundamental para o controle social no interior da estrutura administrativa imperial.

Em junho de 1718, o Marquês de Angeja enviou uma ordem ao coronel Pedro Barbosa Leal com o seguinte teor:

> Porquanto tenho ordenado, que desta cidade não saiam para outra parte os ciganos e ciganas que El-Rei meu Senhor foi servido mandar para ela; ordeno ao Coronel Pedro Barbosa Leal, que tanto que me no seu Regimento aparecer algum ou alguma o mandará logo prender e o remeterá a bom recado à cadeia desta cidade à minha ordem.[30]

---

27 Lisboa. 23.03.1720, AHU-IDRBECA – doc. 26123 (anexo doc. 26066).

28 Bahia. 28.08.1743, AHU-IDRBECA – doc. 26124(anexo doc. 26066).

29 *Idem.*

30 DHBN. Rio de Janeiro: Biblioteca Nacional, v. LV. p. 54

Ainda que tivesse citado o coronel Pedro Barbosa Leal, o documento se endereçava a todos os coronéis da Bahia, entre eles, José Pires de Carvalho (1º). Percebe-se na citada ordem, a função de controle social que cabia às Ordenanças.

Outra característica dos oficiais das Ordenanças estava em exercer o direito de nomear indivíduos para diversos postos militares. Tratava-se de função de valor estratégico inestimável para atingir distinção social. O poder de definir quem exerceria determinado cargo era um pressuposto relevante que distinguia na comunidade aquele que o pudesse exercer.

Um exemplo disso veio em janeiro de 1719, mediante uma ordem expressa do Conde de Vimieiro ao coronel José Pires de Carvalho (1º), orientando este a propor nomes para os postos vagos de juízes e escrivães da vintena e examinar as patentes dos capitães da Ordenança e Freguesia:

> E assim para cada posto vago antigo ou que se houver de criar de novo, me proporá o Senhor Coronel três sujeitos dos de mais nobreza, suficiência, e merecimento que houver, moradores no mesmo distrito em que hão de exercer o tal posto, aos quais ordenara venham à minha presença a tratar do seu requerimento.[31]

Outra situação que extrapolava a função militar era a cobrança de donativos régios pelas Ordenanças. Vejamos o conteúdo dessa carta enviada a vários coronéis pelo Marquês de Angeja:

> Por carta de 29 de Dezembro do ano próximo passado, ordenei a Vossa Mercê mandasse logo os Capitães do seu Regimento ao Senado da Câmara desta cidade, com as listas dos moradores das suas companhias, para por elas se fazerem os lançamentos das fintas que tocam aos anos que se estão devendo, e tratar da arrecadação delas com a brevidade que convém ao serviço de El-Rei meu Senhor e porque até o presente não foram os ditos Capitães ao Senado como ordenei a Vossa Mercê, lhe encarrego de novo os avise, que dentro de quatro dias, vão ao dito Senado com as listas dos moradores das suas companhias para se fazerem os ditos lançamentos, e se entregarem ao Desembargador Dionísio de Azevedo Alveolos a quem tenho encarregado, por ordem de El-Rei meu Senhor a cobrança do dito

---

31 DHBN. Rio de Janeiro: Biblioteca Nacional, v. LV. p.185.

> Donativo: Sob pena de se executar a que tenho declarado a Vossa Mercê na primeira.[32]

Atribuição bastante curiosa foi a que esteve presente na carta enviada pelo Conde de Vimieiro a todos os coronéis do Recôncavo. No documento, o vice-rei ordenava que os coronéis fiscalizassem o cumprimento de uma ordem dada aos moradores do Recôncavo de mandarem fazer plantas e covas de mandioca por cada escravo e escrava que tiverem de serviço. O objetivo dessa iniciativa, segundo o governante, era evitar a repetição da grande fome que a Bahia padecera em tempos de outrora.[33]

Além de se responsabilizarem pela plantação de mandioca, os coronéis também tinham de se preocupar em caçar piratas e estrangeiros pelas terras do Recôncavo. Em 25 de fevereiro de 1719, o vice-rei, Conde de Vimieiro, enviou carta aos coronéis do Recôncavo informando-os que um grupo de dez piratas ingleses havia fugido do Forte de Santo Antônio Além do Carmo. A ordem expressa tinha o seguinte teor:

> Ordeno a Vossa Mercê que todos os estrangeiros, que passarem ou forem a esses distritos, os prenda bem seguros, e os remeta a essa cidade, para que se lhe abrevie o castigo, que já antecedentemente mereciam, pela mesma razão de Piratas, e mandará Vossa Mercê examinar todas as embarcações que chegarem aos portos do regimento de Vossa Mercê seguindo com as que levarem estrangeiros a ordem referida.[34]

O poder cotidiano de polícia também estava entre as atribuições de um oficial da Ordenança, como se pode perceber por esta portaria de maio de 1721 enviada ao coronel José Pires de Carvalho (1º):

> Porquanto Francisco de Távora, morador na freguesia de São Bartolomeu de Pirajá me representou que saindo de sua casa fora a ela um Tomé Fernandes e não o achando nela descompusera de palavra a sua mulher Maria dos Santos e lhe dera muita pancada com um pau, sem que houvesse mais causa que a de dizer o suplicante que o dito Tomé Fernandes ou de sua casa haviam furtado uma pouca de mandioca da roça do Capitão João Bravo, que administrava; e

---

32 DHBN. Rio de Janeiro: Biblioteca Nacional, v. XLIII.p. 109.

33 DHBN. Rio de Janeiro: Biblioteca Nacional, v. XLIII. p. 143.

34 DHBN. Rio de Janeiro: Biblioteca Nacional, v. LIII. p. 216.

porque o dito Francisco de Távora é pessoa miserável, e este caso pelas suas consequências, digno de um exemplar castigo. Ordeno ao Coronel José Pires de Carvalho, se informe logo com toda a exação desta queixa, e achando-a verdadeira prenda o mesmo Tomé Fernandes, e o remeta com segurança à cadeia desta cidade, dando-me conta de tudo o que o achar.[35]

O que se confirma diante desses exemplos é que no âmbito colonial as Ordenanças teriam realmente servido a dois sentidos: de um lado, como instrumento de controle social da Coroa no interior da colônia, de outro, como instrumento de exercício e consolidação de poder por parte da elite local.

Ainda na primeira metade do século XVIII, Salvador Pires de Carvalho, que já era capitão de infantaria, recebeu carta régia pela qual o fez mercê da Alcaidaria-mor da Cidade da Bahia. Segundo o documento régio, o fidalgo da Casa Real Salvador Pires de Carvalho teria oferecido para a real Fazenda dez contos de reis de donativos.[36]

Entre as atribuições do alcaide-mor estavam a de cuidar da defesa de fortalezas, cidade e vilas, apresentar lista tríplice aos juízes e vereadores da Câmara, a fim de ser escolhido o alcaide-pequeno, ter a guarda da cadeia local e arrecadar aos presos as despesas de carceragem.[37]

Um fato a ser destacado sobre a família Pires de Carvalho e Albuquerque é sua intima relação com o Recôncavo. Apesar de estarem ligados a Salvador, principalmente na área do comércio e dos trapiches, foram também grandes proprietários de engenhos na região e serviram como oficiais das Ordenanças em seus distritos e freguesias. Uma descrição detalhada da Freguesia de São Bartolomeu da Vila de Maragogipe assim se referiu ao setor militar:

> Para seu governo militar tem doze companhias da vila, e termo, governadas com seus oficiais subalternos por um capitão mor da eleição da Câmara, e confirmação de S. Majestade, que é ao presente Pedro Paes Machado de Aragão, senhor do Engenho de S. Antônio de Capanema, e da principal nobreza deste Recôncavo. Tem Alcaide mor data de S. Majestade a Manuel Nunes Vianna que tomou posse em 30 de Dezembro de 1728, sucedeu-lhe imediatamente o Dr. José Pires de Carvalho Cavalcante e Albuquerque pro-

---

35 DHBN. Rio de Janeiro: Biblioteca Nacional, v. LXIX. p. 171.
36 Lisboa. 19.08.1743, AHU-IDRBECA – doc. 26143(anexo doc. 26066).
37 SALGADO, *Op. cit.*, p. 143.

fesso na Ordem de Cristo, secretário que foi deste Estado em propriedade, e da principal nobreza da Bahia. Tomou posse em 22 de Dezembro de 1753.[38]

A elite econômica e política de Salvador e do Recôncavo se constituía de dois segmentos: aqueles que pouco circulavam entre os dois espaços, identificando-se de maneira mais efetiva com o Recôncavo, e aqueles, como os Pires de Carvalho e Albuquerque, que circulavam entre os dois espaços geográficos, pois assumiam ocupações econômicas variadas. É significativo que o documento acima identifique Pedro Paes Machado de Aragão como um membro da nobreza do Recôncavo e, ao mesmo tempo, refira-se a José Pires de Carvalho e Albuquerque (2º) como membro da principal nobreza da Bahia.

O Dr. José Pires de Carvalho e Albuquerque (2º), quando ocupou o lugar de alcaide- mor de Maragogipe, já tinha passado pela Universidade de Coimbra, servido à Casa da Rainha como provedor da Comarca de Alenquer e assumido o lugar de secretário de Estado. Tratava-se de um indivíduo com circulação imperial que fazia parte de uma elite com estatuto social elevado.

Definitivamente o capitão-mor era o grande responsável pelo funcionamento e defesa dos interesses políticos e administrativos do Império, no cotidiano dos municípios e vilas coloniais.

Entre os Pires de Carvalho e Albuquerque, o posto de capitão-mor das Ordenanças teve caráter hereditário. O primeiro a ocupá-lo foi o já citado José Pires de Carvalho (1º). Depois dele, três dos seus netos, todos com o mesmo nome do avô, tiveram a oportunidade de ocupar tal posto. Dois deles, irmãos entre si, ocuparam o posto na segunda metade do século XVIII, um substituindo o outro por falecimento. A carta pela qual a rainha fez mercê ao segundo irmão data de dezembro de 1781.[39]

Episódio bastante ilustrativo da importância dos cargos militares para os Pires de Carvalho e Albuquerque foi o que envolveu o provimento do posto de comandante do Regimento de Milícias da Marinha da Torre, após a morte de Garcia D' Ávila Pereira de Aragão, em 1808. Em ofício enviado ao Visconde de Anadia, o governador Francisco da Cunha Menezes propôs para o cargo o coronel Antônio Joaquim Pires de Carvalho e Albuquerque.[40]

---

38   AHU-IDRBECA – doc. 2700(anexo doc. 2662).
39   Lisboa. 19.08.1743, AHU-IDRBECA – doc. 26101(anexo doc. 26066).
40   Lisboa. 16.10.1805. AHU-IDRBECA – doc. 27464.

O Regimento de Milícias da Marinha da Torre surgiu em 21 de abril de 1739 como Terço de Milícias, sendo seu mestre de campo Francisco Dias D' Ávila, por nomeação de 1747.[41] Em 1753, foi a vez de seu filho Garcia D' Ávila Pereira ocupar o posto.[42] Em 1805, com a morte de Garcia D' Ávila Pereira, um requerimento de José Pires de Carvalho e Albuquerque (6º) solicitou o provimento no cargo do seu filho Antônio Joaquim Pires de Carvalho e Albuquerque. Na busca de alcançar a nomeação do filho, José Pires de Carvalho e Albuquerque (6º) não se furtou em colocar a sua fortuna à disposição do pleito, o que fica evidente no seguinte trecho do documento:

> Se anima o suplicante a dar mais uma prova de seu zelo e fidelidade ao Estado, oferecendo-se a fornecer a sua custa todo o treinamento completo para o referido Regimento, seja qual for o número de praças de que se haja de compor o estado completo desse corpo.[43]

Além dos já analisados, outros postos dos quais os Pires de Carvalho e Albuquerque foram titulares nas Ordenanças podem ser identificados no quadro abaixo:

Quadro 17
Os Pires de Carvalho e Albuquerque e os postos nas Ordenanças

Nome	Posto
Domingos Pires de Carvalho	Capitão de infantaria Sargento mor. Coronel de Regimento
José Pires de Carvalho (1677 - 1759)	Capitão de infantaria Sargento mor Coronel de Ordenanças Capitão mor de Ordenanças
Salvador Pires de Carvalho e Albuquerque (1701 - 1746)	Alferes Capitão de Companhia de um dos Terços da cidade Ajudante do Tenente general Mestre de campo Alcaide mor.

---

41 Lisboa. 13.03.1747. AHU-IDRBECA – doc. 27468 (anexo ao doc. 27464).

42 Lisboa. 12.11.1753. AHU-IDRBECA – doc. 27469 (anexo ao doc. 27464).

43 Bahia. 16.10.1805, AHU-IDRBECA – doc. 27465 (anexo ao doc. 27464).

Dr. José Pires de Carvalho e Albuquerque (1709 – 1774)	Alcaide mor
José Pires de Carvalho e Albuquerque (1728 – 1796)	Mestre de Campo do Terço de auxiliar das marinhas Capitão mor
José Pires de Carvalho e Albuquerque (1756 – 1808)	Alcaide mor Capitão mor Intendente da Marinha
Salvador Pires de Carvalho e Albuquerque (1765 – 1795)	Mestre de Campo do Terço de infantaria
Antônio Joaquim Pires de Carvalho e Albuquerque (1776 – 1812)	Capitão mor
Antônio Joaquim Pires de Carvalho e Albuquerque (1785 – 1852)	Coronel do Regimento de milícias da Marinha da Torre
Joaquim Pires de Carvalho e Albuquerque (1788 -1848)	Comandante das tropas na guerra de independência da Bahia Comandante das Armas da Bahia

Fonte: *Inventário dos documentos relativos ao Brasil existentes no Arquivo de Marinha e Ultramar* organizado por Eduardo de Castro Almeida. Anais da Biblioteca Nacional. Vols. 31,32,34,36 e 37.

Todos os documentos que fizeram mercê de postos militares aos Pires de Carvalho e Albuquerque trazem informações a respeito das suas anteriores condições nobilitantes, como a Ordem de Cristo ou a fidalguia da Casa Real. Além disso, os documentos régios sempre indicavam o período em que o contemplado e o seu ascendente serviram nas Ordenanças ou em outros postos. A lógica era sempre a mesma: reprocessar as mercês recebidas ao longo da vida a fim de construir um cabedal suficiente para a reafirmação da trajetória ascendente na escala social.

A Secretaria de Estado e o controle da burocracia colonial

O exercício de cargos no governo da colônia foi sempre objetivo almejado para a ascensão social. No entanto, o estudo específico de determinadas instituições da administração colonial continua escasso em nossa historiografia. Trabalhos com esse perfil ajudariam a entender o grau de competência ou debilidade do papel desses órgãos no contexto da administração imperial. Estudos como os de Caio Prado Junior e Raimundo Faoro construíram visões diferentes sobre a administração colonial[44]. Para o primeiro, tratava-se de uma ineficiente máquina burocrática, para o segundo, fruto de uma monarquia de base patrimonial, a administração colonial atendia a uma racionalidade definida pela dinâmica desta monarquia.

De maneira geral, os setores da administração política, da justiça e da defesa, desde o século XVI até o XVIII, foram áreas de importância vital para o bom andamento da administração imperial e atribuíram grande prestígio para aqueles que neles adentrassem. É possível perceber que os cargos tinham a sua própria hierarquia, alguns exercidos por indivíduos nomeados em Portugal e outros – principalmente aqueles do âmbito da capitania e do município – ocupados por membros da própria sociedade colonial.

Na medida em que o Brasil ganhava importância no Império, sua administração passava a viver processo semelhante. A documentação do Conselho Ultramarino, por exemplo, mostra uma série de decisões administrativas vinculadas a taxas, tributos e fiscalização. Um exemplo já citado foi o do tabaco, que ganhou legislação e órgão administrativo específico. Diante dessa realidade, a compra de ofícios por parte dos colonos tornou-se prática das mais comuns. A busca por monopólios de cargos e pela hereditariedade dos mesmos também se mostrou uma iniciativa das mais visadas. Vejamos abaixo uma lista de pessoas que arremataram a propriedade de ofícios, o que comprova a assertiva:

Quadro 18
Propriedades de ofícios arrematados na Bahia em 1763

Ofício	Arrematador	Valor
Guarda-mor do tabaco	José de Souza Reis	13.000 cruzados
Escrivão da Ementa da Alfândega	João Tavares de Almeida	12.000 cruzados
Escrivão de Ouvidoria e correição da Paraíba do Norte	Antônio Rodrigues Campos	12.000 cruzados
Tabelião e Escrivão dos Órfãos, Câmara e Almotaçaria da Vila de Santo Amaro das Brotas	Sebastião Gaspar de Almeida Botto	7.000 cruzados
Segundo Feitor da abertura da Alfândega	Antônio Leite Ferreira	6.000 cruzados
Guarda-mor da Alfândega	Luiz Coelho Ferreira	16.000 cruzados

---

44 Esses temas foram desenvolvidos principalmente nas seguintes obras: PRADO, JR. Caio. *Formação do Brasil Contemporâneo. Colônia.* São Paulo: Livraria Martins Editora, 1942. FAORO, Raymundo. *Os sonos do poder – formação do patronato político brasileiro.* Porto Alegre/São Paulo: Globo/EDUSP, 1975.

Escrivão da Ouvidoria e Correição da Comarca de Sergipe d'Elrei	João de Campos	12.000 cruzados
Juiz da balança do Tabaco	Jacinto Thomaz de Faria	8.000 cruzados e 100$000 reis
Escrivão da Ouvidoria e Correição da Comarca das Alagoas	José Dias Guimarães	10.000 cruzados e 200$000 reis
Tesoureiro dos Defuntos e Ausentes	José Guedes da Cruz	36.000 cruzados e 90$000 reis
Escrivão da Ouvidoria Geral do Crime	José de Souza Coelho	11.000 cruzados e 70$000 reis
Tabelião público judicial e notas da vila de N. S. do Livramento do Rio das Contas	Francisco Gomes Pereira Guimarães	10.000 cruzados
Tabelião e Escrivão dos Órfãos, Câmara e Almotaçaria da Vila de Santa Luzia	Pedro Pereira de Barros	6.000 cruzados e 300$000 reis
Inquiridor e Contador dos Auditórios	José Antônio Troyano	6.000 cruzados
Escrivão dos feitos da Fazenda	Adriano Antunes Ferreira	8.000 cruzados
Tabelião público do judicial e notas	Antônio Barbosa de Oliveira	26.000 cruzados
Escrivão do Registro do Tabaco	Bernardo Pereira Coutinho	6.000 cruzados
Tabelião e Escrivão dos Órfãos da vila de Cayru	Joaquim da Silva e Sousa	800$000 reis
Secretário de Estado do Brasil	José Pires de Carvalho e Albuquerque	80.000 cruzados
Escrivão da Provedoria dos Defuntos e Ausentes, capelas, resíduos, registros de testamentos e mais anexos	Simão Mendes Barreto	40.000 cruzados
Tabelião da vila de Cachoeira	Manuel Mendes Barreto	14.000 cruzados e 15$000 reis
Tabelião e Escrivão da Câmara, Órfãos e Almotaçaria da vila da Abadia	Antônio de Sousa Marques	6.000 cruzados e 100$000 reis
Tabelião e Escrivão da Câmara, Órfãos e Almotaçaria da vila Nova d'Elrei do rio de S. Francisco	José Camelo Pessoa	5.000 cruzados
Guarda-mor da Alfândega de Pernambuco	João Salvador da Cunha Veloso	1:200$000 reis
Escrivão da Ementa do Tabaco	Crisando José de Queirós	3:000$000 reis
Tabelião e Escrivão dos Órfãos de Sergipe d'Elrei	Manuel da Silveira Nolete	8.000 cruzados

Fonte: Bahia. 29.04.1763, AHU-IDRBECA – doc. 6170.

O Antigo Regime no Brasil Colonial 277

Uma informação presente nos autos dessas arrematações definiu os critérios de pertencimento social dos diversos arrematadores. O documento informava que todos eles eram "abonados e notoriamente verdadeiros e se trata a Lei da nobreza".[45] Um detalhe a ser informado é que a Junta da Administração da Fazenda estendeu o tempo para o pagamento da compra dos ofícios por estar entre eles o de Secretário de Estado, cujo elevado valor provavelmente atrairia poucos candidatos à arrematação.[46]

O arrematador do ofício de Secretário de Estado foi José Pires de Carvalho e Albuquerque (2º), e o auto de arrematação assim o identificou: "Dr. José Pires de Carvalho e Albuquerque, Fidalgo da Casa de Sua Majestade, e professo na Ordem de Cristo, rematou a propriedade, onde é maior e mais abonado".[47]

Ao apresentarmos um quadro com informações referentes às arrematações de ofícios visamos, tão somente, a identificar o ato como prática administrativa na colônia. Em 1763, uma grande quantidade de dinheiro foi acumulada como resultado das diversas arrematações. A comunicação com o centro do poder foi devidamente estabelecida pela Junta da Administração com o envio do relatório ao Secretário de Estado da Marinha e Ultramar, Francisco Xavier de Mendonça Furtado.

Aprofundar o conhecimento do impacto desses ofícios arrematados na vida particular de seus arrematadores é tarefa ainda a ser cumprida pela historiografia. Acompanhar de maneira mais detalhada a dinâmica da Secretaria de Estado pode ajudar a compreender a contrapartida, para o arrematador, de um determinado ofício no interior do Império colonial português.

Em estudo sobre o período em que a Secretaria do Estado do Brasil esteve sob o controle de Bernardo Vieira Ravasco, Pedro Puntoni fez a seguinte síntese a respeito da importância do cargo no âmbito da administração colonial e do poder de quem o exerce:

> Por 57 anos, dos seus 23 até sua morte, aos 80, Bernardo, ou melhor, "o irmão do Padre Antônio Vieira", exerceu o cargo de secretário do Estado do Brasil. Este, como que secundando o governador geral, era o seu primeiro oficial de despacho, por vezes consultado nas pequenas e grandes questões (dependendo de seu prestígio na altura), e também dono do cartório do

---

45 Bahia. 29.04.1763, AHU-IDRBECA – doc. 6171(anexo doc. 6170).
46 *Idem.*
47 *Idem.*

Estado - o que lhe dava não pouco poder na gestão cotidiana dos papéis da administração, nas cópias das patentes e na ordem do acervo de decisões, ou seja, no controle do arquivo daquela jurisdição.[48]

José Antônio Caldas também fez uma descrição das funções administrativas da Secretaria de Estado identificando a posição central da Secretaria no âmbito da administração do Estado do Brasil:

> A Secretaria de Estado é tribunal onde os Vice-reis do Estado despacham e dão expedientes aos negócios pertencentes a este governo. Nesta Secretaria se passam as Provisões que o Desembargo do Paço manda passar em nome de Sua Majestade e todas vão assinadas pelo Vice-rei. Também se passam os provimentos para a serventia dos ofícios e as Patentes aos oficiais militares, e os mais despachos que todos os dias há sobre os negócios particulares de toda esta Capitania.[49]

Esse é o nosso ponto de partida para demonstrarmos a importância e centralidade do exercício de tal cargo no cotidiano das relações políticas e administrativas da colônia. Para tanto, usamos o tempo em que a família Pires de Carvalho e Albuquerque monopolizou de maneira hereditária o ofício.

De antemão se faz necessário demonstrar, mesmo que brevemente, o percurso da instituição Secretaria de Estado na estrutura administrativa portuguesa. Se partilharmos da ideia de Antônio Manuel Hespanha de que os documentos escritos foram a base da comunicação político-administrativa do Império português, o que o constituiria em uma espécie de "império de papel",[50] fica evidente a importância que tomaram, na organização administrativa desse Império, as instituições e os indivíduos que cumpriram função de organização cartorial e arquivística.

---

48 PUNTONI, Pedro. *Bernardo Vieira Ravasco, Secretário do Estado do Brasil*: poder e elite na Bahia do século XVII. In: In. BICALHO, Maria Fernanda, FERLINI, Vera Lúcia Amaral. *Modos de Governar: ideias e praticas politicas no Império Português séculos XVI a XIX*. São Paulo: Alameda, 2005. p. 160.

49 CALDAS, José Antônio. *Notícia Geral de toda essa Capitania da Bahia desde o seu descobrimento até o presente ano de 1759*. Salvador: Tipografia Beneditina, 1951, p. 87.

50 HESPANHA, António Manuel. *As Vésperas do Leviatham: instituição e poder político – Portugal XVI*, Coimbra: Almedina, 1994, p. 291.

No final do período filipino, em 1631, a organização administrativa do reino se constituía de três secretarias: a das Mercês, Ordens e Padroado; a de Estado da Fazenda e Justiça e a Secretaria de Estado da Índia e Conquistas[51]. Na fase pós-Restauração, com D. João IV, passou-se a ter apenas um secretário, até 1643, quando o crescimento das práticas burocráticas levou a uma concentração e à sobreposição de competências, sendo criada outra secretaria, a "das Mercês e Expediente"[52]. No século XVIII, já no governo de D. João V, um alvará de 28 de julho de 1736 provocou nova reforma, estabelecendo as seguintes secretarias:

> a) Negócios Interiores do Reino (mais conhecida por Secretaria de Estado dos Negócios do Reino); b) Marinha e Domínios Ultramarinos (também conhecida por Secretaria de Estado da Marinha e Conquistas ou, simplesmente, da Marinha, ou, da Marinha e Ultramar); c) e Estrangeiros e Guerras.[53]

Essa estrutura perdurou por quase todo o século XVIII e foi responsável direto por todo o sistema de informação e controle burocrático do governo.

De maneira geral, cabia ao Secretário de Estado, em qualquer época da administração imperial, desempenhar funções muito semelhantes, tais como a recepção da correspondência externa de consultas ao rei e o auxílio na nomeação de vários postos. O cargo também beneficiava em muito quem o exercia, pois, segundo José Subtil:

> Ao secretariar o rei no despacho e tornar-se fiel depositário dos arquivos e do expediente régio, ganha um lugar de centralidade política, cabendo-lhe, cumulativamente, tarefas de apoio à decisão régia, como a de propor medidas legislativas e executivas.[54]

De acordo com Josemar Henrique de Melo, houve uma tendência desses secretários e da instituição de passarem a exercer uma função política e administrativa junto ao monarca, principalmente por dominarem as informações necessárias ao

---

51   KOROBTCHENKO, Júlia Platonovna. *A Secretaria de Estado dos Negócios Estrangeiros e da Guerra. A Instituição, os Instrumentos e os Homens. (1736-1756)*. Dissertação de Mestrado, Lisboa, Universidade de Lisboa, 2011, p. 22.

52   SUBTIL, José. Os Poderes do Centro. In: MATTOSO, José (dir). *História de Portugal. O Antigo Regime (1620 – 1807)*, vol. 4. Lisboa: Editorial Estampa, 1998, p. 159.

53   *Idem*.

54   *Idem*.

despacho real, recebendo e endereçando ordens do próprio rei. Isso foi suficiente para colocá-los em uma posição de funcionários de primeira linha.[55] No que diz respeito aos secretários que atuaram no Brasil escreveu Josemar Melo:

> Quanto aos secretários que podemos denominar de segunda linha, estes atuavam apenas em funções administrativas nos vários Conselhos e tribunais que foram surgindo com a restauração ocorrida em 1640, incluindo-se os secretários de governo das capitanias do Brasil, e em todos os espaços ultramarinos onde se estabeleceu a administração portuguesa. Suas atividades e funções se dividem basicamente em duas: assistirem ao despacho das suas respectivas repartições e manterem em boa ordem os seus cartórios.[56]

Um estudo mais detalhado das ações da Secretaria de Estado, quando esteve sob o domínio dos Pires de Carvalho e Albuquerque, permite perceber que, ainda que as suas funções tivessem um caráter burocrático, o secretário não pode ser considerado como despossuído de poder, pois, ao tornar-se depositário dos arquivos e do expediente régio, passava a ocupar uma posição de evidente centralidade política.

Se na colônia o secretário não podia ter o privilégio do expediente régio, não menos importante era estabelecer tal relação com aqueles que representavam o poder central em terras americanas. Ao secretário baiano coube a comunicação direta e documental com o governador e, mais tarde, com o vice-rei.

Desde a sua fundação até a primeira metade do século XVIII, era inegável a centralidade política de Salvador no contexto das relações administrativas da América portuguesa. Em consequência dessa realidade, as instituições políticas locais exerciam uma capacidade de articulação muito grande com as instituições do poder régio em âmbito local. É justamente nesse contexto que ganha importante força o controle de uma instituição como a Secretaria de Estado, local por onde passavam todas as ações burocráticas que permeavam o cotidiano de poder na colônia.

Segundo Puntoni, ao se referir ao período em que respondia pela Secretaria Bernardo Vieira Ravasco, sua função teria se dado, em um primeiro momento, de maneira informal, quando ele servia de auxiliar do vice-rei, Marquês de Montalvão,

---

55 MELO, Josemar Henrique de. A Secretaria de Governo da Capitania de Pernambuco como parte do aparelho burocrático colonial. *Actas do Congresso Internacional Espaço Atlântico de Antigo Regime*: poderes e sociedades, p. 3.

56 Idem.

em 1640.[57] Já havia na época, em território do ultramar português, a figura do secretário de Estado das partes da Índia, o que ainda não acontecia para o Brasil de maneira formal.

A presença de Ravasco servindo na função de secretário, ainda que o cargo não tivesse existência institucional, possibilitou uma evolução na função e, possivelmente, criou a demanda pela sua institucionalização. Ravasco conseguiu dar forma a um ofício que ainda não existia, mas que viria, mais tarde, como recompensa. Em 1646, D. João IV lhe faria mercê do ofício de Secretário do Estado do Brasil por três anos, da mesma forma como fazia com o Secretário da Índia.[58] A confirmação do posto viria por uma carta de 1647. Muitas das conquistas institucionais de Ravasco são atribuídas à influência do seu irmão ilustre o jesuíta Antônio Vieira, entre elas a mercê recebida em 1663 de servir o ofício de secretário de maneira vitalícia.[59]

Um exemplo de que Ravasco tinha exata dimensão da sua importância na institucionalização do ofício de secretário no Brasil e do seu papel como articulador da burocracia pode ser percebido no seguinte trecho de um alvará régio que deu a Ravasco a mercê de nomear, após a sua morte, o seu próprio filho como sucessor no ofício de secretário:

> Sendo criado em sua pessoa ordenando e dando-lhe a forma que hoje tem a qual não havia até aquele tempo por servirem de Secretários pessoas da obrigação dos Governadores com grandes confusões com que as partes padeciam grande detrimento e os Governadores muita falta das notícias e informações necessárias reduzindo tudo a boa forma com sua inteligência e bom expediente.[60]

Durante todo o período em que Ravasco esteve à frente da Secretaria de Estado do Brasil, os poderes institucionais de quem exerce o cargo só se ampliaram. A vitaliciedade da função trouxe um acréscimo enorme para aquele que ocupava o cargo. Esse tipo de concessão significou a entrega da memória do Estado do Brasil por tempo indeterminado a um único indivíduo. O perfil e o poder desse indivíduo foram assim descritos por Pedro Puntoni: "nascido e enraizado na nobreza da terra,

---

57 PUNTONI, Op. cit., p. 168.
58 Ibidem, p.169.
59 Ibidem, p. 171.
60 DHBN. Rio de Janeiro: Biblioteca Nacional, v. XXVIII, p. 248

dificultando assim que os poderes superiores – sempre transitórios, é claro – pudessem ali interferir. E essa era a alma do negócio".[61]

Essa avaliação de Puntoni pode ser estendida no tempo e no espaço ao cargo de secretário de Estado do Brasil. A transição no comando da Secretaria de Estado do Brasil entre os Vieira Ravasco e os Pires de Carvalho e Albuquerque se deu de maneira direta. Após a morte de Gonçalo Ravasco Cavalcante, assumiria José Pires de Carvalho e Albuquerque. Ao apresentar-se com a organizadora da estrutura burocrática que dava vida à administração colonial, a Secretaria de Estado transformou o ocupante do ofício de secretário em uma espécie de guardião da memória arquivística da burocracia colonial. Acompanhar o período em que os Pires de Carvalho e Albuquerque estiveram à frente da Secretaria de Estado vai permitir analisar e fazer emergir o papel dessa instituição no cotidiano de poder da colônia e, ao mesmo tempo, perceber o impacto do exercício do ofício na legitimação social daqueles que o exerceram.

Em carta patente de 7 de março de 1741, o rei D. João V fez mercê a José Pires de Carvalho e Albuquerque (2º) do ofício de Secretário de Estado do Brasil, que vagara por falecimento de Gonçalo Ravasco Cavalcante[62]. Demonstrando aprovação ao estilo de administrar dos Ravascos, o rei assim aconselhou ao novo proprietário: "que o sirva assim e da maneira que o fazia o dito seu antecessor".[63] O documento régio ainda informaria que o novo proprietário tinha oferecido para sua Real Fazenda 40 mil cruzados de donativo pela propriedade vitalícia do ofício.[64]

Alguns documentos do Conselho Ultramarino permitem identificar dois momentos distintos em que os Pires de Carvalho e Albuquerque pagaram pela arrematação do ofício de Secretário de Estado. São documentos que apesar de sequenciados não deixam bem claros os fatos em torno dessa arrematação. Porém, uma carta de Antônio Pinheiro da Silva, que durante muito tempo serviu como oficial maior da Secretaria de Estado apresenta um trecho que da pista para a compreensão do episódio.

Ao identificar alguns secretários a quem serviu, Antônio Pinheiro se refere a Manuel de Souza Guimarães, que ocupara o ofício "pela renuncia que lhe fizera do

---

61 PUNTONI, Op. cit., p. 173.
62 Lisboa. 07.03.1741, AHU-IDRBECA – doc. 26071(anexo doc. 26066).
63 Idem.
64 Idem.

ofício o proprietário José Pires de Carvalho e Albuquerque".⁶⁵ Essa informação foi dada também por José Antônio Caldas quando registrou, em 1759, o nome do ocupante do ofício de Secretário de Estado: "O Secretário de Estado é Manuel de Souza Guimarães atual proprietário por renúncia que fez o Dr. José Pires de Carvalho e Albuquerque".⁶⁶ No mesmo documento, Antônio Pinheiro informou que Francisco Gomes de Abreu Corte Real também teria servido no mesmo ofício por "dois anos por donativo e ano e meio por nomeação do atual proprietário o mesmo José Pires de Carvalho e Albuquerque".⁶⁷ A nomeação de Francisco Gomes de Abreu Corte Real aparece em alguns documentos, como em um requerimento de Antônio Pinheiro da Silva no qual este pedia certidão da portaria que teria requerido Francisco Gomes de Abreu Corte Real para servir de Secretário de Estado no impedimento do proprietário Dr. José Pires de Carvalho e Albuquerque.⁶⁸

A certidão apresentou o seguinte teor:

> Porquanto se apresentou a esta função Francisco Gomes de Abreu de Lima Corte Real achasse nomeado pelo Secretário proprietário desse Estado o Dr. José Pires de Carvalho e Albuquerque para servir o dito ofício no seu impedimento de moléstia com a qual atualmente se acha".⁶⁹

Essa substituição se deu de setembro de 1762 a janeiro de 1764, pois em 18 de janeiro desse último ano, José Pires de Carvalho e Albuquerque (2º) enviou um ofício em resposta ao que lhe dirigira o Governo interino da Bahia, para mandá-lo entrar no exercício de seu lugar de Secretário de Estado e ao se referir a Francisco Gomes de Abreu Corte Real, escreveu ele: "apresentou uma Carta minha para não prosseguir na substituição do mesmo ofício de Secretário e se dera logo por despedido".⁷⁰

A informação sobre a renúncia do ofício de secretário por José Pires de Carvalho e Albuquerque (2º) parece inquestionável, pois comprovada em outro documento, um requerimento de Antônio Pinheiro da Silva, que pedia exoneração do lugar de Secretário interino do Governo da Bahia. Antônio Pinheiro relatou

---

65 Bahia. 26.06.1766, AHU-IDRBECA – doc. 7121(anexo doc. 7120).
66 CALDAS, *Op. cit.* p. 130.
67 *Idem.*
68 Bahia. AHU-IDRBECA – doc. 7135(anexo doc. 7120).
69 *Idem.*
70 Bahia. 18.01.1764, AHU-IDRBECA – doc. 7140(anexo doc. 7120).

que a escolha de sua pessoa para o exercício interino do ofício se dera enquanto Sua Majestade "não aprovar ou reprovar a desistência que fizera o Dr. José Pires de Carvalho e Albuquerque (2º) da propriedade hereditária do mesmo ofício".[71]

Não é possível confirmar a motivação da desistência por José Pires de Carvalho e Albuquerque (2º). Por outro lado, parece essa questão ser menos importante diante do fato de que a segunda arrematação realmente aconteceu e com o valor de 80 mil cruzados pagos em nove anos, em pagamentos iguais.[72] Percebe-se que esse valor corresponde ao dobro do que foi pago na primeira arrematação. A importância do segundo investimento pode ser identificada no seguinte trecho do auto de arrematação:

> Com a condição de ser para si e seus sucessores na forma do direito consuetudinário do Reino, e com faculdade de nomear serventuário nos seus impedimentos, e com todas as regalias, honras, preeminências, liberdades, privilégios e isenções que tem o dito ofício na forma de seu Regimento.[73]

A estrutura de funcionamento da Secretaria de Estado contava com alguns funcionários, com destaque para o oficial maior — função ocupada por quase quatorze anos pelo já citado Antônio Pinheiro da Silva. Ainda que se tratasse de um subalterno, desempenhava função importante na burocracia da Secretaria. A estar próximo da realidade o relato do próprio Antônio Pinheiro sobre a sua função no cargo de oficial maior, podemos dizer que ele cumpria todas as obrigações dos secretários nos despachos do expediente da terra e das frotas e navios para Lisboa. Pinheiro complementa dizendo que o fazia porque os secretários não sabiam executar o que era da sua obrigação.[74]

A presença à frente da Secretaria de Estado do Brasil de homens como Bernardo Vieira Ravasco e José Pires de Carvalho e Albuquerque (2º), membros da sua elite política e econômica, confirma que a concessão do cargo dependia pouco do mérito e muito da condição socioeconômica. No fundo, para esses homens, o que estava por trás do exercício do ofício era o poder que este representava no jogo político da época.

---

71   Bahia. AHU-IDRBECA – doc. 7127(anexo doc. 7120).

72   Bahia. 15.03.1762, AHU-IDRBECA – doc. 6195(anexo doc. 6170).

73   *Idem.*

74   Bahia. 26.06.1766, AHU-IDRBECA – doc. 7121(anexo doc. 7120).

É curioso notar que Antônio Pinheiro da Silva se achava mais competente do que os próprios secretários no trato com a burocracia cotidiana e, ao mesmo tempo, não se via preparado para ocupar o ofício principal. Ao solicitar a sua exoneração do cargo de secretário interino, Antônio Pinheiro se diz incapaz de exercer tal posto e mesmo que tenha sido dispensado disso pela mercê que o fez interino que se achava,

> (..) de todo impossibilitado para o decente, preciso e distinto tratamento daquele emprego pela sua constante pobreza não sendo decoroso ao lugar tratar-se o suplicante, como pobre, na presença de Excelentíssimo e Ilustríssimos Senhores Governantes.[75]

Antônio Pinheiro parecia reconhecer o seu lugar na hierarquia social da Bahia do século XVIII, o que só reafirma a existência do critério de condição socioeconômica para o exercício dos cargos. Muito mais do que a capacidade de gestão, fazia-se necessário o reconhecimento do viver sob as leis da nobreza.

Uma síntese das competências e atribuições do secretário foi assim feita por Mello:

> Os secretários exercitavam uma série de atividades básicas para a administração, atuando nos diferentes níveis do ato de produzir, circular e organizar a informação. Num primeiro momento, trabalhavam no despacho com o governador, ou seja, tornavam o ato governativo em forma escrita, dentro da estrutura diplomática corrente, como os ofícios, as provisões, as certidões etc. Para isto, deveriam estes funcionários conhecerem as estruturas de cada documento que elaboravam, a fim de estabelecer as formas diplomáticas corretas que davam aos mesmos o seu valor político-jurídico administrativo.[76]

Tratava-se de uma posição estratégica, pois por ele passavam todas as informações inerentes ao exercício cotidiano da máquina burocrática da administração colonial. O secretário era o centro para onde convergiam e de onde partiam boa parte das decisões, pois cabia a ele validar e conferir legitimidade aos diversos tipos de documentos produzidos no âmbito da administração.

Uma questão pertinente ao cargo é a escolha do oficial maior, alguém de confiança do secretário. Um episódio esclarecedor sobre isso se encontra em um ofício

---

75 Bahia. AHU-IDRBECA – doc. 7127(anexo doc. 7120).
76 MELO, *Op. cit.*, p. 4.

do vice-rei Conde de Athôuguia informando da nomeação de Antônio Pinheiro da Silva. Os oficiais da Secretaria questionaram a escolha do secretário José Pires de Carvalho e Albuquerque (2º), informando que "por causa da aposentadoria de João de Souza Matos introduziu o Secretário no lugar do Oficial maior aposentado a um Antônio Pinheiro da Silva sem ser oficial da Secretaria, nem ter prática nela, por ser criado de novo sem ordem de Sua Majestade".[77] Em seguida, indicaram que havia "na Secretaria oficiais antigos com clara inteligência para o dito emprego mas aquele por particular afeição que lhe tinha era do seu agrado para o dito emprego".[78] A motivação da reclamação dos oficiais foi o fato de o novo oficial maior ter alterado a rotina do pagamento dos emolumentos, o que os estava prejudicando. Em relação à forma de nomeação questionada pelos oficiais, respondeu o Conde de Athôuguia que, "vagando algum lugar de oficial é permitida, de acordo com o Regimento, a nomeação do sucessor pelo Secretário".[79] Quanto à questão da mudança de estilo nos pagamentos dos emolumentos, o vice-rei negou a existência de tal mudança.

Um dos mais importantes momentos das atividades de Secretário de Estado ocorria quando da nomeação de novos governadores; momento crucial da administração colonial em que todas as atenções se voltavam para a cerimônia, o secretário era o elemento central da realização do ato. Em 1754, o Conde de Athôuguia foi substituído na função de vice-rei pelo Conde dos Arcos D. Marcos de Noronha. O vice-rei que estava sendo substituído teve que retornar com urgência a Lisboa e como o substituto não chegaria antes disso foi empossado um governo interino com pessoas principais da terra. A posse do novo governo foi assim relatada pelo secretário:

> Aos sete dias do mês de agosto do presente ano de mil setecentos e cinquenta e quatro nesta Cidade do Salvador Bahia de todos os Santos e Templo da Sé se acharam presentes o Ilustríssimo Excelentíssimo Senhor Conde de Athôuguia V. Rei e Capitão General de mar e terra deste Estado, Juiz de Fora, Vereadores, Procurador do Senado da Câmara, Ministros da Relação, Provedor mor da fazenda Real e da Alfândega e mais Ministros, Oficiais de Guerra, Fazenda e Justiça, Prelados das Religiões, nobreza, Cidadãos e Povo desta Cidade. E havendo eu José Pires de Carvalho Albuquerque, Secretário de Estado do Brasil lido perante todos a carta de S. M. firmada pela sua real

---

77   Bahia. 23.05.1753, AHU-IDRBECA – doc. 598-600.
78   Idem
79   Idem

mão de 18 de fevereiro do presente ano porque foi servido nomear o dito Ilustríssimo e Excelentíssimo Conde de Athouguia, no lugar de V. Rei deste Estado ao Conde dos Arcos Dom Marcos de Noronha, atual Governador de Goias (...).[80]

Um exemplo de que cabia ao secretário dar praticidade às ações burocráticas do governador encontra-se em um ofício do Conde de Azambuja para Francisco Xavier de Mendonça tratando da necessidade de prover de peças as fortalezas da Bahia. O ofício é assinado pelo governador, mas a lista das peças que vem em anexo ao documento principal leva a assinatura do secretário José Pires de Carvalho e Albuquerque (2º).[81]

O controle dos arquivos e das informações pelo secretário pode ser percebido por um ofício do governador Conde de Azambuja para Francisco Xavier de Mendonça em que o participa a entrega que fizera o desembargador Joaquim José de Andrade dos documentos e papeis vários dos extintos Conselhos Ultramarinos e Mesa da Consciência que haviam funcionado na Bahia.[82]

Os documentos e papeis foram entregues ao secretário de Estado José Pires de Carvalho e Albuquerque(2º) mediante uma carta enviada pelo próprio desembargador.[83] Ao chegarem à Secretaria os documentos, foi mandado fazer um inventário e, em seguida, foram remetidos ao Conselho Ultramarino com a assinatura de José Pires de Carvalho e Albuquerque (2º).[84]

Outro episódio que indica a importância da Secretaria de Estado como órgão de intermediação entre poderes é o que foi gerado a partir de outro ofício do governador Conde de Azambuja para o Secretário de Estado da Marinha e Ultramar Francisco Xavier de Mendonça Furtado. No documento, o governador participa ter arribado na Bahia um navio holandês e dos incidentes que se deram por ter havido suspeitas de que os seus tripulantes faziam sondagem no porto e procuravam conhecer os pontos de desembarque.[85]

O documento do governador fez gerar uma "guerra" de papeis oficiais, sendo o primeiro uma carta do capitão holandês justificando a demora e atribuindo a si-

---

80 Bahia. 07.08.1754, AHU-IDRBECA – doc. 1395 (anexo doc. 1394).
81 Bahia. 01.08.1766, AHU-IDRBECA – doc. 7296-7297.
82 Bahia. 18.08.1776, AHU-IDRBECA – doc. 7421.
83 Bahia. 18.08.1766, AHU-IDRBECA – doc. 7422. (anexo ao doc. 7421).
84 Bahia. 18.08.1766, AHU-IDRBECA – doc. 7423. (anexo ao doc. 7421).
85 Bahia. 23.08.1766, AHU-IDRBECA – doc. 7427.

tuação a reparos nas velas da sua embarcação.[86] O governador respondeu, também por carta, explicando ao capitão os motivos de não permitir a sua permanência na Bahia.[87] Em seguida, foi entregue ao oficial holandês um termo de notificação que o mandava partir imediatamente.[88] O capitão enviou outra carta ao governador informando serem falsas as suspeitas que levantaram a seu respeito.[89] Tudo isso ainda gerou um ofício do ouvidor geral do crime no qual informava sobre as investigações referentes ao caso dos holandeses.[90] Quanto à participação da Secretaria de Estado nesse episódio, todos os documentos envolvidos foram chancelados pela assinatura do secretário José Pires de Carvalho e Albuquerque (2º).

Entre 1741 e 1808, os Pires de Carvalho e Albuquerque controlaram quase que de maneira ininterrupta a Secretaria de Estado do Brasil. Mesmo depois da transferência da capital para o Rio de Janeiro, a família ainda teve interesse em manter-se à frente da instituição na Bahia. Três dos seus membros, de mesmo nome, estiveram à frente da Secretaria no século XVIII. O primeiro deles, o Dr. José Pires de Carvalho e Albuquerque (2º), ocupou o ofício em dois momentos distintos, de maio de 1741 a março de 1755, e retornou em março de 1762, ficando até a sua morte em setembro de 1774.[91] O segundo foi o seu primogênito, de mesmo nome, que ocupou o ofício entre 1774 e 1778, quando veio a falecer.[92] O irmão do primogênito, também homônimo, assumiu entre 1778 e 1808, ano da sua morte.[93]

O terceiro deles a assumir o ofício, assim como o pai, foi um homem muito poderoso na Bahia da segunda metade do século XVIII. Seu exercício à frente da Secretaria pode ser vista como uma continuidade dos tempos em que o seu pai esteve à frente da instituição.

---

86 Bahia. AHU-IDRBECA – doc. 7428. (anexo ao doc. 7427).
87 Bahia. 19.08.1766, AHU-IDRBECA – doc. 7429. (anexo ao doc. 7427).
88 Bahia. 20.08.1766, AHU-IDRBECA – doc. 7430. (anexo ao doc. 7427).
89 Bahia. 20.08.1766, AHU-IDRBECA – doc. 7431. (anexo ao doc. 7427).
90 Bahia. 18.08.1766, AHU-IDRBECA – doc. 7432. (anexo ao doc. 7427).
91 Bahia. 20.01.1802, AHU-IDRBECA -- doc. 26081. (anexo ao doc. 26066).
92 Bahia. 22.01.1802, AHU-IDRBECA – doc. 26082. (anexo 26088-26089). (anexo ao doc. 26066).
93 Bahia. 06.12.1774 e 27.09.1779, AHU-IDRBECA – doc. 26088-26089. (anexo ao doc. 26066).

Mais uma importante atribuição da Secretaria de Estado foram as devassas de residências que se faziam no final do período em que os desembargadores serviam na Bahia. Na segunda metade do século XVIII, época em que esteve à frente do ofício de secretário José Pires de Carvalho e Albuquerque (6º), várias devassas foram feitas a pedido do governador, em cumprimento a uma resolução régia de fevereiro de 1725.

As inquirições da devassa buscavam informações que pudessem comprometer a vida do devassado no exercício do cargo. As questões a serem respondidas pelas testemunhas visavam a saber se o mesmo "procedeu bem na matéria de seu ofício"; se se "achou com inteireza e limpeza de mãos"; se portou-se e "viveu com honestidade, modéstia e decência"; se "cometeu algum excesso escandaloso" e se "comerciou e teve qualquer outro gênero de negócio proibido".[94] As testemunhas variavam de uma devassa para outra, mas o perfil social geralmente era o mesmo: membros das Ordenanças ou do governo. Ao secretário cabia ler e assinar o depoimento de cada testemunha inquirida, o que lhe conferia, mais uma vez, posição privilegiada na validade de um documento oficial.

Além de estar presente como uma espécie de legitimador das inquirições que devassavam a vida pública de um desembargador, cabia também ao secretário produzir atestados sobre o zelo e comportamento de outros oficiais, como o fez em relação ao guarda-mor Francisco Manuel Henriques de Oliveira; ao escrivão da chancelaria Henrique José Lopes; sobre a apresentação dos serviços originais prestados por João da Silveira Pinto Varela Barca e sobre os serviços de Valentim Ferreira Antunes Correia. Em todos os atestados o secretário discorria sobre os diversos ofícios assumidos pelo indivíduo, baseando-se nos livros de registros arquivados na secretaria.

O fato de ser a Secretaria de Estado a guardiã da memória de boa parte da produção documental da colônia ficou evidenciado em vários momentos. Em 1783, o desembargador chanceler da Relação José Inácio de Brito Bocarro e Castanheda enviou ao Secretário de Estado da Marinha e do Ultramar, Martinho de Melo e Castro, um ofício em que expunha as dúvidas levantadas por alguns desembargadores sobre a competência dos governadores interinos para assinar as provisões e alvarás que, por despacho na Relação, se mandavam expedir pela Mesa do Desembargo do Paço.[95] Tratava-se de uma disputa por preeminência de poder entre os desem-

---

94 Bahia. 22.07.1777, AHU-IDRBECA – doc. 9561. (anexo ao doc. 9560).
95 Bahia. 21.11.1783, AHU-IDRBECA – doc. 11359.

bargadores e os outros membros que formavam os diversos governos interinos na Bahia. Alguns oficiais foram chamados a se pronunciar, como o escrivão do crime e o guarda-mor da Relação. Ambos, baseados nos livros de suas respectivas repartições, relataram os resultados mediante certidões. Coube, entretanto, ao secretário de Estado buscar nos antigos Livros de Registros de Provisões e Alvarás arquivados na secretaria a efetiva presença ou não das assinaturas dos outros membros dos antigos governos interinos nos documentos questionados pelos desembargadores.[96]

Assim, é mais do que evidente a centralidade política da Secretaria de Estado. A grande quantidade de informações geradas a partir dos atos administrativos, tanto do governo como das outras instituições de poder, tendiam a transformar-se em registros escritos, configurando uma gama abrangente de tipos documentais. Um levantamento básico dessa tipologia nos permitiu identificar o seguinte panorama documental produzido no âmbito da secretaria: certidões, cartas, mapas, autos de devassas, autos de posses, ofícios, provisões, requerimentos, atestados, atas de reuniões e fés de ofícios.

Outros dois aspectos que emergem da análise da presença dos Pires de Carvalho e Albuquerque à frente da Secretaria de Estado são os que se referem ao *status* simbólico e aos ganhos financeiros oriundos do exercício do ofício.

Em relação ao primeiro aspecto, conduz ao que já está sendo tratado neste livro, ou seja, a importância simbólica, em termos sociais, de se fazer merecedor, na colônia, de honras, mercês e privilégios. Já vimos até aqui que o ofício de secretário de Estado possibilitava ao indivíduo que o assumia colocar-se como mediador e legitimador de boa parte da comunicação documental da burocracia administrativa colonial. Isso não era, entretanto, o máximo de benefício que se podia tirar do exercício do ofício. Em uma sociedade em que a hierarquização social se definia pela distinção, havia, subjacente ao cargo, a necessidade de se explicitar a sua importância na hierarquia administrativa da colônia.

No Arquivo Ultramarino encontra-se a cópia de uma certidão passada por José Pires de Carvalho e Albuquerque que traz o registro da ordem determinando a importância do secretário de Estado na hierarquia administrativa do Brasil.[97] Vejamos o que expressava a parte final do documento que registrava a orientação régia:

---

96   Bahia. 22.11.1783, AHU-IDRBECA – doc. 11362. (anexo ao doc. 11359).
97   AHU_ACL_CU_005, Cx. 2, D. 189.

> Pedindo nós o conservássemos na preeminência e autoridade que Sua Majestade mande se lhe guarde, e deve este Governo observar pontualmente o que Sua Majestade manda. O Provedor mor da fazenda Real para podermos assinar a folha que a esse Governo trouxe o Escrivão da fazenda o assentamento do dito Secretário de Estado logo seguinte o do Governador e Capitão General por ser o lugar que por suas preeminências lhe toca.[98]

A certidão acima foi escrita originalmente em 1676, quando o Brasil foi governado por uma junta interina que ficou à frente do governo entre 1675 e 1678. Percebe-se claramente a privilegiada posição da secretaria na hierarquia administrativa do Brasil; ficava o ofício abaixo apenas do de Governador Geral.

Em três momentos distintos do século XVIII, os Pires de Carvalho e Albuquerque, quando estavam à frente da secretaria de estado, reivindicaram as mesmas continências militares de que gozava o Secretário de Estado da Índia. A resposta aos requerimentos veio em forma de três despachos emitidos em 1750, 1779 e 1788.

O despacho de 1750 foi assinado pelo vice-rei Conde de Athouguia e trazia a seguinte ordem:

> Atendendo ao que se acha determinado no capítulo nono do regimento do Suplicante Secretário deste Estado, e visto o que se aplica com o do Estado da Índia, consta das atestações juntas: Ordeno que com o próprio suplicante, por razão de seu emprego que compreende também o de Secretário de guerra se lhe faça a continência militar de lhe apresentarem as Sentinelas as armas ao passar pelos corpos da guarda na forma que pede, e o Tenente General, que serve as Ordens, o tenha assim entendido para o mandar executar.[99]

Vinte e nove anos depois, quando o filho faz novo requerimento solicitando a mesma mercê do pai, a Bahia já não tinha mais a presença de um vice-rei, mas coube ao governador Marques de Valença reafirmá-la: "O Ajudante de Ordens deste Governo faça observar o despacho junto, como nele se contem, fazendo praticar todas as clausulas dele, observadas com o Pai do Suplicante".[100]

---

98 Idem.
99 Bahia. 07.05.1750 e 23.11.1779. AHU-IDRBECA – doc. 13565. (anexo ao doc. 13557).
100 Idem.

Em 1783, José Pires de Carvalho e Albuquerque (6º) volta à carga, mediante requerimento assinado pelo seu procurador, Sebastião da Silva Campos. Visava à confirmação das mercês anteriormente recebidas, mas buscou reivindicar também,

> (..)as mesmas honras e continências militares que se concedem ao Secretário de Guerra da Corte que são as que competem aos coronéis e concorre também em gozar como capitão mor das Ordenanças as mesmas graças e preeminências que tem os coronéis da tropa paga.[101]

Um fato que merece observação no contexto foi a solicitação feita ao Conselho Ultramarino por José Pires de Carvalho e Albuquerque (6º), em 1781, de cópias e teor de vários despachos e documentos que se achavam registrados nos livros da secretaria e que se referiam às preeminências de que o mesmo gozava no exercício do ofício de secretário.[102] Toda essa gama de documentos e solicitações de cópias leva a perceber o enorme interesse familiar na preservação de documentos cujo teor serviam e serviriam como mantenedores de um ofício de perfil hereditário.

Um último aspecto primordial para se compreender o papel da Secretaria de Estado no contexto de uma economia de privilégios vivida pelos Pires de Carvalho e Albuquerque é o que se refere aos ganhos financeiros favorecidos pela propriedade do ofício.

Para entender o que representava exercer a função de secretário de Estado é necessário se olhar para o ofício com a perspectiva de que ele se constituía de um mosaico de componentes conectados pela lógica remuneratória dos ganhos financeiros e da concessão de privilégios. Exemplo dessa assertiva pode ser percebido em um requerimento de José Pires de Carvalho e Albuquerque (6º), em 1801, da cópia dos parágrafos 1º, 2º, 3º e 4º do Regimento do Ofício de Secretário de Estado do Brasil.

Trata-se de parágrafos referentes a valores pagos ao secretário de Estado pela nomeação de patentes do Exército. Diz o primeiro parágrafo: "De cada Patente de Capitão de Infantaria levará o Secretário do Estado do Brasil oito mil reis os quais lhe pagará o Capitão a quem se passar a dita Patente sem dar recibo para a Tesouraria Geral os Pagar". O segundo parágrafo amplia o primeiro afirmando que "a este respeito levará também os emolumentos aos oficiais maiores de Guerra das Patentes que lhe passar". O terceiro parágrafo dispõe: "Alvarás de reformação de capitães le-

---

101 AHU_ACL_CU_005, Cx. 185, D. 13612.
102 AHU_ACL_CU_005, Cx. 185, D. 13612.

vará de cada um quatro mil reis, e dos que forem de maior Posto a este respeito e pelos de Alferes e Sargentos dois mil." O quarto e último parágrafo determina que " pelas Provisões das serventias dos Ofícios de Justiça, Fazenda ou Guerra levará por cada uma com registro de mil e seiscentos reis, sendo por tempo de um ano e sendo por seis meses assentado".[103]

É perceptível que as vantagens oriundas do emprego de secretário de Estado se davam de maneira conjunta e na mesma proporção entre o alcance das ações burocráticas e a consequente remuneração das mesmas. Outro exemplo que expressa a afirmativa está na carta régia que segue transcrita:

> (...) O Secretário ter bastante rendimento em sua ocupação não só de seu ordenado, mas das propinas que costuma ter e eu mandei as pudesse levar na arrematação dos Contratos Reais, e sendo necessário as partes a passar-lhes suas Certidões, assim os que requerem serviços como provimento de postos, que destas lhe hão de pagar só dois vinténs e também pelos Passaportes dos Navios não deve pretender mais que os quatro mil reis que lhe estão taxados no seu Regimento.[104]

Os valores que envolviam a tesouraria de uma instituição como a Secretaria de Estado, além dos ordenados e diversas outras formas de ganhos, ainda incluía, como despesa da Coroa, 64 mil reis para a compra de tinta, papel, penas e sacos de vias. Um exemplo do quanto arrecadava anualmente o secretário e os seus funcionários pode ser visto no quadro abaixo, que ilustra os ganhos anuais de todos os que tinham emprego na Secretaria de Estado:

---

103 Bahia. 28.06.1669, AHU-IDRBECA – doc. 26075. (anexo ao doc. 26066).
104 Bahia. 20.11.1694, AHU-IDRBECA – doc. 26080. (anexo ao doc. 26066).

Quadro 19
Rendimento anual da Secretaria de Estado e Governo em 1774

Rendimento anual da Secretaria de Estado e Governo	Número do Documento que comprova	Ordenados anuais	Propinas[105] anuais	Emolumentos[106] anuais	Total de rendimento anual
José Pires de Carvalho e Albuquerque. Secretário de Estado e Governo	N° 15	464$000	100$000	1.044$000	1.604$000
José Rodrigues Portela. Oficial Maior	N° 15 f.2	150$000		30$000	180$000
Inácio de Almeida Abreu. Oficial	N° 15 f.2	100$000		30$000	130$000
José Vaz Silva. Oficial	N° 15 f.2v	100$000		30$000	130$000
Caetano Teixeira. Oficial	N° 15 f.3	100$000		30$000	130$000
João de Santana. Oficial	N° 15 f.3	100$000		30$000	130$000
Francisco das Chagas. Porteiro	N° 15 f.3v	50$000			50$000

Fonte: Mapa dos ordenados, propinas e emolumentos e de todos os rendimentos que percebem anualmente cada um dos Ministros, Oficiais de Justiça e da Fazenda, Secretário e Oficiais da Secretaria da Capitania da Bahia. Bahia. 05.12.1778, AHU-IDRBECA – doc. 11210. (anexo ao doc. 11209).

O documento do qual retiramos as informações constantes do quadro acima apresenta ainda uma importante informação sobre como se estruturava – do ponto de vista da administração imperial – os ofícios existentes na colônia. Divididos em quatro classes, assim eram definidos: "Ofícios de que se tem conferido a Propriedade por se haverem comprado"; "os que se arrematam por Donativos trienais ou que contribuem para a Real Fazenda com a Terça parte de seus rendimentos"; "os que se tem dado de propriedade por sucessão sem serem comprados" e "os que se dão de serventia sem pagarem Donativos nem Terças partes".[107]

---

105 De acordo com o Dicionário de Rafael Bluteau, propina seria um presente, ou dom em dinheiro, pano, ou peça, que se dá a alguns oficiais, ministros e lentes por assistência ou trabalho.

106 Rendimento habitual.

107 Bahia. 05.12.1778, AHU-IDGBECA – doc. 11210. (anexo ao doc. 11209).

Aspecto que também chama a atenção é a quantidade de cópias dos diversos capítulos do Regimento dos Secretários requerida por José Pires de Carvalho e Albuquerque (6º). Esse tipo de atitude pode tratar-se de duplo objetivo. Ao mesmo tempo que compõe o quantitativo documental da Secretaria se busca respaldo na oficialidade de um texto régio para legitimar, assegurar e fazer valer certos privilégios. O requerimento que se refere ao capítulo oitavo equipara a figura do secretário a outros oficiais da Colônia:

> E assim haverá as propinas que costumam levar os Governadores, e Provedor mor da Fazenda daquele Estado, ou sejam pagar por conta da Minha Fazenda, ou pelos Contratadores e na forma, qualidade e quantidade em que as leva o dito Provedor mor de Minha Fazenda.[108]

Um dos documentos mais instigantes sobre a presença de José Pires de Carvalho e Albuquerque (6º) à frente da Secretaria de Estado foi um requerimento de 1802 dos proprietários das fábricas de cortumes e das embarcações pequenas do comércio do interior da Capitania da Bahia em que reclamavam contra o pagamento de certos emolumentos exigidos pelo secretário de Estado.[109] Trata-se de um documento cujo teor, ainda que tenha sido produzido por motivação reivindicatória permite conjecturar sobre diversos aspectos que envolviam a função de secretário de Estado no contexto das relações de poder no âmbito de um espaço de dimensão imperial.

Os reclamantes iniciam o texto fazendo um estratégico preâmbulo em que são abordados temas valorativos, lembrando a Vossa Alteza Real que a mesma não "permite a qualquer dos seus vassalos exigir e receber dos convassalos direito algum por ser este privilégio inerente à Soberania e incomunicável a qualquer pessoa". Registram que nem mesmo os primeiros donatários receberam foros que não estivessem previstos nos forais da época de D. Manuel. Tratava-se, para eles, de "percepção odiosa e só admissível pela causa pública nunca tolerável em proveito particular".[110]

O perfil de ação de José Pires de Carvalho e Albuquerque(6º) – que possivelmente não se diferenciava de outros da sua mesma categoria social – foi assim retratado pelos reclamantes: "violência intolerável pela arrogação que este vassalo prepotente faz dos privilégios fiscais em causa própria diametralmente oposta ao

---

108 Bahia. AHU-IDRBECA – doc. 7186. (anexo ao doc. 7183).

109 Bahia. AHU-IDRBECA – doc. 25378 - 25393.

110 *Idem.*

Decoro da Real Coroa a que muito privativamente podem competir".[111] Os reclamantes eram mestres, pequenos produtores e comerciantes, e na fala deles é possível identificar uma percepção do lugar em que eles se encontravam na hierarquia da sociedade colonial. Indivíduos como José Pires de Carvalho e Albuquerque (6º) faziam parte de uma espécie de "sociedade de corte local"[112] que girava em torno dos governadores ou vice-reis com todos os dividendos e benefícios dela derivados. Aos que estavam à margem, restava recorrer à Coroa, vendo-a como instância desconectada e acima dos interesses "domésticos" que colocavam do mesmo lado agentes da Coroa e membros das elites locais.

Do ponto de vista dos reclamantes, aqueles que não estavam próximos ao poder muito pouco poderiam esperar em termos de justiça. Pareciam viver uma condição tal que os deixava impotentes. Vejamos um trecho que exprime bem tal sentimento: "ruina inevitavel da parte dos suplicantes ou dos seus mestres por não terem algum abrigo contra um homem que fixo ao lado dos Governadores lhes dita os despachos ou pelo menos lhes da direção e conselho".[113]

Mais uma vez a Coroa é elevada a uma posição de mediadora dos conflitos e ao mesmo tempo de único poder verdadeiramente inquestionável e acima de todos os outros. Diz o documento: "os suplicantes tem procurado todos os recursos e todos se lhes tem frustrado, e neste extremo de apreensão recorrem a Vossa Alteza Real ante cujo Trono a consideração de José Pires nada avulta e onde não pode preponderar mais que a justiça imparcial".[114]

Não foi possível encontrar a resposta do Conselho Ultramarino para o requerimento dos suplicantes, mas os detalhes do documento permitiram chegar ao interior das relações coloniais fazendo emergir uma gama de personagens e ações com funções sociais e políticas diversificadas que contavam com um único fator de unicidade, a Coroa e toda a sua representatividade simbólica.

A união entre os agentes representativos da Coroa portuguesa e os membros da elite local foi prática comum no período colonial. A historiografia do período co-

---

111 Idem.

112 Conceito desenvolvido por Norbert Elias presente na obra: ELIAS, Norbert. *A Sociedade de Corte: Investigação sobre a sociologia da realeza e da aristocracia de corte*. Rio de Janeiro: Jorge Zahar Editores, 2001.

113 Bahia. AHU-IDRBECA – doc. 25378 - 25393.

114 Idem.

lonial brasileiro tem mostrado o quanto desembargadores, juízes de fora e governadores se adequaram à dinâmica local, inclusive, através de casamentos com as filhas de proprietários rurais e comerciantes. A íntima relação de José Pires de Carvalho e Albuquerque (6º) com o governador não era uma exceção mas, uma regra que se justificava pela troca de favores entre indivíduos cuja relação fornecia o equilíbrio de força tão necessário à manutenção não só dos privilégios do grupo dominante local mas também do poder imperial.

Em 1770, José Pires de Carvalho e Albuquerque (6º) escreveu ao governador Conde de Pavolide um memorial no qual expunha os motivos que determinaram a diminuição dos seus vencimentos e lhe pede para o protegê-lo na sua pretensão que, a tal respeito, tinha pendente em Lisboa. No documento, José Pires de Carvalho e Albuquerque (6º) relata em detalhes todas as quantias que sua família pagou à Coroa, estabelecendo uma relação de chantagem com o governo português.

De início, cita os 30 mil cruzados pagos para obter a alcaidaria-mor de Maragogipe para o seu irmão Salvador Pires de Carvalho, não deixando de frisar que este pouco usufruíra do posto, pois morreu um ano e meio depois, voltando a vaga para a Coroa. Em seguida, lembrou dos 52 mil cruzados e dos 100 mil reis que pagara pela arrematação do trapiche do devedor Barnabé Cardoso, ressalvando que o local estava tão danificado que foi preciso reconstruí-lo.[115]

Lembrou também dos 42 mil cruzados pagos pela primeira compra da propriedade vitalícia do ofício de secretário de Estado e dos 82 mil cruzados pagos, pela segunda vez, pelo mesmo ofício. O fato de ter iniciado o documento relatando as despesas que culminaram em grande benefício para a fazenda real serviu para, em seguida, reivindicar a satisfação das suas perdas financeiras em consequência da transferência da capital para o Rio de Janeiro.[116]

Foram diversas, segundo José Pires de Carvalho e Albuquerque (6º), as causas da diminuição dos emolumentos do ofício. A começar pela criação da Relação do Rio de Janeiro, que fez a Bahia perder a jurisdição sobre várias comarcas e suas respectivas provisões. Outro fator foi a extinção dos postos de capitão-mor de distritos e freguesias cujas patentes não são mais passadas. Além disso, a vitaliciedade do posto de capitão-mor e de outros oficiais e serventias, que antes eram trienais e

---

115 Bahia. 1770, AHU-IDRBECA – doc. 8286 (anexo ao doc. 8285).
116 *Idem*.

que se atribuia por provisões anuais. Também se perdia os emolumentos advindos dessas provisões.[117]

Quanto à centralidade política no Rio de Janeiro, reclama de que não se remetiam as propinas que competia ao seu ofício, previsto no Regimento dos Secretários, ofício esse no qual ele teria servido com honra e desinteresse por mais de 29 anos. Tudo isso estaria deteriorando o patrimônio dos seus filhos e, para aliviar tal situação, contava com a ilustre proteção do governador.[118]

O ofício escrito pelo governador Conde de Pavolide a Martinho de Mello e Castro se mostrou totalmente favorável à reivindicação de José Pires de Carvalho e Albuquerque (6°) bem em sintonia com a conjunção de interesses entre membros da elite e o governador. Governo e elites usufruíam economicamente das mesmas vias. Portanto, fatos como a criação da Relação do Rio de Janeiro e a transferência da capital para o Rio de Janeiro atingiam os ganhos financeiros, seja daqueles indivíduos que se beneficiavam de emolumentos e taxas do serviço público, seja do próprio governo que se via destituído de uma série de benefícios e prerrogativas. Deixemos que as palavras do governador esclareçam um pouco mais sobre esse aspecto:

> O Secretário do Estado, que comigo serve em esta Capitania com a honra e procedimento, que sendo notória, eu a tenho conhecido em o tempo que com ele sirvo, me fez a representação que junta remeto. É tão verdadeira como digna de atenção, e me pareceu indispensável o remete-la a Vossa Excelência para que ponha na presença de Sua Majestade, o mesmo lhe dê a providencia que eu não tenho jurisdição para fazê-lo.
>
> É sem dúvida que todos os rendimentos desta Secretaria, e ainda os do Governo, se deterioraram muito com a criação da Relação do Rio de Janeiro e com a passagem do Vice Reinado para aquela Capitania, e ultimamente com a resolução de Sua Majestade de se não pagarem mais propinas que dos Contratos que aqui de rematarem, ficando mais cessando as de Pernambuco e suas anexas.[119]

Quando insistimos em ser prática comum a relação de reciprocidade de interesses entre membros da elite local e os agentes institucionais da Coroa é por consta-

---

117 Idem.
118 Idem.
119 Bahia. 01.08.1770, AHU-IDRBECA – doc. 8285.

tar que essas práticas encontravam-se devidamente harmonizadas com a lógica administrativa do governo imperial no interior das relações de poder em âmbito local.

Não se tratava de uma simples afinidade de amigos, mas de uma bem orquestrada relação de trocas de interesses com dividendos e benefícios para ambos os lados. Ainda que agente da Coroa, ao governador cabia adaptar-se ao jogo político local e tirar proveito da sua posição.

Podemos afirmar que o secretário de Estado do Brasil, José Pires de Carvalho e Albuquerque (6º), constituiu-se, em finais do século XVIII, como um dos indivíduos mais poderosos da Bahia. Entretanto, essa percepção não poder ser resultado de um olhar que se restrinja apenas ao seu período ou ao sujeito analisado. A força de José Pires de Carvalho e Albuquerque (6º), em finais do século XVIII, é fruto de um acúmulo histórico tecido a cada geração, no interior da família, cujas origens remontam a Domingos Pires de Carvalho, nos finais do século XVII. As parcelas de poder exercidas por cada geração que compôs a família Pires de Carvalho e Albuquerque no decorrer do século XVIII não podem ser entendidas como resultado de ações isoladas de um indivíduo privilegiado que viveu em um determinado período histórico da Bahia colonial. A força de cada um deles deve ser admitida se o enquadrarmos como resultante da acumulação de honras, mercês e privilégios que constituíram a simbólica "cesta de virtudes", possibilitando-lhes estabelecer com as forças políticas de cada época avanços e recuos, e também amealhar apoios e exercer alguma liderança no interior de seu grupamento social.

Na virada do século XVIII para o século XIX uma nova conjuntura começava a ser gestada na Bahia. A primeira metade do século XIX foi o de acomodação e ressignificação de valores e atitudes por parte das elites baianas. O movimento de emancipação política do Brasil em relação ao domínio português ganhou centralidade no seio das elites baianas. Os riscos de perdas de conquistas importantes no âmbito econômico e político, além da manutenção da ordem escravocrata, fizeram dos baianos partícipes diretos do movimento de independência.

Grandes proprietários de terras, influentes funcionários da administração colonial, gozando de todas as benesses nobiliárquicas oriundas das suas mercês, os Pires de Carvalho e Albuquerque não se furtaram – como boa parte da elite baiana – em ter uma participação ativa na guerra de independência do Brasil na Bahia.

Cumprindo papeis diferentes os três irmãos da Torre,[120] membros mais influentes da família no século XIX, estiveram presentes nos episódios que envolveram a Bahia, entre os anos de 1821 e 1823. A posição de destaque e de influência construída pela família em todo o século XVIII inevitavelmente empurraria os seus membros a se vincularem a qualquer movimento político com influência no curso da dinâmica de poder na Capitania da Bahia.

O mais velho entre os irmãos, o morgado Antônio Joaquim Pires de Carvalho e Albuquerque, desempenhou o papel de liderança familiar. Na guerra, pelo fato de representar a cabeça do clã, impôs-se pela liderança militar por exercer o posto de coronel do batalhão da legião da Torre. Como morgado, sua riqueza material também foi colocada à disposição da causa da independência.

O segundo dos irmãos, Francisco Elesbão Pires de Carvalho e Albuquerque, cumprindo a tradição que remontava às casas reinóis, não teve as preeminências próprias da primogenitura, restando-lhe as letras e a política. Foi secretário de Estado por concessão do irmão mais velho e esteve presente nos bastidores de todos os órgãos representativos de governo criados no contexto do movimento de independência baiano.

Ao terceiro deles, Joaquim Pires de Carvalho e Albuquerque, não restou alternativa que não fosse se enquadrar no único espaço que tradicionalmente cabia ao terceiro filho de uma grande casa, o das armas. Dele, disse Calmon, "sem bens patrimoniais que o fixassem ao solar tribal, saía à aventura sob a bandeira del-rei".[121]

Os três irmãos da Torre buscaram estender, para o século XIX, a mesma prática de reprodução social que tanto caracterizou a família em século anterior. Entretanto, os tempos já eram outros, e os valores e a mentalidade presentes no século XVIII, viviam fase de ressignificação em ambiente de Brasil independente.

---

120 Filhos de José Pires de Carvalho e Albuquerque (1756 – 1808), foram eles: Antônio Joaquim Pires de Carvalho e Albuquerque (1785 – 1852), Francisco Elesbão Pires de Carvalho e Albuquerque (1786 – 1856) e Joaquim Pires de Carvalho e Albuquerque (1788 – 1848).

121 CALMON, *Op. cit.,* p. 181.

Considerações finais

O objetivo geral deste livro foi o de buscar identificar na Capitania da Bahia, a mais importante da América portuguesa no período em estudo, práticas de ascensão e legitimação social dos membros dos seus grupos dominantes. Com base em novas chaves interpretativas da relação entre a metrópole portuguesa e a sua colônia americana, foi possível ampliar a análise daquilo que diz respeito às estratégias de ascensão e mobilidade social de uma sociedade com características tão próprias como a que distinguiu a baiana do século XVIII.

Quando se é possível ampliar historicamente o arco analítico da interação entre forças assimétricas como as que caracterizaram a relação metrópole/colônia pode-se incorporar situações que levam em conta ações de autoridade negociada, ainda que isso não signifique, necessariamente, uma deliberada ação de negociação da autoridade.

Diante da pesquisa empírica empreendida, foi possível concluir que houve a incorporação de valores societários reinóis pelos colonos. A identificação, no interior da sociedade reinol, de um ambiente histórico que possibilitou a emergência de um *ethos* nobiliárquico e de uma cultura política baseada na prática régia de conceder benefícios em troca de lealdade permitiu estabelecer o pressuposto teórico que possibilitaria a reprodução, em território colonial, de uma "mentalidade" nobiliárquica, por uma parcela dos indivíduos locais.

A leitura de documentos referentes à Bahia colonial fez emergir testemunhos que atestaram a existência do uso continuado de instrumentos de enobrecimento e confirmaram a centralidade do ato de se fazer merecedor de uma mercê régia, tendo em vista o objetivo de ascensão social. Receber a insígnia da Ordem de Cristo ou servir ao Tribunal da Santa Inquisição como seu familiar e, ao mesmo tempo, servir como membro do Senado da Câmara local são situações que levaram a concluir que, aos olhos dos colonos, critérios reinóis e locais cumpriam a mesma função de legitimar a ordenação hierárquica e identitária da sociedade local.

O uso de critérios típicos das sociedades europeias do Antigo Regime, tais como estamento e pureza de sangue, não significou, entretanto, uma simples reprodução, em território colonial, da estrutura da sociedade reinol. Entendemos que qualquer tentativa de se caracterizar uma hierarquização social na Bahia colonial passa por reconhecer as suas singularidades, sobretudo a existência da escravidão, da qual não se pode fugir, quando se pensa a construção de qualquer critério de análise da hierarquização social local. Por outro lado, o acompanhamento do cotidiano dos grupos socioeconômicos dominantes da Bahia colonial permitiu identificar a existência de uma compreensão que os enquadrava em uma territorialidade de dimensão imperial e os fazia sentirem-se súditos de um mesmo soberano. Foram fatores que deram a esses grupos condições suficientes para pautarem as suas condutas pelos mesmos parâmetros reguladores da ascensão social existente no reino.

Na Bahia do século XVIII, a mobilidade social ascendente esteve vinculada não só ao enriquecimento, mas também à busca do capital simbólico advindo das honras e mercês régias. Era necessário ser visto como alguém que se "vivia à lei da nobreza". O distanciamento em relação ao trabalho mecânico e ao "sangue infecto" foi incorporado pelos membros das elites baianas como um importante caminho de legitimidade social. Mais do que o capital pecuniário, o que valia era a união deste ao capital simbólico, construindo uma espécie de "cesto de virtudes" que credenciaria essas pessoas aos olhos do rei e das autoridades metropolitanas e locais para atingir o prestígio e os postos mais importantes da República.

O fato de ter sido a Bahia, durante boa parte do período colonial brasileiro, a Capitania mais importante do Império na América, deu a Salvador e às suas elites, maiores possibilidades de conviverem com instituições reinóis de evidente importância administrativa, econômica e cultural. O contexto histórico do século XVIII na Bahia era o de um território consolidado política e socialmente. Suas elites já tinham alcançado um grau de enriquecimento e de definição suficientes para tornar a dicotomia latifúndio/comércio algo quase que superado. A partir da segunda metade do século XVIII, os comerciantes baianos já tinham incorporado os mecanismos de ascensão social, e muitos deles já tinham sido assimilados em instituições como as Ordenanças, o Senado da Câmara e a Santa Casa de Misericórdia.

O levantamento documental, principalmente daqueles que permitiram estabelecer alguns parâmetros quantitativos, confirmou o quanto foi abrangente a busca, por essas elites baianas do século XVIII, dos mecanismos de nobilitação. O estudo da presença dos baianos na Universidade de Coimbra e da sua consequente presença no universo jurídico do Império português demonstrou o quanto foi possível a circularidade imperial de membros de uma elite cuja procedência foi originalmente colonial. Em termos culturais, a existência de duas academias literárias em Salvador constituiu-se em outro campo de legitimação dos colonos. Ao reproduzirem os rituais das academias reinóis, as baianas reafirmaram, entre suas elites, o sentimento de pertencimento ao mesmo universo intelectual do reino.

Finalmente, a opção pelos Pires de Carvalho e Albuquerque possibilitou fazer emergir, na Bahia do século XVIII, uma consistente referência histórica de trajetória familiar ascendente. Os membros da família analisada ao se fazerem presentes em todos os principais espaços de poder e ascensão social da Bahia colonial reproduziram prática comum a todos os membros do segmento da elite.

Entretanto, mais do que repetir seus pares, os Pires de Carvalho e Albuquerque conseguiram traçar uma trajetória significativa e, até certo ponto, exclusiva de ascensão política e social. O exercício de poder advindo do monopólio – por quase toda a segunda metade do século XVIII – da Secretaria de Estado e Governo e a distinção honorífica de ocupar, na colônia, o ofício de provedor da casa das rainhas de Portugal, deu, aos Pires de Carvalho e Albuquerque, distinção suficiente para se sobressaírem – entre seus iguais – como modelo de trajetória ascendente em território colonial.

Portanto, mediante exemplos como o dos Pires de Carvalho e Albuquerque, é possível concluir que os membros das elites baianas teceram, no contexto das relações de poder entre metrópole e colônia, uma trajetória ativa e negociadora cujos benefícios seriam reprocessados mediante práticas de reprodução social que permitiriam aos seus descendentes a reiteração continuada dos seus projetos e práticas de legitimação social, adentrando o período do Império no pós-independência e da formação nacional brasileira propriamente dita.

Em suma, este livro buscou colaborar para o debate historiográfico cujo objeto central configura-se em torno do tipo de relação que se instituiu historicamente entre a metrópole portuguesa e sua colônia americana. Buscou-se avançar no sentido de compreender que a relação metrópole/colônia foi muito mais complexa do que nos faz pensar uma interpretação pautada na relação dicotômica entre ambas. Mais do que simplesmente se submeter a um "pacto colonial" em condições de subserviência, membros das elites da Bahia colonial buscaram negociar uma existência ativa no interior das relações de poder do Império português. Se o fizeram, foi por vivenciarem uma realidade política e econômica que os possibilitava negociar dividendos econômicos e sociais nas possíveis brechas inerentes ao próprio funcionamento do sistema colonial. São fatores que possibilitaram apresentar uma alternativa de análise da relação metrópole/colônia que, ainda que não venha a negar a centralização de poder da metrópole, admite ações de negociação no exercício bilateral de uma flexível autoridade metropolitana.

Fontes

Fontes manuscritas

Arquivo Histórico Ultramarino (AHU)

Documentos manuscritos "avulsos" da Capitania da Bahia: 1604-1828. Salvador: Fundação Pedro Calmon, 2009, 7 volumes.

Annaes da Bibliotheca Nacional do Rio de Janeiro, 1909, volume XXXI. *Inventário dos documentos relativos ao Brasil existentes no Archivo de Marinha e Ultramar organizado por Eduardo de Castro e Almeida*. Rio de Janeiro: Officinas Graphicas da Bibliotheca Nacional, 1913. 5 volumes.

Instrumentos de pesquisa

Documentos Manuscritos "Avulsos" da Capitania da Bahia (1604-1828). Salvador: Fundação Pedro Calmon/Arquivo Público da Bahia, 2009, 7 vols.

Estudantes brasileiros na Universidade de Coimbra (1772-1872). Lisboa: Imprensa Nacional, 1974. Anais da Biblioteca Nacional. Vol. 62, 1940.

Inventário dos documentos relativos ao Brasil, existentes na Biblioteca Nacional de Lisboa. Anais da Biblioteca Nacional, vol. 75, 1957.

Índice do Códice Mercês Gerais. Anais da Biblioteca Nacional, vol. 58, 1936.

Inventário dos documentos relativos ao Brasil existentes no Arquivo de Marinha e Ultramar organizado por Eduardo de Castro Almeida. Anais da Biblioteca Nacional. Vols. 31,32,34,36 e 37.

Documentos impressos

Arquivo Nacional – Torre do Tombo. *Inventário dos Livros de Matrícula dos Moradores da Casa Real 1646 – 1744*, v. II. Lisboa: Imprensa Nacional.

ANTONIL, João André. *Cultura e Opulência do Brasil*. São Paulo: Melhoramentos, Brasília, INL, 1976.

Câmara Municipal de Salvador. *Atas da Câmara*, vols. 7,8,9,10,11. Salvador, 1984.

CALDAS, José Antônio. *Notícia Geral de toda essa Capitania da Bahia desde o seu descobrimento até o presente ano de 1759*. Salvador: Tipografia Beneditina, 1951.

CALMON, Pedro. *Introdução e Notas ao Catálogo Genealógico das Principais Famílias de Frei Jaboatão*. Salvador: Empresa Gráfica da Bahia, 1985, 2 v.

COELHO, Duarte de Albuquerque. *Memórias Diárias da Guerra do Brasil*: 1630-1638. Recife: Fundação de Cultura Cidade do Recife, 1982.

DEFINIÇÕES *e estatutos dos cavaleiros e freires da Ordem de Nosso Senhor Jesus Cristo, com a história da origem e principio dela, oferecidos ao muito alto e poderoso rei Dom João V nosso senhor*. Lisboa: Oficina de Miguel Menescal da Costa, impressor do Santo Ofício, 1746.

DIÁLOGOS *das grandezas do Brasil*. Atribuído a Ambrósio Fernandes Brandão. São Paulo: Melhoramentos, 1977.

Diário da Navegação de Pedro Lopes de Sousa pela Costa do Brasil até o Rio Uruguay (1530 a 1532). Rio de Janeiro: Tipografia de D. L. dos Santos, 1867.

Documentos Históricos da Biblioteca Nacional do Rio de Janeiro: Rio de Janeiro: Biblioteca Nacional, 1928 – 55, 110 volumes.

Documentos da Municipalidade de Salvador relacionado com a Independência do Brasil 1821-1823. Departamento de Cultura da SMEC, 1972.

JABOATÃO, Fr. Antonio de S. Maria. *Catálogo Genealógico das principais famílias que procederam de Albuquerques e Cavalcantis em Pernambuco e Caramurús na Bahia*. Revista do Instituto Histórico e Geográfico Brasileiro, vol.LII e Notas de Pedro Calmon ao Catálogo.

A Academia Brasílica dos Renascidos. Estudo Histórico e Literário lido no Instituto Histórico e Geográfico Brasileiro pelo Conego Dr. J. C. Fernandes Pinheiro. *Revista do Instituto Histórico e Geográfico Brasileiro*. Rio de Janeiro, Tomo XXXI, 1868.

A Academia Brasílica dos Renascidos. Estudo Histórico e Literário lido no Instituto Histórico e Geográfico Brasileiro pelo Conego Dr. J. C. Fernandes Pinheiro. *Revista do Instituto Histórico Brasileiro*. Rio de Janeiro, Tomo XXXII, 1869, p. 60.

MORENO, Diogo de Campos. *Livro que dá razão do Estado do Brasil. (1612)*. Recife: UFPE. 1955.

PROGRAMA HISTÓRICO. O Instituto Histórico e Geográfico Brasileiro é o representante das ideias de ilustração, que em diferentes épocas se manifestaram em o nosso continente. *Revista do Instituto Histórico e Geográfico Brasileiro*. Rio de Janeiro, Tomo I, 1839.

Regimento do Santo Ofício da Inquisição do Reino de Portugal. *RIHGB*, Rio de Janeiro, 157 (392): 693-883, jul/set. 1996.

SOUSA, Gabriel Soares de. *Tratado Descritivo do Brasil em 1587*. Recife: Fundação Joaquim Nabuco / Editora Massangana, 2000.

VILHENA, Luís dos Santos. *A Bahia no século XVIII*. Salvador: Editora Itapuã, 1969, vol 1.

Bibliografia

ABREU, Laurinda. O papel das Misericórdias na sociedade portuguesa de Antigo Regime. In: FONSECA, Jorge (coord.). *Santa Casa da Misericórdia de Montemor-o-Novo: história e património*. Lisboa: Tribuna da História/SCMMN, 2008.

ACCIOLI, Ignácio e AMARAL, Braz H. do. *Memórias Históricas e Políticas da Província da Bahia*. Salvador: Imprensa Oficial do Estado, 1919-1940. 6v.

ACCIOLI, Inácio e AMARAL, Braz H. do. *Memórias Históricas e Políticas da Província da Bahia*. Volume I. Salvador: Imprensa Oficial do Estado, 1919.

ALEXANDRE, Valentim. *Os Sentidos do Império: questão nacional e Questão colonial na crise do Antigo Regime Português*. Porto: Edições Afrontamento, 1993.

ALMEIDA, C. M. C. (2007), "*Uma nobreza da terra com projeto imperial*: Maximiliano de Oliveira Leite e seus aparentados". In: J. L. R. Fragoso, C. M. C. Almeida e A. C. J. Sampaio (orgs.), *Conquistadores e Negociantes: História das Elites no Antigo Regime nos Trópicos (América Lusa, Séculos XVI a XVIII)*, Rio de Janeiro, Civilização Brasileira, 2007.

AMARAL LAPA, José Roberto do. *A Bahia e a Carreira da Índia*. São Paulo: Companhia Editora Nacional, 1968.

AMARAL, Braz. *História da Independência na Bahia*. Salvador: Livraria Progresso Editora, 1957.

ANDERSON, Perry. *Linhagens do Estado Absolutista*. São Paulo: Brasiliense, 1995.

ARAUJO, Luiz Antônio Silva. *Contratos nas minas setecentistas*: o estudo de um caso – João de Souza Lisboa (1745-1765.). In: X SEMINÁRIO SOBRE A ECONOMIA MINEIRA. s/d.

ARAÚJO, Luis Antônio Silva. *Negociantes e contratos régios: o reinado de dom João V (1707-1750)*. Usos do Abuso - XII ENCONTRO REGIONAL DE HISTÓRIA ANPUH-RJ. 2006, Rio de Janeiro.

ARAÚJO, Ubiratan Castro de. *A Guerra da Bahia*. Salvador: CEAO, 2001.

ARRUDA, José Jobson de Almeida. *O Brasil no comércio colonial*. São Paulo: Ática, 1980.

AVELLAR, Hélio de Alcântara. *História administrativa do Brasil: a administração pombalina*. 2. ed. Brasília, Fundação Centro de Formação do Servidor Público – FUNCEP/Ed. Universidade de Brasília, 1983.

BANDEIRA, Luiz Alberto Moniz. *O Feudo: a Casa da Torre de Garcia d'Ávila: da conquista dos sertões à independência do Brasil*. Rio de Janeiro: Civilização Brasileira, 2000.

BELLINI, Lígia. *Notas sobre cultura, política e sociedade no mundo português do século XVI*. Tempo, Rio de Janeiro, v. 4, n. 7, p. 143-167, 1999.

BICALHO, Maria Fernanda B. As Câmaras Ultramarinas e o Governo do Império. In: FRAGOSO, João; BICALHO, Maria Fernanda Batista; GOUVEIA, Maria de Fátima Silva. (Org.). *O Antigo Regime nos Trópicos*: A dinâmica imperial portuguesa. Séc. XVI-XVIII. Rio de Janeiro: Civilização Brasileira, 2001.

BICALHO, Maria Fernanda; FERLINI, Vera Lúcia Amaral (Org.). *Modos de Governar: ideias e práticas no império português: Séculos XVI-XIX*. São Paulo: Alameda, 2005.

BICALHO, Maria Fernanda Baptista. Conquista, Mercês e Poder Local: a nobreza da terra na América portuguesa e a cultura política do Antigo regime. *Almanack braziliense*, n° 2. Novembro de 2005.

BORREGO, Nuno Gonçalo Pereira. *As Ordenanças e as Milícias em Portugal: subsídio para seu estudo*. Vol. I. Lisboa: Guarda-Mor, 2006.

BOXER, Charles R. *O Império Marítimo Português (1415-1825)*. São Paulo: Companhia das Letras, 2002.

BRAGA, Teófilo. *História da Universidade de Coimbra nas suas relações com a instituição pública portuguesa*. Tomo III – 1700 a 1800. Lisboa: Tipografia da Academia Real das Ciências, 1898.

BRANDÃO, Tanya Maria Pires. *A Elite Colonial Piauiense: família e poder*. Recife: Ed. Universitária da UFPE, 2012.

CAETANO, Marcelo. *O Conselho Ultramarino: esboço da sua História*. Rio de Janeiro: Sá Cavalcante Editores, 1969.

CALAINHO, Daniela Buono. *Agentes da Fé: familiares da Inquisição portuguesa no Brasil Colonial*. Bauru, SP: Edusc, 2006.

CALMON, Pedro. *História da Casa da Torre*: uma dinastia de pioneiros. Rio de Janeiro: Livraria José Olympio Editora, 1958.

CAMARINHAS, Nuno. Os Desembargadores no Antigo Regime (1640 – 1820). In: SUBTIL, José. *Dicionário de Desembargadores (1640 – 1834)*. Lisboa: EDIUAL, 2010.

CAMARINHAS, Nuno. *Juízes e administração da justiça no Antigo Regime*: Portugal e o império colonial, séculos CVII e XVIII. Lisboa: Fundação Calouste Gulbenkian/Fundação para a Ciência e a Tecnologia, 2010.

CAMÕES, Luís de. *Os Lusíadas: Poema épico*. Paris: Typographia de Pain e Thunot, 1846.

CAMPOS, J. da Silva. Descendência esclarecida de um minhoto ilustre na Baia. *Revista de Guimarães*. Vol.XLV. n. 1-2. Jan/Jun 1935.

CASTELLO, José Aderaldo. *O movimento academicista no Brasil, 1640-1820/22*. São Paulo: Conselho Estadual de Cultura, 1969, vol. I, tomo 1.

CASTELLO, José Aderaldo. *O movimento academicista no Brasil, 1640-1820/22*. São Paulo: Conselho Estadual de Cultura, 1969, vol. I – T. 2.

CASTELLO, José Aderaldo. *O movimento academicista no Brasil, 1640-1820/22*. São Paulo: Conselho Estadual de Cultura, 1969, vol. I, tomo 4.

CASTRO, Armando. *A Estrutura Dominial Portuguesa dos Séculos XVI a XIX (1834)*. Lisboa: Editorial Caminho, 1992.

COELHO, Maria Helena e MAGALHÃES, Joaquim Romero. *O Poder Concelhio: das Origens às Cortes Constituintes*. Coimbra: Centro de Estudos e Formação Autárquica, 1986.

COSTA, Fernando Dores." Milícia e Sociedade: Recrutamento. In: HESPANHA, Antônio Manuel. (Org). *Nova História Militar de Portugal*. Vol. II – séculos XVI-XVII. Lisboa: círculo de leitores, 2003.

CUNHA, Mafalda Soares da. Governo e governantes do império português do atlântico (século XVII). In: BICALHO, Maria Fernanda, FERLINI, Vera Lúcia

Amaral. *Modos de Governar*: ideias e práticas políticas no Império Português séculos XVI a XIX. São Paulo: Alameda, 2005.

DIAS, Pedro. A capela dos estudantes da Bahia da Universidade de Coimbra (1728). In: *Actas do III Colóquio Luso-Brasileiro de História da Arte*: A Arte no Espaço Atlântico do Império Português. Évora: Universidade de Évora, 1997.

DORIA, José Antônio. *Os Herdeiros do Poder*. Rio de Janeiro: Revan, 1994.

ELIAS, Norbert, SCOTSON, John L. *Os estabelecidos e os outsiders*: Sociologia das relações de poder a partir de uma pequena comunidade. Rio de Janeiro. Jorge Zahar Editor, 2000.

ELIAS, Norbert. *A Sociedade de Corte: Investigação sobre a sociologia da realeza e da aristocracia de corte*. Rio de Janeiro: Jorge Zahar Editores. 2001.

ELLIS, Myriam. Comerciantes e Contratadores do Passado Colonial. São Paulo, *Revista do Instituto de Estudos Brasileiros*.USP, 1982.

FAORO, Raymundo. *Os donos do poder: formação do patronato político brasileiro*. Porto Alegre/São Paulo: Globo/EDUSP, 1975.

FERNANDES, Florestan. *Circuito fechado*: quatro ensaios sobre o "poder institucional". São Paulo: HUCITEC, 1976.

FERNANDES, Paulo Jorge. *As Faces de Proteu*: Elites urbanas e o poder municipal em Lisboa de finais do século XVIII a 1851. Lisboa: Arte e História, 1999.

FIORAVANTE, Fernanda. *O poder das festas: as festividades barrocas e o poder nas Minas no século XV.* Instrumento: R. Est. Pesq. Educ. Juiz de Fora, v. 10, p. 63-72, jan./dez. 2008.

FONSECA, Fernando Taveira. *A Universidade de Coimbra (1700-1771). Estudo Social e Econômico.* Coimbra: Universidade de Coimbra, 1995.

FONSECA, Teresa. *Absolutismo e Municipalismo. Évora 1750-1820.* Lisboa: Edições Colibri, 2002.

FONSECA, Teresa. *Relações de Poder no Antigo Regime: a Administração Municipal em Montemor-o-Novo (1777-1817).* Montemor-o-Novo: Câmara Municipal, 1995.

FRAGOSO, João, FLORENTINO, Manolo. *O arcaísmo como projeto – Mercado atlântico, sociedade agraria e elite mercantil no Rio de Janeiro, c 1790 – c. 1840.* Rio de Janeiro: Sette Letras, 1998.

FRAGOSO, João. A nobreza da República: notas sobre a formação da primeira elite senhorial do Rio de Janeiro (séculos XVI e XVII), In: *Revista de História*, Lidador. Rio de Janeiro, 2000.

FRANÇA, Eduardo D'Oliveira. *Portugal na época da restauração*. São Paulo: Hucitec, 1997.

FREITAS, Eugênio da Cunha e. Familiares do Santo Ofício no Porto. *Separata da Revista de História*. Volume II – Centro de História da Universidade do Porto – 1979.

GODELIER, Maurice. *O enigma do dom*. Rio de Janeiro: Civilização Brasileira, 2001.

GODINHO, Vitorino Magalhães. *A Estrutura na Antiga Sociedade Portuguesa*. Lisboa: Arcádia, 1971.

HESPANHA, Antônio Manuel. *As Vésperas do Leviathan. Instituições e Poder Político*. Portugal – Séc. XVII, 2 vols., Lisboa, 1986.

HESPANHA, A. M. e SANTOS, Maria Catarina. Os Poderes num Império Oceânico In: MATTOSO, José (dir) & HESPANHA, Antônio Manuel (org). *História de Portugal, volume 4: O Antigo Regime (1620-1807)*. Lisboa: Editorial Estampa, 1998.

HESPANHA, Antônio Manuel. A Nobreza nos tratados jurídicos dos séculos XVI a XVIII. *Penélope*: Fazer e Desfazer a História. N 12, 1993.

HESPANHA, Antônio Manuel. *História das Instituições: Épocas medieval e moderna*. Coimbra: Almedina, 1982.

HOLANDA, Sérgio Buarque. A herança colonial – sua desagregação, In: *História geral da civilização brasileira*. São Paulo: Difel, 1960, t. II, "O Brasil monárquico".

HOORNAERT, Eduardo. A Igreja Católica no Brasil Colonial. In: Leslie Bethell (Org). *América Latina Colonial*, v I. São Paulo: Editora da Universidade de São Paulo; Brasília, DF: Fundação Alexandre Gusmão, 1998.

JANCSÓ, Istvan. *Na Bahia contra o império*. São Paulo, SP/ Salvador: Editora Hucitec/EDUFBA, 1996.

KANTOR, Iris. A Academia Brasílica dos renascidos e o Governo Político da América Portuguesa (1759): Notas sobre as contradições do cosmopolitismo acadêmico lusoamericano. *Separata da Revista de História das Ideias*, Vol. 24. Faculdade de Letras, Coimbra, 2003.

KANTOR, Iris. *Esquecidos e Renascidos: historiografia acadêmica luso-americana (1724-1759)*. São Paulo: Hicitec; Salvador, BA: Centro de Estudos Baianos/ UFBA, 2004.

KAUSE, Thiago Nascimento. *Em busca da honra: a remuneração dos serviços da guerra holandesa e os hábitos das Ordens Militares (Bahia e Pernambuco, 1641 - 1683)*. São Paulo: Anablume, 2012.

KENNEDY, J. Norman. Bahian Elites –1750-1822. *Hispanic American Historical Review*, Duke University Press, 53 (3): 413-439, nov. 1973.

KOROBTCHENKO, Júlia Platonovna. *A Secretaria de Estado dos Negócios Estrangeiros e da Guerra: a instituição, os instrumentos e os Homens*. (1736-1756). Dissertação de Mestrado, Lisboa, Universidade de Lisboa, 2011.

KRAAY, Hendrik. Em outra coisa não falavam os pardos, cabras e crioulos: o recrutamento de escravos na guerra da independência na Bahia. *Revista Brasileira de História*. São Paulo: vol. 22, n° 43, 2002.

LAMEGO, Alberto. *A Academia Brazilica dos Renascidos*: sua fundação e trabalhos inéditos. Paris-Bruxelas: L'Édition d'Art Gaudio, 1923.

LARA, Silvia Hunold. *Fragmentos setecentistas: escravidão, cultura e poder na América portuguesa*. São Paulo: Companhia das Letras, 2007.

LOURENÇO, M. p. M. *Casa, Corte e Patrimônio das Rainhas de Portugal (1640-1754): poderes, instituições e relações sociais*. Tese de Doutoramento. Universidade de Lisboa, Faculdade de Letras. Lisboa, 1999.

MACHADO, Carlos Alberto Dias. Mobilidade social ascendente no Antigo Regime. José da Silva Leque, um homem de negócio de Lisboa, mestre de navio da carreira da Bahia. *Politeia*: Hist. e Soc., Vitória da Conquista, v. 8, n. 1, p. 105-128, 2008.

MAGALHÃES, Joaquim Romero. *Concelhos e organização municipal na Época Moderna*. Coimbra: Imprensa da Universidade de Coimbra, 2011.

MAGALHÃES, Joaquim Romero. *O Algarve Econômico 1600-1773*. Lisboa: Editorial Estampa, 1988.

MARCOCCI, Giuseppe e PAIVA, José Pedro. *História da Inquisição Portuguesa (1536 -1821)*.Lisboa: Esfera dos livros, 2013.

MASCARENHAS, Maria José Rapassi. *Fortunas Coloniais: elite e riqueza em Salvador 1760 – 1808.* Tese de doutoramento em História. Universidade de São Paulo. 1998.

MATTOSO, José (dir) & HESPANHA, Antônio Manuel (org). *História de Portugal, volume 4: O Antigo Regime (1620-1807).* Lisboa: Editorial Estampa, 1998.

MATTOSO, José. A Identidade Nacional. *Cadernos Democráticos.* Coleção Mario Soares, Gradiva, s/d.

MATTOSO, Kátia de Queirós. Sociedade e conjuntura na Bahia nos anos de luta pela Independência. In: *Da Revolução dos Alfaiates à Riqueza dos Baianos no século XIX*: Itinerário de uma historiadora. Salvador: Corrupio, 2004.

MELLO, Christiane F. Pagano de. *Forças militares no Brasil Colonial: Corpos de Auxiliares e de Ordenanças na segunda metade do Século XVIII.* Rio de Janeiro: E-Papers, 2009.

MELLO, Evaldo Cabral de. Rubro Veio. *O imaginário da restauração pernambucana.* Rio de Janeiro: Topbook, 1997.

MELO, Josemar Henrique de. A Secretaria de Governo da Capitania de Pernambuco como parte do aparelho burocrático colonial. *Actas do Congresso Internacional Espaço Atlântico de Antigo Regime*: poderes e sociedades.

MENEZES, Sezinando Luis. e NAGEL, Lizia Helena. Considerações sobre as transformações sofridas pela nobreza portuguesa na Época Moderna. *ActaScientiarum Human and Social Sciences.* Maringá, v. 25, n. 2, 2003.

MOLLAT, Michel. *Os pobres na Idade Média.* Rio de Janeiro: Campus, 1989.

MONTEIRO, Nuno Gonçalo. *Elites e poder: entre o Antigo Regime e o Liberalismo.* Lisboa: ICS. Imprensa de Ciências Sociais, 2012.

MONTEIRO, Nuno Gonçalo. Elites Locais e mobilidade social em Portugal nos finais do Antigo Regime. In: *Análise Social.* vol. XXXII (141), 1997.

MONTEIRO, Nuno Gonçalo. "Os Concelhos e as Comunidades". In: MATTOSO, José (dir) & HESPANHA, Antonio Manuel (org). *História de Portugal, volume 4: O Antigo Regime (1620-1807).* Lisboa: Editorial Estampa, 1998.

MONTEIRO, Nuno Gonçalo. "Trajetórias sociais e governo das conquistas: Notas preliminares sobre os vice-reis e governadores-gerais do Brasil e da Índia nos séculos XVII e XVIII", In: João Fragoso; Maria Fernanda Bicalho; Maria de Fátima

Gouvêa. *O Antigo Regime nos Trópicos*: A dinâmica imperial portuguesa (séculos XVI-XVIII). Rio de Janeiro, Civilização Brasileira, 2001.

MONTEIRO, Nuno Gonçalo. Casa e Linhagem: o Vocabulário Aristocrático em Portugal nos séculos XVII e XVIII. *Penélope*: Fazer e Desfazer a História. N 12, 1993.

MONTEIRO, Nuno Gonçalo. Centro, Periferia e Estado. O espaço político local nos Antigos Regimes. In: *História dos Municípios e do Poder Local (Dos Finais da Idade Média à União Europeia)*, direção de Cesar de Oliveira, Lisboa: Círculo de Leitores, 1996.

MONTEIRO, Nuno Gonçalo. O 'Ethos' Nobiliarquico no final do Antigo Regime: poder simbólico, império e imaginário social. *Almanack braziliense*, n 2. Novembro de 2005.

MONTEIRO, Nuno Gonçalo. Poder Senhorial, Estatuto Nobiliárquico e Aristocracia. In: MATTOSO, José (dir). *História de Portugal. O Antigo Regime (1620 – 1807)*, vol. 4. Lisboa: Editorial Estampa, 1998.

MONTEIRO, Nuno Gonçalo. Trajetórias sociais e formas familiares: O modelo de sucessão vincular. In: JIMENEZ ,Francisco Chacón. e FRANCO, Juan Hernandez. (eds). *Familia, Poderosos y Oligarquias/ Seminário*: "Familia y elite de poder em el Reino de Murcia. Siglo XV – XIX. Murcia. Universidad de Murcia, Departamento de História Moderna, Contemporânea y de América, Serviços de Publicaciones, 2001.

MORAIS, Francisco de. Estudantes brasileiros na Universidade de Coimbra. *Anais da Biblioteca Nacional*. 62 (1940).

MORAIS, Francisco. *Estudantes da Universidade de Coimbra Nascidos no Brasil*, Separata de *Brasília*, Suplemento ao vol. IV, Faculdade de Letras da Universidade de Coimbra, Instituto de Estudos Brasileiros, Coimbra Editora, 1949.

MOTA, Isabel Ferreira da. *A Academia Real da História*: os intelectuais, o poder cultural e o poder monárquico no século XVIII. Coimbra: Minerva, 2003.

MOURAFILHA, Maria Berthilde. A Santa Casa da Misericórdia da Paraíba: o passado no presente. In: *A Misericórdia de Vila Real e as Misericórdias no Mundo de Expressão Portuguesa*. Natalia Marinho Ferreira-Alves (Coord.). Porto. CEPESE, 2011.

NARDI, Jean Baptiste. *O fumo brasileiro colonial*. São Paulo: Brasiliense, 1996.

NOVAIS, Fernando A. *Portugal e Brasil na crise do Antigo Sistema Colonial (1777-1808)*. São Paulo: Hucitec, 1979.

NOVINSKY, Anita. *Cristãos Novos na Bahia*: 1624-1654. São Paulo: Perspectiva, Ed. Da Universidade de São Paulo, 1972.

NOZOE, Nelson. Sesmaria e apossamento de terras no Brasil colônia. *Economia*, Brasília (DF), v.7, n.3, set/dez 2006.

NUNES, Ana Silvia Albuquerque de Oliveira. *História Social da Administração do Porto (1700-1750)*. Porto: Universidade Portucalense, 1999.

OLIVAL, Fernanda. *As Ordens Militares e o Estado Moderno: honra, mercê e venalidade em Portugal (1641 - 1789)*. Lisboa: Estar Editora, 2001.

OLIVEIRA, Luís da Silva Pereira. *Privilégios da Nobreza, e Fidalguia de Portugal*. Lisboa: Oficina de João Rodrigues Neves, 1806.

PEDROSA, Fábio Mendonça. A Academia Brasílica dos Esquecidos e a história natural da Nova Lusitânia. *Revista da SBHC*, nº I/2003.

PESSOA, Ângelo Emílio da Silva. *As Ruínas da Tradição: a Casa da Torre de Garcia D' Ávila – Família e propriedade no Nordeste colonial*. Tese, USP, 2003.

PITTA, Rocha. *História da América Portuguesa*. São Paulo: W.M. Jackson Inc. Editores, 1952.

PRADO JR, Caio. *Formação do Brasil Contemporâneo. Colônia*. São Paulo: Livraria Martins Editora, 1942.

PUNTONI, Pedro. Bernardo Vieira Ravasco, Secretário do Estado do Brasil: poder e elite na Bahia do século XVII. In: In: BICALHO, Maria Fernanda, FERLINI, Vera Lúcia Amaral. *Modos de Governar: ideias e praticas politicas no Império Português séculos XVI a XIX*. São Paulo: Alameda, 2005.

RIBEIRO, Ana Beatriz. Ministros de Sua Majestade, Bacharéis oriundos da Provedoria de Aveiro na carreira das Letras. (1700-1770). In: FONSECA, Fernando Taveira da (Org). *O Poder Local em tempo de globalização*: uma história e um futuro. Coimbra: CHSC/Palimage Editores, 2005.

RICUPERO, Rodrigo. *A formação da elite colonial*: Brasil c. 1530 – c. 1630. São Paulo: Alameda, 2009.

RODRIGUES, Aldair Carlos. Inquisição e sociedade a formação da rede de familiares do Santo Ofício em Minas Gerais colonial (1711-1808). *Varia história*, Belo Horizonte, vol. 26, nº 43.

RODRIGUES, José Damião. *Poder Municipal e Oligarquias Urbanas*: Ponta Delgado no século XVII. Ponta Delgado: Instituto Cultural de ponta Delgado, 1994.

RUSSEL-WOOD, A, J. R. Mobilidade Social na Bahia Colonial. *Revista Brasileira de Estudos Políticos.* n. 27. Julho de 1969. Belo Horizonte: Universidade Federal de Minas Gerais, 1969.

RUSSEL-WOOD, A. J. R. Centros e Periferias no Mundo Luso-Brasileiro, 1500-1808. *Rev. bras. Hist.* vol. 18 n. 36 São Paulo 1998.

RUSSEL-WOOD. A. J. R. *Fidalgos e Filantropos*. A Santa Casa da Misericórdia da Bahia, 1550-1755. Brasília: UNB, 1981.

RUY, Affonso. *História da Câmara Municipal da Cidade do Salvador*. Salvador: Câmara Municipal de Salvador, 1996.

SÁ, Isabel dos Guimarães. A assistência: As Misericórdias e os Poderes Locais. In: César Oliveira (Dir). *História dos Municípios e do poder local (dos finais da Idade Média à União Europeia)*. Lisboa: Círculo de Leitores, 1996.

SÁ, Isabel dos Guimarães. *As Misericórdias Portuguesas de D. Manuel I a Pombal*. Lisboa: Livros Horizontes, 2001.

SÁ, Isabel dos Guimarães. *Quando o rico se faz pobre: Misericórdias, caridade e poder no Império Portugues, 1500-1800*. Lisboa: Comissão Nacional para as Comemorações dos Descobrimentos Portugueses, 1997.

SALGADO, Graça (Coord). *Fiscais e Meirinhos: a administração no Brasil colonial*. Rio de Janeiro: Nova Fronteira, 1985.

SALLES, Hyllo Nader de Araújo. A Dízima da Alfândega da Bahia: a alteração da pauta 1723-1730. Anais da XXVIII. SEMANA DE HISTÓRIA DA UNIVERSIDADE FEDERAL DE JUIZ DE FORA "GENOCÍDIOS, MASSACRES E NACIONALISMOS". 09 a 13 de maio de 2011.

SANTOS, Augusto Fagundes da Silva. *A Misericórdia da Bahia e o seu sistema de concessão de crédito (1701-1777)*. Salvador, FFCH/UFBA, 2013, Dissertação de Mestrado.

SANTOS, Domingos Mauricio dos. O Brasil em Alcobaça (Esquecidas memórias da Academia Brasílica dos Esquecidos, da Baía, entre os Códices alcobacenses). In: V COLÓQUIO INTERNACIONAL DE ESTUDOS LUSO-BRASILEIROS. Coimbra: 1965.

SANTOS, Rui. Senhores da terra, senhores da vila: elites e poderes locais em Mértola no século XVIII. In: *Análise Social*, n. 121, 1993.

SARAIVA, Antônio José. *Inquisição e Cristãos-novos*. Lisboa: Editorial Estampa, 1985.

SARAIVA, José Hermano. *História de Portugal*. Lisboa: Publicações Europa-América, 2004.

SCHWARTZ, Stuart B. *Segredos Internos: Engenhos e Escravos na sociedade Colonial (1550-1835)*. São Paulo: Companhia das Letras, 1988.

SCHWARTZ, Stuart B. *Burocracia e sociedade no Brasil colonial: a Suprema Corte da Bahia e seus juízes: 1609-1751*. São Paulo: Perspectiva, 1979.

SCHWARTZ, Stuart. Gente da terra braziliense da nasção Pensando o Brasil: a Construção de um Povo. In: C. G. Mota (org.). *Viagem Incompleta. A Experiência Brasileira (1500- 2000)*. Formação: Histórias. São Paulo: Editora Senac, 2000.

SHILS, E. Centro e Periferia. Trad. José Hartuig de Freitas. Lisboa: Difel, 1992.

SILVA, Francisco Ribeiro da. Escalas de poder local: das cidades aos campos. In: FONSECA, Fernando Taveira da. (Coord). *O poder local em tempo de Globalização: uma história e um futuro*. Coimbra: Imprensa da Universidade de Coimbra, 2005.

SILVA, Maria Beatriz Nizza da. *Ser nobre na Colônia*. São Paulo, UNESP, 2005.

SILVA, Taise Tatiana Quadros da. Poder e *episteme* na erudição histórica do Portugal setecentista: uma abordagem do programa historiográfico da Academia Real da História Portuguesa (1720-1721). *História da historiografia*. Ouro Preto, número 03, setembro de 2009.

SILVEIRA, Pedro Telles da. *O cego e o coxo: crítica e retórica nas dissertações históricas da Academia Brasílica dos Esquecidos (1724-1725)*. Mestrado. Ouro Preto:PPGH/UFOP, 2012.

SIMONSEN, Roberto C. *História Econômica do Brasil*: 1500-1820. São Paulo: Companhia Editora Nacional; Brasília, INL, 1977. (Brasiliana, v. 10).

SOARES, Sérgio Cunha. *Aspectos da Política Municipal Pombalina*: A Câmara de Viseu no Reinado de D. José. Coimbra: Faculdade de Letras da Universidade de Coimbra, 1985.

SOARES, Sergio Cunha. *O Município de Coimbra da Restauração ao Pombalismo: poder e poderosos na Idade Moderna*. Vols I e II. Coimbra: Centro de História da Sociedade e da Cultura, 2001.

SOUSA, Avanete Pereira. *Poder Local e Cotidiano: a Câmara de Salvador no século XVIII*. Salvador: Ufba, Dissertação de Mestrado, 1996.

SOUZA, George Felix Cabral de. *Os homens e os modos da Governança*: A Câmara municipal do Recife do século XVIII. Recife: Gráfica Flamar, 2003.

SOUZA, Grayce Mayre Bonfim. "Em nome do Santo Ofício": agentes da Inquisição portuguesa na Bahia setecentista. In: CONGRESSO INTERNACIONAL PEQUENA NOBREZA NOS IMPÉRIOS IBÉRICOS DE ANTIGO REGIME. Lisboa 18 a 21 de Maio de 2011.

SOUZA, Grayce Mayre Bonfim. *Para remédio das almas: comissários, qualificadores e notários da Inquisição portuguesa na Bahia (1692-1804)*. 2009. Tese (Doutorado em História Social) – Universidade Federal da Bahia, Salvador, 2009.

SOUZA, Laura de Mello e. *O sol e a sombra: política e administração na América portuguesa do século XVIII*. São Paulo: Companhia das Letras, 2006.

STUMPF, Roberta Giannubilo. *Cavaleiros do ouro e outras trajetórias nobilitantes: As solicitações de Hábitos das Ordens Militares nas Minas setecentistas*. Tese de doutoramento apresentada ao Programa de Pós-Graduação em História da Universidade de Brasília, Brasília, 2009.

SUBTIL, José. Os Poderes do Centro. In: MATTOSO, José (dir). *História de Portugal. O Antigo Regime (1620-1807)*, vol. 4. Lisboa: Editorial Estampa, 1998.

SUBTIL, José. *Dicionário de Desembargadores (1640 – 1834)*. Lisboa: EDIUAL, 2010.

SUBTIL, José Manuel Louzada Lopes. *O Desembargo do Paço (1750 -1833)*. Lisboa: Universidade Autônoma de Lisboa, 1996.

TAVARES, Luis Henrique Dias. *Independência do Brasil na Bahia*. Salvador: EDUFBA, 2005.

TOCQUEVILLE, Aléxis de. *O Antigo Regime e a Revolução*. Brasília: Edunb, 1997.

TOPA, Francisco. *Edição Crítica da Obra Poética de Gregório de Matos*: Edição dos Sonetos: vol.II. Porto: Edição do Autor, 1999.

TORRES, José Veiga. Da Repressão Religiosa para a Promoção Social: A Inquisição como instância legitimadora da promoção social da burguesia mercantil. *Revista Crítica de Ciências Sociais*. N. 40. Outubro 1994.

TORRES, José Veiga. *Limpeza de Geração: para o estudo da burguesia vianense do Antigo Regime (séculos XVII e XVIII) através das Inquirições do Santo Ofício.* Viana do Castelo: Câmara Municipal, 2008.

TORRES, José Veiga. *Uma longa guerra social:* os ritmos da repressão inquisitorial em Portugal. *Revista de História Econômica e Social,* n. 1, 1978.

VALADARES, Virgínia Trindade. *Elites Mineiras Setecentistas:* conjugação de dois mundos. Lisboa: Edições Colibri/ Instituto de Cultura Ibero-Americana, 2004.

VAQUINHAS, Nelson. *Da Comunicação ao Sistema de Informação:* o Santo Ofício e o Algarve (1700-1750). Lisboa: Edições Colibri/ CIDEHUS. 2010.

VERGER, Pierre. *Fluxo e refluxo do trafico de escravos entre o golfo do Benin e a Bahia de Todos os Santos:* dos séculos XVII a XIX. São Paulo: Corrupio, 1987.

VIDIGAL, Luís. *Câmara, Nobreza e Povo: poder e sociedade em Vila Nova de Portimão (1755 -1834).* Portimão: Câmara Municipal de Portimão, 1993.

WEHLING, Arno e WEHLING, Maria José. O Funcionário Colonial entre a Sociedade e o Rei In: PRIORE, Mary del (Org.). *Revisão do Paraíso.* Rio de Janeiro: Nova Fronteira, 1999,

WISIAK, Thomas. *A 'nação partida ao meio': tendências políticas na Bahia na crise do Império luso-brasileiro.* Dissertação de Mestrado, DH/FFLCH/USP, 2001.

XAVIER Ângela Barreto e HESPANHA, A. M. "A Representação da Sociedade e do Poder" In: MATTOSO, José (dir) & HESPANHA, Antônio Manuel (org). *História de Portugal, volume 4: O Antigo Regime (1620-1807).* Lisboa: Editorial Estampa, 1998.

XAVIER, Ângela Barreto e HESPANHA, A. M. "As Redes Clientelares" In: MATTOSO, José (dir) & HESPANHA, Antônio Manuel (org). *História de Portugal, volume 4: O Antigo Regime (1620-1807).* Lisboa: Editorial Estampa, 1998.

Anexo

Informações genealógicas da família Pires de Carvalho e Albuquerque

1 - DOMINGOS PIRES DE CARVALHO

Chegou à Bahia em 1660
Casado com : Maria da Silva
Morreu em 1708

2 - JOSÉ PIRES DE CARVALHO (primeiro)

Filho de Domingos Pires de Carvalho
Casado com: Teresa Cavalcante e Albuquerque
Nasceu em 1677
Morreu em 1759

3 - SALVADOR PIRES DE CARVALHO E ALBUQUERQUE

Filho de José Pires de Carvalho (primeiro)
Casado com: Joana Cavalcanti Albuquerque (prima)
Nasceu em 1701
Morreu em 1746

4 – Dr. JOSÉ PIRES DE CARVALHO E ALBUQUERQUE (segundo)

Filho de José Pires de Carvalho (o primeiro)
Casado com: Isabel Joaquina de Aragão
Batizado em 1709
Morreu em 1774

5 - JOSÉ PIRES DE CARVALHO E ALBUQUERQUE (terceiro)

Filho de Salvador Pires de Carvalho e Albuquerque
Casado com a filha de Francisco Dias D' Ávila (Leonor Pereira Marinho)
Nasceu em 1728
Morreu em 1796
Pai de Ana Maria de São José e Aragão

6 – JOSÉ PIRES DE CARVALHO E ALBUQUERQUE (quarto)

Filho de José Pires de Carvalho e Albuquerque (terceiro)
Solteiro (Teve três filhos com Maria da Expectação Alves Braga)
Nasceu em: ?
Morreu em 1796.

7 - JOSÉ PIRES DE CARVALHO E ALBUQUERQUE (quinto)

Filho de José Pires de Carvalho e Albuquerque (segundo)
Casado com: Maria Francisca de Araújo de Aragão
Nasceu em 1747
Morreu em 1778

8 - JOSÉ PIRES DE CARVALHO E ALBUQUERQUE (sexto)

Filho de José Pires de Carvalho e Albuquerque (segundo)
Casado com Ana Maria de São José e Aragão (herdeira de Garcia D' Ávila Pereira)
Nasceu em 1756
Morreu em 1808

9 - ANTONIO JOAQUIM PIRES DE CARVALHO E ALBUQUERQUE

Filho de José Pires de Carvalho e Albuquerque (segundo)
Casado com D. Catarina dos Anjos e Aragão (Sua prima – filha de Leonor Pereira Marinho)
Nasceu em 1766
Morreu em 1812

10 - ANTONIO JOAQUIM PIRES DE CARVALHO E ALBUQUERQUE

Filho de José Pires de Carvalho e Albuquerque (sexto)
Casado com D. Ana Maria de São José e Aragão (sobrinha)
Nasceu em 1785
Morreu em 1852
Primeiro nobre brasileiro (Barão da Torre de Garcia D' Ávila)

11 - FRANCISCO ELESBÃO PIRES DE CARVALHO E ALBUQUERQUE

Filho de José Pires de Carvalho e Albuquerque (sexto)
Casado com D. Maria Delfina Pires e Aragão
Nasceu em 1786
Morreu em 1856
Barão de Jaguaripe

12 - JOAQUIM PIRES DE CARVALHO E ALBUQUERQUE

Filho de José Pires de Carvalho e Albuquerque (sexto)
Casado com D. Maria Luiza de Teive e Argolo
Nasceu em 1788
Morreu em 1848
Visconde de Pirajá

Agradecimentos

Esse livro é resultado de uma tese de doutoramento defendida na Universidade Federal da Bahia. Algumas foram as pessoas com quem tive o prazer e a honra de encontrar-me nessa longa caminhada cabendo aqui devidos agradecimentos.

Inicio, como não poderia ser diferente, agradecendo ao meu orientador o professor Doutor Dilton Oliveira de Araújo cujas orientações se deram com a precisão e a objetividade necessária para transformar o texto em verdadeiro trabalho histórico.

Ao Doutor Nuno Gonçalo Monteiro, da Universidade de Lisboa, co-orientador da tese em Portugal, pela capacidade de fazer as perguntas certas e diretas, cujas respostas viraram ao avesso o texto final.

À Professora Doutora Maria José Rapassi Mascarenhas, grande amiga e uma espécie de co-orientadora por inspiração.

À Professora Doutora Maria Fernanda Bicalho que me deu a honra de escrever o prefácio deste livro.

À Universidade do Estado da Bahia (UNEB), instituição de ensino a qual tenho imenso orgulho em pertencer, por ter me concedido uma Bolsa que me permitiu desenvolver a pesquisa no Brasil.

À Capes, pela Bolsa de estudo que viabilizou a pesquisa fora do Brasil.

Alameda nas redes sociais:
Site: www.alamedaeditorial.com.br
Facebook.com/alamedaeditorial/
Twitter.com/editoraalameda
Instagram.com/editora_alameda/

Esta obra foi impressa em São Paulo no verão de 2017. No texto foi utilizada a fonte Minion Pro em corpo 10,25 e entrelinha de 15 pontos.